KB240673

된다!

네이버 공식 인플루언서
위드지니 고수진 지음

이지스 퍼블리싱

능력과 가치를 높이고 싶다면
된다! 시리즈를 만나 보세요.
당신이 성장하도록 돕겠습니다.

된다! 네이버 스마트플레이스
Gotcha! Naver SmartPlace

초판 발행 • 2026년 1월 6일

지은이 • 고수진(위드지니)
펴낸이 • 이지연
펴낸곳 • 이지스퍼블리싱(주)
출판사 등록번호 • 제313-2010-123호
주소 • 서울특별시 마포구 잔다리로 109 이지스빌딩 3층(우편번호 04003)
대표전화 • 02-325-1722 | **팩스 •** 02-326-1723
홈페이지 • www.easyspub.co.kr | **Do it! 스터디룸 카페 •** cafe.naver.com/doitstudyroom
인스타그램 • instagram.com/easyspub_it | **엑스(구 트위터) •** x.com/easys_IT
페이스북 • www.facebook.com/easyspub

총괄 • 최윤미 | **기획 및 책임편집 •** 임승빈 | **기획편집 1팀 •** 임승빈, 이수경, 지수민
교정교열 • 박명희 | **표지 디자인 •** 김보라 | **본문 디자인 •** 김보라, 트인글터 | **인쇄 •** 미래피앤피 | **마케팅 •** 권정하
독자지원 • 박애림, 이세진, 김수경 | **영업 및 교재 문의 •** 이주동, 김요한(support@easyspub.co.kr)

ISBN 979-11-6303-804-7 13000
가격 22,000원

"가게는 열었는데, 손님이 오지 않아서 속상하시다고요?"

그럼 다음 <u>체크리스트</u>를 확인해 보세요.

3개 이상 체크했다면,
지금 당장 이 책을 읽으셔야 합니다!

- ☐ 🏪 우리 가게 이름을 네이버에서 검색했는데 플레이스 정보가 노출되지 않아요.

- ☐ 🖼 대표 사진을 마지막으로 교체한 지 6개월이 넘었어요.

- ☐ 💬 고객 리뷰에 댓글을 달아 본 적이 없어요.

- ☐ ⓘ '주차 가능' 등 고객이 궁금해할 부가 정보가 없어요.

- ☐ 📣 네이버 광고를 한 번도 해본 적 없고, 어떤 효과가 나는지도 몰라요.

'광고 대행사 없이도 당장 따라 해서 매출을 올릴 수 있는 실전 비법'

사장님, 지금부터 《된다! 네이버 스마트플레이스》로 하면 됩니다!

머리말

사장님의 매출을 올리는 플레이스 설정 노하우!

"네이버의 알고리즘은 바뀌어도,
마케팅의 본질은 바뀌지 않습니다!"

네이버 플레이스 마케팅을 하면서 수많은 사장님을 만났습니다. 플레이스 운영을 전문 마케팅 업체에 맡기는 분도 계셨고, 혼자서 직접 도전하는 분도 보았습니다. 그러나 대부분의 사장님들이 "도대체 무엇부터 해야 할지 모르겠어요.", "이렇게까지 공부했는데 매출은 왜 그대로일까요?", "네이버는 계속 바뀌는데 따라가기가 힘들어요."라며 고민을 털어놓았습니다.

여러 가지 이유가 있습니다. 네이버의 업데이트로 화면이 변경되고, 특히 들쭉날쭉한 '검색 알고리즘'으로 상위 노출의 패턴이 바뀌고 있는 것도 사실입니다. 하지만 고객이 가게를 선택하는 기준과 노출이 결정되는 원리는 쉽게 변하지 않습니다. 리뷰에서 방문으로 이어지는 구조, 사진으로 클릭을 만드는 방식 역시 마찬가지입니다.

이 책은 단순한 매뉴얼이 아닙니다. 네이버 검색 알고리즘에서는 상위 노출로 선택받고, 우리 가게를 찾는 고객에게는 신뢰받는 플레이스로 만드는 실전 컨설팅 비법서입니다.

이제 고객은 '검색'으로 가게를 고릅니다
여러분의 가게는 검색 결과에 보이나요?

요즘 고객은 우연히 가게에 들어오지 않습니다. 네이버에서 '성수동 감성 카페', '아이랑 갈 만한 식당'을 검색하고 마음에 드는 곳을 고른 뒤 찾아옵니다. 이 검색 결과에 내 가게가 보이느냐 보이지 않느냐가 곧 오늘의 매출을 결정합니다. 이 책은 바로 그 검색 결과에 내 가게가 등장하도록 만드는 방법을 현실적으로 정리한 안내서입니다.

저는 네이버 공식 인플루언서로서 수많은 가게의 리뷰를 작성하며 무엇이 상위 노출을 만들고, 어떤 글이 사람들의 마음을 움직이는지 직접 경험했습니다. 이 책에는 바로 그 현장의 노하우가 그대로 담겨 있습니다.

단순히 '네이버가 좋아하는 리뷰 작성법'을 넘어 내 가게에 맞는 키워드를 찾는 방법, 클릭을 부르는 대표 사진의 비밀, 리뷰를 실제 방문으로 연결하는 구조, 그리고 잘되는 가게들의 공통 공식까지 제가 현장에서 직접 부딪히고 검증한 실전 방법만을 사례 중심으로 정리했습니다.

 ## 아무리 불안해도 위험한 선택은 하지 마세요
정직하게 운영해도 올라갈 수 있습니다!

사장님은 바쁘고 늘 불안합니다. 그래서 큰돈을 들여 마케팅 업체에 맡겨 보기도 하고, "이렇게라도 해야 노출된다"는 말에 혹해서 매크로, 어뷰징 등을 시도하는 경우도 있습니다. 그러나 네이버의 알고리즘은 점점 더 정교해지고 있습니다. 불법적인 방법으로는 잠깐의 노출 상승은 가능할지 몰라도 그 끝은 계정 제한, 노출 하락, 그리고 플레이스 신뢰도 추락으로 이어집니다.

그래서 이 책은 사장님들이 그런 위험한 선택을 하지 않도록 네이버가 신뢰하는 방식으로 오래 운영할 수 있는 방법을 소개합니다. 정직하게 운영하면서도 충분히 노출되고 매출로 연결될 수 있는 방법을 담았습니다. 업종별로 바로 적용할 수 있는 문구 가이드, 대표 사진 구성법, 일주일에 10분만 투자해도 고객의 재방문을 불러오는 리뷰 관리법, 제대로 활동하는 블로거만 모집하는 체험단 운영법, AI 활용법까지 실제 현장에서 효과를 보았던 내용만 선별해서 담았습니다.

이 책을 덮을 즈음엔 "그래서 이제 뭘 해야 하지?"라는 막막함 대신 "지금은 이걸 하면 되겠구나!"라는 기준이 생길 것입니다. 스마트플레이스를 단순한 관리 도구가 아니라 고객을 불러오는 마케팅 자산으로 만들고 싶은 분이라면 이 책을 꼭 읽어 보았으면 합니다.

 ## 감사의 말

이 책이 세상에 나올 수 있게 소중한 기회를 주신 이지스퍼블리싱에 깊이 감사드립니다. 원고의 방향을 함께 고민해 주신 최윤미 본부장님, 세심한 조언과 피드백을 아끼지 않으신 임승빈 팀장님께 진심으로 감사드립니다. 또한 언제나 곁에서 힘이 되어 준 사랑하는 남편과 양가 부모님, 오빠, 아주버님께도 감사의 마음을 전합니다. 이 글을 쓰는 동안 함께해 준 럭키와 치즈에게도 고마운 마음을 전합니다. 사랑합니다!

워드지니 고수진 드림

차례

01 장사의 시작, 네이버 플레이스

01-1 손님이 우리 가게를 처음 만나는 곳은 '네이버'다!	20
첫 방문은 네이버 검색에서 시작한다!	20
잠깐! 헷갈리는 플레이스 관련 용어 정리하기	22
하면 된다! } 네이버에서 동종 업계 플레이스 살펴보기	25

01-2 네이버 플레이스를 당장 시작해야 하는 5가지 이유	31
1. 네이버에 안 보이면 손님 눈에도 안 보입니다!	31
2. SNS에서 관심이 생겨도 결정은 결국 네이버에서 합니다!	32
3. 광고보다 플레이스 정비가 우선입니다!	33
4. 처음에 잘 등록해 두면 관리 부담 없이 오래갑니다!	35
5. 고객 분석 데이터를 무료로 얻을 수 있습니다!	35
지금 당장 우리 가게를 스마트플레이스에 등록하세요!	36

02 웨이팅을 부르는 플레이스 기획

02-1 네이버가 공개한 알고리즘의 비밀	40
네이버에서 검색 상위에 노출되는 핵심 기준 4가지	41

02-2 고객의 기억에 오래 남을 플레이스 기획하기	45
[1단계] 우리 가게의 기본 정보 정리해서 기획안 작성하기	46
하면 된다! } 플레이스 기획안 작성하기	47
[2단계] 검색 노출 기준에 맞춰 기획안 보완하기	48
하면 된다! } 지역 항목 보완하기	49

하면 된다! } 업종, 세부 업종 항목 보완하기   50

하면 된다! } 타깃 고객 항목 보완하기   51

하면 된다! } 대표 메뉴 항목 보완하기   53

하면 된다! } 가게의 특징 항목 보완하기   54

02-3 우리 가게에 꼭 맞는 키워드인지 데이터로 점검하기   56

[3단계] 우리 가게에 꼭 맞는 키워드, 데이터로 기획안 점검하기   56

키워드 분석을 도와줄 4가지 도구를 소개합니다!   57

1. 내 키워드, 얼마나 검색될까? — 블랙키위   58

하면 된다! } 블랙키위에서 타깃 고객과 키워드 점검하기   58

2. 내 가게에 어울리는 키워드를 찾아라 — 키워드마스터   62

하면 된다! } 키워드마스터를 활용해 매출로 연결되는 황금 키워드 찾기   63

하면 된다! } 키워드마스터에서 키워드 더 발굴하기   65

3. 키워드에도 유행과 트렌드가 있다? — 네이버 데이터랩   67

하면 된다! } 네이버 데이터랩 활용해 키워드 흐름 찾아보기   67

4. 경쟁 업체는 어떤 키워드를 쓸까? — 마케팅 1번가   69

하면 된다! } 마케팅 1번가 활용하기   70

하면 된다! } 경쟁 업체와 기획안의 키워드 비교하기   72

03   고객이 찾는 플레이스 만들기

03-1 검색 창에서 보이는 플레이스 화면 분석하기   76

네이버 플레이스 영역 자세히 살펴보기   78

[더보기]를 누르면 네이버 지도로 연결돼요!   80

가게 이름을 직접 검색해 보세요!   82

플레이스의 구성 요소 자세히 살펴보기   83

모바일에서는 플레이스가 어떻게 보이나요?   86

03-2 단 5분 만에 우리 가게 플레이스 등록하기   90

플레이스 등록 전, 알아 둬야 할 3가지   90

하면 된다! } 스마트플레이스에 우리 가게 등록하기   92

하면 된다! } 기본 업체 정보 입력하기　97
하면 된다! } 신뢰도를 높이는 메뉴 정보 입력하기　101
이런 경우엔 플레이스 등록이 안 될 수 있어요!　104
플레이스에 처음 등록했다면 '새로 오픈했어요'를 신청하자!　106

04 스마트플레이스 설정 & 운영 마스터하기

04-1　업체정보 설정, 고객에게 보이는 첫인상　112
고객은 3초 안에 판단하고, 30초 안에 머무를지 결정한다!　112
반드시 입력해야 하는 4가지 업체정보　113
업체정보를 입력하면 플레이스에서는 어떻게 보일까?　113

04-2　여기 한번 가볼까? 결정을 돕는 업체 사진과 상세설명　115
사진 하나로 우리 가게 신뢰도 높이기 — '사진' 등록　116
하면 된다! } 업체 사진 등록하기　117
하면 된다! } 대표 사진을 순서 바꿔 등록하기　120
내 가게에 어울리는 사진은 뭘까? — 업종별 사진 추천　121
고객에게 우리 가게를 직접 소개해요! — '상세설명' 입력　124
다른 가게의 상세설명을 참고해 보세요!　125
가까이 오는 길을 안내해요! — '찾아오는 길' 입력　129

04-3　우리 가게의 매력을 보여 줄 메뉴정보 입력하기　132
[1단계] '가성비'와 '시그니처'를 동시에 잡으세요!　132
[2단계] 고객의 눈은 5개까지만 기억해요!　133
[3단계] 잘 팔고 싶은 메뉴를 위에 배치하세요!　134
하면 된다! } 플레이스에 메뉴 & 메뉴판 등록하기　134
하면 된다! } 메뉴 관리하기 — 순서 변경, 대표 설정, 수정, 삭제　137

04-4　좌석, 주차, 결제수단 등 부가정보 입력하기　141
고객은 정보가 분명한 가게를 선택한다!　141
하면 된다! } 홈페이지/SNS 주소와 내 플레이스 연결하기　144

04-5	**영업시간과 휴무일 설정하기**	147
	영업시간 정보는 고객과의 약속입니다!	147
	하면 된다! } 영업시간 설정하기	148
	하면 된다! } 휴무일 설정하기	152
04-6	**예약 기능으로 고객과의 약속 만들기**	156
	예약 기능을 꼭 활용해야 하는 가게는 따로 있어요!	156
	하면 된다! } 예약 설정하기	157
	하면 된다! } 예약 유형 선택하기	165
	하면 된다! } 예약상품 등록하기	169
	하면 된다! } 예약 유형 변경하기	176
	하면 된다! } '숙박 유형' 전용 예약 링크 만들기	178
04-7	**전화 대신 스마트콜로 문의 대응하기**	182
	우리 가게 무료 ARS 상담사! 스마트콜	182
	하면 된다! } 네이버 스마트콜 설정하기	183
	스마트콜은 이렇게 활용해 보세요!	188
04-8	**톡톡으로 고객과 바로 소통하기**	193
	네이버 톡톡이란?	193
	하면 된다! } 네이버 톡톡 가입하기	194
	우리 가게 톡톡 만능 상담원으로 만들기	200
	하면 된다! } 톡톡 환영인사 설정하기	201
	하면 된다! } 톡톡 세부 메뉴 설정하기	203
	하면 된다! } 톡톡 상담 가능 시간 설정하기	208
04-9	**마케팅 쿠폰으로 손님을 불러 모으는 방법**	210
	고객을 움직이게 만드는 쿠폰 기획의 5가지 전략	211
	하면 된다! } 클릭을 부르는 네이버 쿠폰 만들기	212
	하면 된다! } 네이버 쿠폰 사용해 보기	218
04-10	**데이터는 거짓말하지 않는다! — 통계 기능 제대로 쓰기**	221
	스마트플레이스의 통계 100% 활용법	221
🥇 1등 가게의 **영업 비밀**	**우리 가게 플레이스, 100% 완성했나요?**	227

05 플레이스 상위 노출의 핵심 마케팅 전략

05-1 가게의 신뢰성을 높이는 리뷰 작성 유도하기 · 230
리뷰가 또 다른 고객을 부른다! · 230
하면 된다! } 영수증 리뷰 작성해 보기 · 231
리뷰 키워드는 사장님이 직접 설정할 수 있습니다 · 234
하면 된다! } 영수증 리뷰 키워드 설정하기 · 235
고객이 우리 가게에 좋은 리뷰를 남기게 만드는 3가지 방법 · 237
하면 된다! } 영수증 리뷰 이벤트 안내문 만들기 · 239
하면 된다! } 네이버에서 QR코드 생성하기 · 245

05-2 리뷰 관리의 핵심, 답글 · 250
답글 하나로 단골 만드는 5가지 방법 · 251
하면 된다! } 고객이 남긴 리뷰에 답글 달기 · 254
하면 된다! } 모바일 앱에서 리뷰 답글 달기 · 255
고객의 부정적인 리뷰에 대응하는 3가지 방법 · 258

05-3 네이버 공식 인플루언서가 알려 주는 블로그 체험단 운영법 · 261
블로그 체험단이란? · 261
유료 체험단 vs 무료 체험단, 뭘 해야 할까요? · 262
어떤 체험단 방식이 내 가게 홍보에 더 적합할까? · 265
체험단 모집 전 꼭 알아야 하는 꿀팁 — 블로그 키워드 인기주제 · 265
블로그 체험단 실전 운영 4단계 · 267
하면 된다! } 블로그 체험단 키워드와 가이드라인 작성하기 · 271
하면 된다! } 리뷰노트로 우리 가게에 딱 맞는 체험단 모집하기 · 272
체험단, 꾸준히 운영해야 하는 5가지 이유 · 282

05-4 네이버 플레이스 광고의 모든 것 · 285
광고, 비싸기만 하고 효과는 없을 것 같나요? · 285
네이버 광고의 2가지 종류 · 287
하면 된다! } 플레이스 광고 만들기 · 289
하면 된다! } 지역소상공인 광고 만들기 · 296
하면 된다! } 지역소상공인 광고의 노출 지역 변경하기 · 297

06 플레이스 관리 시간을 아끼는 AI 활용법

06-1 AI 알고리즘, 노출의 법칙이 달라졌다   302

    AI 알고리즘, 그게 뭔가요?   302

    네이버의 새로운 무기, 'AI 브리핑'   303

    우리 가게의 '플레이스 AI 브리핑'은 어떤가요?   305

    하면 된다! } AI 브리핑 점검하고 개선하기   306

06-2 플레이스 운영을 스마트하게! 생성형 AI 활용법   312

    생성형 AI를 플레이스 운영에 도입해 보세요!   312

    생성형 AI에게 좋은 답변을 끌어내는 5가지 질문법   313

    하면 된다! } 생성형 AI로 5분 만에 상세정보와 찾아오는 길 작성하기   314

    하면 된다! } 생성형 AI로 우리 가게 마케팅 전략 세우기   318

    하면 된다! } 생성형 AI에게 까다로운 악성 리뷰 대응 맡기기   321

06-3 AI 활용 전략과 업데이트 대응 요령   324

    신규 기능 업데이트, 왜 빨리 적용해야 할까?   324

    공지를 빠르게 확인하려면 모바일 앱 푸시 알림 설정하기   325

찾아보기   328

이 책은 이렇게 읽어 보세요!

독자별 추천 독서법 4가지를 소개합니다.
사장님의 상황과 목적에 맞게 이 책을 활용해 보세요.

설렘과 걱정이 많은
왕초보 사장님

"오늘 가게 처음 열었어요!
플레이스가 뭔가요?"

▶ 이 책의 처음부터 끝까지 정독해 보세요!

지금 당장
노출이 급한 사장님

"오프라인에서는 꽤 알려졌는데,
온라인에서는 상위 노출이 안 되네요 ㅠㅠ"

▶ 03장(플레이스 등록)과 04장(기본 설정)부터 빠르게 실행하세요! 이것만 해도 기본은 합니다.

매출을 본격적으로 올리고 싶은
욕망의 사장님

"리뷰 관리가 중요하다는데
선뜻 손이 안 가요!"

▶ 05장(리뷰＆광고)을 집중 공략하세요! 적은 비용으로 최대 효율을 내는 법을 알려 드립니다.

미래를 준비하는
현명한 사장님

"네이버 AI가 우리 가게를 요약해 주던데,
여기 정보는 어떻게 바꾸나요?"

▶ 06장(AI 시대 전략)을 꼭 읽어 보세요! 남들보다 한발 앞서 나가는 비법이 담겨 있습니다.

진도표

바쁜 사장님을 위한 최단 경로 진도표 2가지!

사장님의 소중한 시간을 아껴 드리기 위해 상황에 따른 진도표 2가지를 준비했습니다.
어떤 진도표를 선택하더라도 천천히 따라 한다면 플레이스 상위 노출은 따놓은 당상입니다!

원데이 클래스 — 하루 만에 끝낸다!

가게를 네이버에 오늘 당장 알리고 싶은 사장님을 위한 긴급 처방

선택과 집중을 위해, 하루 만에 필수 기능만 설정하는 것이 목표입니다.

차시	배울 내용	장	쪽
1교시	플레이스의 기본 이해와 기획안 작성	02장	38~73쪽
2교시	플레이스 기본 세팅	03~04장	74~227쪽
3교시	플레이스 마케팅	05장	228~299쪽

5일 완성 — 오픈이 코앞!

당장 성과를 내야 하는 사장님을 위한 실전 압축

핵심 기능 위주로 5일 만에 플레이스를 설정하고 마케팅을 시작할 수 있도록 설계했습니다.

차시	배울 내용	장	쪽
1일 차	플레이스의 기본 이해와 기획안 작성	01~02장	18~73쪽
2일 차	플레이스 기본 설정	03장	74~109쪽
3일 차	플레이스 세부 설정 1	04-1~04-5절	110~155쪽
4일 차	플레이스 세부 설정 2	04-6~04-10절	156~227쪽
5일 차	플레이스 마케팅	05~06장	228~327쪽

자주 묻는 질문 Best 5

지니 님! 플레이스가 궁금해요!

네이버 플레이스 마케팅을 하면서 만난 수많은 사장님들이 가장 궁금해하는 질문 5개를 뽑았습니다.

Q1 가게 운영만으로도 벅찬데, 플레이스 관리에 시간을 많이 쏟아야 하나요?

아닙니다. 처음 3일만 투자해서 완벽히 세팅하고, 이후에는 일주일에 30분만 관리하세요. 이 책이 알려 주는 '최소 시간, 최대 효율' 시스템이면 충분합니다. ◐ 자세한 내용은 04장 참고

Q2 인스타그램만 열심히 해도 되지 않나요? 플레이스가 정말 그렇게 중요한가요?

네. 매출은 플레이스에서 결정됩니다. 고객은 인스타그램에서 구경한 뒤, 결국 네이버에서 영업시간과 위치를 확인하고 방문 결심을 합니다. 마지막 관문에서 고객을 놓치지 않는 방법을 알려 드립니다. ◐ 자세한 내용은 01장 참고

Q3 광고는 비싸기만 하던데, 광고 없이 상위 노출은 불가능한가요?

가능합니다. 그리고 광고를 하더라도 하루 3천 원이면 충분합니다. 이 책은 광고 없이 검색 상위에 노출되는 비법부터 소액으로 광고 효율을 10배 높이는 세팅법까지 모두 공개합니다. ◐ 자세한 내용은 05장 참고

Q4 '컴맹' 수준인데 저 같은 사람도 따라 할 수 있을까요?

물론입니다. 이 책은 '컴맹' 사장님을 기준으로 썼습니다. 모든 과정을 PC와 스마트폰 화면 이미지와 함께 1:1 과외를 받듯이 설명해서 누구나 그대로 따라만 하면 완성할 수 있도록 구성했습니다.

Q5 AI로 플레이스 운영에 드는 시간을 아끼는 방법이 있나요?

바로 그래서 지금 당장 이 책으로 배워야 합니다. AI는 플레이스 정보를 기반으로 가게를 자동으로 추천합니다. 이 책은 AI가 우리 가게를 '1순위'로 추천하게 만드는 최신 대응 전략을 모두 담았습니다. ◐ 자세한 내용은 06장 참고

이 책에서 제공하는 혜택

🎁 독자를 위한 특별 선물 안내

책만 사도 따라오는 실전 마케팅 치트키! QR코드를 스캔해서 자료를 내려받으세요!

⬇ 다운로드 링크 bit.ly/easys_nsp

선물 1	선물 2	선물 3

상황별 '복붙' 가능!	**AI 마케팅 비서!**	**우리 가게 플레이스**
리뷰 답글 & 체험단 가이드라인 템플릿	챗GPT 프롬프트 모음집	월간 점검 체크리스트 & 스케줄 표(PDF)
"더 이상 고민하지 마세요! 상황에 맞춰 복사해서 바로 쓰세요."	"이 질문 그대로 입력만 하면, AI가 상세 설명부터 마케팅 전략까지 술술 써줍니다."	"매달 이것만 점검하면, 우리 가게는 항상 최적의 상태를 유지할 수 있습니다."

💬 저자와 소통해 보세요!

플레이스 마케팅의 노하우가 가득한 '위드지니' 블로그와 인스타그램을 방문해 보세요! 네이버 플레이스 외에도 블로그 상위 노출 노하우 등 다양한 정보를 얻을 수 있습니다!

blog 블로그 blog.naver.com/lilyjin6   📷 인스타그램 instagram.com/place_withjini

온라인 채널 소개

✅ 성장하고 싶은 사람이 모인 곳, 'Do it! 스터디룸'에 방문해 보세요!

'Do it! 스터디룸'에서 이 책으로 공부하는 독자들을 만나 보세요. 혼자 시작해도 함께 끝낼 수 있어요. '두잇 공부 단'에 참여해 책을 완독하고 인증하면 이지스퍼블리싱에 서 출간한 책을 선물로 받을 수 있답니다!

Do it! 스터디룸:
cafe.naver.com/doitstudyroom

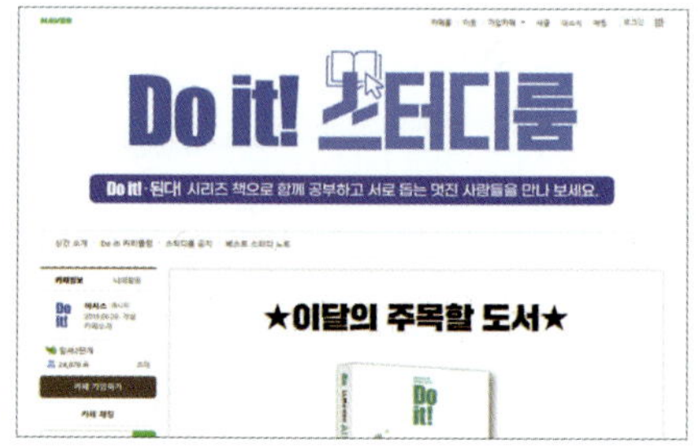

✅ 실무 노하우뿐만 아니라 정보까지 얻어 가는 '이지스퍼블리싱 블로그'

이지스퍼블리싱 블로그에서 책과 관련된 다양한 이야기 를 만나 보세요! 실무에 도움되는 내용은 물론, 실생활에 필요한 정보까지 모두 얻어 갈 수 있습니다.

이지스퍼블리싱 블로그:
blog.naver.com/easyspub_it

✅ 신간 소식 및 다양한 이벤트 정보는 '이지스퍼블리싱 인스타그램'에서!

신간 정보와 책 관련 이벤트 소식은 이지스퍼블리싱 공식 인스타그램에서 빠르게 확인할 수 있습니다. 다양한 이벤 트에 참여하고 선물도 받아 가세요!

이지스퍼블리싱 인스타그램:
instagram.com/easyspub_it

온라인 독자 설문 | 보내 주신 의견을 소중하게 반영하겠습니다!

오른쪽 QR코드를 스캔하여 이 책에 대한 의견을 보내 주세요.
독자 여러분의 칭찬과 격려는 큰 힘이 됩니다. 더 좋은 책을 만들도록 노력하겠습니다.

의견을 남겨 주신 분께 드리는 혜택 6가지!

① 추첨을 통해 소정의 선물 증정　② 이 책의 업데이트 정보 및 개정 안내
③ 저자가 보내는 새로운 소식　④ 출간될 도서의 베타테스트 참여 기회
⑤ 출판사 이벤트 소식　⑥ 이지스 소식지 구독 기회

일러두기

용어 기준 이 책에서 사용한 용어는 네이버 스마트플레이스 화면의 메뉴명을 그대로 따랐습니다.

화면 기준 • 모든 실습 화면은 2026년 1월 현재의 PC와 모바일 화면을 기준으로 합니다.

• 네이버의 업데이트에 따라 실제 PC나 모바일 화면에서 디자인이나 메뉴 위치가 책과 다를 수 있습니다. 그렇지만 주요 메뉴명은 대부분 동일하므로 같은 이름을 찾아서 실행하면 됩니다.

실행 권장 • AI 기술과 플랫폼은 빠르게 변화합니다. 최상의 학습 효과를 위해 책을 읽는 즉시 실습도 병행하시기를 권장합니다.

• 이 책은 독서용이 아닌 '실행용' 안내서입니다. 반드시 컴퓨터나 스마트폰을 켜고 직접 따라 해보세요.

장사의 시작, 네이버 플레이스

01-1 손님이 우리 가게를 처음 만나는 곳은 '네이버'다!

01-2 네이버 플레이스를 당장 시작해야 하는 5가지 이유

네이버의 검색 구조와
플레이스의 원리 파악

기획 & 브랜딩

플레이스 등록

퇴근길, 새로 생긴 빵집 앞에 사람들이 길게 늘어서 있습니다. 오픈한 지 일주일밖에 안 됐는데 이렇게 손님들이 몰린 비결은 무엇일까요? 간판이 화려한가요? 동네에 전단지를 뿌리고 광고를 잘했을까요? 바로 '네이버 플레이스' 덕분이었습니다. 이제 사람들은 가게를 방문하기 전에 온라인으로 미리 검색해 봅니다. 장사를 시작한다면 고객과 가장 먼저 만나는 '온라인 첫인상'부터 제대로 준비해야 합니다. 그 첫걸음이 바로 '네이버 스마트플레이스'입니다.

상위 노출을 위한
세부 설정

플레이스
마케팅

AI 활용

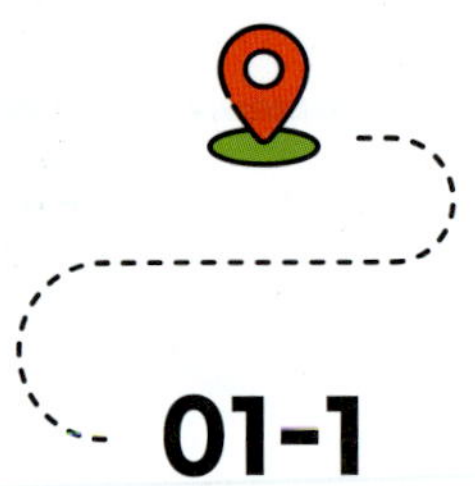

손님이 우리 가게를
처음 만나는 곳은 '네이버'다!

식당, 빵집, 네일숍, 병원, 헬스장, 펜션, 부동산 등 어떤 업종이든 개업할 때 반드시 해야 할 일이 있습니다. 바로 **네이버에서 검색했을 때 우리 가게가 노출되는 것**입니다. 우리나라에서는 언제 어디서든 인터넷을 이용할 수 있고, 또한 많은 사람이 스마트폰을 사용하는

네이버 로고

만큼 고연령층을 제외하면 대부분 가게를 방문하기 전에 검색부터 합니다. 요즘 손님이 가장 먼저 만나는 건 가게가 아니라 인터넷 검색 창인 것입니다.

가게의 위치가 좋지 않거나 오픈한 지 얼마 되지 않아 알려지지 않았어도 괜찮습니다. '온라인 간판'만 잘 달아도 사람들이 알아서 찾아오니까요.

첫 방문은 네이버 검색에서 시작한다!

정보를 찾을 때 사용하는 도구는 다양합니다. 네이버는 물론이고 구글, 다음, 네이트 등 여러 검색 엔진이 있습니다. 그중에서도 국내 검색 엔진 가운데 **네이버 점유율은 부동의 1위**입니다. 또한 네이버 지도 앱의 사용량도 국내에서 가장 많습니다. 네이버에서 검색한 후 가게를 방문하거나 제품 구매로 이어지는 비율도

다른 플랫폼보다 1.8배 높습니다. 다시 말해 네이버는 사용자가 많을 뿐만 아니라 구매로 이어질 확률이 높은 플랫폼이라고 할 수 있습니다.

데이터뿐만 아니라 고객의 입장에서 생각해 봅시다. 요즘 고객은 다양한 채널을 함께 활용합니다. 먼저 인스타그램의 사진과 짧은 영상으로 가게 분위기를 파악합니다. 그리고 유튜브 브이로그를 보며 실제 방문 경험을 간접적으로 체험합니다.

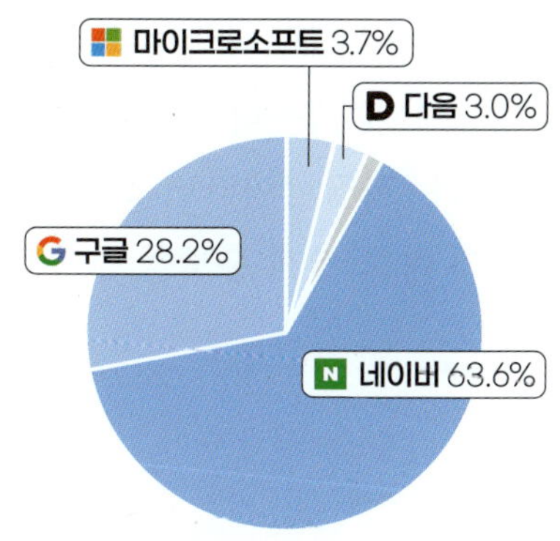

2025년 4월 기준 국내 검색 엔진 점유율
(출처: InternetTrend)

그러나 '지금 당장 갈 곳'을 정하는 순간에는 네이버를 찾습니다. 예약이나 길 찾기처럼 당장 찾아야 할 정보는 네이버에 있기 때문입니다. 이렇게 **실제 방문으로 이어지는 행동은 결국 네이버에서 시작**된다는 점을 발견할 수 있습니다.

네이버 앱

네이버 지도 앱

이 책에서 소개할 네이버 플레이스는 이 모든 과정을 하나로 묶어 주는 종합 플랫폼입니다. 검색부터 지도, 예약, 리뷰, 톡톡까지 모든 기능이 연결됩니다. 가게를 운영하는 사장님이라면 스마트플레이스를 통해 이 모든 기능을 직접 관리합니다. 이것이 바로 가게 홍보를 스마트플레이스로 시작해야 하는 이유입니다.

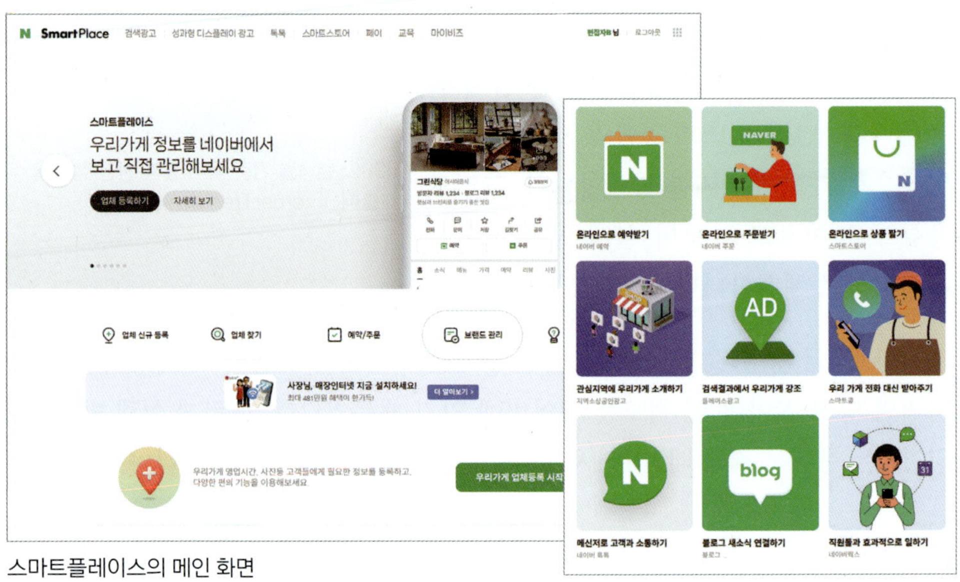
스마트플레이스의 메인 화면

잠깐! 헷갈리는 플레이스 관련 용어 정리하기

네이버 검색 창에서 네이버 플레이스를 검색하면 '네이버 MY플레이스'가 맨 위에 나타납니다. 이름이 비슷해서 '스마트플레이스'와 헷갈릴 수 있습니다. 각 서비스의 기능과 목적은 완전히 다릅니다. 이 책을 읽다 보면 '플레이스', '스마트플레이스'처럼 비슷한 용어들이 나와 헷갈릴 수 있습니다. 본격적으로 시작하기에 앞서 3가지 용어를 확실히 구분하고 가겠습니다.

❶ 플레이스 — 고객이 보는 화면

먼저 플레이스는 고객이 보는 화면 그 자체입니다. 우리가 특정 장소에 방문하려고 네이버에서 검색했을 때 지도와 함께 나타나는 **가게 정보가 바로 플레이스**입니다. 플레이스는 고객이 마주하는 우리 가게의 '온라인 간판'이라고 생각하면 쉽습니다.

네이버 검색 결과에서 보이는 플레이스

네이버 지도 검색 결과에서 보이는 플레이스

❷ 스마트플레이스 — 사장님이 쓰는 플레이스 관리 도구

반면 스마트플레이스는 **사장님이 사용하는 관리 도구**입니다. 고객이 보는 멋진 '플레이스' 화면을 만들기 위해 사진을 올리고 설명을 수정하는 모든 작업을 바로 이곳, 스마트플레이스에서 합니다. 스마트플레이스는 가게의 매장 관리실이나 컨트롤 패널 같은 역할을 하죠. 그래서 이 책에서는 주로 '플레이스를 관리하는 스마트플레이스 사용법'을 다룹니다.

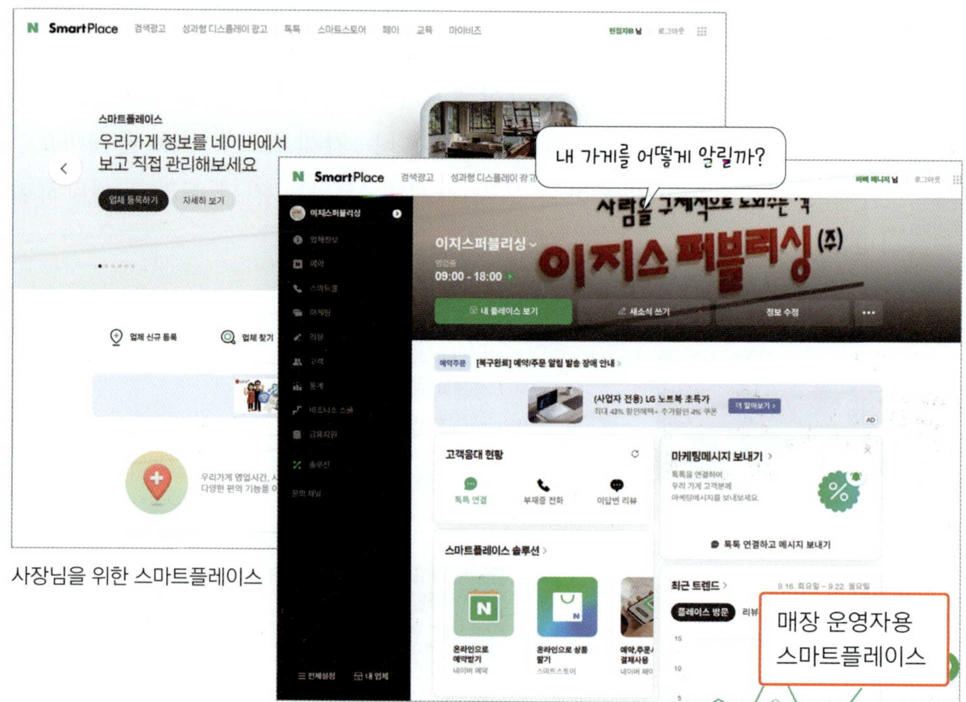

사장님을 위한 스마트플레이스

스마트플레이스 관리자 화면

❸ MY플레이스(고객의 개인 공간)

이름이 비슷한 MY플레이스가 있어 더 헷갈릴 수 있습니다. MY플레이스는 **고객을 위한 서비스**입니다. 방문했던 장소의 리뷰를 모아서 보거나 가고 싶은 장소를 저장하는 개인 공간이죠. 사장님의 관리 영역과는 관계가 없습니다.

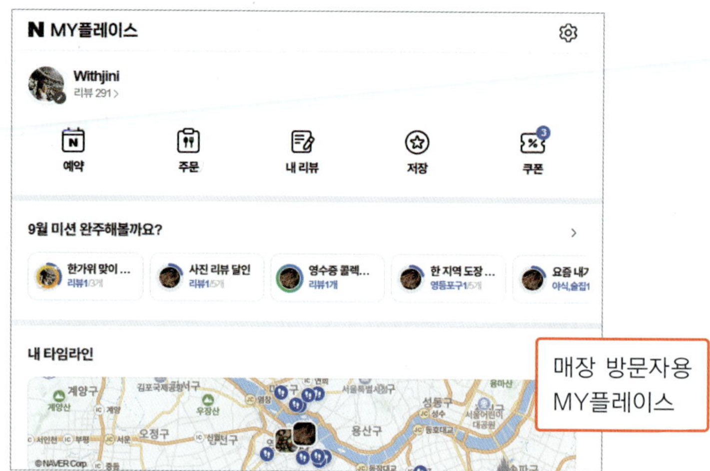

내가 남긴 리뷰를 관리하는 MY플레이스

이제 확실히 구분할 수 있죠? 3가지 개념을 정리하면 다음과 같습니다.

구분	플레이스	스마트플레이스	MY플레이스
목적	장소(가게) 정보 검색 및 확인	사장님의 매장 홍보 및 정보 제공	사용자의 방문 기록 및 리뷰 관리
사용 대상	일반 네이버 사용자(손님)	매장 운영자(사장님)	일반 네이버 사용자(손님)
주요 기능	가게 정보(메뉴, 사진, 리뷰 등) 확인, 길 찾기, 예약, 전화 걸기	매장 정보 등록, 통계 지표 확인, 예약 및 광고 기능	장소 저장, 리뷰 작성, 방문 기록

다시 한번 강조하자면, 이 책은 고객이 볼 '플레이스'의 관리 방법을 소개하는 '스마트플레이스' 활용 도서입니다. 이제 이 개념을 헷갈리지 말고, 잘 따라와 주세요.

하면 된다! } 네이버에서 동종 업계 플레이스 살펴보기

이제 네이버 플레이스가 중요하다는 사실을 알았나요? 이번에는 두 눈으로 확인해 볼 차례입니다. '동종 업계가 실제로 어떻게 노출되는지'를 직접 살펴봅시다. 그래야 우리 가게가 어떤 모습으로 경쟁해야 할지 구체적으로 그릴 수 있기 때문입니다.

가게를 아직 스마트플레이스에 등록하지 않았거나 오픈하기 전이라면 먼저 동종 업계의 가게를 네이버에서 검색해 보는 것이 중요합니다. 여기서는 '중식' 업종을 예시로 살펴보겠습니다.

1 네이버에서 검색 창에 **❶ 문래 중식**을 검색해 보세요. 검색 결과 화면의 맨 위에 **[플레이스]**라는 검색 결과 영역과 함께 네이버 지도에 위치가 표시되고 업체명이 여러 개 보입니다. 아무 업체나 선택해 보세요. **❷ [롱바이창펀 문래본점]**을 눌러 볼까요?

⭐ PC 브라우저에서 네이버로 검색해도 되고, 스마트폰의 네이버 앱에서 검색해도 됩니다.

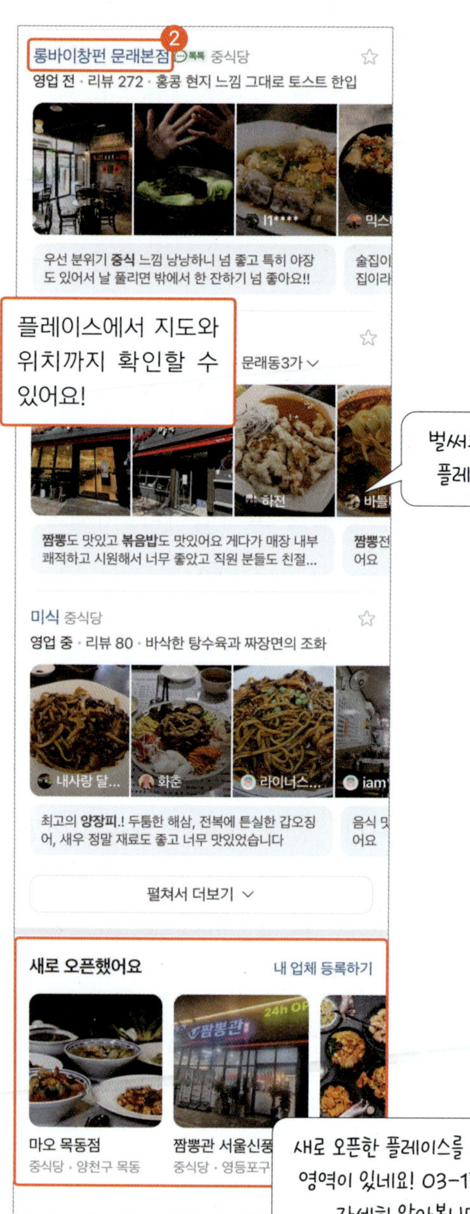

플레이스에서 지도와 위치까지 확인할 수 있어요!

벌써부터 눈을 사로잡는 플레이스들이 보이죠?

새로 오픈한 플레이스를 보여주는 영역이 있네요! 03-1절에서 자세히 알아봅니다.

네이버에서는 검색어에 따라 보여주는 정보의 순서를 바꾸기 때문입니다. 네이버 검색 화면에는 플레이스, 블로그, 쇼핑 등 여러 영역이 있습니다. 이런 영역을 '검색 결과 영역'이라고 하며, 검색어의 성격에 따라 노출 순서가 달라집니다. 네이버는 이 중에서 가장 관련성이 높은 영역을 맨 위에 보여 줍니다.

예를 들어 '강남역 카페'처럼 장소를 찾을 때는 '플레이스 영역'이 먼저 보입니다. 하지만 '원두 종류'처럼 정보를 찾을 때는 '지식백과'나 '블로그 영역'이 먼저 보일 수 있습니다. 이처럼 검색 결과 순서는 계속 바뀌므로 책의 예시와 다르다고 해서 우리 가게에 문제가 생긴 것은 아니니 안심해도 됩니다.

2 선택한 가게의 플레이스 화면이 나타납니다. 이 화면에서는 가게의 주소와 연락처, 영업시간과 같은 기본 정보는 물론이고, 직접 방문하지 않고도 메뉴와 내부 사진을 살펴볼 수 있습니다. ❶ [메뉴]와 ❷ [사진]을 각각 눌러 보세요.

3 그 외에 가게에 관한 다양한 버튼도 있습니다. [문의]를 누르면 '네이버 톡톡'으로 연결되어 실시간으로 문의할 수 있어요.

⭐ 네이버 톡톡 연결 방법은 04-8절에서 자세히 다룹니다.

4 [길찾기]를 누르면 **네이버 지도 앱**과 연동됩니다. 내 위치에서 장소까지 가는 방법을 바로 안내해 주어 편리합니다.

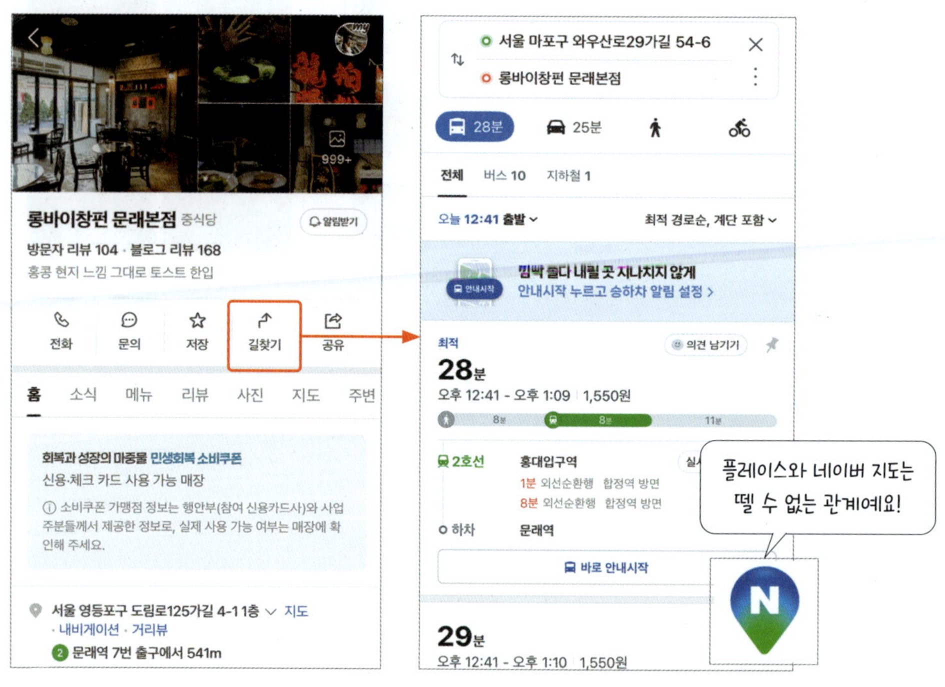

5 [공유]를 눌러 카카오톡 등 다른 플랫폼과 공유하거나 다른 사람에게 보낼 수도 있어요.

6 이처럼 네이버 검색 결과 화면에서 [플레이스]라는 검색 결과 영역으로 노출되는 정보를 등록하고 내 가게에 맞게 관리하는 서비스가 바로 '네이버 스마트플레이스'입니다.

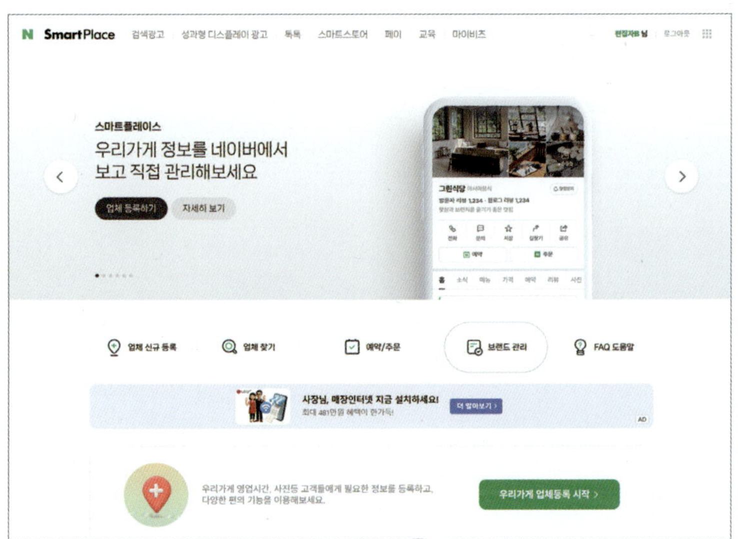

우리 가게 정보를 관리하는 네이버 스마트플레이스의 웹 사이트(new.smartplace.naver.com) 화면

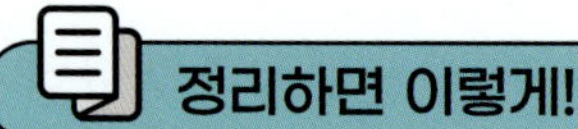

네이버 플레이스, 알아 둬야 할 것들

1. 고객과의 첫 만남은 네이버에서 시작된다!

- 대부분의 고객은 가게를 방문하기 전에 ① (검색 / 전화)함
- 플레이스는 가게의 온라인 간판

2. 왜 네이버일까?

- 네이버는 국내 검색 점유율 ② (1위 / 꼴찌)이며, 검색에서 방문과 예약으로 이어지는 전환율이 높음

3. 경쟁 업체는 이미 플레이스를 관리하고 있다!

- ③ (등록하지 않은 / 상위 노출하고 있는) 경쟁 업체 플레이스를 참고해서 구성 요소와 정보의 흐름을 파악할 수 있음

4. 플레이스/스마트플레이스/MY플레이스 차이

- 플레이스: 고객이 네이버에서 검색할 때 보는 화면
- 스마트플레이스: 사장님이 직접 가게 정보를 등록하고 관리하는 운영 도구
- MY플레이스: 고객이 방문 이력과 리뷰를 관리하는 개인 공간

정답 ① 검색 ② 1위 ③ 상위 노출하고 있는

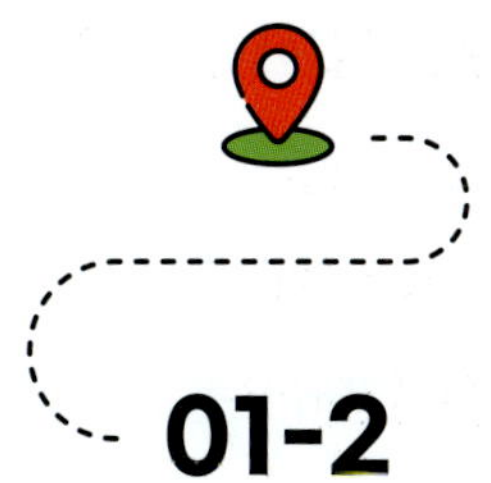

01-2

네이버 플레이스를
당장 시작해야 하는 5가지 이유

가게를 운영하려면 준비할 것이 많습니다. 재료 관리, 직원 교육, 매장 운영까지 신경 쓸 일이 산더미같이 쌓여 있습니다. 가게를 홍보해야 한다는 것은 알고 있지만 막상 어디서부터 어떻게 시작해야 할지 막막합니다.

> "이제 막 오픈했는데, 어떻게 알려야 하지?"
> "광고비는 부담되고, 무엇부터 해야 할지 모르겠어요."
> "그냥 인스타그램만 열심히 하면 되지 않을까요?"

이런 고민을 하고 있다면 지금 가장 먼저 해야 할 일은 바로 **내 매장을 네이버 스마트플레이스에 등록하는** 것입니다. 스마트플레이스를 당장 시작해야 하는 5가지 이유를 사례와 함께 알아보겠습니다.

1. 네이버에 안 보이면 손님 눈에도 안 보입니다!

예전에는 길을 가다가 우연히 마음에 드는 가게를 발견하기도 했습니다. 그러나 인터넷 기술이 발달한 오늘날엔 대부분 **먼저 검색부터** 합니다. 네이버에서 검색되지 않거나 정보가 오래되어 영업시간조차 확인할 수 없다면, 그 가게는 고객에게 '없는 가게'나 마찬가지입니다. 플레이스 개설과 함께 대표 사진, 영업시간,

메뉴, 가격 등 핵심 정보를 제대로 채워야 검색에서 선택되는 '보이는 가게'가 됩니다.

서울 송파구에서 디저트 가게를 연 사장님은 SNS와 지인 소개로 조금씩 손님이 찾아왔지만, 신규 고객 유입이 거의 없어서 고민에 빠졌습니다. 그러던 중에 "네이버에서 검색해도 안 나오더라고요."라며 못마땅해하는 손님을 보고 사장님은 문제를 깨달았습니다.

네이버에 접속해서 바로 플레이스를 개설하고 '송파 디저트', '가락동 케이크' 등 키워드와 대표 사진, 메뉴, 영업시간을 등록했습니다. 이후 줄지어 방문한 고객들에게 "검색해서 왔어요.", "신메뉴 사진으로 올려 주신 딸기 케이크가 맛있어 보이던데 지금도 있나요?"라는 반가운 말을 들었다고 합니다.

사장님은 "검색되지 않으면 손님에게는 존재하지 않는 가게라는 걸 알게 됐어요."라고 말합니다. 핵심은 단순합니다. 플레이스를 개설하지 않으면 네이버 검색에 노출될 가능성은 0%입니다. 고객이 쉽게 찾아올 수 있도록 미리 준비해 놓는 것이 중요해요. 정보를 간단히 입력하는 것만으로도 우리 가게는 고객에게 살아 있는 가게로 보인답니다.

2. SNS에서 관심이 생겨도 결정은 결국 네이버에서 합니다!

초보 사장님이 온라인 홍보를 시작할 때 인스타그램과 유튜브를 떠올립니다. 감성적인 사진을 꾸준히 올리면 손님이 찾아올 거라고 믿죠. 하지만 정말 중요한 건 따로 있습니다. 바로 손님이 실제로 "오늘 어디 갈까?"라고 생각하며 **방문을 결정하는 순간**입니다. 오늘 문을 열었는지, 지하철 몇 번 출구에서 가까운지, 브레이크타임이 있는지 정보를 확인할 때 사람들은 보통 **네이버에서 검색**합니다.

네이버는 단순히 검색 창이 아닙니다. 지금 영업을 하는지, 위치가 어딘지, 주차는 가능한지, 예약은 되는지를 한 번에 확인할 수 있는 플랫폼입니다. 실제로 '망원동 브런치', '성수동 미용실', '서면 혼밥 식당'처럼 '지역+업종' 형식으로 검색하는 이용자가 늘고 있으며 이들은 이미 방문 목적이 뚜렷합니다. 네이버 검색 광고 키워드 도구를 보면, '지역+업종' 검색어가 상위권을 차지하고 있어서 실제 이용자의 검색 패턴을 잘 보여 줍니다. 즉, 감성 콘텐츠로 관심을 끌더라도, 고객이 방문할 가게를 결정할 때는 네이버 검색이 결정적인 역할을 합니다.

전주 한옥마을에서 카페를 운영하는 사장님은 오픈 초기부터 유튜브 브이로그와 인스타그램 감성 포스팅을 꾸준히 올렸습니다. 카페 분위기와 인테리어는 감성적이라는 평가를 받았고 게시물 반응도 나쁘지 않았지만 정작 매출에는 큰 변화가 없었습니다.

그러던 중 한 손님이 "사장님, 여기가 그 카페 맞죠? 인스타그램에서 보고 위치를 찾으려고 네이버에 검색했는데 사진도 설명도 없어서 맞는지 헷갈렸어요."라고 말했습니다. 사장님이 스마트플레이스에 접속해서 확인해 보니 개업 초기 스마트플레이스에 가게를 등록은 해두었지만, 주소와 연락처 정도만 입력되어 있었고 대표 사진이나 메뉴판, 변경된 영업시간 등 고객에게 필요한 핵심 정보가 거의 없었습니다.

그제야 우리 가게가 사실상 '검색에서 잘 보이지 않는 가게'였음을 깨달았습니다. 인스타그램과 유튜브를 중심으로 열심히 홍보했지만, 실제 고객은 가게 위치와 정보를 네이버 검색에서 확인한다는 사실을 놓치고 있었던 것이죠.

사장님은 이후 스마트플레이스에서 가게의 다양한 내부, 외부 사진을 올리고 '조용한 분위기', '한옥 감성', '혼자 공부하기 좋은' 등의 키워드를 추가했습니다. 변경된 영업시간과 메뉴판, 메뉴 사진, 그리고 톡톡 문의 기능까지 꼼꼼히 업데이트했습니다. 그 결과 검색 유입이 빠르게 증가했고 방문한 고객들이 남긴 리뷰가 또 다른 손님을 불러오는 선순환이 생겼습니다.

사장님은 "예쁜 콘텐츠도 중요하지만 고객이 우리 매장을 쉽게 찾을 수 있게 하는 게 먼저라는 걸 알게 됐어요"라고 말합니다. 결국, 인스타그램이나 유튜브보다 중요한 것은 검색에서 바로 확인할 수 있는 정보입니다. 스마트플레이스에 핵심 정보와 키워드를 꼼꼼히 등록해 놓아야 고객을 방문까지 확실히 이끌 수 있어요.

3. 광고보다 플레이스 정비가 우선입니다!

많은 초보 사장님이 마케팅을 시작할 때 가장 먼저 떠올리는 것이 광고입니다. "광고를 해야 손님이 오지 않을까?" 하는 생각이 자연스럽죠. 하지만 광고 클릭이 실제 방문이나 예약으로 이어지려면 플레이스가 제대로 준비되어 있어야 합니다. 사진이 부족하거나 메뉴, 영업시간 등이 정확하지 않으면 고객은 바로 '뒤로 가기'를 누릅니다. 결국 이탈률은 높아지고 광고 효율은 뚝 떨어지죠.

⭐ 이탈률이란 우리 가게 페이지를 본 사람들이 바로 나가 버린 비율을 뜻합니다. 즉, 손님이 정보를 보고도 예약이나 방문으로 이어지지 않고 떠나는 비율이에요.

그럼 어떻게 해야 할까요? 정답은 **광고보다 먼저 플레이스를 정비하는 것입니다.** 플레이스에 예약, 대표 사진, 상세한 영업 정보, 그리고 긍정적인 후기까지 있다면 광고를 통한 유입이 실제 매출로 이어지는 건 시간 문제죠.

사례 | 부천의 한 애견 미용실, 플레이스 정비만으로 예약률 상승!

부천에서 애견 미용실을 운영하는 사장님은 오픈과 동시에 광고를 집행했습니다. 블로그 체험단도 모집하고 동네에서 유명하다는 당근 광고까지 돌렸지만 예약은 거의 없었습니다. 광고로 유입된 고객들이 대부분 플레이스에서 이탈했던 거죠. 이유를 확인해 보니 우리 가게 플레이스에는 사진만 몇 장 있을 뿐 가격표도 없고 예약 기능도 비활성화되어 있었습니다.

사장님은 **스마트플레이스에서 시술 전후 사진을 등록하고, 강아지 품종별 가격표를 작성하고 예약도 활성화했습니다.** 이후 다시 광고를 다시 진행했더니, 이전보다 예약이 눈에 띄게 늘었습니다. 사장님은 "이전엔 클릭은 많았는데 예약은 없었어요. 근데 스마트플레이스에서 우리 가게 정보를 재정비하니 예약이 하나둘씩 들어오기 시작하더라고요."라고 말합니다. 사장님은 광고는 준비된 플레이스를 위한 도구라는 걸 알게 되었다고 합니다.

핵심은 명확합니다. **플레이스를 먼저 준비해야 광고 효율이 올라갑니다.** 사진으로 눈길을 끌어 광고를 클릭해도, 웹 페이지를 제대로 준비하지 않으면 매출로 이어질 수 없습니다. 간단한 세팅하는 것만으로도 효과를 충분히 볼 수 있습니다.

알아 두면 좋아요!　예약 전환율이란?

예약 전환율이란 우리 가게 페이지를 본 손님 중 실제로 예약까지 이어진 비율을 뜻합니다. 예를 들어 100명이 페이지를 봤는데 그중 5명이 예약했다면 예약 전환율은 5%입니다. 예약 전환율이 이전에 비해 3배 상승했다는 것은 같은 방문자 수 대비 예약이 3배 늘었다는 뜻이에요.

$$\text{예약 전환율} = \frac{\text{예약 완료 수}}{\text{총 방문자 수}} \times 100$$

4. 처음에 잘 등록해 두면 관리 부담 없이 오래갑니다!

"플레이스를 개설하면 계속 관리해야 하나요?" 많은 사장님이 스마트플레이스 관리 부담 때문에 시작을 망설입니다. 하지만 실제로 초기에는 핵심 정보와 사진만 등록해도 충분합니다. 이후 한 달에 1~2회 정도 소식 업데이트와 리뷰 답변만 해도 고객에게 "이 가게는 운영 중이고 신뢰할 수 있는 곳"이라는 인상을 충분히 줄 수 있습니다.

 **사례 | 인천의 한 고깃집, 월 2회 소식 업데이트만으로 고객 신뢰와 재방문 확보!**

인천에서 고깃집을 운영하는 한 사장님은 네이버 플레이스가 중요하다는 얘기를 들었지만, 막상 매장을 오픈하고 너무 바쁜 나머지 가게 등록을 미루었습니다. 그러던 어느 날, 가게 앞을 지나던 한 손님이 이렇게 말했습니다. "사장님 가게 이름 검색해 봤는데 네이버에 아무것도 안 나와요. 혹시 아직 오픈 전인가요?" 그제야 사장님은 부랴부랴 스마트플레이스에서 플레이스를 개설하고 우리 가게의 메뉴, 영업시간, 주차 정보 등 핵심 정보와 사진을 등록했습니다.

그리고 '월 2회만 관리하자'라는 기준을 세웠습니다. 매월 첫째 주에는 고객 리뷰에 댓글을 달고, 셋째 주에는 [소식] 메뉴에 휴무일이나 신메뉴를 간단히 안내하기 시작했습니다. 간단한 관리였지만 고객 반응은 눈에 띄게 달라졌습니다. "소식 보고 신메뉴 나왔다는 거 알았어요!", "리뷰 답글 보고 생각나서 다시 왔어요."라고 말하며 재방문하는 고객들이 생겨난 것입니다. 사장님은 "처음에 기본 정보를 잘 등록해 두고 한 달에 두 번만 신경 써도 손님 반응이 완전히 달라집니다. 생각보다 귀찮지 않고 정말 해볼 만해요!"라고 말했습니다.

5. 고객 분석 데이터를 무료로 얻을 수 있습니다!

"우리 가게는 주로 20대 여성이 많이 찾아오는 것 같아." "비 오는 날에는 유독 파전이 잘 나가는 느낌인데." 이처럼 지금까지 어림짐작으로 가게를 운영해 왔다면, 스마트플레이스가 제공하는 '통계' 기능에 주목해야 합니다. 스마트플레이스는 우리 가게에 누가, 언제, 어떤 검색어로 찾아왔는지 구체적인 데이터를 모두 무료로 보여 줍니다.

이 데이터를 활용하면 막연한 감이 아니라 정확한 근거를 바탕으로 가게 운영 전략을 세울 수 있습니다. 예를 들어 특정 연령대가 방문하는 것으로 확인되면 그들을 위한 메뉴나 이벤트를 기획할 수 있습니다. 스마트플레이스 통계는 우리 가게의 강점과 약점을 파악해서 앞으로 나아갈 방향을 알려 주는 '무료 마케팅 컨설턴트'나 다름없습니다.

사례 | 대전의 한 수제버거 가게, '혼밥' 키워드로 평일 매출이 반등하다

대전에서 수제버거를 판매하는 사장님 가게는 주말은 조금 붐볐지만 평일 점심시간에는 항상 한산했습니다. "우리 음식이 평일에 인기가 없나?"라고 막연히 생각했지만 스마트플레이스 통계를 확인한 순간 눈에 띄는 키워드가 있었다고 합니다. 평일은 보통 '혼밥', '가성비 햄버거' 키워드를 통해 플레이스로 유입되는 경우가 많다는 것을 확인한 후, 이를 반영해 메뉴를 재정비하고 1인석 사진도 올렸습니다. 또, [소식]과 [정보]에 혼밥을 환영한다는 문구도 작성했죠. 그러자 평일 매출과 검색 유입 모두 상승했습니다.

이후 사장님은 매주 통계 리포트를 확인하며 고객의 방문 데이터를 관리합니다. 이렇게 **무료 통계 기능을 활용하면** 감이 아닌 **데이터 기반으로 마케팅 방향을 설정할** 수 있습니다.

지금 당장 우리 가게를 스마트플레이스에 등록하세요!

이렇게 스마트플레이스에 가게를 등록하지 않으면 네이버 검색에서 손님이 우리 가게를 발견할 가능성은 거의 없습니다. 검색되지 않는다는 것은 곧 고객에게 없는 가게와 같다는 뜻입니다. 플레이스를 개설하고 핵심 정보를 채워 놓는 순간, 고객이 찾아올 길을 미리 만들어 두는 셈입니다. 플레이스를 개설하는 것 자체가 **손님과 만날 준비를 하는 자세**를 갖추었다고 할 수 있습니다.

이제 스마트플레이스를 시작할 준비가 되었나요? 이 책이 안내하는 순서대로 차근차근 따라가면 누구나 쉽게 플레이스를 등록하고 운영할 수 있습니다. 등록만 해도 검색 노출뿐만 아니라 리뷰 관리, 고객 데이터 분석 등을 무료로 이용할 수 있어요.

플레이스는 앞으로 운영할 가게의 첫인상을 좌우할 수 있습니다. 스마트플레이스에서 사진, 메뉴, 영업시간 등 필요한 정보를 처음에 한 번만 제대로 설정해 두면 고객의 방문과 매출 증가로 이어집니다. 지금 시작하는 것이 가장 중요합니다.

📋 정리하면 이렇게!

스마트플레이스를 지금 당장 시작해야 하는 5가지 이유

1. 네이버에 안 보이면, 손님 눈에도 안 보입니다!

- ✅ 플레이스를 개설하고 간단한 ① (정보 입력 / 설문 조사) 만으로도 '보이는 가게' 완성

2. SNS에서 관심이 생겨도 결정은 결국 네이버에서 합니다!

- ✅ 최종 결정 채널은 위치, 메뉴, 리뷰 등을 모두 확인할 수 있는 네이버 플레이스를 확인함

3. 광고보다 플레이스 정비가 우선입니다!

- ✅ 플레이스가 준비되어 있어야 ② (광고 효과 / 나비 효과)를 극대화할 수 있다.

4. 처음만 잘 등록해 두면 관리 부담 없이 오래갑니다!

- ✅ 초기 설정 이후 ③ (월 2회 / 월 30회) 관리면 충분. 매일 관리해야 한다는 부담감을 가질 필요 없음

5. 고객 데이터를 무료로 얻을 수 있습니다!

- ✅ 연령대, 유입 키워드 등의 고객 데이터를 ④ (무료 / 유료)로 확인, 데이터 기반 운영 가능

정답 ① 정보 입력 ② 광고 효과 ③ 월 2회 ④ 무료

02

웨이팅을 부르는 플레이스 기획

02-1 네이버가 공개한 알고리즘의 비밀

02-2 고객의 기억에 오래 남을
플레이스 기획하기

02-3 우리 가게에 꼭 맞는 키워드인지
데이터로 점검하기

네이버의 검색 구조와
플레이스의 원리 파악

기획 & 브랜딩

플레이스 등록

01장에서 스마트플레이스를 당장 시작해야 할 이유를 다뤘다면, 이제 02장에서는 실행에 앞서 기획안을 작성하는 단계로 넘어갑니다. 단순히 우리 가게 정보를 등록하는 데 그치지 말고, 고객이 검색했을 때 '여기 가보고 싶다!'라는 생각이 드는 플레이스를 함께 기획해 봅시다.

상위 노출을 위한
세부 설정

플레이스
마케팅

AI 활용

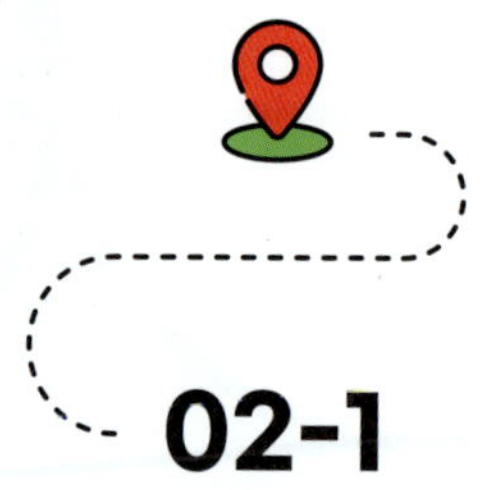

02-1

네이버가 공개한
알고리즘의 비밀

사장님이라면 누구나 상위 노출을 원합니다. 많은 분이 '알고리즘'의 선택을 받는 특별한 비법이 있다고 생각합니다. 하지만 놀랍게도 그 비법은 이미 모두에게 공개되어 있습니다. 네이버가 직접 '알고리즘의 선택을 받는 방법'을 알려 주었기 때문입니다.

> 플레이스 검색 결과에 내 업체의 순위를 높이고 더 많은 이용자에게 노출되기 위해서는, '스마트 플레이스 정보'를 우선 정확하고 풍부하게 반영해주셔야 합니다.
> - '네이버 스마트플레이스 어뷰징 운영 원칙'에서 발췌

플레이스 검색 결과 순위를 높이는 방법

플레이스 검색 결과에 내 업체의 순위를 높이고 더 많은 이용자에게 노출되기 위해서는, '스마트 플레이스 정보'를 우선 정확하고 풍부하게 반영해주셔야 합니다. 이를 위해서는, 아래와 같은 방법을 권유드립니다.

1 **네이버 스마트 플레이스**에서 최신 업체 정보 업데이트

2 **스마트 플레이스 업체정보 등록 가이드** 참고

업체명, 업종, 전화번호, 주소, 홈페이지(URL), 찾아오는 길, 가격, 사진, 영업시간, 대표 키워드 설정하는 방법을 안내해드립니다.

3 **스마트플레이스 활용법** 참고

| 플레이스에 내 가게 신규 등록 교육 영상 > | 스마트플레이스 기본 정보 입력 교육 영상 > |

⭐ 자세한 내용은 bit.ly/nsp_al에서 확인해 보세요.

네이버 검색 상위에 노출되려면 신뢰할 수 있고 유용한 정보를 제공하는 것이 핵심입니다. 반대로 검색 순위를 인위적으로 조작하는 행위(어뷰징)는 네이버가 가

장 엄격하게 제재합니다. 이는 단순히 알고리즘만을 위한 규칙이 아닙니다. 결국 실제 고객을 위한 원칙이기도 합니다.

예를 들어 보겠습니다. 같은 지역에 카페 두 곳이 있고 모두 플레이스에 등록된 상태라고 가정해 봅시다.

- **A 카페**: 영업시간과 주소만 등록했고, 사진은 3년째 그대로입니다.
- **B 카페**: 최신 메뉴 사진을 올리고 소식 기능으로 정보를 꾸준히 알립니다. 손님 리뷰에도 정성껏 답글을 남깁니다.

두 카페 중 고객에게 선택받을 확률이 높은 곳은 어디일까요? 당연히 **B 카페**입니다. 고객이 원하는 최신 정보를 정확히 전달하기 때문입니다. 네이버의 생각도 같습니다. 고객에게 유용한 정보를 제공하는 가게를 더 많은 사람에게 보여주려 합니다. 이것이 바로 상위 노출의 기본 원리입니다.

네이버에서 검색 상위에 노출되는 핵심 기준 4가지

네이버는 상위 노출의 핵심 기준 4가지를 공식적으로 공개했습니다. 바로 **'유사도', '인기도', '거리', '정보의 충실성'** 입니다. 이것을 **플레이스 SEO의 구성 요소**라고 합니다. 지금부터 이 4가지 기준을 하나씩 살펴보며 우리 가게에 적용할 방법을 구체적으로 알아보겠습니다.

> 📢 **알아 두면 좋아요!** **SEO란?**
>
> SEO는 Search Engine Optimization의 줄임말 '검색 엔진 최적화'를 뜻합니다. 다시 말해 네이버나 구글 같은 검색 엔진에서 고객이 우리 가게를 더 잘 발견하고 좋은 평가를 내리도록 콘텐츠와 구조를 다듬는 모든 작업을 의미합니다.
> 예를 들어 고객이 '홍대 카페'를 검색했을 때 수많은 경쟁 가게 중에서 우리 가게가 검색 결과 상위에 나타나게 만드는 기술이라고 생각하면 쉽습니다.
>
> | 유사도 | 인기도 | 거리 | 정보의 충실성 | ⇌ | 검색 품질 확보 |
> | --- | --- | --- | --- | --- | --- |
> | 적합도·연관도 | 카테고리 선호도
업체 인기도 | 위치·거리 | 정보의 정확도 | | 어뷰징 모니터링 |
>
> 플레이스 SEO의 4가지 구성 요소

❶ 유사도(적합도·연관도)

고객이 입력한 검색어와 우리 가게 정보가 얼마나 일치하는가를 뜻합니다. 예를 들어 '신림 스파 호텔'을 검색했는데 검색 결과에 엉뚱하게 신림동에서 먼 곳이거나 스파를 할 수 있는 호텔이 나온다면 고객은 "내가 찾는 게 이게 아닌데?" 하고 곧바로 다른 검색 앱을 열 수도 있습니다. 네이버는 이런 상황이 발생하지 않도록 고객이 입력한 검색어와 우리 가게의 정보가 얼마나 일치하는지, 즉 **유사도(적합도·연관도)**를 핵심 기준으로 삼고 있습니다.

❷ 인기도(카테고리 선호도, 업체 인기도)

고객이 평소에 많이 검색하고 찾는 카테고리인가 그리고 그들이 클릭·저장·리뷰로 반응했는가를 뜻합니다. 한마디로 말하자면 우리 가게가 고객에게 얼마나 관심을 받고 있느냐입니다. 네이버는 리뷰 수, 사진 수, 저장 수, 블로그 언급량 등 다양한 **반응 데이터**를 종합해 '인기도'를 판단합니다.

❸ 거리(위치·거리)

고객이 있는 위치에서 우리 가게가 얼마나 가까운가를 뜻합니다. 사람들은 보통 멀리 있는 가게보다 가까운 가게를 선호합니다. 네이버는 사용자의 현재 위치를 기반으로 가장 가까운 곳에 있는 가게를 검색 화면 상단에 보여 줍니다. 특별한 지역명 없이 업종이나 특징만 검색한다면 고객의 현재 위치를 중심으로 주변 가게들이 노출됩니다. 그러므로 플레이스를 등록할 때에는 반드시 주소를 정확하게 입력해야 합니다.

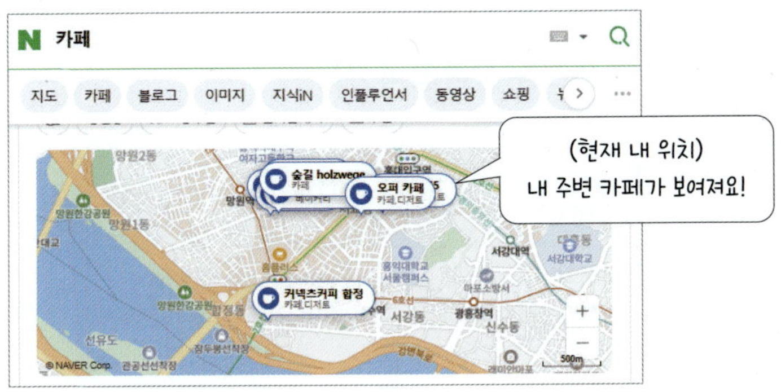

❹ 정보의 충실성(정보의 정확도)

고객이 궁금해할 정보를 빠짐없이 정확하게 제공했는가를 뜻합니다. 정보가 부족하거나 등록한 지 오래되어 정보의 최신성이 떨어지는 가게는 검색 알고리즘에서도 뒤로 밀립니다. 반대로 최신 정보를 올리고 잘 정리된 가게는 고객의 클릭과 방문으로 전환됩니다. 새로운 메뉴를 개발하거나 영업시간 변경 등 가게에 새로운 정보가 생긴다면 [소식]이나 [정보]에 올려서 꼭 안내해 주세요. 고객도, 네이버도 친절한 가게를 좋아한답니다.

플레이스 SEO의 4가지 구성 요소는 **검색에서 살아남는 가게의 핵심 공식**입니다. 네이버는 실제 고객이 남긴 방문 리뷰 글과 사진 등과 플레이스에서 자체 수집하는 검색 데이터를 종합해 플레이스 순위와 노출 순서에 반영합니다.

이 4가지 구성 요소를 바탕으로 다음 절에서는 우리 가게만의 플레이스를 어떻게 기획하면 좋을지 실전 예시와 함께 알아보겠습니다.

정리하면 이렇게!

네이버의 알고리즘 공략법 4가지

플레이스의 SEO 구성 요소	네이버 검색 엔진이 보는 핵심 포인트	우리 가게의 기획 전략
유사도 (적합도·연관도)	고객이 입력한 검색어와 우리 가게 정보가 얼마나 ① (일치 / 불일치)하는가?	소개 글, 메뉴명, 리뷰 댓글에 검색어와 관련된 키워드 포함하기
인기도 (카테고리 선호도, 업체 인기도)	고객이 평소에 ② (많이 / 빨리) 검색하고 찾는 카테고리인가? 그리고 그들이 클릭 · 저장 · 리뷰로 반응했는가?	리뷰, 저장하기 이벤트 적극 운영, 최신 소식 및 신메뉴 업데이트
거리 (위치·거리)	고객이 있는 위치에서 우리 가게가 ③ (얼마나 가까운가 / 멋있는가)?	주소 및 주변 명소 자세하게 입력하기
정보 충실성 (정보의 정확도)	고객이 궁금해할 정보를 ④ (빠짐없이 / 하나만) 정확하게 제공했는가?	정확한 정보 입력하기, 변경사항은 신속하게 업데이트하기

정답 ① 일치 ② 많이 ③ 얼마나 가까운가 ④ 빠짐없이

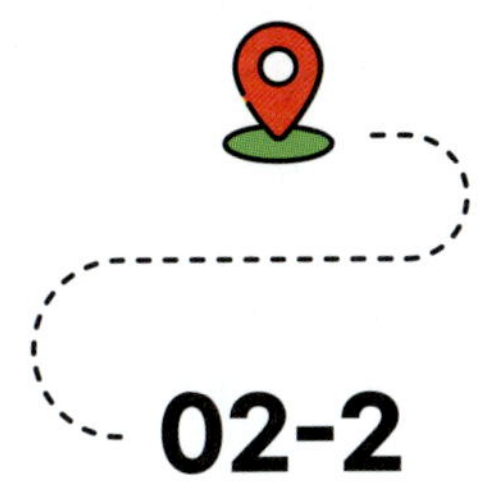

02-2

고객의 기억에 오래 남을
플레이스 기획하기

앞서 소개한 플레이스 SEO의 4가지 구성 요소를 바탕으로 우리 가게를 더욱 특별하게 만들어 줄 **네이버 플레이스 기획안**을 작성해 보겠습니다. 기획안을 완성하는 과정은 다음과 같이 3단계로 이루어집니다.

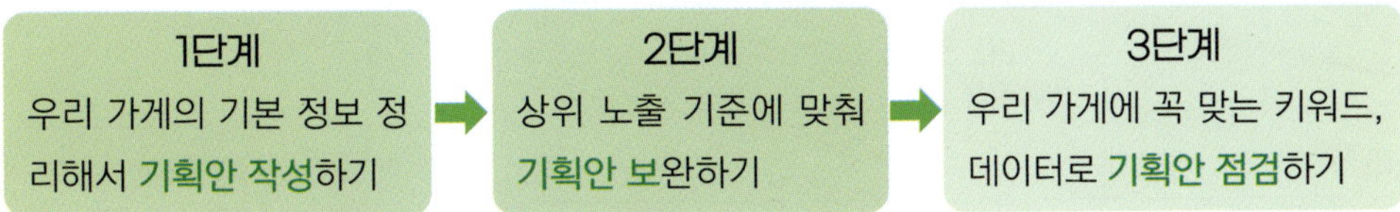

이번 절에서는 **1~2단계**를 먼저 진행하고 3단계는 다음 절에서 설명하겠습니다. 이번 실습은 책에 직접 쓰면서 따라 하면 가장 효과가 좋습니다. PC나 모바일로 작성하고 싶은 분을 위해 따로 양식 파일도 제공하고 있으니, QR코드를 스캔하거나 다음 주소를 직접 입력해 양식 파일을 내려받고 진행해 보세요.

고객이 네이버에서 검색하는 키워드에는 분명한 목적이 있습니다. 이 목적을 이해하고 가게 특성에 맞춰 기획을 세우는 것이 중요합니다. 그 출발점으로, 플레이스 SEO 구성 요소를 바탕으로 우리 가게의 정체성을 이루는 5가지 핵심 요소를 하나씩 정리해 보는 것이 좋습니다.

먼저 기획안 작성 예시를 살펴볼까요?

1. 지역	가게의 위치는 어디인가요? 근처에 대표적인 상권이 있나요? 그 상권의 특징은 무엇인가요? – 서울시 마포구 서교동 OOO – 서울 주요 상권으로, 유동 인구와 감성 매장이 많음
2. 업종, 세부 업종	업종과 세부 업종은 무엇인가요? – 업종: 카페, 베이커리 – 세부 업종: 디저트(커피와 베이글 중심)
3. 타깃 고객	가장 자주 방문하는 고객층은 누구인가요? 혹은 어떤 고객이 찾아 주었으면 하나요? – 20, 30대 – 커플 고객
4. 대표 메뉴	고객에게 가장 매력적이고 주력으로 판매하는 상품이나 서비스는 무엇인가요? – 커피, 베이글
5. 가게의 특징	다른 가게와 차별화할 수 있는 장점은 무엇인가요? – 책이 많다 – 조용하다 – 정원이 있다

기획안 작성 예시

하면 된다! } 플레이스 기획안 작성하기

앞서 소개한 기획안 작성 예시를 참고하여 우리 가게를 설명하는 기획안을 작성해 보세요. 5가지 핵심 요소 질문에 답이 바로 떠오르지 않거나 막막하게 느껴지더라도 걱정하지 마세요. 앞으로 5가지 핵심 요소별로 우리 가게만의 답을 찾아가는 방법을 차근차근 안내하겠습니다.

1. 지역	가게의 위치는 어디인가요? 근처에 대표적인 상권이 있나요? 그 상권의 특징은 무엇인가요?
2. 업종, 세부 업종	업종과 세부 업종은 무엇인가요?
3. 타깃 고객	가장 자주 방문하는 고객층은 누구인가요? 혹은 어떤 고객이 찾아 주었으면 하나요?
4. 대표 메뉴	고객에게 가장 매력적이고 주력으로 판매하는 상품이나 서비스는 무엇인가요?
5. 가게의 특징	다른 가게와 차별화할 수 있는 장점은 무엇인가요?

특징 없는 가게는 없습니다. 아직 발견하지 못했거나, 약점이라고 생각했던 것 속에 진짜 강점이 숨어 있을 뿐입니다. 우리 가게의 평범한 특징을 고객이 열광하는 매력으로 바꾸는 방법을 알아보겠습니다.

사장님의 막연한 생각	관점 바꾸기(전략)	실제 활용 문구/키워드
"주요 상권과 멀리 떨어진 평범한 동네 가게예요."	번잡함 대신 '편안함'과 '단골'을 강조	#숨은맛집, #동네아지트, 단골만 아는 진짜 맛집
"역 바로 앞이라 위치는 좋은데, 경쟁 가게가 너무 많아요."	경쟁보다 '접근성'과 '편리함'을 강조	#강남역3번출구, #초역세권, 만나서 바로 들어가기 좋은 약속장소
"특별한 콘셉트는 없고 그냥 조용해요."	'집중'과 '휴식'이 필요한 고객에게 '조용함'을 장점으로 부각	#카공, #조용한카페, #혼자만의시간, 대화에 집중하기 좋은 곳

이처럼 우리 가게의 약점을 그대로 드러내지 말고, 생각을 역전시켜 사람들이 좋아할 만한 특징으로 발전시켜 주세요.

완벽하지 않더라도 기획안에 내용을 모두 채웠다면 '고객이 찾아오는 플레이스 상위 10%'라고 할 수 있습니다. 하지만 검색에 바로 노출되는 플레이스 상위 1%로 올라서려면 조금 더 구체적으로 발전시켜야 합니다. 검색 결과 상위에 노출되는 기준에 맞춰 기획안을 보완해 보겠습니다.

2단계 검색 노출 기준에 맞춰 기획안 보완하기

이제 1단계에서 작성한 기획안을 한 단계 더 발전시킬 차례입니다. 앞서 배운 플레이스 SEO의 4가지 구성 요소를 우리 가게 기획안에 직접 적용해 보겠습니다. 이 과정은 단순히 빈칸에 소개 글을 추가하는 것과는 다릅니다. 우리 가게의 정보가 검색 엔진에게 더 매력적으로 보이도록 기획안 자체를 SEO 전략에 맞춰 재구성하는 핵심 단계입니다.

❶ 지역

지역은 4가지 검색 노출 기준 가운데 **유사도, 거리**와 가장 연관되어 있습니다. 고객은 우리 사게의 정확한 주소(서교동)보다 더 넓고 익숙한 상권 이름(홍대)으로 검색합니다. 따라서 기획안에서 '지역' 항목은 단순히 행정구역을 적는 곳이 아닙니다. 고객의 검색어를 예측하여 채워 넣어야 합니다.

예를 들어 기획안에 '홍대, 서교동'이라고만 적었다면 여기서 멈추지 말고, 고객이 실제로 검색창에 입력할 만한 키워드로 다음과 같이 확장해 보세요. 이때 단순하게 확장하는 게 아니라 '상권의 특징'을 반영하여 상권의 주요 방문객들이 검색할 만한 키워드를 찾아야 합니다.

1. 지역	가게의 위치는 어디인가요? 근처에 대표적인 상권이 있나요? 그 상권의 특징은 무엇인가요? – 서울시 마포구 서교동 OOO **→ 홍대, 홍대입구역, 서교동** – 서울 주요 상권으로, 유동 인구와 감성 매장이 많음 **→ 홍대 데이트, 홍대 조용한 카페**

이처럼 고객이 검색할 가능성이 높은 키워드들을 미리 풍부하게 정리해 두면 나중에 스마트플레이스에 상세설명이나 대표 키워드를 입력할 때 그대로 활용할 수 있습니다. 지도 검색과 위치 기반 검색에 모두 유리해지는 것은 덤이죠.

하면 된다! } 지역 항목 보완하기

다음 양식에 맞춰 여러분의 지역 키워드를 분석하고 입력해 보세요.

1. 지역	가게의 위치는 어디인가요? 근처에 대표적인 상권이 있나요? 그 상권의 특징은 무엇인가요?

❷ 업종, 세부 업종

업종, 세부 업종은 **유사도, 정보의 충실성**과 관련이 깊습니다. 기본적으로는 사업 자등록증에 명시된 업종과 세부 업종을 확인하여 작성하면 됩니다. 단, 네이버 스마트플레이스에 업종을 등록할 때는 사업자등록증에 적힌 업종을 그대로 선택하기보다 **실제 가게의 운영 방식과 고객이 검색할 키워드**에 맞춰 업종을 고르는 것이 중요합니다.

2. 업종, 세부 업종	업종과 세부 업종은 무엇인가요? – 업종: 카페, 베이커리 – 세부 업종: 디저트 (커피와 베이글 중심)

같은 업종 안에서도 우리 가게만의 차별화가 중요합니다. 예를 들어 '술집'은 '맥주, 호프', '이자카야', '요리주점' 등 세부적으로 나눌 수 있습니다.

'상수 술집'을 검색해 보니 상위 노출되는 가게들의 업종이 대부분 '요리주점'이네요. '상수 술집'을 검색했을 때 우리 가게가 상위 노출되길 원한다면 업종을 '맥주, 호프'보다는 '요리주점'을 선택하는 것이 상위 노출에 더 유리하다는 뜻입니다.

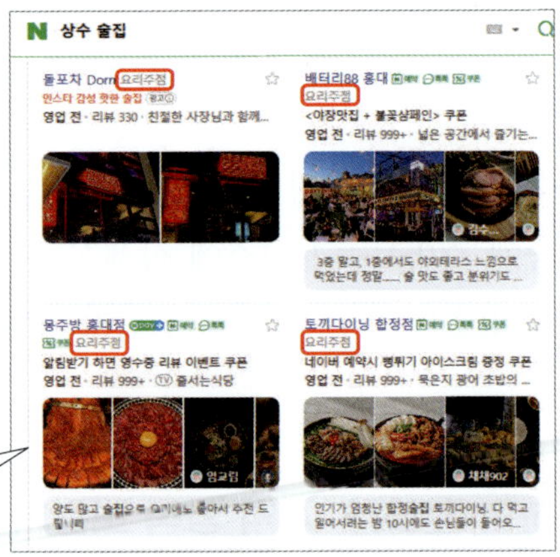

하면 된다! } 업종, 세부 업종 항목 보완하기

이처럼 우리 가게와 유사한 주변 업체를 검색해 상위 노출된 곳에서 어떤 업종을 선택했는지 참고하고 보완해 보세요!

2. 업종, 세부 업종	업종과 세부 업종은 무엇인가요? – 업종: – 세부 업종:

❸ 타깃 고객

타깃 고객은 **유사도, 인기도, 정보의 충실성**과 관련이 깊습니다. 이때 키워드는 고객의 연령, 성별, 라이프스타일에 따라 다르게 사용해야 합니다. 우리 가게에 방문할 가능성이 높은 사람들을 먼저 상상해 보세요.

예를 들어 '30대 여성', '혼자 작업하기 좋은 공간을 찾는 사람', '가성비 좋은 데이트 코스를 찾는 커플' 등 구체적인 이미지를 떠올리는 것이 중요합니다.

3. 타깃 고객	우리 가게에 가장 자주 방문하는 고객층은 누구인가요? 혹은 어떤 고객이 찾아 주었으면 하나요? – 20, 30대 → 작업과 독서를 좋아하는 20~30대 여성 – 커플 고객 → 조용하고 감성적인 분위기를 선호하는 커플

만약 타깃 고객이 막연하게 느껴진다면 '연령 → 성별 → 취향 → 행동 특성 순서로 좁혀 보세요. 예를 들어 '20대 → 여성 → 조용한 분위기를 좋아함 → 책을 읽거나 작업을 할 곳' 순으로 타깃 고객을 정리하면 어떤 키워드를 활용해야 할지 파악하기 쉽습니다. 또한 같은 업종에 비슷한 특징을 가진 가게의 플레이스 리뷰를 통해 방문 고객의 특징을 알아보는 방법도 추천합니다.

경쟁 업체의 영수증, 블로그 리뷰 글을 통해 방문자의 특징을 파악하는 것도 좋아요.

추가로 타깃 고객의 성별, 연령대까지 분석해 주는 블랙 키위 같은 키워드 분석 도구를 활용하는 것도 큰 도움이 됩니다.

⭐ 키워드 분석 도구는 바로 이어지는 02-3절에서 자세히 설명합니다.

하면 된다! } 타깃 고객 항목 보완하기

타깃 고객은 구체적일수록 좋습니다. 최대한 자세히 작성해 보세요.

3. 타깃 고객	가장 자주 방문하는 고객층은 누구인가요? 혹은 어떤 고객이 찾아와 주었으면 하나요?

④ 대표 메뉴

대표 메뉴는 **유사도, 인기도, 정보의 충실성**에 영향을 줍니다. 음식점이나 카페를 오픈할 계획이라면 우리 가게의 대표 메뉴를 정해야 합니다. 이때 단순히 인기 있는 메뉴를 나열하기보다 타깃 고객의 취향과 관심사가 일치하면서 우리 가게만의 개성을 보여 줄 수 있는 메뉴를 앞에 배치하세요.

⭐ 플레이스의 메뉴를 추가하고 대표 메뉴를 설정하는 방법은 **04-3절**에서 자세히 다룹니다.

4. 대표 메뉴	고객에게 가장 매력적이고 주력으로 판매하는 상품이나 서비스는 무엇인가요?
	– 커피, 베이글
	→ 작업 또는 공부를 하면서 간편하게 먹을 수 있고, 커피와 잘 어울리는 구성

만약 메뉴명이 단조롭다면 '초콜릿 크림 크루아상', '매콤 소고기덮밥' 등 재료나 특징을 살린 수식어를 앞에 붙여 보세요. 또, 타깃 고객에 맞춰 커플이나 가족을 위한 2인 세트, 4인 세트를 구성해 볼 수도 있습니다. 사진, 설명, 가격도 함께 배치하면 정보의 충실성 효과까지 볼 수 있어요.

실제 가게의 메뉴판

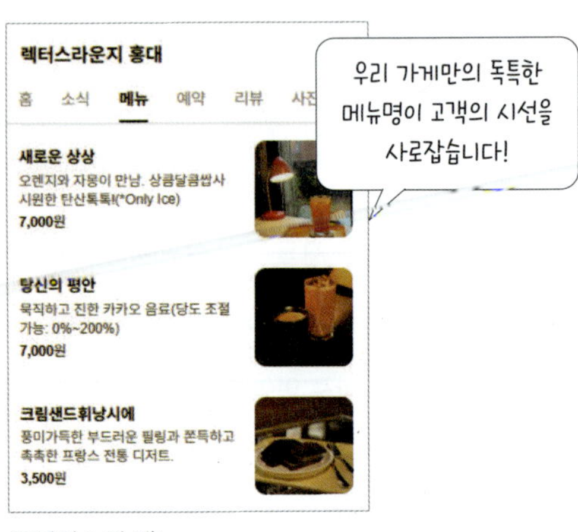

플레이스의 메뉴

하면 된다! } 대표 메뉴 항목 보완하기

너무 비싼 대표 메뉴를 내세우기보다 먹음직스러우면서도 가격도 적당한 미끼 상품을 대표 메뉴로 설정해 놓는 것도 하나의 전략이겠죠? 여러분 가게의 대표 메뉴를 보완해 보세요.

4. 대표 메뉴	고객에게 가장 매력적이고 주력으로 판매하는 상품이나 서비스는 무엇인가요?

❺ 가게의 특징

가게의 특징 또한 메뉴와 비슷하게 **유사도, 인기도, 정보의 충실성**에 영향을 줍니다. 메뉴 외에도 **공간 구성, 분위기, 접근성** 등에서 우리 가게만의 강점을 찾아보세요.

예를 들어 '대화 나누기 좋은 한정식집', '조용한 분위기', '소개팅하기 좋은 카페, '아이와 함께 가기 좋은 공간'처럼 다른 가게와 차별화할 수 있는 특징을 모두 작성해 봅니다. 이 정보는 스마트플레이스에 입력할 때뿐만 아니라 리뷰 요청 문구에도 활용할 수 있는 특별한 키워드가 됩니다.

⭐ 리뷰를 요청하는 등 리뷰 관리 방법은 05-1절에서 자세히 다룹니다.

5. 가게의 특징	다른 가게와 차별화할 수 있는 장점은 무엇인가요? – 책이 많다 → 책이 많이 구비되어 있는 북카페 – 주변이 조용하다 → 조용한 분위기, 집중하기 좋은 공간 – 정원이 있다 → 자연과 어우러진 힐링 공간, 아이와 갈만한 곳, 반려견이 뛰어놀 수 있는 곳

경쟁 매장과 비교해 우리 가게만의 차별점을 명확히 파악하고 그 특징을 키워드에 반영하는 것이 중요합니다. 주변 매장의 메뉴, 가격, 인테리어 등을 살펴보면서 우리 가게만의 특성을 찾아내면 더 효과적입니다.

하면 된다! } 가게의 특징 항목 보완하기

이번 질문에 대한 답은 **우리 가게만의 분위기를 대표**할 수 있어야 하며 플레이스 설명 글, 블로그 후기, 사진, 설명 등에 반복해서 노출하면 좋습니다.

5. 가게의 특징	다른 가게와 차별화할 수 있는 장점은 무엇인가요?

지금까지 정리한 기획안을 종합해 보면 다음과 같습니다.

1. 지역	가게의 위치는 어디인가요? 근처에 대표적인 상권이 있나요? 그 상권의 특징은 무엇인가요? – 홍대, 홍대입구역, 서교동 – 홍대 데이트, 홍대 조용한 카페
2. 업종, 세부 업종	업종과 세부 업종은 무엇인가요? – 업종: 카페, 베이커리 – 세부 업종: 디저트(커피와 베이글 중심)
3. 타깃 고객	가장 자주 방문하는 고객층은 누구인가요? 혹은 어떤 고객이 찾아와 주었으면 하나요? – 작업과 독서를 좋아하는 20, 30대 여성 – 조용하고 감성적인 분위기를 선호하는 커플
4. 대표 메뉴	고객에게 가장 매력적이고 주력으로 판매하는 상품이나 서비스는 무엇인가요? – 작업 또는 공부를 하면서 간편하게 먹을 수 있고, 커피와 잘 어울리는 구성
5. 가게의 특징	다른 가게와 차별화할 수 있는 우리 가게만의 장점은 무엇인가요? – 책이 많이 구비되어 있는 북카페 – 조용한 분위기, 집중하기 좋은 공간 – 자연과 어우러진 힐링 공간, 아이와 갈만한 곳, 반려견이 뛰어놀 수 있는 곳

이렇게 우리 가게의 콘셉트를 정리하고 네이버 검색 상위 노출 기준에 맞춰 전략적으로 기획안을 보완했다면, 이제 마지막 단계만 남았습니다. 바로 **고객이 실제로 어떤 키워드로 우리 가게를 찾는지 데이터를 통해 확인하고 점검하는 것입니다.** 다음 절에서는 검색 데이터를 분석할 수 있는 실전 도구를 활용해, 우리 가게에 꼭 맞는 키워드를 정리하는 방법을 알아보겠습니다.

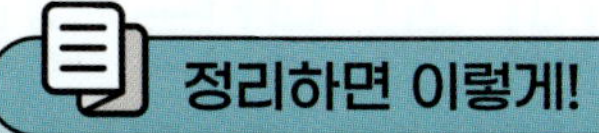

네이버 플레이스 기획안 작성법

1. 우리 가게의 기본 정보를 잘 정리하세요!
   - ✅ 기획안의 ① (1가지 / 5가지) 핵심 요소에 맞춰 기본 정보만 정리해도 OK

2. 우리 가게만의 특징과 장점을 극대화하세요!
   - ✅ 플레이스 SEO 구성 요소 4가지를 잘 반영하여 항목별로 ② (메뉴 / 기획안) 발전시키기

정답 ① 5가지 ② 기획안

02-3

우리 가게에 꼭 맞는 키워드인지
데이터로 점검하기

검색 상위 노출 기준에 맞춰 우리 가게의 핵심 정보와 콘셉트를 구체적으로 정리해서 기획안을 작성해 보았습니다. 우리가 작성한 정보와 특징이 고객의 검색으로 이어지게 하려면 어떻게 해야 할까요?

이제는 감이나 추측이 아니라 '데이터'로 확인할 차례입니다. 플랫폼 속 경쟁은 치열하지만 우리 가게에 딱 맞는 키워드를 전략적으로 찾는다면 검색 상위 노출 1% 기회를 충분히 마련할 수 있습니다.

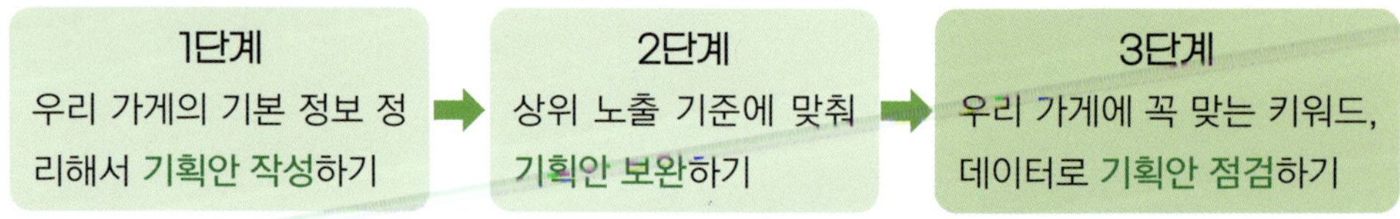

3단계 우리 가게에 꼭 맞는 키워드, 데이터로 기획안 점검하기

우리 가게가 강남에 있는 카페라면 어떤 키워드가 가장 어울릴까요? '강남역 카페', '강남 대형 카페'처럼 익숙하고 사람들이 많이 찾을 것 같은 키워드가 먼저 떠오를 수 있습니다. 하지만 이런 키워드는 이미 수백, 수천 개의 가게가 경쟁하고 있습니다. 막 개업한 작은 가게가 대형 프랜차이즈와 경쟁하는 것은 쉽지 않죠. 그러므로 지금 우리에게는 **고객과 연결될 수 있는 정확한 키워드를 당장 찾는 일이** 더 중요합니다. 키워드를 선택할 때에는 3가지 원칙만 기억하면 됩니다. **① 고객이 자주 검색하면서 ② 상대적으로 경쟁이 덜하고 ③ 우리 가게의 정체성과 찰떡같이 잘 어울리는 키워드**입니다. 지금 우리 가게에 딱 맞는 '작은 키워드'부터 제대로 잡는 것, 이것이 우리가 집중해야 할 진짜 전략입니다.

키워드를 분석할 수 있는 도구를 활용해 자신이 설정한 키워드가 실제로 얼마나 검색되고 있는지, 고객층은 누구인지, 연관된 다른 키워드는 무엇인지를 구체적으로 확인해 보겠습니다.

키워드 분석을 도와줄 4가지 도구를 소개합니다!

다음은 키워드를 무료로 분석해 주는 아주 유용한 4가지 도구입니다. 각자의 기능과 특징이 다르므로, 도구별로 차이점을 잘 알아 둬야 합니다.

분석 도구	주요 기능 및 특징	추천 용도
블랙키위	• 월간 검색량, 트렌드 분석 • 연령별·성별 검색자 분석	우리 가게의 타깃 고객과 키워드 점검
키워드마스터	• 키워드 검색량, 문서 수, 경쟁도 분석 • 연관 키워드 추출	검색량이 많고 경쟁이 적은 최적화 키워드 찾기
네이버 데이터랩	• 키워드의 기간별 검색량 추이 확인 • 연령별·성별 트렌드 분석	시즌성 키워드 분석 및 고객 트렌드 파악
마케팅 1번가	• 경쟁 업체의 대표 키워드 확인 • 리뷰 수, 저장 수, 순위 확인	경쟁 업체의 키워드 전략 분석 및 벤치마킹

이제부터 4가지 키워드 분석 도구를 하나씩 활용해 보며, 우리 가게의 키워드를 점검하고 발전시킬 수 있는 방법을 알아보겠습니다. 순서대로 설명하지만, 관심 있는 도구부터 먼저 확인해 봐도 좋습니다.

1. 내 키워드, 얼마나 검색될까? — 블랙키위

스마트플레이스 기획 단계에서 자신이 생각한 키워드가 **실제로 얼마나 검색되는지** 또 **어떤 사람들이 그 키워드로 검색하는지** 파악하는 건 매우 중요합니다. 이럴 때 가장 활용하기 쉬운 도구가 바로 '블랙키위'입니다. 이번 실습에서는 블랙키위를 활용해 우리 가게를 찾는 타깃 고객들의 검색량 분석을 해보겠습니다.

블랙키위 로고

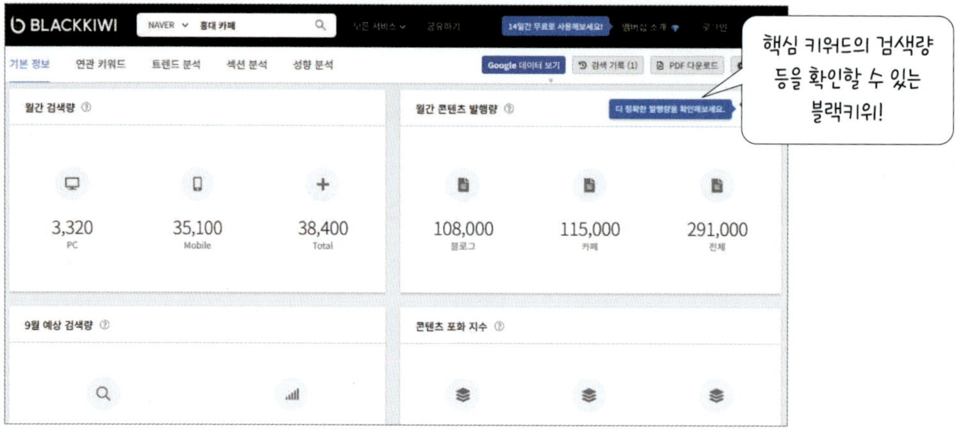

블랙키위 화면

하면 된다! } 블랙키위에서 타깃 고객과 키워드 점검하기

1 블랙키위(blackkiwi.net)에 접속합니다. 맨 위의 메뉴에서 ❶ [모든 서비스]를 누르고 ❷ [키워드 분석]을 선택합니다.

⭐ 블랙키위는 무료로 이용할 수 있으며, 회원 가입을 하지 않아도 곧바로 키워드를 분석할 수 있습니다.

2 키워드 입력란에 우리 가게와 관련된 **지역＋업종** 또는 **특징 키워드**를 입력하고 [Enter]를 누르면 됩니다. 일단 실습을 위해 **홍대 카페**를 검색해 보겠습니다.

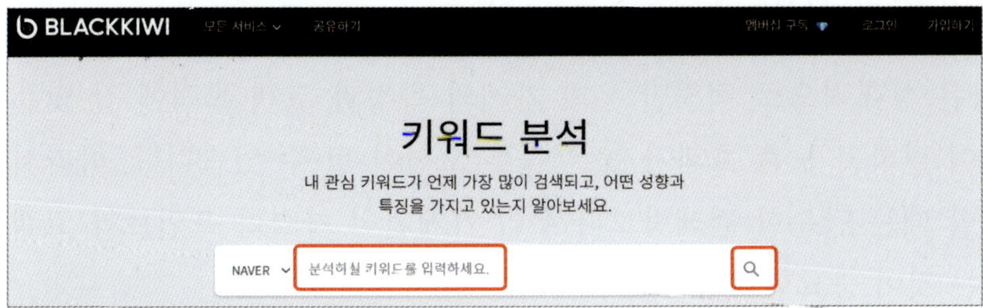

3 기본 정보 확인하기

검색 결과 화면이 나타나면 [기본 정보]에서 4가지 데이터를 살펴볼 수 있습니다.

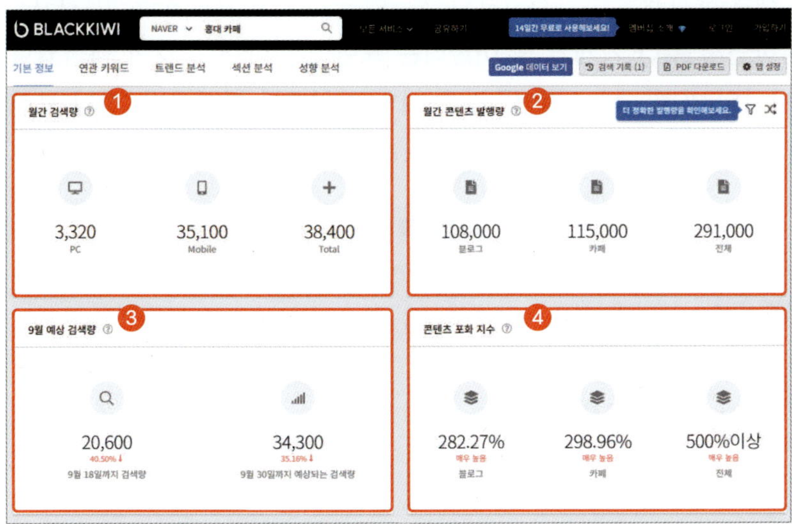

❶ [월간 검색량]: 금일을 제외한 최근 한 달간 네이버에서 키워드가 검색된 횟수.

❷ [월간 콘텐츠 발행량]: 최근 한 달간 발행된 키워드와 관련된 콘텐츠(블로그, 카페 글)의 수. 오른쪽 위의 [누적 콘텐츠 발행량 ⤬] 버튼을 누르면 현재까지 누적된 키워드와 콘텐츠의 수를 확인할 수 있습니다.

❸ [당월 콘텐츠 발행량]: 이번 달 현재까지의 검색량과 통계를 기반으로 추측한 월말까지의 예상 검색량. 전달 대비 검색량의 상승/하락 수치가 표시돼서 검색량의 추이를 확인할 수 있습니다.

❹ [콘텐츠 포화 지수]: 해당 키워드에 대한 관련 콘텐츠(블로그, 카페 글)가 얼마나 많은지 나타내는 지표. 숫자가 높을수록 검색량에 비해 콘텐츠가 많아 경쟁률이 높다는 뜻이며, 다음 수식으로 계산합니다.

  * 콘텐츠 포화 지수 ＝ 월간 콘텐츠 발행량 / 월간 검색량 X 100

월간 검색량이 많다고 해서 반드시 최고의 키워드라고 생각하면 안 됩니다. 검색량이 많은 키워드는 다른 가게들도 대부분 목표로 삼기 때문에 오히려 경쟁이 치열한 레드 오션일 수 있답니다.

반대로, 검색량은 상대적으로 적지만 우리 가게의 특징과 고객 목적에 잘 맞는 키워드는 경쟁이 덜하고 노출 효과가 높은 블루 오션이 될 수 있습니다. 따라서 키워드를 선택할 때는 단순한 검색량보다 우리 가게만의 차별화 포인트와 고객 행동을 고려하는 것이 중요합니다.

4 연관 키워드 확인하기

[연관 키워드]를 누르면 검색한 키워드와 관련된 키워드들을 한눈에 확인할 수 있어요. 목록에서 괜찮은 키워드를 발견했다면 클릭해 추가로 분석할 수도 있습니다. 현재 경쟁이 덜하면서 **우리 가게와 딱 어울리는 표현**을 찾아내는 것이 핵심입니다. 처음부터 '강남역 카페', '제주 맛집' 같은 대형 키워드를 잡기보다 '강남 브런치 맛집', '한림 한정식'처럼 **틈새 키워드**부터 노려보세요.

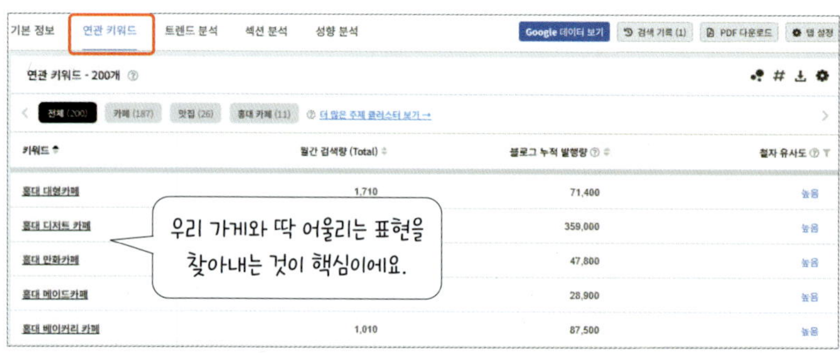

⭐ 블랙키위에서는 기본 기능만 무료로 제공되며, 더 많은 연관 키워드를 확인하려면 유료 버전이 필요합니다 다음에 소개할 '키워드마스터'에서는 무료로도 다양한 결과를 볼 수 있으니, 여기서는 핵심만 간단히 확인하고 넘어가세요.

5 트렌드 분석하기

[트렌드 분석]을 누르면 이 키워드의 월별 검색 추이와 요일별 집중도를 확인할 수 있습니다. 이를 통해 키워드 검색이 어느 시기에 늘거나 줄었는지도 확인할 수 있어요.

예를 들어 '강릉 해산물 맛집' 같은 키워드는 여름휴가 시즌에 집중적으로 검색될 수 있고, '수험생 도시락' 같은 키워드는 수능 직전에 검색량이 몰리곤 합니다. 이처럼 키워드로 트렌드를 분석한 정보를 활용하면 **소식 작성 시기**나 **리뷰 유도 시점**도 더 전략적으로 설정할 수 있어요.

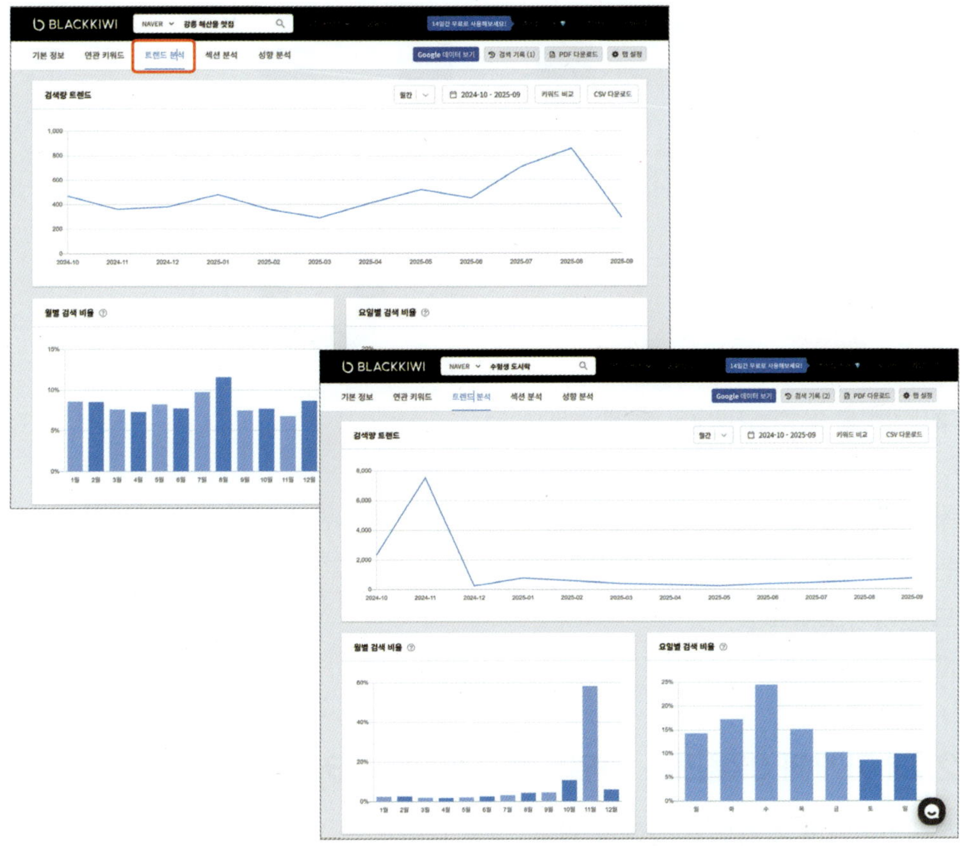

홍대 카페를 검색하는 사람들의 트렌드 분석 내용

6 성향 분석으로 타깃 고객 확인하기

[성향 분석]에서는 키워드를 누가 검색했는지 연령별·성별 데이터를 확인할 수 있습니다. 예를 들어 '홍대 카페' 키워드는 연령별로 20대 45%, 10대 18%, 그리고 성별로 여성 76%, 남성 24%로 검색된 것을 확인할 수 있어요.

이런 데이터를 통해 우리 가게의 설명 글이나 메뉴 구성, 소식 키워드도 타깃 고객층에 맞춰 더 정교하게 설정할 수 있습니다.

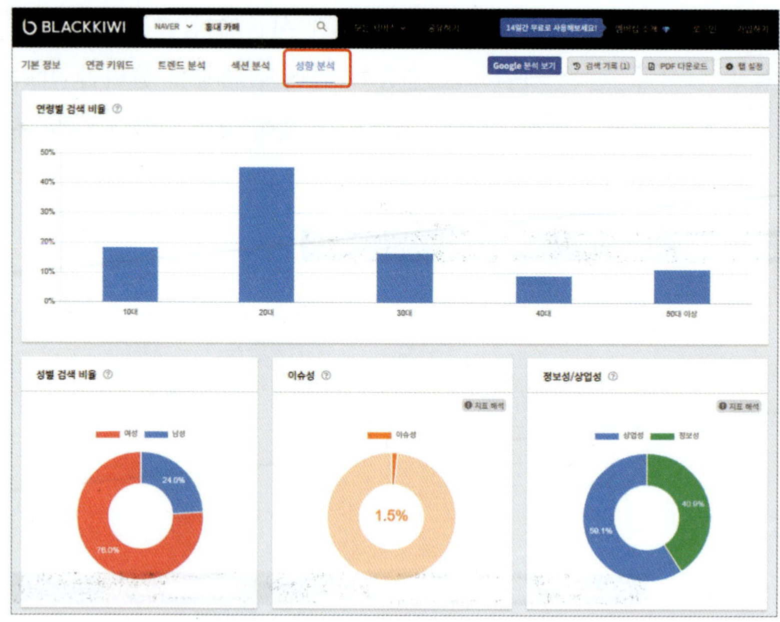

'홍대 카페'를 검색하는 사람들의 연령별·성별 데이터

처음 기획안에 작성해 본 우리 가게 키워드와 블랙키위로 분석한 키워드가 잘 맞는 것 같나요? 검색량은 괜찮은데 경쟁이 적은, 그리고 우리 가게에 딱 맞는 키워드를 찾아보세요.

2. 내 가게에 어울리는 키워드를 찾아라 — 키워드마스터

블랙키위에서 키워드의 성향과 연령, 성별 데이터를 살펴봤다면, 이번에는 우리 가게에 딱 맞는 키워드를 더 많이 발견하고 활용할 수 있는 도구를 소개하겠습니다. 바로 키워드마스터입니다.

이 도구의 가장 큰 장점은 연관 키워드를 한눈에 비교할 수 있다는 점입니다. 검색량(총 조회수)과 블로그 글 수(문서수) 등의 데이터를 함께 확인하면서, 우리 가게에 적합한 키워드를 효율적으로 선별할 수 있어요. 특히 체험단 마케팅이나 블로그 콘텐츠를 작성할 때, 노출 가능성이 높고 효과적인 키워드를 찾는 데 큰 도움이 됩니다.

하면 된다! } 키워드마스터를 활용해 매출로 연결되는 황금 키워드 찾기

1 키워드마스터(whereispost.com/keyword)에 접속한 후, 첫 화면의 왼쪽 메뉴에서 [키워드마스터]를 누르세요.

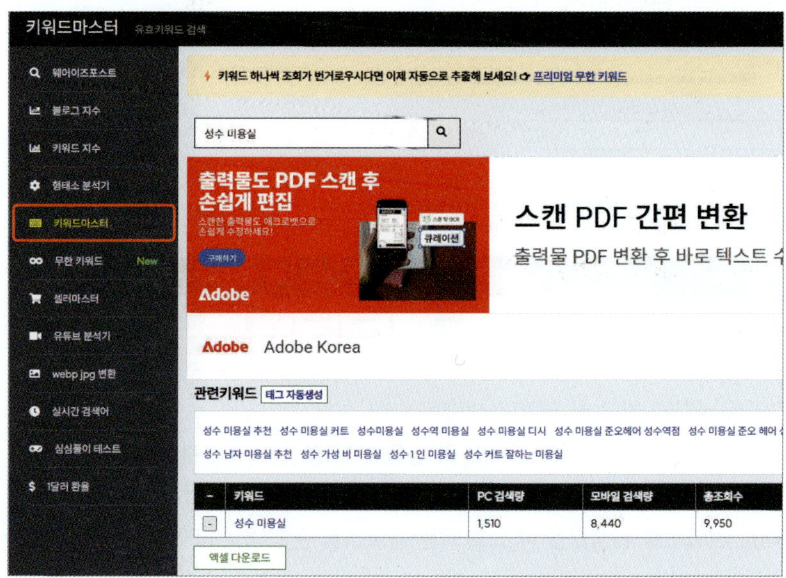

2 키워드 입력하기

검색 창에 우리 가게와 관련된 키워드를 입력하고 돋보기 아이콘을 눌러 검색합니다. 기획안에 정리했던 **지역＋업종** 또는 **가게 특징 키워드**가 기본입니다. 여기서는 예시로 **성수 미용실**을 입력해 보겠습니다.

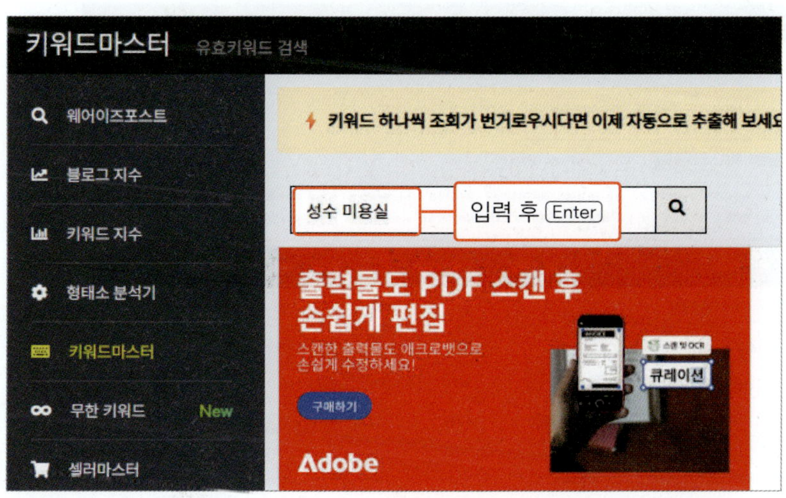

3 핵심 데이터 읽기

관련키워드 목록에서 해당 키워드의 정보를 볼 수 있습니다. 주로 봐야 할 항목
별 설명은 다음 내용을 참고하세요.

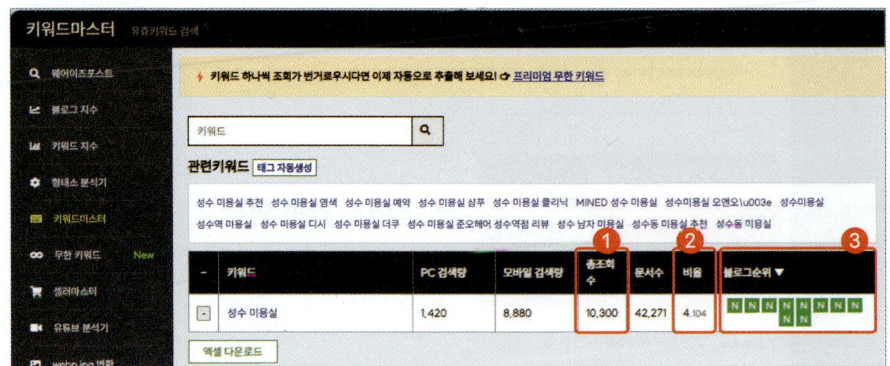

1 [총조회수]: PC와 모바일의 최근 한 달간 검색량을 합한 수치.

2 [비율]: 문서수를 총조회수로 나눈 값으로 비율이 높을수록 검색량 대비 관련된 문서가 많다
는 것을 의미.

3 [블로그순위]: 해당 키워드를 검색했을 때 노출되는 블로그를 순서대로 나열한 것.

4 관련키워드로 확장하기

[관련키워드] 항목에서는 미처 생각하지 못했던 유용한 키워드를 살펴볼 수 있습
니다. 클릭하면 바로 아래 표에 키워드가 추가되면서 이전 키워드와 함께 비교해
볼 수 있습니다.

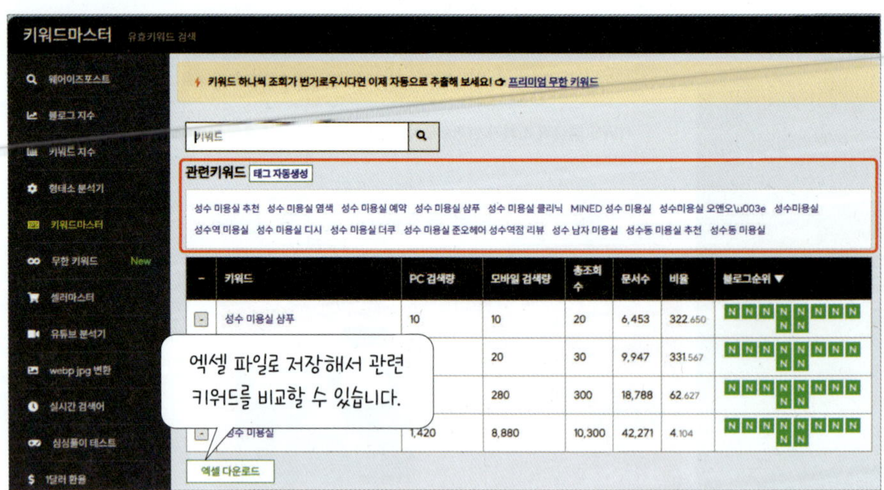

하면 된다! } 키워드마스터에서 키워드 더 발굴하기

1 관련키워드를 더 많이 확인해 보고 싶다면 키워드마스터 첫 화면의 왼쪽 메뉴에서 ❶ [무한 키워드]를 눌러 보세요. ❷ [KEYWORD]에 내 가게에 어울리는 키워드를 입력한 후 ❸ [추출]을 누르면 다양한 연관 키워드들이 나옵니다.

2 키워드 랜덤 추출하기

[랜덤 추출]을 누르면 왼쪽에 있는 키워드 중 10개가 오른쪽에 랜덤으로 추출됩니다. 누를 때마다 키워드가 새롭게 바뀌므로 마음에 드는 조합이 나올 때까지 계속 시도할 수 있어요.

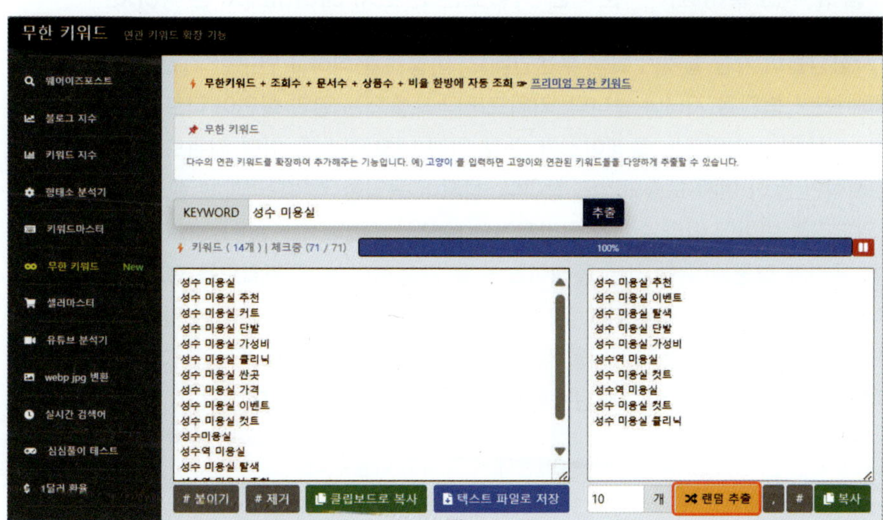

3 인스타그램, 블로그에 넣을 태그 만들기

❶ [#]을 누르면 자동으로 태그(#키워드) 형태로 변환됩니다. ❷ [복사]를 눌러 변환된 태그를 한 번에 복사하고 블로그 글이나 인스타그램 게시물에 바로 붙여 넣어 보세요. 이렇게 하면 귀찮은 태그 작업을 훨씬 빠르고 편리하게 할 수 있답니다.

📢 **알아 두면 좋아요!** **분석한 키워드는 반드시 네이버에서 검색하자!**

초보 사장님들이 가장 놓치기 쉬운 부분인데요. 이렇게 분석하고 연구한 키워드를 반드시 '검색해 보는' 습관을 지녀야 합니다. 키워드마다 노출되는 결과 화면이 다르게 구성되기 때문입니다. 어떤 키워드는 플레이스가 가장 위에 나오지만 또 어떤 키워드는 블로그나 쇼핑, 지식인 등이 먼저 노출되기도 합니다. 심지어 동일한 키워드라도 트렌드, 네이버의 검색 알고리즘 변화에 따라 순서가 달라지기도 해요.

따라서 우리가 집중해야 할 것은 플레이스 노출 가능성이 높은 키워드를 먼저 공략하는 것입니다. 다만 플레이스가 상위에 잘 노출되지 않지만 우리 가게에 맞는 키워드라면 보완 전략으로 블로그 체험단 마케팅을 적극적으로 운영하는 것도 효과적입니다. 이렇게 하면 키워드별 특성에 따라 '어디에 집중할지'를 분명하게 정리할 수 있습니다.

⭐ 블로그 체험단, 마케팅 운영 방법은 05장에서 자세히 다룹니다.

3. 키워드에도 유행과 트렌드가 있다? ― 네이버 데이터랩

앞서 블랙키워드와 키워드마스터로 **좋은 키워드 후보**들을 찾았다면 이제는 그 키워드들이 실제로 **언제 많이 검색되고, 누가 검색하는지** 흐름을 살펴볼 차례입니다.

네이버 데이터랩은 네이버에서 사용된 실제 검색 데이터를 기반으로 **기간별, 성별, 연령별 검색 트렌드**를 비교해 볼 수 있는 도구입니다.

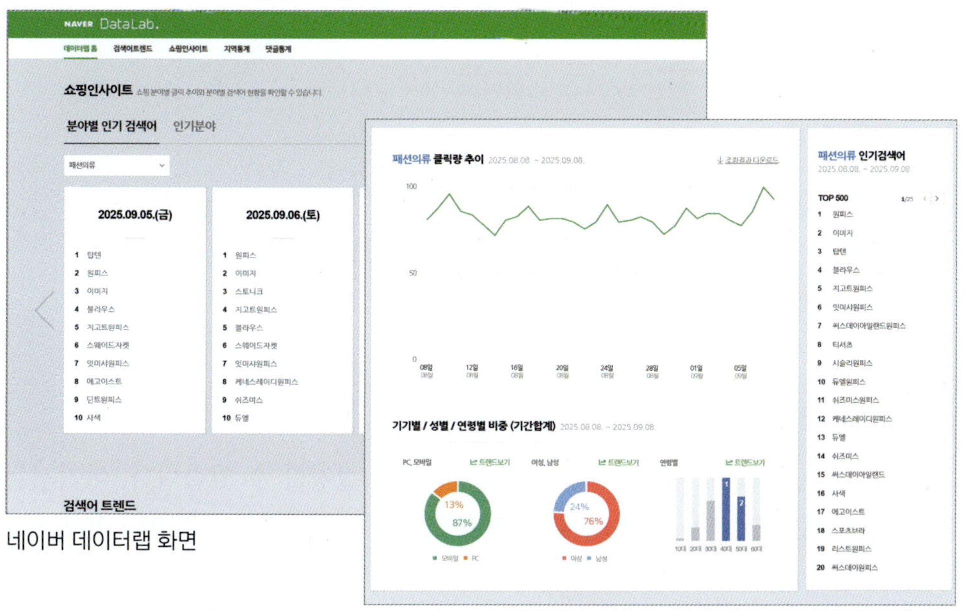

네이버 데이터랩 화면

하면 된다! } 네이버 데이터랩 활용해 키워드 흐름 찾아보기

1 네이버 데이터랩(datalab.naver.com)에 접속합니다. 시각화한 데이터 그래프를 더 넓게 볼 수 있도록 웬만하면 모바일이 아닌 PC로 접속해 주세요. 먼저 맨 위 메뉴에서 **[검색어트렌드]**를 누르세요.

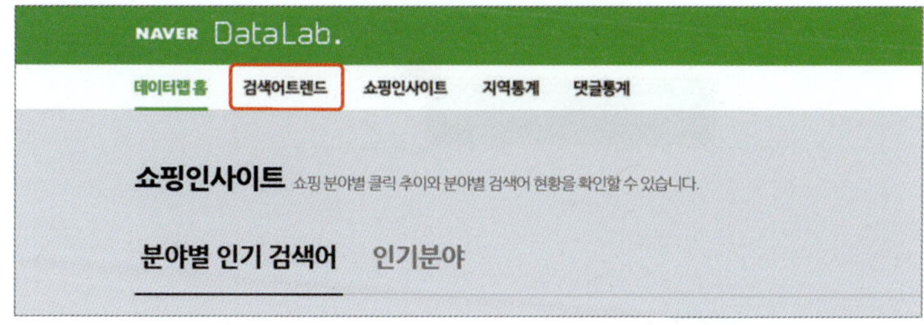

2 검색어트렌드는 **입력한 키워드가 시기별로 얼마나 검색되었는지**를 그래프로 보여 줍니다. [주제어1]에 키워드를 입력합니다. 비교할 키워드가 있다면 최대 5개까지 입력해 비교할 수 있어요. 성수 미용실이 궁금하다면 비슷한 키워드인 '성수 헤어샵'도 함께 입력해 검색량을 비교해 보세요.

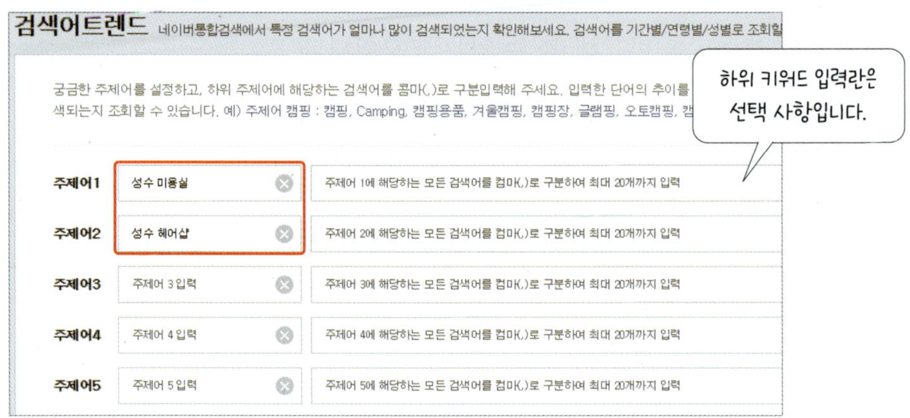

3 기간과 조건 설정하기

주제어 입력란 아래로 기간과 범위, 성별, 연령을 설정할 수 있습니다. 여기서는 **①** 기간은 **1년**, **②** 범위, 성별, 연령을 **전체**로 클릭하고 **③** [네이버 검색 데이터 조회]를 누릅니다.

⭐ 타깃 고객층이 있다면 그에 맞게 설정해 볼 수 있어요.

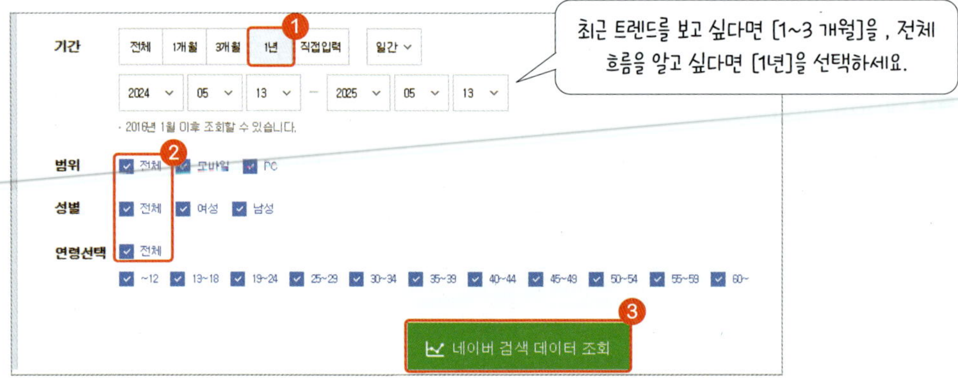

4 이렇게 설정한 대로 키워드별 검색량 추이를 그래프로 보여 줍니다. 그래프에 마우스 커서를 올려보세요. 날짜별 검색량 수치도 확인할 수 있습니다. 이를 통해 비슷한 키워드 중에서 시즌에 따라 검색량이 달라지는지 혹은 고객층에 따라 선호도가 다르게 나타나는지 분석할 수 있어요.

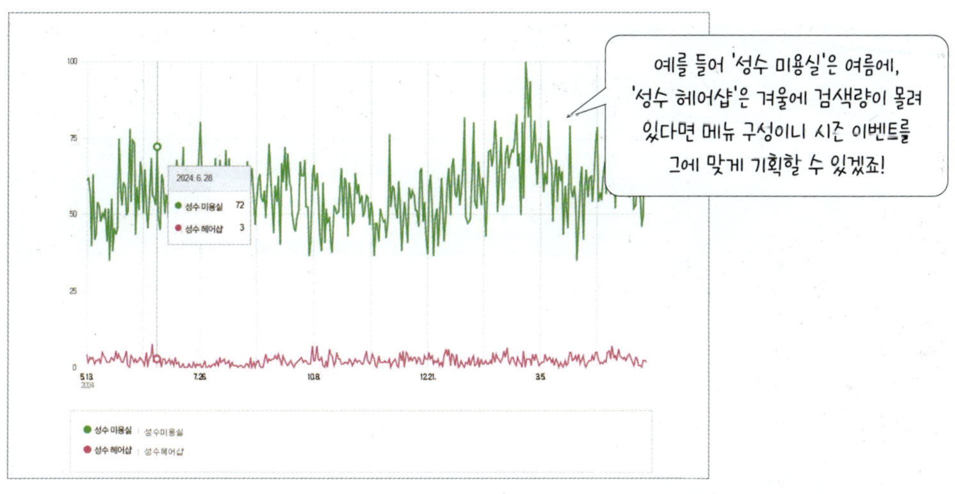

특정 연령대나 성별에서 검색 비중이 높다면 그들의 관심사나 취향에 맞게 사진, 메뉴 설명, 리뷰 요청 문구를 조정해 보세요.

4. 경쟁 업체는 어떤 키워드를 쓸까? — 마케팅 1번가

우리 가게만의 키워드를 열심히 고민해서 적용한다고 해도 막상 검색해 보면 이미 누군가가 상위에 딱! 자리 잡은 경우가 많습니다. 그런 가게는 도대체 어떤 키워드를 써서 검색 상위에 노출되었을지 궁금해지곤 합니다. 그 궁금증을 단 5초 만에 해결해 줄 도구를 소개합니다.

키워드 분석 및 마케팅 분석 도구인 **마케팅 1번가**에서는 상위 노출된 경쟁 업체에서 플레이스에 등록한 대표 키워드와 리뷰 수, 저장하기 수까지 다양한 지표를 확인할 수 있어요. 이미 고객의 선택을 받은 가게는 어떤 전략을 쓰고 있는지 빠르게 파악할 수 있으니, 우리 가게에 적용할 키워드를 더 구체화하는 데 큰 도움이 됩니다.

하면 된다! } 마케팅 1번가 활용하기

1 마케팅 1번가(1stad.co.kr)는 회원 가입을 한 후 로그인해야 다양한 기능을 활용할 수 있습니다. 마케팅 1번가에 접속한 후 첫 화면 오른쪽 위에서 [**1** 로그인/가입 → **2** 가입하기]를 눌러 새 계정을 생성합니다.

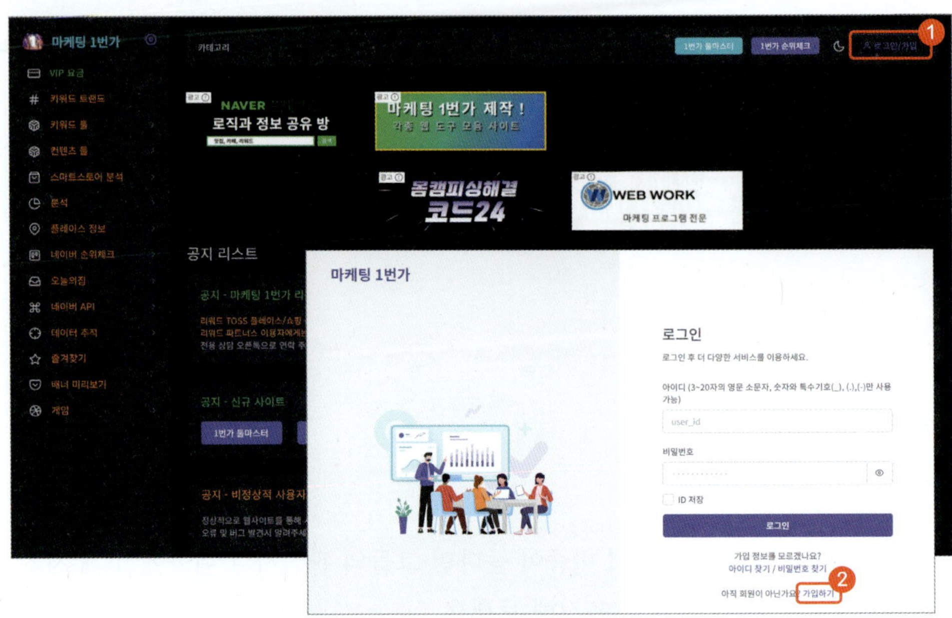

2 마케팅 1번가에 로그인한 후 화면 왼쪽의 [**1** 네이버 순위체크 → **2** 플레이스 순위]로 들어갑니다.

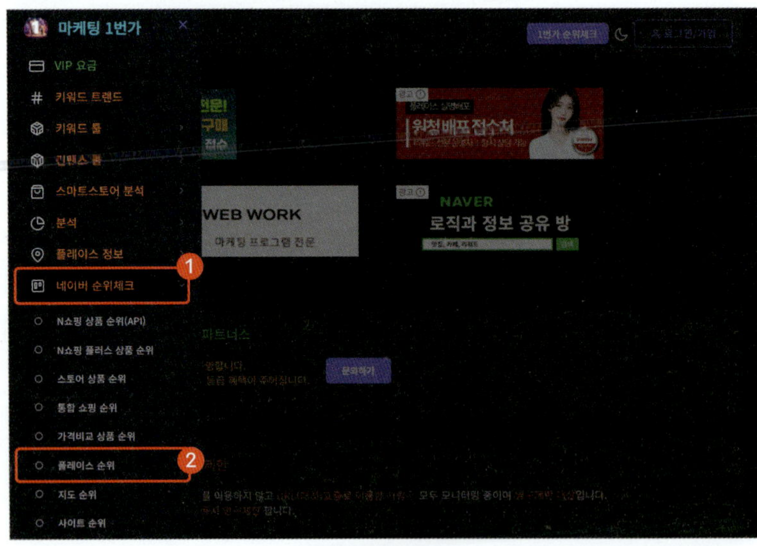

3 플레이스 순위 화면이 나타나면 검색 키워드와 경쟁 업체를 입력해 보겠습니다. 예를 들어 홍대 조용한 카페를 검색해 보겠습니다. **①** [검색 키워드]에는 **홍대 조용한카페**를 **②** 업체명에는 **렉터스라운지 홍대**를 입력하고 **③** [조회]를 누릅니다.

⭐ 띄어쓰기에 따라 검색 결과가 달라지는 키워드들이 있습니다. 예를 들어 '홍대 카공'과 '홍대카공'의 검색 결과 플레이스 순위는 다릅니다. 띄어쓰기에 주의해서 키워드를 입력하세요.

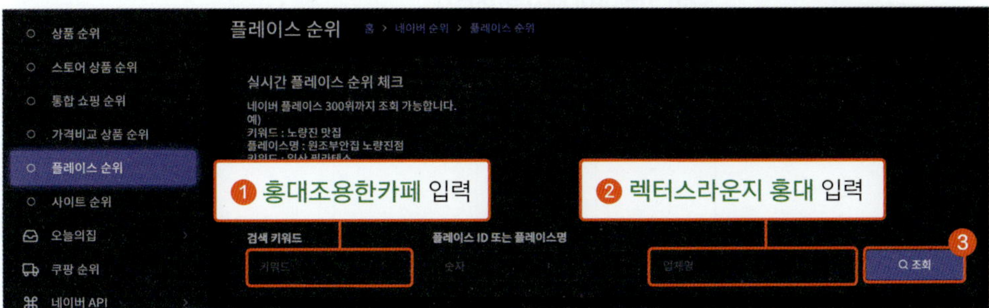

4 경쟁 업체의 정보 확인하기

검색 키워드에서 업체명의 순위를 확인할 수 있습니다. 이제 경쟁 업체의 **대표 키워드**는 물론 **리뷰 개수, 블로그 리뷰 개수, 저장수** 등 핵심 데이터를 한눈에 볼 수 있습니다.

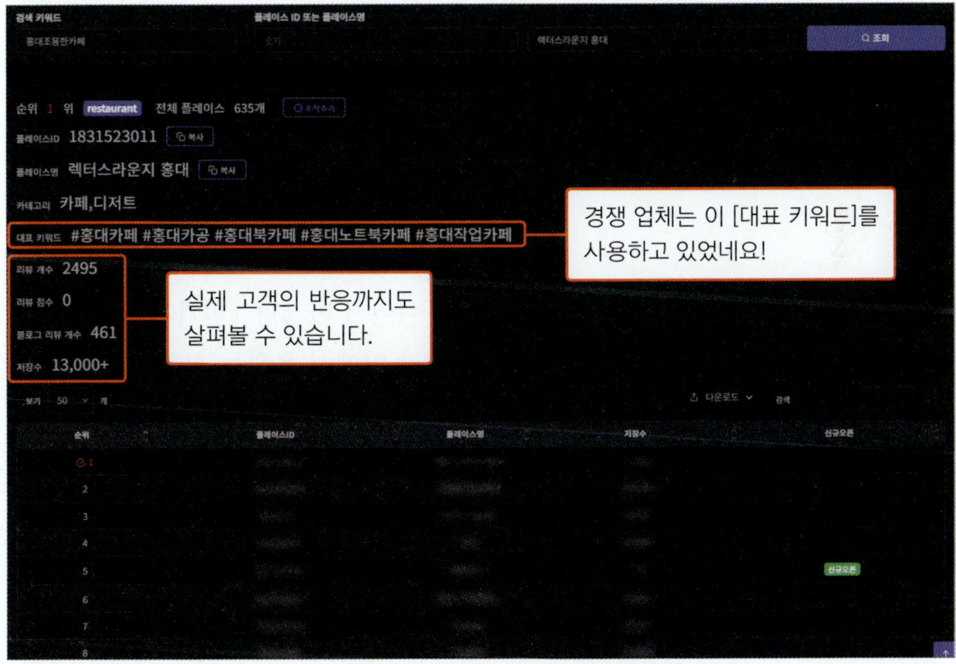

하면 된다! } 경쟁 업체와 기획안의 키워드 비교하기

마케팅 1번가를 통해 경쟁 업체에서 사용하는 대표 키워드와 우리 기획안 키워드를 비교해 보세요. 노출 순위가 높은 업체의 공통 키워드를 추리고, 거기에 우리 가게만의 특징 키워드를 덧붙이면 더 강력한 조합이 됩니다.

우리 기획안의 핵심 키워드: [＿＿＿＿＿＿]					
순위	업체명	대표 키워드			
1	렉터스라운지 홍대	홍대카페	홍대카공	홍대북카페	홍대노트북카페	홍대작업카페
2					
3					
4					
5					
6					
7					
8					
9					
10					

블랙키위, 키워드마스터, 네이버 데이터랩에 이어서 마케팅 1번가까지 활용했다면 이제 내부에서 만든 키워드와 경쟁하는 시장 안에서 통하는 키워드를 모두 확인한 셈입니다. 다음 3장에서는 지금까지 만든 기획안을 바탕으로 실제 네이버 플레이스에 우리 가게를 등록해 보겠습니다.

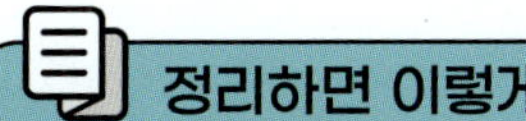

스마트플레이스 기획 과정 한눈에 보기

단계	핵심 내용	내가 할 일	활용 도구/기준
1단계	우리 가게의 기본 정보 정리해서 기획안 작성하기	기획안의 ① (**기본 정보** / 서명) 을(를) 지역, 업종, 타깃 고객, 메뉴, 특징으로 나눠 작성하기	기획안 양식
2단계	상위 노출 기준에 맞춰 기획안 보완하기	플레이스 ② (SEO / SAT) 4가지 구성 요소에 맞춰 기획안의 각 항목 보완하기	플레이스 SEO 4가지 구성 요소
3단계	데이터로 기획안 점검하기	내가 선택한 ③ (**키워드** / 비용)의 검색량 수와 경쟁률 확인해서 기획안 수정하기	블랙키위, 키워드마스터, 네이버 데이터랩
4단계	경쟁 업체의 키워드 분석하기	상위 노출 업체의 키워드 확인하고 ④ (**벤치마킹** / 익사이팅) 하기	마케팅 1번가(플레이스 순위 분석 도구)

정답 ① 기본 정보 ② SEO ③ 키워드 ④ 벤치마킹

고객이 찾는 플레이스 만들기

03-1 검색 창에서 보이는
플레이스 화면 분석하기

03-2 단 5분 만에
우리 가게 플레이스 등록하기

네이버의 검색 구조와
플레이스의 원리 파악

기획 & 브랜딩

플레이스 등록

02장에서 완성한 기획안을 다시 한번 펼쳐 보세요. 지금까지 우리 가게는 머릿속 구상과 종이 위의 기획안으로 존재했습니다. 이제 03장에서는 그 상상을 고객이 실제로 찾아올 수 있는 온라인 가게로 만들 차례입니다. 우리 가게가 고객에게 처음 보여지는 가장 중요한 순간입니다.

"혹시 절차가 복잡하지는 않을까?" 하는 걱정은 잠시 접어 두어도 좋습니다. 플레이스 개설은 어려운 시험이 아니라 안내에 따라 하나씩 정보를 채워 넣는 간단한 과정입니다. 막히는 부분이 없도록 바로 옆에서 하나씩 알려드릴 테니, 부담 갖지 말고 잘 따라오세요.

이제 잘 만든 기획안으로 손님을 끌어모으는 진짜 가게로 만들어 보겠습니다.

상위 노출을 위한
세부 설정

플레이스
마케팅

AI 활용

03-1

검색 창에서 보이는
플레이스 화면 분석하기

고객이 우리 플레이스를 실제로 어떻게 만나는지 알아야 전략을 세울 수 있습니다. 지금부터 PC와 모바일 화면을 통해 플레이스의 구조를 살펴보고 영역별 특징을 파악해 보겠습니다.

PC 화면에서 **홍대 카페**를 검색하면, 플레이스 외에도 '새로 오픈했어요', '파워링크' 등이 나타납니다. 이러한 노출 순서는 검색 키워드와 고객 선호도에 따라 달라집니다.

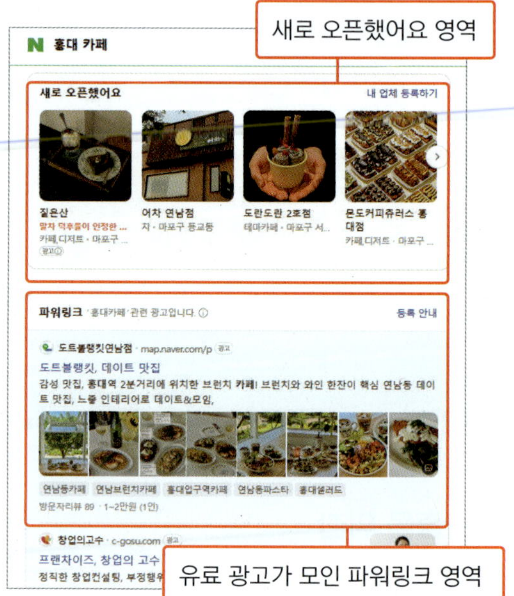

플레이스 영역에서 가장 먼저 눈에 띄는 것은 지도입니다. **지도에는 상위에 노출된 가게들의 위치가 표시**됩니다. 그리고 지도 아래를 보면 가게마다 대표 메뉴나 '주차', '애견동반' 등 고객이 궁금해할 만한 정보가 키워드로 강조되어 있습니다. 이 키워드들이 고객의 첫 클릭을 유도하는 중요한 역할을 합니다.

이번에는 [플레이스 필터]를 눌러 보세요. 필터는 수많은 가게 중에서 고객이 원하는 조건에 맞는 곳만 골라 볼 수 있게 돕는 기능입니다. 예를 들어 '네이버 예약'이 가능한 곳이나 '주차'가 되는 곳만 따로 모아볼 수 있습니다.

스크롤을 내리면 목적, 테마, 분위기 등 다양한 필터링 기준을 확인할 수 있습니다. 아무 필터도 적용하지 않은 채 **홍대 카페**를 검색하면 노출되는 매장(플레이스)이 999개를 초과하여 [결과보기 999+ 건]으로 나타납니다. 하지만 필터를 적용하면 노출되는 플레이스의 수가 [결과보기 282건]으로 줄어듭니다.

이는 우리 가게의 특징을 꼼꼼히 등록하는 것만으로도 핵심 고객에게 정확히 노출될 수 있다는 뜻입니다.

필터 적용 전

필터 적용 후

이것이 바로 우리 가게의 특징과 서비스를 스마트플레이스에 빠짐없이 등록해야 하는 이유입니다. 정보를 입력해 두지 않으면 필터를 사용하는 고객에게 우리 가게는 아예 보이지 않습니다. 그러므로 먼저 **가게의 콘셉트를 명확하게 설정하고 핵심 정보를 정확하게 입력하는 것**이 중요합니다.

네이버 플레이스 영역 자세히 살펴보기

지도와 필터 선택 화면 아래에는 총 **8개의 플레이스가 노출**됩니다. 이 가운데 맨 위 2~3개 플레이스는 광고를 진행 중인 곳으로, 검색할 때마다 가게가 변경됩니다. 나머지 **5~6개의 플레이스는 시간에 따라 순위가 변동될 수 있으나 일정 기간 내에는 검색할 때마다 동일하게 보여 줍니다.** 기존에는 한 검색어에 플레이스 광고가 최대 2개까지만 노출되었으나 2025년 7월 기준으로 **음식점과 미용실 업종의 광고 노출수가 최대 3개까지 확대**되었습니다. 다만 실제 노출 개수는 검색어와 경쟁 환경에 따라 달라질 수 있으며, 향후 다른 업종에도 순차로 확대될 예정입니다. 각 플레이스마다 다음과 같은 정보가 제공됩니다.

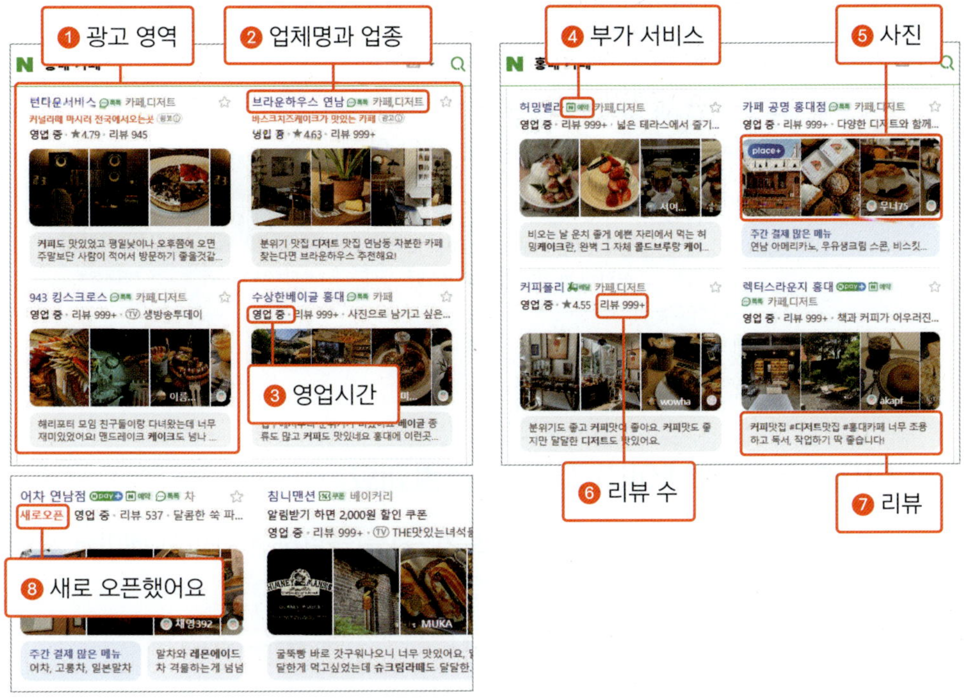

1 광고 영역: 플레이스 검색 결과에서 맨 위 최대 3개까지 자리를 차지하며, 검색할 때마다 가게가 바뀝니다.

2 업체명과 업종: 플레이스에 등록한 업체명과 업종입니다. 검색한 키워드에 함께 나오는 플레이스는 같은 업종인 경우가 많습니다.

3 영업시간: 플레이스에 등록해 놓은 영업시간을 기준으로 [영업 중, 곧 영업 시작, 곧 영업 종료, 영업 종료, 오늘 휴무]로 자동 적용됩니다.

4 부가 서비스: 예약, 톡톡, 쿠폰, 페이 등 추가로 사용할 수 있는 네이버의 부가 서비스를 볼 수 있습니다.

5 사진: 앞의 2컷은 가게에서 등록한 사진, 3번째부터는 고객이 영수증 리뷰에 올린 사진이 노출됩니다. 사진을 누르면 플레이스 [사진] 탭으로 이동합니다.

6 리뷰 수: 결제한 영수증으로 인증한 후 작성할 수 있는 영수증 리뷰와 블로그에 작성한 리뷰의 수를 나타냅니다. 두 리뷰 수를 합쳐 999개가 넘을 경우 [리뷰 999+]로 표시됩니다.

7 리뷰: 영수증을 인증하여 작성한 리뷰 중에서 [추천순] 맨 위에 있는 리뷰를 보여 줍니다. 리뷰를 누르면 플레이스 [리뷰] 탭으로 이동하며 리뷰는 [추천순], [최신순]으로 확인할 수 있습니다.

8 새로 오픈했어요: 검색한 지역에서 개업한 지 90일이 넘지 않은 신규 등록 업체(음식점, 미용실, 네일숍, 숙박 업종)입니다. 플레이스 영역에서는 '새로오픈' 표시가 추가되고, 플레이스 영역 아래 '새로 오픈했어요' 라는 영역에서 한번 더 나타납니다.

네이버의 별점 시스템은 2021년 10월 26일부로 종료되었습니다. 이후 등록된 업체에는 과거 5점 만점의 별점 평가 대신, 업종별 특징을 반영한 키워드 리뷰가 적용되고 있습니다. 기존 별점 평가 시스템을 사용하던 업체는 스마트플레이스에서 별점 노출 여부를 설정할 수 있으며, 현재 플레이스에서 별점이 표시되는 업체는 2021년 10월 26일 이전에 등록한 업체로 볼 수 있습니다.

별점이 보이는 이곳은 2021년 10월 이전에 개설한 플레이스네요!

[더보기]를 누르면 네이버 지도로 연결돼요!

플레이스 가장 아래쪽에서 [홍대 카페 더보기 →]를 클릭하면 화면이 네이버 지도로 이동합니다. 이 화면에서 더 큰 지도와 다양한 가게의 플레이스를 확인할 수 있습니다.

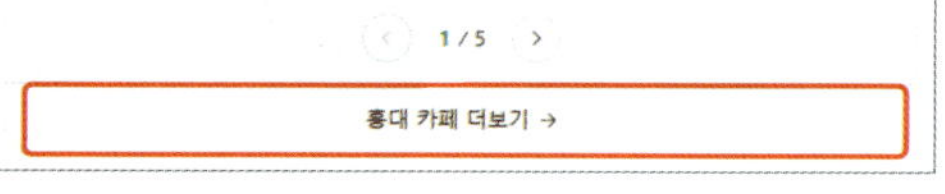

웹 브라우저의 새로운 창으로 네이버 지도로 이동합니다.

① **저장하기:** 플레이스 이름 오른쪽의 별 아이콘(☆)을 누르면 네이버 지도에 저장할 수 있으며, 저장한 플레이스는 초록색으로 표시됩니다.

② **필터:** 음식점, 카페, 펜션 등으로 구분한 여러 카테고리 가운데 선택해서 검색하면 플레이스를 빠르게 찾을 수 있습니다.

③ **광고 플레이스:** 유료 광고를 하는 가게는 지도에서 더 큰 아이콘으로 노출되어 고객의 시선을 끌 수 있습니다.

네이버 지도에서 플레이스를 하나 클릭해 보세요. 선택한 플레이스의 [홈], [메뉴], [리뷰], [사진], [정보] 등 상세 정보가 나타납니다. 이처럼 개별 플레이스에서는 가게 정보를 자세히 확인할 수 있습니다.

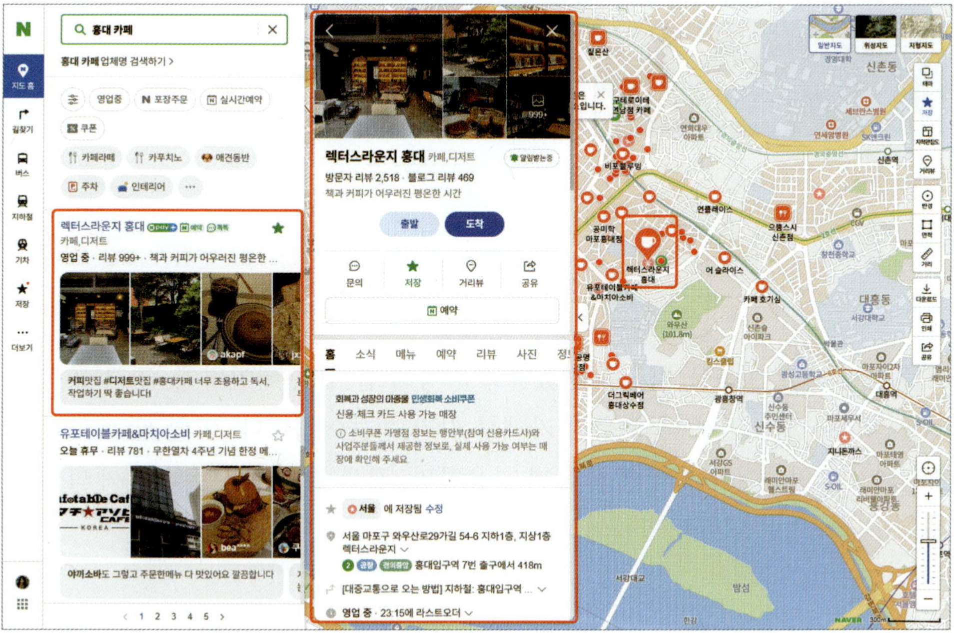

가게 이름을 직접 검색해 보세요!

초보 사장님들이 흔히 놓치는 실수가 있습니다. 바로 '지역+업종명' 검색에만 집중한 나머지, 정작 **내 가게 이름이 검색했을 때 잘 보이는지 확인하지 않는 것입니다**. 정성껏 지은 업체명이라도 너무 흔한 단어이거나 검색 시 보이지 않는다면 고객의 눈에 띄기 어렵습니다.

많은 분이 '지역+업종명' 검색에서의 상위 노출에만 집중하지만, 실제로는 고객이 가게 이름을 직접 검색하는 경우도 많다는 점을 반드시 기억해야 합니다.

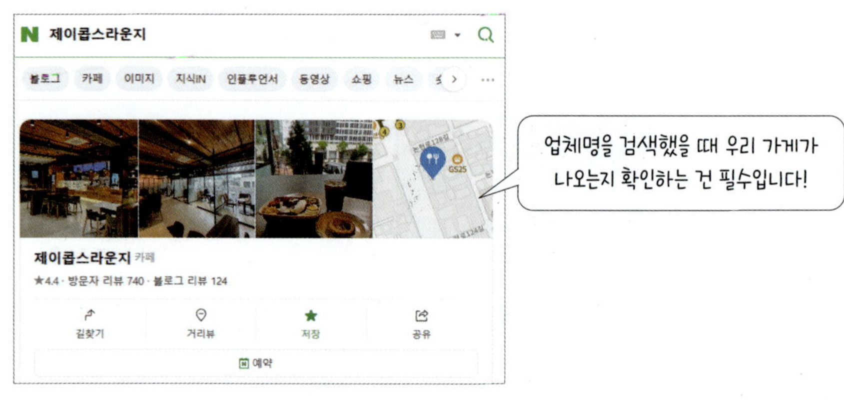

예를 들어 카페 이름을 **핑크**로 정했다고 가정해 봅시다. 네이버에 '핑크'를 검색하면 국어사전이 먼저 나와 우리 카페를 찾기 힘들어집니다. 이럴 때 **카페 핑크 홍대점**처럼 업종이나 지역명을 함께 사용하면, 검색 결과에서 우리 가게의 플레이스가 단독으로 노출될 확률이 크게 높아집니다.

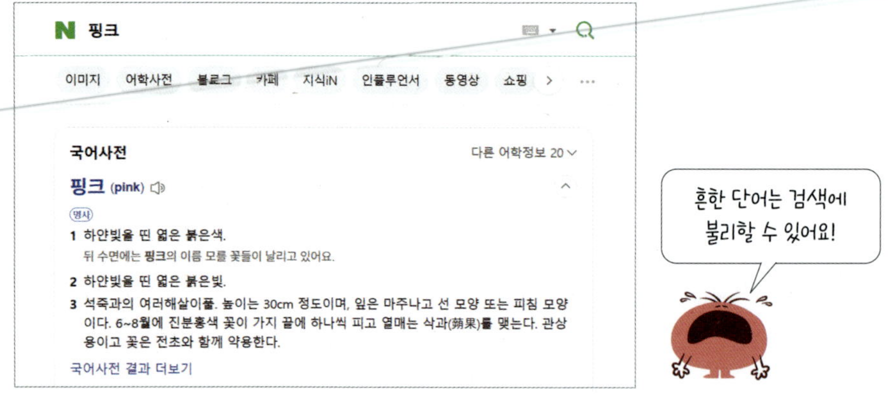

플레이스의 구성 요소 자세히 살펴보기

검색한 결과를 살펴보면서 플레이스의 구성 요소를 조금 더 자세히 살펴보겠습니다. 네이버의 검색 창에서 가게 이름을 검색해 보세요. 여기에서는 렉터스라운지 홍대를 입력하고 검색했습니다. 다음은 검색 결과와 결과별 세부 설명입니다.

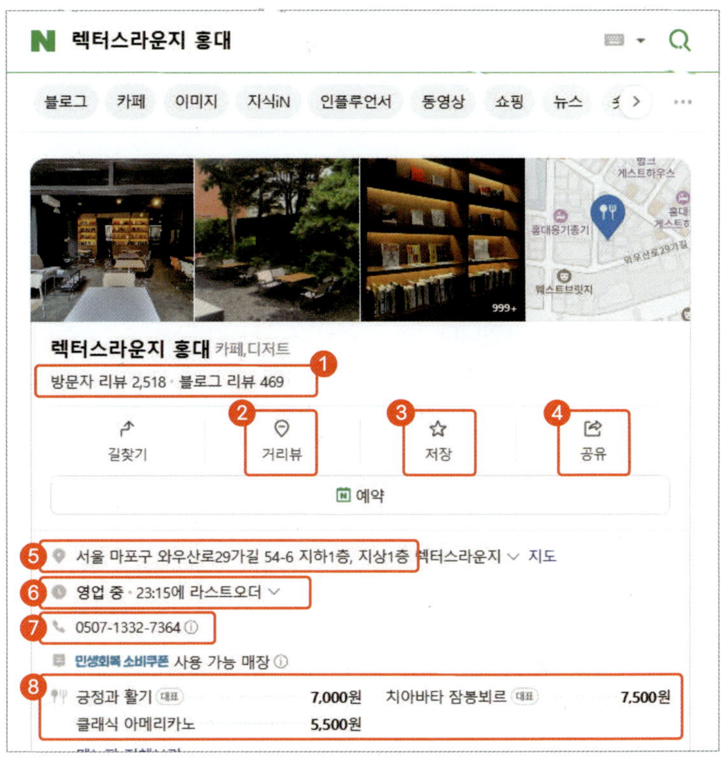

❶ **리뷰**: 방문자 리뷰와 블로그 리뷰의 개수가 각각 나타납니다.

❷ **거리뷰**: 파노라마 모드로 가게의 실제 외관과 위치를 확인할 수 있습니다. 오른쪽 상단의 [X]를 누르면 네이버 지도 화면으로 이동해서 가게의 위치를 확인할 수 있어요.

❸ **저장**: 고객이 '저장'을 누르면 버튼이 초록색으로 바뀌며, 네이버 지도에 가게가 저장됩니다. 5장에서 다시 다루겠지만, 고객의 클릭을 많이 유도해야 하는 중요한 메뉴입니다.

❹ **공유**: 가게의 링크를 복사하거나 블로그, 카페, KEEP, 밴드, LINE, X, 페이스북, 카카오톡 등 다양한 채널로 공유할 수 있습니다. 공유가 많이 이루어진다는 것은 그만큼 관심과 인기가 높다는 의미입니다.

❺ **주소**: 가게의 위치를 나타냅니다. 오른쪽 [지도]를 누르면 네이버 지도에서 정확한 위치를 확인할 수 있습니다.

❻ **영업 여부 및 운영시간**: 현재 영업 중인지 아닌지와 함께 영업시간, 휴무일, 브레이크 타임, 마지막 주문을 할 수 있는 라스트 오더 시간 등 자세한 정보를 확인할 수 있습니다.

❼ **전화번호**: 업체로 연결되는 스마트콜 번호입니다.

❽ **메뉴**: 가게에서 직접 설정한 메뉴가 노출되는 공간이며, 대표 메뉴를 포함해서 스마트플레이스에서 정한 순서대로 보입니다. [메뉴판 전체보기]를 누르면 더 많은 메뉴를 확인할 수 있습니다.

조금 더 아래로 스크롤을 내리면 AI 브리핑이 있습니다. [AI 브리핑]은 AI가 우리 가게의 상세설명, 운영정보, 고객 리뷰 등을 종합해 한눈에 볼 수 있도록 요약해주는 기능입니다. 고객은 이 기능을 통해 가게의 핵심 정보를 빠르게 파악할 수 있습니다. 최근 사회 전반은 물론, 네이버 역시 AI의 중요성을 높게 인식하며 다양한 영역에 적극 활용하고 있습니다.

⭐ 네이버 플레이스에 적용된 다양한 AI 기능과 활용법은 06-1절에서 자세히 다루겠습니다.

AI 브리핑 아래에는 고객이 실제로 방문한 후 작성하는 **영수증 리뷰**와 **블로그 리뷰**가 보입니다. [리뷰]를 누르면 전체 내용을 확인할 수 있으며, 이 리뷰는 고객의 경험을 생생하게 보여 주므로 우리 가게의 장단점을 파악하고 개선하는 데에도 큰 도움이 됩니다. 이 리뷰는 앞으로 고객이 가게를 선택할 때 참고할 결정적인 요소가 되기도 하죠.

⭐ 좋은 리뷰를 관리하는 방법은 **05-1절**에서 자세히 다룹니다.

맨 아래에서 [렉터스라운지 홍대 더보기 →]를 클릭하면 네이버 지도의 해당 가게 플레이스 전체 페이지로 연결됩니다. [홈], [소식], [메뉴], [리뷰], [사진], [정보] 탭을 눌러 가게의 다양한 정보를 보여 줄 수 있으며 고객과 소통하는 공간으로 활용할 수 있습니다. 그뿐만 아니라 가게의 공식 홈페이지나 SNS 계정, 블로그, 방송 출연 이력 등도 추가로 알릴 수 있습니다.

가게 이름 밑에 짧은 리뷰를 **마이크로 리뷰**라고 합니다. 이것은 생성형 AI 기술을 활용해 자동으로 만들어지는 한 줄 요약 문구입니다. 예전에는 마음대로 설정할 수 없었지만, 2025년 9월부터는 스마트플레이스의 [AI정보]에서 마이크로 리뷰 노출 여부를 직접 설정할 수 있게 되었습니다. 또, AI가 추천하는 문구 중에서 선택해 적용할 수도 있습니다. 구체적인 설정 방법은 06장에서 자세히 알아보겠습니다.

모바일에서는 플레이스가 어떻게 보이나요?

한국지능정보사회진흥원의 조사에 따르면 국내 인터넷 이용률은 약 94.0%에 달하며, 이 중 대부분이 스마트폰 등 모바일 기기를 통해 인터넷에 접속한다고 합니다.

그러므로 플레이스를 관리할 때도 PC 화면보다 **모바일 화면에서 플레이스 정보가 어떻게 보이는지를 먼저 생각**해야 합니다. PC에서 전체적인 등록을 마친 뒤에는 반드시 모바일 화면에서 노출 상태를 확인하고 점검하는 것이 좋습니다.

앞서 PC 화면에서 진행했던 대로 **홍대 카페**를 스마트폰으로 다시 검색해 보세요. PC 화면과 확연히 다르다는 것을 바로 느낄 수 있습니다. 모바일 화면 크기가 작기 때문에 한 화면에 노출되는 플레이스의 수가 훨씬 적고, 그만큼 상단에 노출되는 것이 더욱 중요합니다.

PC에서는 한 화면에 광고를 제외하고도 플레이스가 최대 6개까지 노출되는 반면, 모바일 화면에서는 스크롤하지 않은 상태에서 처음 보이는 플레이스는 2개 정도로 한정되어 **리뷰 수, 대표 사진, 키워드 노출** 등으로 고객의 시선을 빠르게 사로잡아야 합니다.

모바일에서 플레이스의 노출 정도

다음 이미지는 모바일 화면에서 플레이스 영역을 전체 캡처한 것입니다. 스크롤해서 내리면 광고 플레이스 3개와 일반 플레이스 5개가 나열되는 것을 볼 수 있습니다. 그리고 이어서 '새로 오픈했어요' 영역이 보입니다.

[펼쳐서 더보기 ∨]를 누르면 광고 플레이스 2~3개와 일반 플레이스 5개가 추가로 더 보여집니다.

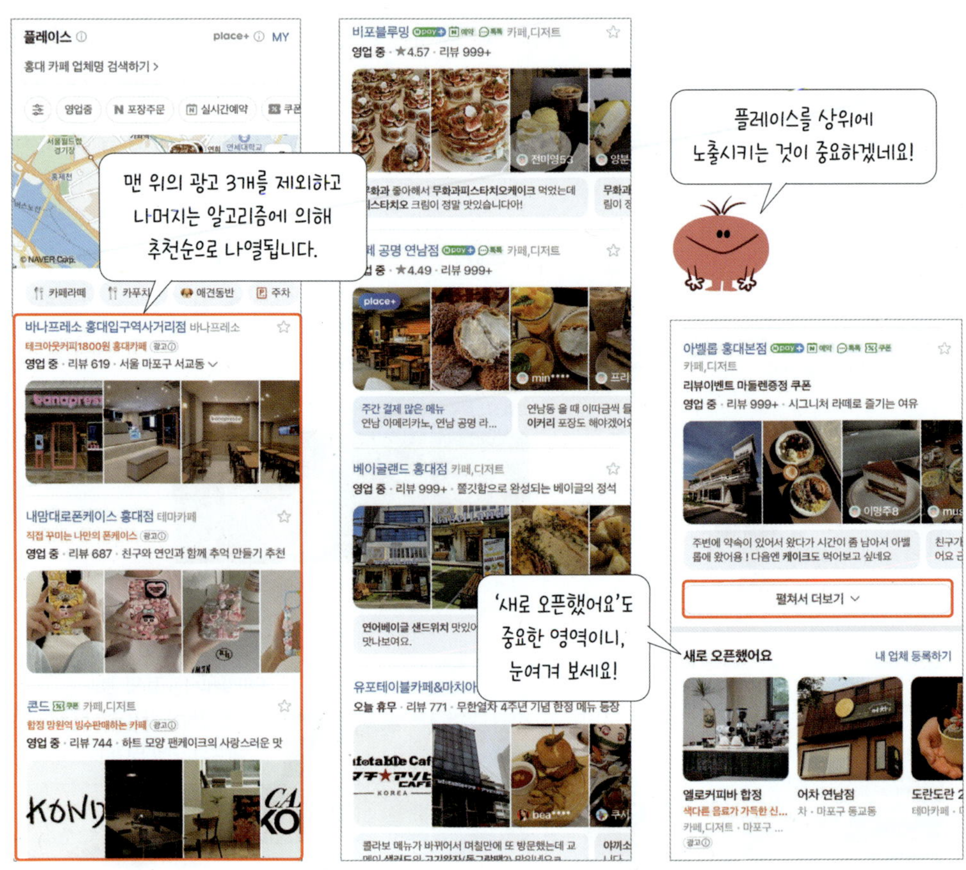

그 아래에 [홍대 카페 더보기→]를 누르면 플레이스 검색 결과 목록 화면으로 연결됩니다.

지금까지 PC와 모바일에서 플레이스 화면의 특징을 각각 살펴보고 노출되는 화면의 공통점과 차이점을 알아보았습니다. 최근에는 고객 대부분이 모바일로 가게를 검색하므로, 모바일 화면을 중심으로 설정하고 마케팅을 펼치는 것이 무엇보다 중요합니다.

화면 크기가 작은 모바일에서는 **첫눈에 시선을 끌 수 있는 사진과 리뷰를 노출시키는 것**이 핵심입니다. 고객이 검색했을 때 정보를 빠르게 찾을 수 있도록 간결하고 직관적인 정보를 제공하고, 매력적인 사진과 리뷰를 이용해 신뢰도와 만족도를 높이는 데 집중해야 합니다.

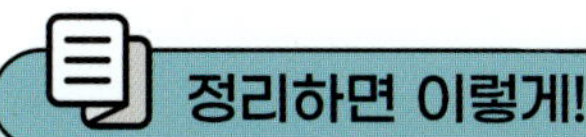

정리하면 이렇게!

검색 창에서 보이는 플레이스 화면 분석하기

1. 플레이스에는 가게명, 업종, 영업 여부 등 기본 정보가 한눈에 확인됩니다!

   - 특히 고객의 첫 클릭은 ① (사진과 키워드 / 이름과 가격)이(가) 결정하므로 우리 가게의 강점이 검색 결과 첫 화면에서 잘 보이는지 점검 필요

2. 필터에 들어갈 키워드도 점검해야 해요!

   - 고객은 '예약 가능', '영업 중' 등 ② (필터 / 팻말)을(를) 사용해 수많은 가게를 걸러냄

3. 대부분 모바일에서 확인하며, 모바일은 PC 대비 노출되는 플레이스 수가 더 적어요!

   - ③ (PC 화면 / 모바일)에서 스크롤 없이 보이는 단 1~2개의 가게만 생존하므로 고객이 볼 모바일 화면은 반드시 확인 필요

정답 ① 사진과 키워드 ② 필터 ③ 모바일

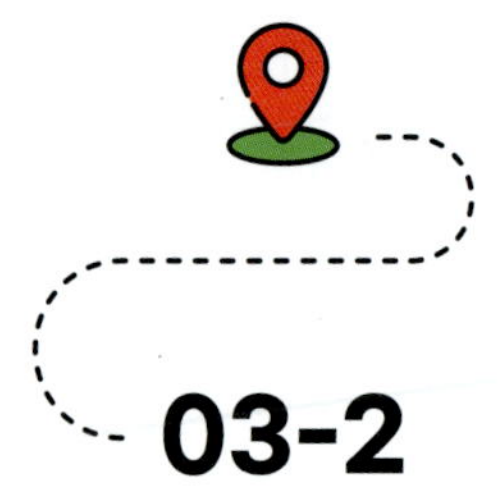

03-2

단 5분 만에
우리 가게 플레이스 등록하기

스마트플레이스는 네이버에 가게를 등록하는 무료 서비스이므로 등록만 해두면 검색, 지도, 내비게이션 등 네이버의 다양한 서비스에서 가게를 노출시킬 수 있습니다.

네이버 스마트플레이스에 우리 가게를 등록하려면 기본적으로 **네이버 계정(아이디)과 사업자등록증 사진 또는 파일, 문자 인증을 할 수 있는 휴대전화**를 준비해야 합니다. 그러고 나서 이 책을 따라 차근차근히 해보세요. 이때 아이디는 사업자등록증의 대표자 또는 법인 명의를 사용하는 것이 좋습니다.

본격적인 **실습에 들어가기 전에 알아 둬야 할 3가지**를 먼저 설명하겠습니다.

플레이스 등록 전, 알아 둬야 할 3가지

❶ 사업자등록증의 대표자 이름으로 가입한 네이버 아이디를 사용하세요!

스마트플레이스, 네이버페이, 블로그, 네이버카페 등에서 아이디를 다르게 사용하면 채널을 옮길 때마다 로그인 아이디를 바꿔야 하는 번거로움이 생깁니다. 특히 직원 개인 아이디로 운영하다가 퇴사나 이직이 발생하면 정보 이관이나 수정 과정에서 어려움이 생길 수 있어요.

무엇보다 네이버페이는 반드시 사업자등록증에 기재된 대표자 또는 법인 명의의 아이디로만 가입할 수 있습니다. 만약 스마트플레이스를 직원 아이디로 운영하다가 네이버페이에 가입해야 하는 상황이 생기면, 다시 대표자 명의 아이디로 전환해야 하는 불편이 생깁니다.

그러므로 스마트플레이스에 등록할 때에는 **사업자등록증의 대표자 이름으로 가입한 네이버 아이디를 사용하는 것을 권장**합니다.

❷ 사진이 없어도 스마트플레이스에 우리 가게를 등록할 수 있습니다!

가게의 외관, 내부, 메뉴 사진 등을 아직 준비하지 못해 플레이스 등록을 망설이는 경우도 있죠? 사진이 없어도 스마트플레이스에서 우리 가게를 등록할 수 있습니다. **사진은 이후 언제든 추가하거나 수정할 수 있습니다.**

❸ 업체명을 입력할 때 주의하세요!

사업자등록증에 적혀 있는 업체명이라고 해서 무조건 플레이스 업체명으로 등록되는 것은 아닙니다. 다음 7가지의 경우에는 등록이 거부될 수 있으니 업체명을 작성하기 전에 확인해 주세요.

[플레이스 등록 거절 업체명]
- '주식회사', '㈜', '유한회사', '사단법인' 등의 법인 표기가 포함된 경우
- 한자가 포함된 경우
- *, !, / 등 특수 문자를 사용한 경우
- 사람 이름만으로 이루어진 업체명
  (㉐ 홍길동 × / 홍길동 카페 ○)
- 특정 상품명이나 브랜드명만 단독으로 사용한 경우
- '네이버', '네이버스마트플레이스'처럼 네이버 관련 명칭을 그대로 사용한 경우
- 사업자등록증에 포함되지 않은 외국어 또는 외래어만 사용한 경우

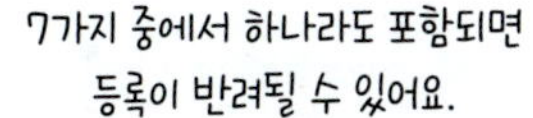

네이버 아이디를 준비했다면 우리 가게를 스마트플레이스에 바로 등록해 보겠습니다.

업체 등록 완료까지는 시간이 걸려요!

스마트플레이스에 등록을 신청하고 '언제쯤 등록이 되지?' 하고 기다리는 사장님들이 많습니다. 업체 등록 심사는 영업일 기준 **최소 2시간에서 최대 5일**까지 걸리며, 경우에 따라 반려될 수도 있습니다.

개업을 앞두고 있다면 최소 1~2주 전에 사업자등록증을 발급하고 플레이스를 개설하는 것을 추천합니다. '새로 오픈했어요' 혜택을 받으려면 사업자등록을 너무 빨리하는 것도 좋지 않습니다. 스마트플레이스에 등록해 승인받은 뒤에도 실제 검색에 반영되기까지 하루 정도 더 걸릴 수 있다는 점도 꼭 기억하세요.

하면 된다! } 스마트플레이스에 우리 가게 등록하기

스마트플레이스에 신규로 등록하는 과정이 복잡해 보일 것 같지만 차근차근 하나씩 따라 하면 누구나 할 수 있습니다. 지금부터 고객이 '검색하고 방문하고 예약하는' 우리 가게를 알리는 출발점을 함께 만들어 볼까요?

1 ❶ 네이버 검색 창에 스마트플레이스를 입력해서 검색한 후 ❷ [네이버 스마트플레이스]를 클릭해 접속합니다.

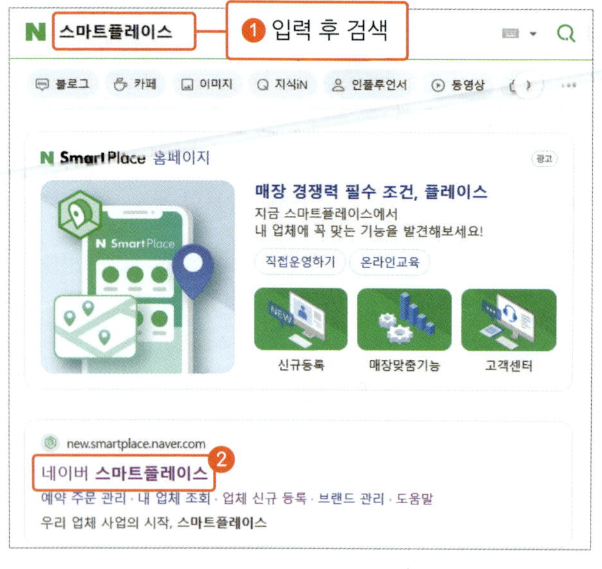

⭐ 검색 창에 '네이버 플레이스'를 입력하면 검색 결과에 '네이버 MY 플레이스'가 나타납니다. 그러므로 정확하게 '스마트플레이스'를 입력해서 검색하세요. 네이버 MY 플레이스는 24쪽에서 소개했습니다.

2 스마트플레이스 첫 화면에서 ❶ [업체 신규 등록]을 누른 후 ❷ 사업자등록증의 대표자 이름으로 된 아이디로 [로그인]합니다.

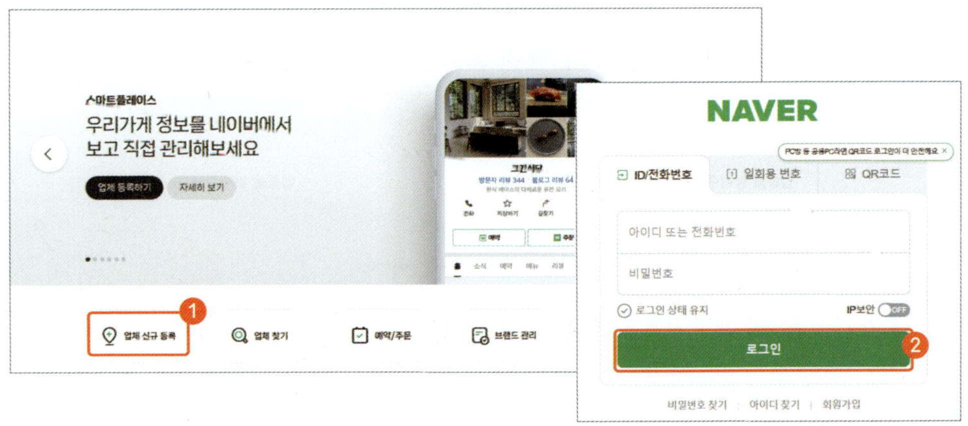

3 ❶ 스마트플레이스 안내 팝업 창이 뜨면 [확인]을 누른 뒤 ❷ 서비스 약관동의 창에서 [전체 항목 동의]에 체크 표시하고 ❸ [동의]를 누릅니다.

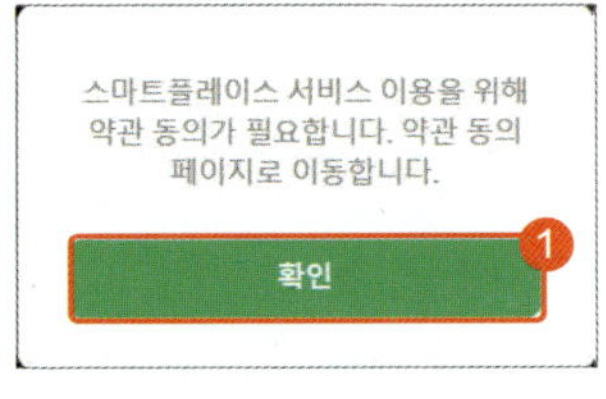

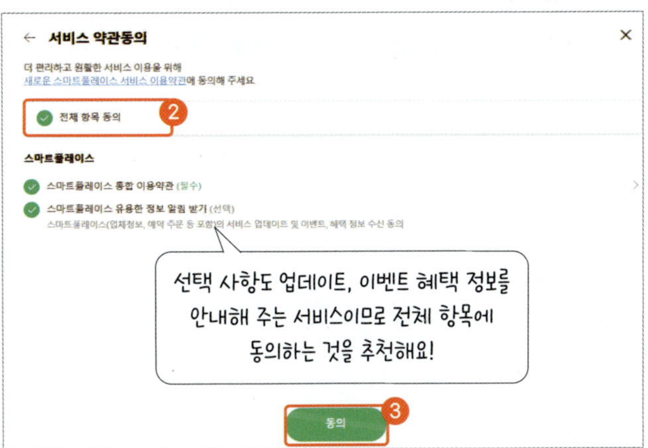

4 업종 선택하기

[업종 또는 단체의 분류를 입력해주세요]에 등록하고자 하는 **업종**을 입력한 후 Enter 를 누르거나 오른쪽에서 [돋보기] 버튼을 클릭합니다. 이때 사업자등록증에 기재된 종목이나 업체를 대표할 수 있는 키워드를 검색해 등록합니다.

업종을 등록할 때는 업체 성격을 포괄하는 상위 개념의 분류로 등록되지 않는다는 점을 유의하세요. 예를 들어 김밥 전문점은 '김밥' 또는 '분식'으로 등록해야 하며 음식점으로는 등록되지 않습니다. 웹 디자인 전문 학원은 '웹 디자인 학원'으로는 등록할 수 있지만 '컴퓨터 학원'으로는 등록할 수 없습니다. 또, 성인/준성인 관련 업종은 등록할 수 없어요.

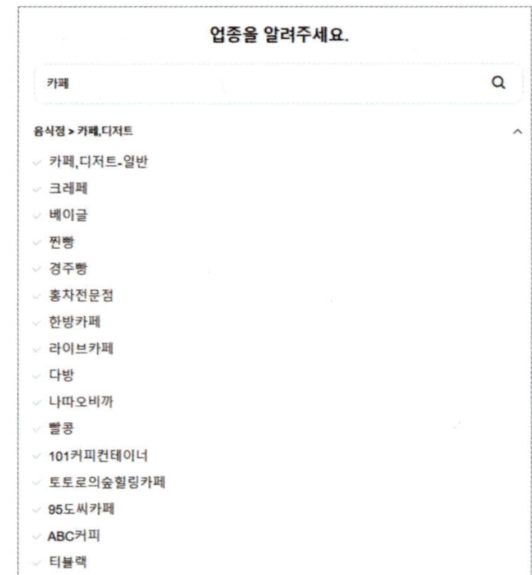

스마트플레이스에 **플레이스를 등록하는 과정에서는 업종을 바꿀 수 없으며, 다른 업종으로 등록할 경우에는 등록 절차를 처음부터 다시** 진행해야 합니다. 또한 사업자등록증에 기재된 업종과 크게 다른 업종을 선택할 경우 등록이 반려될 수 있으니 우리 가게의 실제 업종과 잘 맞는 분류인지 확인하고 신중히 선택하세요.

알아 두면 좋아요!   **업종의 하위 카테고리가 너무 많아 막막해요**

플레이스를 처음 등록할 때 가장 고민하는 부분은 업종 선택입니다. 업종의 하위 카테고리가 너무 많아 어떤 걸 골라야 할지 막막하기도 하죠. 이럴 땐 간단한 방법이 있습니다. **우리 가게가 위치한 지역명과 업종을 네이버에서 함께 검색해 보세요.**
예를 들어 홍대 입구역 주변에 카페를 오픈할 예정이라면 '홍대 카페'라고 검색해 보는 거예요. 검색 결과를 통해 해당 지역에서 **주로 선택된 업종명**, 인기 있는 **세부 업종 카테고리**, 상위에 노출된 업체들의 **공통 키워드** 등을 파악할 수 있어요. 예를 들어 상위 노출된 홍대 카페의 업종을 보면 주로 카페, 디저트예요. 이렇게 상위 노출되고 있는 가게들의 업종을 참고해서 선택하면 우리 가게도 해당 키워드로 노출될 가능성이 높아집니다. 이 전략은 **카페뿐 아니라 미용실, 음식점, 키즈카페 등 모든 업종에 적용할 수 있습니다.**

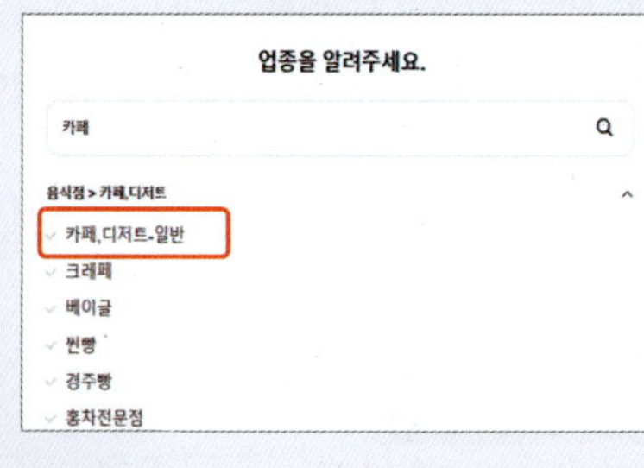

업종 선택이 곧 검색 노출과 연결되므로 우리 가게의 콘셉트를 잘 반영하면서도 우리 가게에 맞는 검색어로 상위 노출되는 업종을 선택하는 것이 중요합니다. 이 방법은 간단하지만 매우 효과적이니 꼭 활용해 보세요.

5 사업자 정보 등록하기

❶ [필요서류 안내], [업체 등록 참고 사항], [주의사항]을 확인하고 각각 **[확인]**을 누릅니다. 맨 아래 ❷ **[다음]**을 누르면 업체 등록을 위한 사업자 정보 확인 창이 뜹니다. ❸ **[사업자등록증으로 확인]**을 선택하세요.

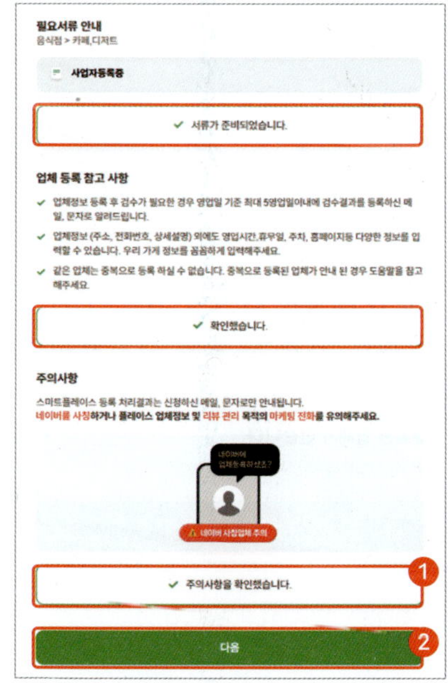

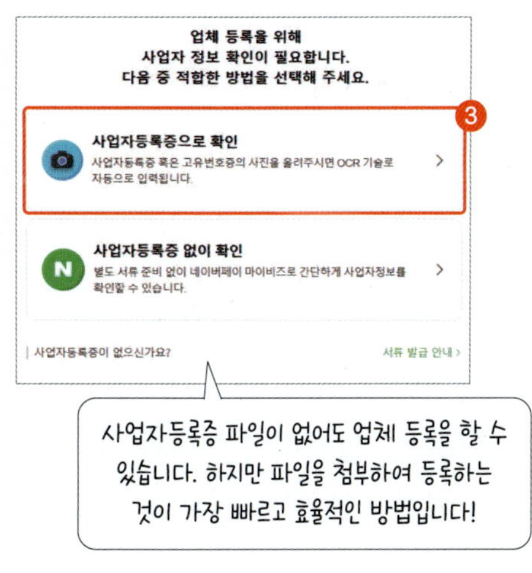

사업자등록증 파일이 없어도 업체 등록을 할 수 있습니다. 하지만 파일을 첨부하여 등록하는 것이 가장 빠르고 효율적인 방법입니다!

6 ❶ 서비스 이용약관을 확인하고 **[동의하기]**를 누릅니다. ❷ 이후 파일 업로드 창이 뜨면 사업자등록증 파일을 첨부해 주세요. 업로드하면 사업자등록증을 자동으로 인식해 정보를 입력해 줍니다.

⭐ 사업자등록증 파일은 JPG, JPEG, PNG, PDF 형식만 가능하며, 용량은 10MB 이하여야 합니다.

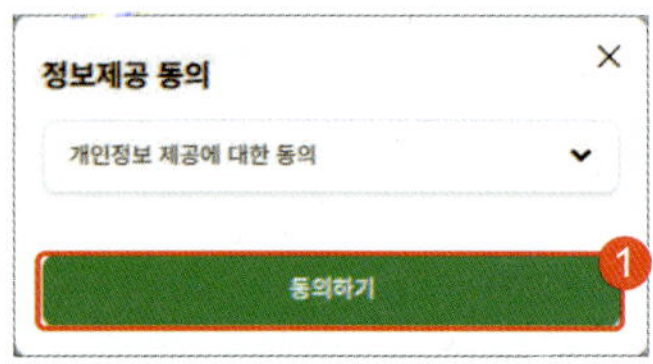
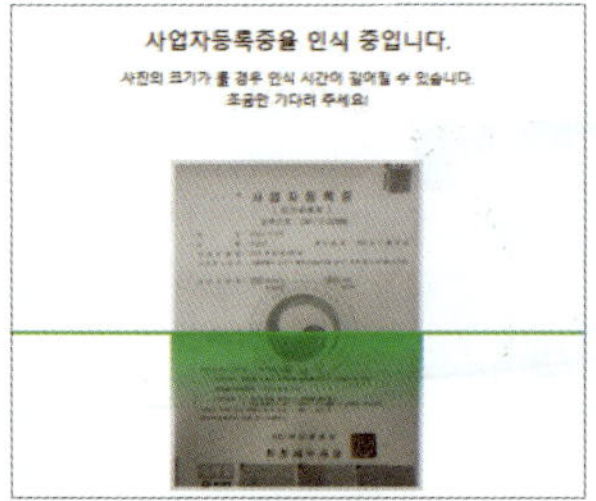

7 중복 업체 조회하고 신규 업체로 등록하기

사업자 정보 확인 창이 뜨면 ❶ **전화번호**를 입력한 후 ❷ **[중복 업체 조회하기]**를 클릭하세요.

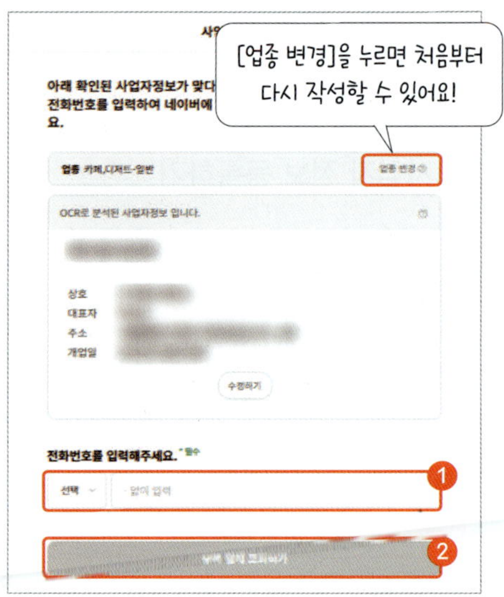

8 등록된 업체가 없다는 메시지 창이 나타나면 **[신규업체로 등록하기]**를 누릅니다. 그럼 기본적인 등록은 마친 것입니다. 하지만 실제로 업체 등록을 신청하려면 최소한의 정보라도 입력해야 합니다. 이어지는 실습에서 기본적인 업체 정보를 채워 보겠습니다.

하면 된다! } 기본 업체 정보 입력하기

아직 모든 정보를 입력하기 어렵다면 **필수 항목 위주**로 먼저 작성하세요. 부족한 부분은 등록을 완료한 이후에 언제든지 수정하거나 보완할 수 있으며 **선택 사항은 업체 등록을 하고 나서 나중에** 해도 괜찮습니다. 상위 노출 전략이나 상세 입력 노하우는 04장에서 자세히 알아볼 테니 지금은 부담 없이 진행해도 좋습니다.

1 업체명과 업종 확인하기

사업자등록증에 기재된 업체명이 자동으로 입력됩니다. 사업자등록증의 업체명을 그대로 사용하는 것이 원칙이지만, 여기에 지역명이나 업종을 자연스럽게 덧붙이면 검색에 유리해집니다.

예를 들어 홍대 입구역 근처에서 운영하는 카페라면 카페 업체명 뒤에 '홍대'를 함께 적어 주면 더 좋습니다. '홍대 카페'와 같이 **업체명에 지역명이 포함되어 있으면 고객이 지역 키워드를 포함하여 검색할 때 상위에 노출될 확률이 더 높아지기 때문입니다.**

영문 업체명은 필수 항목은 아니지만 입력해 두면 다양한 정보를 제공하는 플레이스로 인식되어 긍정적인 평가를 받을 수 있어요. 네이버는 정보가 충실한 플레이스를 더 신뢰하고, 더 많이 노출해 주는 경향이 있으니, 가능하다면 빈 항목도 채워 주는 것을 추천합니다.

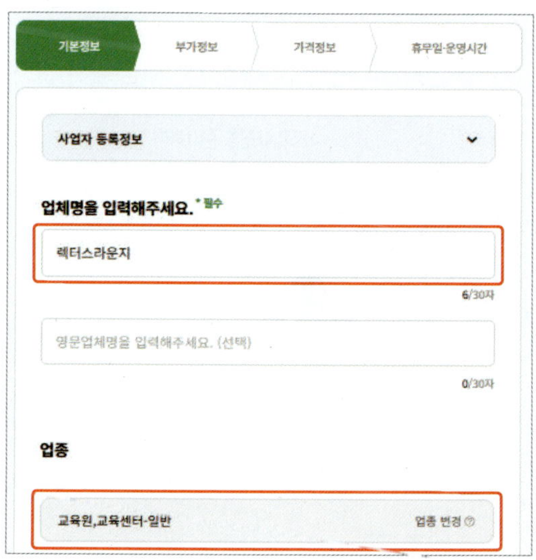

업종 역시 사업자등록증에 따라 자동으로 표시됩니다. 업종이 잘못 기입되어 변경하려면 오른쪽의 [업종 변경]을 눌러 수정할 수 있습니다. 만약 업종 선택이 고민된다면 '지역+업종'이나 '지역+키워드'로 검색해서 주변 업체들의 업종을 먼저 확인한 후 적용하는 것이 좋습니다.

❷ 사업자등록증 외 증빙 서류 첨부하기

[파일첨부]를 눌러 사업자등록증을 등록합니다. 단, 업종에 따라 추가 증빙 서류를 제출할 수도 있는데, 이때 주민등록번호가 포함된 서류를 첨부해야 한다면 **주민등록번호 뒷자리는 반드시 가려야 합니다.** 만약 서류에 주민등록번호 뒷자리가 있으면 접수되자마자 폐기되거나 등록 심사가 지연될 수 있습니다.

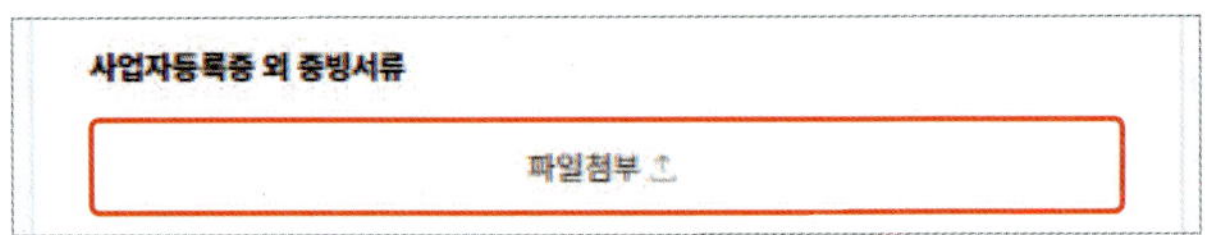

❸ 업체 사진 등록과 상세설명 입력하기

다음으로 우리 가게 사진을 등록할 차례입니다. [사진 등록]을 눌러 우리 가게의 사진을 넣어 주세요. 상세설명은 간단히 한 줄만 적어도 무방해요.

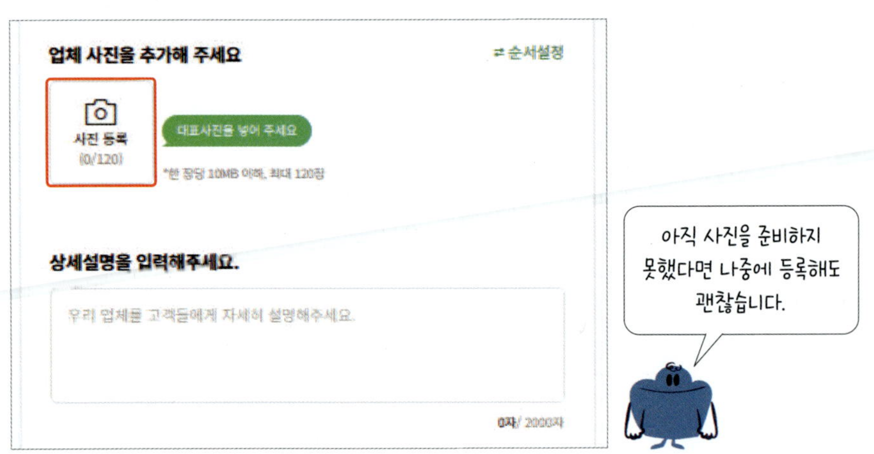

4 **대표 키워드 작성하기**

이어서 대표 키워드를 입력합니다. 대표 키워드에는 가게를 대표하는 메뉴명, 서비스명, 상품명 등을 입력합니다. 이때 고객이 실제로 검색하는 키워드를 입력하는 것이 가장 중요합니다. 02-3절에서 기획해 둔 키워드들을 기억하죠? ❶ 빈칸에 우리 가게에 딱 맞는 **키워드**를 입력한 후 ❷ **[추가]**를 누르면 아래에 표시됩니다.

대표 키워드는 최대 5개까지 입력할 수 있으며 업체와 관련 없는 키워드나 '맛집', '가볼만한곳', '네이버1등업체' 등과 같이 정보를 제공하거나 홍보성 또는 주관적인 키워드는 추가되지 않거나 추후에 삭제될 수 있으니, 주의하세요.

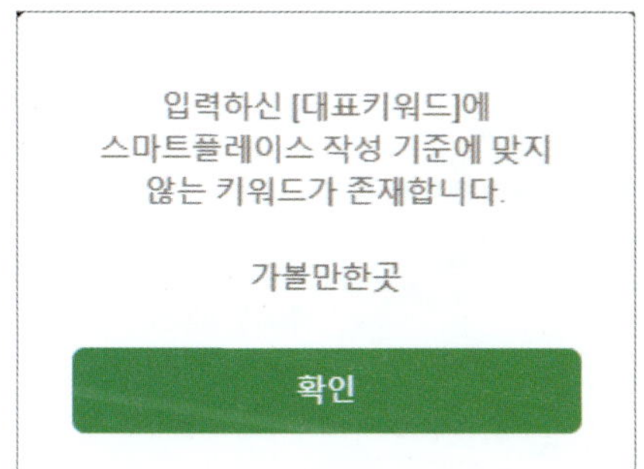
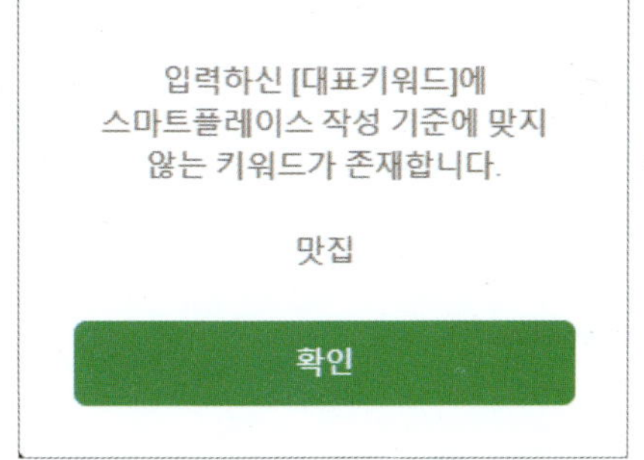

업체와 관련 없는 대표 키워드를 입력한 경우

5 **전화번호 인증하기**

스마트플레이스에 업체를 등록하려면 인증받을 전화번호가 필요합니다. ❶ **전화번호**를 입력하고 ❷ **[인증번호 전송]**을 누릅니다. ❸ 문자로 전송된 인증번호를 5분 이내에 입력해 주세요.

이때 [스마트콜] 기능은 선택 사항이지만 꼭 사용하는 것을 추천합니다. [V 사용하기]를 클릭해 활성화해 보세요. 스마트콜 기능을 사용하면 스마트 ARS 기능으로 매장 위치, 영업시간, 주차 안내 등 기본 정보를 자동으로 안내할 수 있고, 바쁜 시간을 피해 통화를 할 수 있는 시간을 설정해 둘 수도 있어요.

⭐ 스마트콜 설정 방법은 04-7절에서 자세하게 소개합니다.

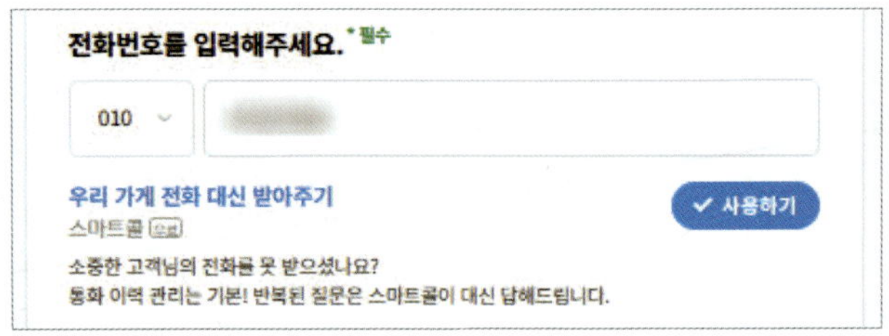

6 주소 및 위치 확인하기

가게의 주소는 사업자등록증에 기재된 주소로 자동으로 입력됩니다. 필요하다면 상세 주소를 추가로 입력할 수 있습니다. 지도의 위치가 맞다면 [이 위치가 맞아요]를 클릭하고 대표 지하철역과 출구를 확인합니다.

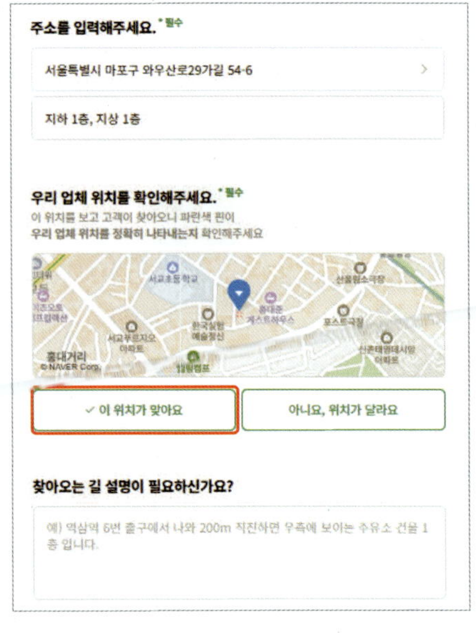

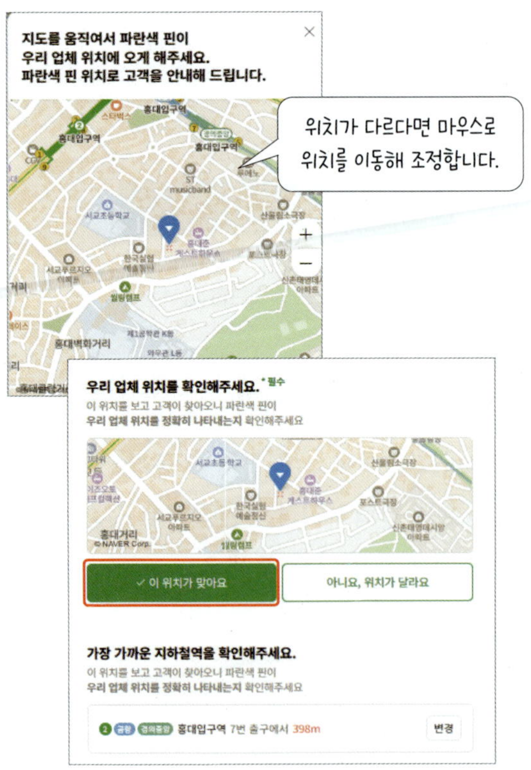

[**변경**]을 클릭하면 가까운 다른 지하철 역과 출구로 수정할 수도 있어요. 거리(m)는 변경할 수 없으니, 우리 가게의 타깃 지역과 가장 부합한 역의 출구를 클릭한 후 [**완료**]를 눌러 주세요.

⭐ 플레이스에 찾아오는 길을 추가하는 방법은 04장에서 자세히 소개합니다.

7 이메일, 전화번호 확인하고 약관 동의하기

이메일, 전화번호 등 모든 필수 정보를 입력하면 [**다음**]이 초록색으로 활성화됩니다. ❶ [**다음**]을 눌러 약관 동의 창이 뜨면 내용을 확인하고 클릭해서 체크 표시한 후 ❷ [**확인**]을 누릅니다.

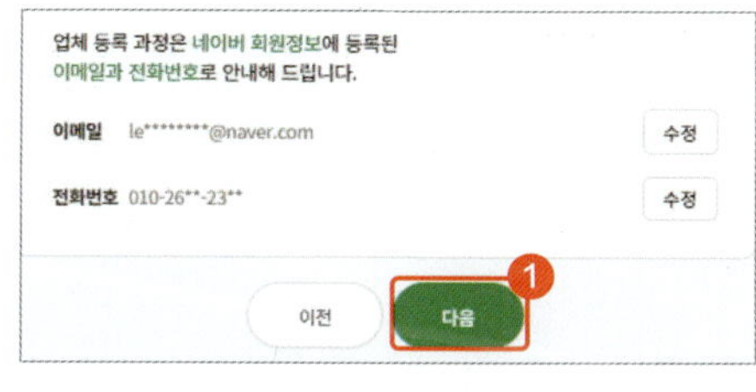

하면 된다! } 신뢰도를 높이는 메뉴 정보 입력하기

우리 가게의 기본 정보를 다 입력했다면, 이제 메뉴 정보를 입력해 보겠습니다. 메뉴 정보는 02-1절에서 잠깐 소개한 '정보 충실성'에 해당하는 부분이라고 볼 수 있어요. 그러므로 빈칸 없이 입력해 두면 가게 신뢰도가 높아지고 네이버 검색 결과에서도 긍정적인 평가를 받을 수 있습니다.

1 메뉴의 1인당 평균 소비 가격 입력하기

카페라면 '커피+디저트', 고깃집이라면 '고기 1인분+사이드 메뉴'를 기준으로 평균 소비 금액을 대략 선택해 주세요. 앞에서 말했던 것처럼 빈칸을 꼼꼼하게 채워 두는 것만으로도 플레이스의 신뢰도를 높이고 검색 노출에 긍정적인 영향을 주기 때문입니다.

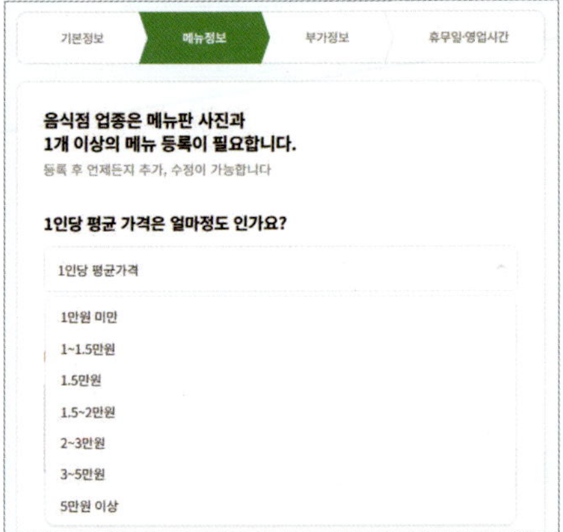

2 메뉴판 사진 등록하기

[사진 등록]을 눌러 메뉴판 사진을 추가해 주세요. 메뉴판 사진을 아직 준비하지 못했다면 대표 메뉴 사진만 먼저 올려도 됩니다.

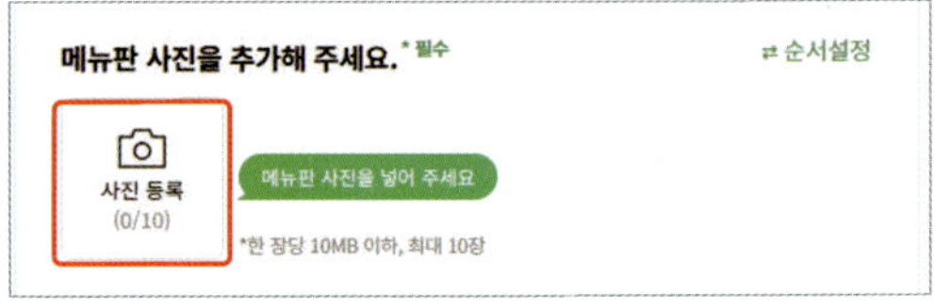

3 메뉴 추가하기

❶ [+메뉴 추가]를 눌러 메뉴명과 가격, 메뉴 사진과 설명을 입력하고 [추가하기]를 눌러 저장하세요. 메뉴는 최대 200개까지 등록할 수 있습니다. [대표메뉴로 등록하기]를 체크하면 그 메뉴를 가장 위쪽에 노출해 줍니다. 모든 메뉴를 추가했다면 맨 아래에서 ❷ [저장]을 눌러 저장합니다.

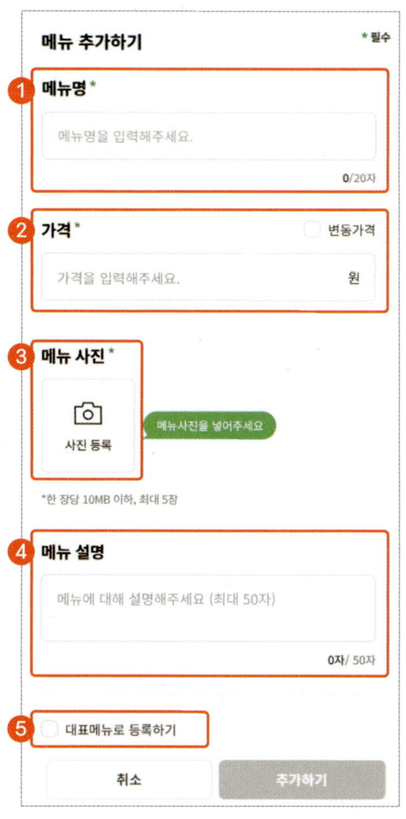

① **메뉴명:** 고객의 관심과 호기심을 끌 수 있도록 다른 가게와 중복되지 않으면서 우리 가게만의 특징을 살려 작성해 보세요.

② **가격:** 고객이 예상하는 가격대를 고려하여 설정합니다.

③ **메뉴 사진:** 작은 글자를 확대해서 볼 수 있도록 가급적 고화질로 촬영하고 메뉴의 특징이 잘 나타나도록 편집합니다.

④ **메뉴 설명:** 메뉴의 특징이나 재료 등을 설명하면서 고객이 메뉴를 선택하는 데 도움이 되는 정보를 제공합니다.

⑤ **[대표메뉴로 등록하기]:** 이 기능을 클릭해서 선택하면 메뉴 옆에 '대표'를 표시해서 고객에게 강조하여 보여 줄 수 있습니다. 대표 메뉴는 최대 5개까지 선택할 수 있습니다.

⭐ 메뉴에 관한 자세한 설명은 04-3절에서 다룹니다. 일단은 아주 간략하게 입력하고 넘어가도 좋아요!

5 이렇게 모든 입력 작업을 마쳤다면 다음 창이 뜹니다. [추가정보 입력하기]를 누르면 부가 정보나 영업시간 등을 입력할 수 있습니다. 추가 정보를 입력하는 방법은 04장에서 자세히 다룹니다. 업체 정보를 처음부터 한 번에 모두 입력하고 싶다면, 04장을 참고해 순서대로 따라 입력해 보세요.

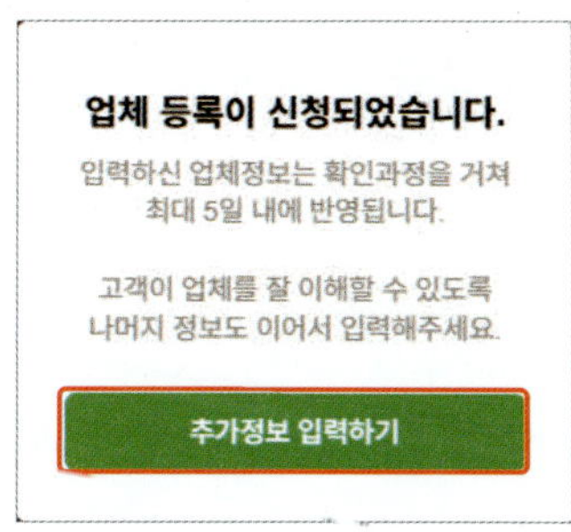

6️⃣ 이렇게 스마트플레이스에 우리 가게 등록 신청을 완료했습니다. 보통 영업일 기준 2시간~5일 이내에 승인 여부가 결정되며, 결과는 네이버 메일로 안내됩니다.

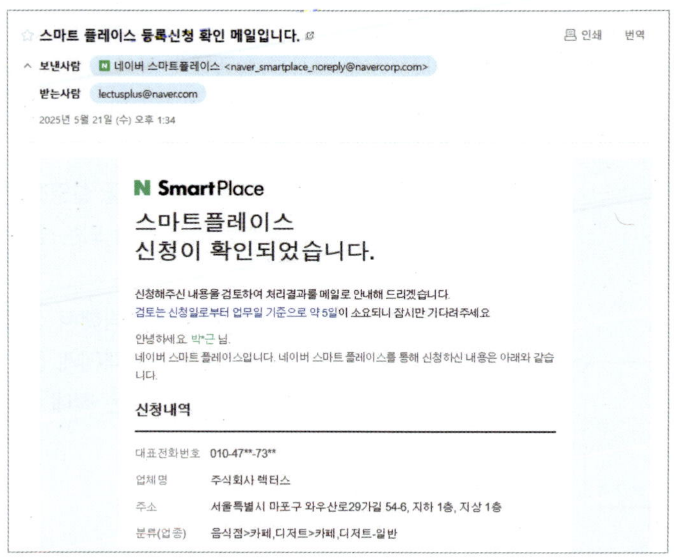

이런 경우엔 플레이스 등록이 안 될 수 있어요!

스마트플레이스에 업체 등록 신청을 했는데 '보류' 안내를 받았나요? 너무 걱정하지 마세요. 대부분은 정보를 수정하면 다시 등록할 수 있습니다. 다만 등록 자체가 불가능한 업종도 있으니 우리 가게가 어디에 해당하는지 먼저 확인해 보기 바랍니다.

1️⃣ 보류되는 경우

업체 등록 신청이 보류되는 경우는 크게 4가지입니다. 정보를 수정하면 대부분 해결할 수 있습니다.

1 사업자 정보가 정확하지 않은 경우

사업자등록증에 기재된 정보와 등록할 때 입력한 정보가 일치하는지 확인해 보세요. 특히 **업종이나 업체명**이 다르면 보류될 수 있습니다.

2 이미 등록된 업체와 중복된 경우

동일한 업체명이 스마트플레이스에 이
미 등록되어 있는지 확인해 보세요. 다
른 사람의 아이디로 등록되어 있다면
[주인 변경]을, 다른 업체가 정보를 사
용 중이라면 [삭제 요청]을 눌러 해결할
수 있습니다. 기존 업체를 인수하여 업
체명과 리뷰를 그대로 이어가려면 [주
인 변경]을 선택해 진행하세요.

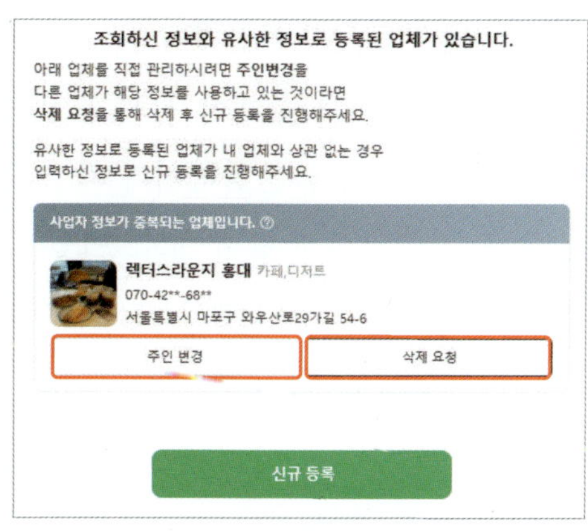

3 사진이나 상세 정보가 부족한 경우

사진이 없어도 등록할 수 있지만 가게를 설명하는 상세 정보가 너무 부족하거나
대충 작성했다면 보류될 수 있어요. 메뉴, 가격, 영업시간, 위치 등 필수 정보는
간단하게라도 꼭 입력하세요.

4 실제와 다른 정보를 입력한 경우

실제 운영 중인 정보와 다른 내용을 입력했거나 허위 정보가 포함되어 있다면 보
류될 수 있습니다. 이때는 정보를 수정한 후 재검토를 요청해 보세요.

❷ 등록 자체가 불가능한 경우

스마트플레이스는 '국내에 실재하는 장소'를 중심으로 운영되며, 업체의 위치 및
전화번호 정보가 이용자에게 의미가 있다고 판단되는 경우에만 등록할 수 있습
니다. 따라서 아래의 경우에는 등록이 제한됩니다.

1 업체가 국외에 위치한 경우

네이버 스마트플레이스는 국내 사용자를 위한 지도 기반 서비스입니다. 따라서
해외에 있는 가게는 등록할 수 없습니다.

2 성인 인증을 해야 하는 업종 또는 비윤리적인 광고를 집행한 경우

청소년에게 유해하거나 현행법에 위배되는 업종은 등록이 제한됩니다. 예를 들
어 성인용품점, 유흥주점, 사행성 오락실 등이 여기에 해당합니다.

3 주소나 연락처가 불분명하거나 실체가 없는 경우

스마트플레이스는 고객이 실제로 찾아갈 수 있는 장소를 전제로 합니다. 따라서 주소나 연락처가 불분명하거나 가상 오피스, 공유 오피스의 비상주 주소, 사서함 주소 등 고객이 방문할 수 없는 비실재 장소는 등록할 수 없습니다.

⭐ 우리 가게가 등록 제한 업종에 해당하는지 더 자세히 알고 싶다면 스마트폰 카메라로 오른쪽 QR코드를 찍어 확인해 보세요!

 알아 두면 좋아요!　　숍인숍도 플레이스 등록할 수 있나요?

'숍인숍(shop in shop)'은 하나의 매장 안에서 두 가지 이상 아이템을 함께 운영하는 형태를 말합니다. 이런 경우에도 다음 3가지 중 한 가지라도 충족한다면 등록할 수 있습니다.

- 매장에 입점한 각 업체의 사업자등록증을 제출하는 경우
- 등록하려는 각 업체의 간판이 외부에서 확인 가능한 경우
- 각 업체의 내부 공간이 완전히 분리되어 독립적으로 운영되는 경우

⭐ 단순한 문이나 파티션으로 구분된 공간은 인정되지 않으며, 사업이 각각 운영되어야 하고 결제 공간이 달라야 합니다.

하나의 업체에서 여러 업종을 분리해서 운영하는 것은 숍인숍 형태로 등록할 수 없다는 점도 참고하세요.

플레이스에 처음 등록했다면 '새로 오픈했어요'를 신청하자!

새로 오픈했어요는 음식점, 미용실, 네일숍, 숙박 업종에서 **새로 문을 연 업체들을 모아서 보여 주는 검색 결과 전용 영역**입니다. 이 영역은 기존 플레이스 영역과 별도로 구성되어 있어서 개업 초기에 고객의 눈에 띌 좋은 기회를 제공합니다. 특히 신상 맛집이나 카페를 찾는 고객에게는 매우 흥미로운 영역이기도 하죠.

이 영역은 업체의 사업자등록증명 주소지(읍·면·동)에 해당하는 맛집, 미용실, 게스트하우스 등을 검색했을 때 노출됩니다. 예를 들어, '서울 카페', '강릉 카페'처럼 도시 단위 검색어와 '송파구 카페', '망원동 카페'처럼 세부 지역 검색어로 검

색했을 때 보여집니다. 검색한 지역에서 새로 오픈한 업체는 최대 9개까지 보이며, 10개 이상일 때는 [더보기]를 눌러 확인할 수 있습니다.

새로 오픈했어요는 플레이스 개설 신청을 완료했다고 해서 자동으로 노출되지 않고 반드시 별도로 신청해야 하며, 다음과 같은 노출 조건을 모두 충족해야 합니다. 이때 실제 개업이 90일 이내라 하더라도 '사업자등록증상의 개업일을 기준'으로 계산한다는 점을 참고해 주세요.

1. 개업일 90일 이내에 플레이스 신규 등록을 하는 업체
2. 개업일이 90일 이내로 표기된 사업등록증 또는 사업자등록증명을 제출한 업체
3. 가격정보(메뉴) 및 업체 사진 최소 1건 이상 입력한 업체

'새로 오픈했어요' 신청 방법은 플레이스 등록이 완료된 후 스마트플레이스의 메인 화면에서 [스마트플레이스 솔루션 → 마케팅 → 검색화면에 우리가게 소개하기]를 누르거나 아래 주소를 입력해 접속할 수도 있습니다.

신청 링크
https://new.smartplace.naver.com/introduction/solution-market/newOpen
(축약 주소) bit.ly/nsp_no

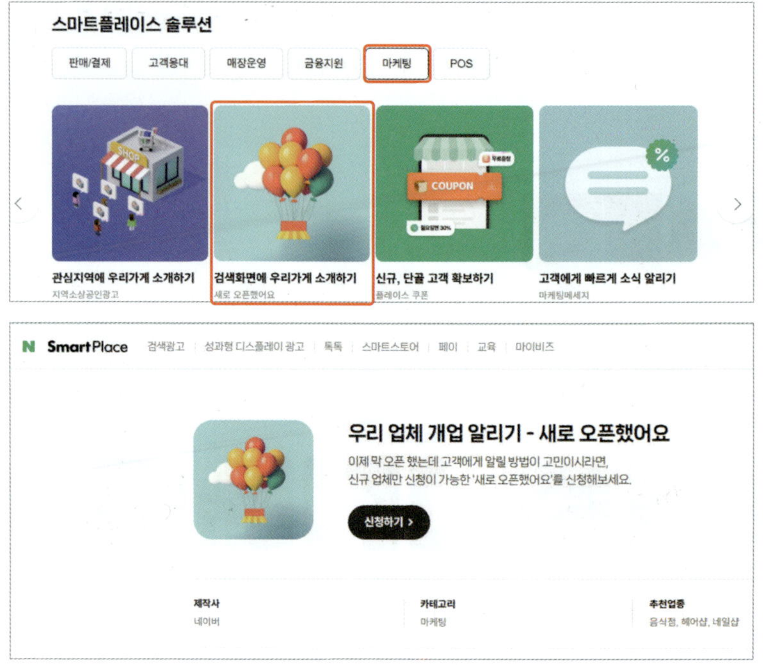

스마트플레이스 앱의 관리자 화면에서도 [솔루션 → 검색화면에 우리 가게 소개하기]를 눌러 신청할 수 있어요. 이 메뉴는 조건을 충족한 경우에만 신청 화면이 나타납니다.

⭐ 스마트플레이스 앱에 관한 내용은 255쪽에서 다룹니다.

'새로 오픈했어요' 노출 기간은 검수 완료일부터 최대 90일까지이며, 이후는 자동으로 사라집니다. '새로 오픈했어요'는 개업 초기 우리 가게를 네이버 첫 화면에서 무료로 알릴 단 한 번의 기회이니, 놓치지 말고 반드시 활용해 보세요.

이제 우리 가게의 플레이스 등록을 무사히 완료했습니다. 하지만 등록을 마쳤다고 해서 손님이 저절로 찾아오는 건 아닙니다. 이제부터는 네이버가 먼저 찾고 고객이 클릭하고 싶어지는 플레이스를 만들 차례입니다. 4장에서는 플레이스를 단순한 정보 창이 아닌 '매출을 부르는 마케팅 채널'로 만드는 비법을 하나씩 알려 드릴게요. 등록은 시작일 뿐, 진짜 중요한 세팅은 지금부터입니다.

정리하면 이렇게!

플레이스 등록, 딱 5분이면 끝!

- **준비물**: 네이버 계정(아이디), 사업자등록증 파일, 스마트폰
① **스마트플레이스 접속**: 사업자등록증상의 대표자 명의 네이버 아이디로 로그인
② **업종 선택**: 고민된다면 우리 가게 지역+업종을 검색해 경쟁 업체 참고(예: 홍대 카페)
③ **사업자 정보 확인**: 사업자등록증 파일 첨부가 가장 빠르고 정확
④ **업체명 입력**: 지역이나 업종 키워드를 자연스럽게 포함하면 검색에 유리
⑤ **사진, 상세설명 입력**: 나중에 수정할 수 있지만 간단하게라도 입력
⑥ **대표키워드 작성**: 우리 가게를 잘 나타내는 키워드 5개 입력(작성 기준에 맞지 않는 키워드는 제외)
⑦ **전화번호 확인**: 전화번호 인증 필수! 스마트콜은 권장!
⑧ **메뉴 정보 입력**: 메뉴판 사진과 메뉴 정보가 준비되어 있다면 꼼꼼하게 입력
⑨ **플레이스 등록 신청 완료**: 영업일 기준 2시간~5일 내 승인 여부 메일 발송

스마트플레이스
설정 & 운영 마스터하기

04-1 업체정보 설정, 고객에게 보이는 첫인상

04-2 여기 한번 가볼까? 결정을 돕는 업체 사진과 상세설명

04-3 우리 가게의 매력을 보여 줄 메뉴정보 입력하기

04-4 좌석, 주차, 결제수단 등 부가정보 입력하기

04-5 영업시간과 휴무일 설정하기

04-6 예약 기능으로 고객과의 약속 만들기

04-7 전화 대신 스마트콜로 문의 대응하기

04-8 톡톡으로 고객과 바로 소통하기

04-9 마케팅 쿠폰으로 손님을 불러 모으는 방법

04-10 데이터는 거짓말하지 않는다! — 통계 기능 제대로 쓰기

네이버의 검색 구조와
플레이스의 원리 파악

기획 & 브랜딩

플레이스 등록

스마트플레이스에 신규 등록까지 마쳤다면 우리 가게의 온라인 공간은 이제 막 문을 연 셈이에요. 하지만 등록만 해두고 관리하지 않는다면 고객이 검색해 들어와도 발길을 돌리기 쉽습니다. 이제는 빈 부분을 채워 넣을 차례입니다. 고객이 머물고, 예약하고, 다시 찾고 싶어지는 공간으로 말이죠.

04-1

업체정보 설정,
고객에게 보이는 첫인상

고객은 3초 안에 판단하고, 30초 안에 머무를지 결정한다!

사람은 보통 첫인상에서 거의 모든 것을 결정한다고 합니다. 깨끗하게 정돈된 가게에 들어서면 "여긴 믿을 만하겠다"라는 생각이 절로 드는 것과 같은 이치죠.

플레이스도 마찬가지입니다. 고객이 우리 가게 플레이스를 클릭하는 순간 그들의 머릿속에서는 여러 가지 판단이 동시에 일어납니다. '사진이 먹음직스럽네?', '설명이 자세하군', '늦게까지 영업하네!' 단 몇 초 만에 이 모든 정보를 합쳐서 우리 가게의 '첫인상'이 결정됩니다.

이 첫인상에서 신뢰를 얻지 못하면 고객은 다시 기회를 주지 않습니다. **수많은 경쟁 가게 중에서 굳이 정보가 부족한 가게를 머물 이유가 없기 때문**입니다.

하지만 걱정하지 마세요. 지금부터 이 책이 안내하는 대로 따라 하면 고객에게 최고의 첫인상을 선물할 수 있습니다. 고객이 신뢰하고 더 머물고 싶어 하는 가게로 만드는 첫걸음! 플레이스의 얼굴인 '업체정보' 입력 방법을 하나씩 배워 보겠습니다.

반드시 입력해야 하는 4가지 업체정보

04장의 실습은 업체 등록을 완료한 뒤, 스마트플레이스 관리자 화면(new.smartplace.naver.com/bizes/)에서 진행할 수 있습니다. 아직 업체 등록을 하지 않았거나 검수 중이라면 관리자 화면에 접속할 수 없습니다. 업체 등록이 완료된 뒤 차근차근 따라 해주세요.

업체정보에는 총 5가지 항목이 있습니다. 이 중 [기본정보], [메뉴정보], [부가정보], [휴무일 영업시간] 항목은 고객이 방문 전 가장 먼저 확인하는 핵심 정보입니다. 따라서 가능한 한 정확하고 상세하게 입력해야 합니다. 04-2절부터 04-5절까지 각 항목을 차례대로 알아보겠습니다.

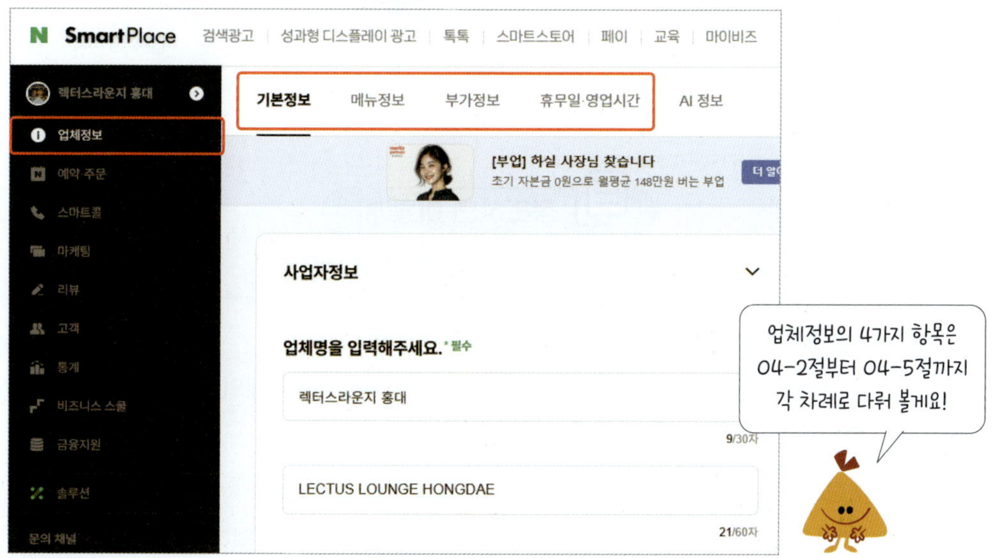

스마트플레이스 관리자 화면

업체정보를 입력하면 플레이스에서는 어떻게 보일까?

업체정보만 성실히 입력해도 플레이스가 정돈되어 보입니다. 영역에 따라 중요한 부분이 다르니 이후 설명할 본문에서 하나씩 자세히 다뤄 보겠습니다.

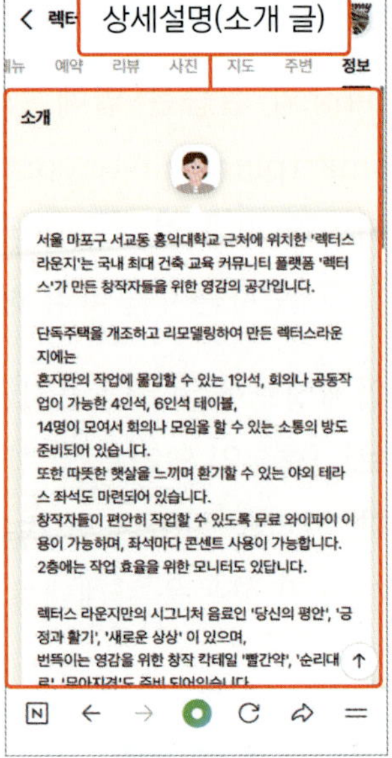

> 📋 **정리하면 이렇게!**
>
> ## 업체정보 설정, 이것만 알면 된다!
>
> 1. 고객은 3초 만에 판단하고 30초 안에 머무를지 결정해요!
>   - ✔ 첫인상을 사로잡는 매력적인 ① (사진 / 책), 그리고 우리 가게의 장점과 핵심 키워드를 잘 녹여낸 소개 글을 준비해야 함
>
> 2. 업체정보 4가지는 반드시 채워야 하는 기본 중의 기본이에요!
>   - ✔ [기본정보], [메뉴정보], [부가정보], [휴무일·영업시간]은 빠짐없이 정확하게 입력해야 고객의 ② (신뢰 / 할인 혜택)을(를) 얻을 수 있음
>
> 정답 ① 사진 ② 신뢰

04-2

여기 한번 가볼까?
결정을 돕는 업체 사진과 상세설명

플레이스에서 사진은 단순한 이미지가 아니라 우리 가게를 홍보하는 강력한 마케팅 도구입니다. 글도 중요하지만 고객은 사진을 먼저 보고 방문을 결정하기도 하니까요. 등록한 사진은 올린 순서대로 정리되며, 가장 마지막에 올린 사진이 대표 사진으로 설정됩니다. 대표 사진은 업종에 따라 검색 결과에 1~2장 정도 함께 노출되니, 이 부분은 특히 신경 써주세요!

스마트플레이스에 등록한 업체 사진　　　　　모바일 화면에 나타난 업체 사진

사진 하나로 우리 가게 신뢰도 높이기 — '사진' 등록

플레이스에 접속한 고객의 눈을 가장 먼저 사로잡는 건 글보다 사진입니다. 단순히 사진을 많이 등록하는 것보다 가게의 분위기와 특징이 잘 드러나는 전략적인 사진 구성이 훨씬 중요합니다. 다음 4가지 사진은 반드시 넣어 주세요.

① **외관:** 가게 정문이 잘 보이는 사진은 고객이 길을 찾는 데 큰 도움이 됩니다. 낮 사진은 기본이고 밤 사진도 첨부해 주세요. 가게가 골목 안쪽에 있다면 위치를 알려 주는 방향 사진도 함께 등록해 주세요.

② **내부 전경:** 업체의 분위기와 인테리어를 파악할 수 있도록 고객이 외부에서 들어와 우리 가게를 경험하는 과정을 순서대로 사진에 담아 주세요.

③ **메뉴:** 메뉴 사진은 메뉴 정보를 입력할 때뿐만 아니라 업체 사진에도 추가해 주세요. 맛집이나 카페는 메뉴가 푸짐해 보이도록 한 상에 대표 메뉴들을 올린 사진이 좋습니다. 이 외의 업종도 다양한 메뉴와 친절한 서비스를 제공하는 사진을 올려 주세요.

④ **이용하는 손님의 모습:** 우리 가게를 즐기는 사람들의 모습을 담은 사진을 올려 보세요. 손님 얼굴이 나오지 않고 뒷모습만 보여도 많은 사람이 함께 있는 사진은 고객에게 기대감을 심어 주고, 간접적으로 만족스러운 경험을 할 수 있게 도와줍니다. 단, 초상권에 유의하세요.

그 외에 주차 공간, 유아 의자, 단체석, 화장실 등 고객이 궁금해할 정보를 사진으로 보여 주는 것도 좋습니다. 또한 계절과 유행에 따라 사진을 교체해 주는 것도 좋은 방법입니다. 최신 사진을 꾸준히 올리면 고객에게는 '활발히 운영 중인 가게'라는 신뢰를 주고, 네이버에게는 '지속적으로 관리되는 플레이스'라는 긍정적인 신호를 줄 수 있습니다.

이렇게 업체 사진의 유형과 등록할 때 주의해야 할 원칙을 살펴봤습니다. 다음 단계는 실전입니다. 지금부터 우리 가게의 사진을 직접 플레이스에 등록해 보겠습니다.

하면 된다! } 업체 사진 등록하기

1 사진 등록하기

사진을 등록하는 방법은 정말 쉽습니다. 스마트플레이스의 관리자 화면의 왼쪽 메뉴에서 [❶ 업체정보 → ❷ 기본정보]로 들어간 후 스크롤을 약간 내려 [업체 사진을 추가해 주세요] 아래에서 ❸ [사진 등록]을 누릅니다.

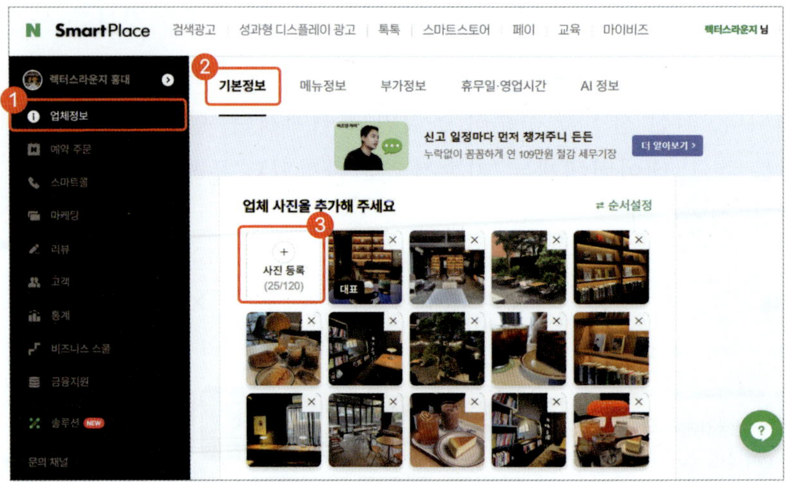

스마트플레이스 관리자 화면(https://new.smartplace.naver.com/)

2 ❶ 내 업체를 잘 **나타낼 만한 사진**을 잘 선별하여 선택한 후 ❷ [열기]를 누릅니다. 이때 앞서 말한 플레이스에 꼭 올려야 하는 4가지 종류의 사진을 포함해서 올려 주세요!

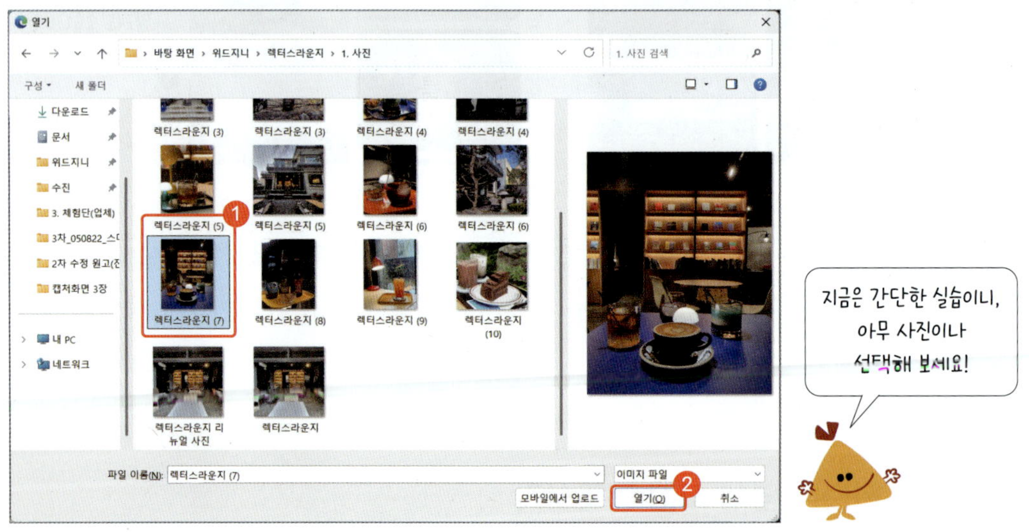

⭐ 화질이 좋은 고해상도 사진일수록 제품이나 서비스의 품질이 선명하게 전달되기 때문에 고객의 눈길을 끌기에 유리합니다. 또한 사진 1장당 업로드 용량은 20MB 이하여야 한다는 것도 잘 알아 두세요.

❸ 간단하게 업체 사진을 등록했습니다. [기본정보] 화면의 맨 아래에 있는 [저장하기]를 눌러 업체 사진의 등록 설정을 마무리합니다.

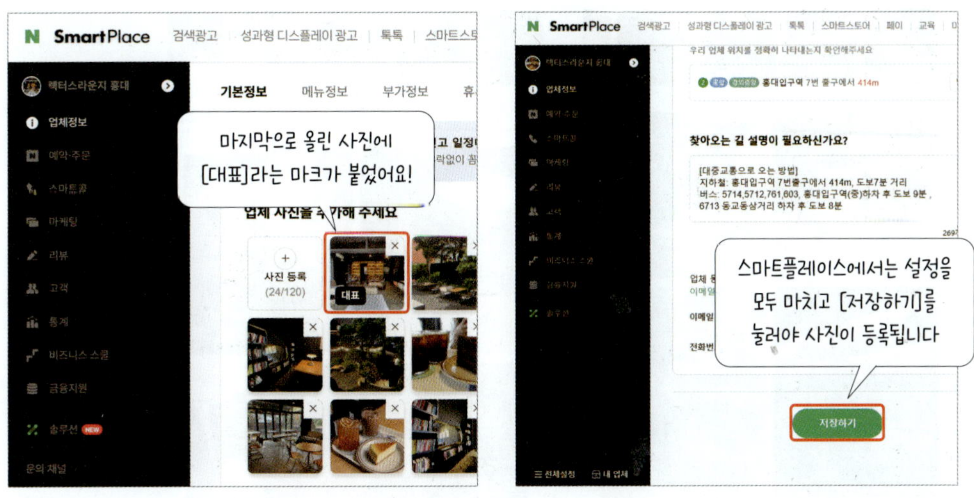

4 등록한 사진 삭제하기

사진은 최대 120장까지 첨부할 수 있지만 너무 많으면 오히려 산만해 보일 수 있습니다. 그래서 **꼭 필요한 사진 위주로 등록하는 것이 좋습니다**. 등록한 사진을 삭제하고 싶을 때는 사진 오른쪽 위에 있는 ⊠를 누르면 됩니다.

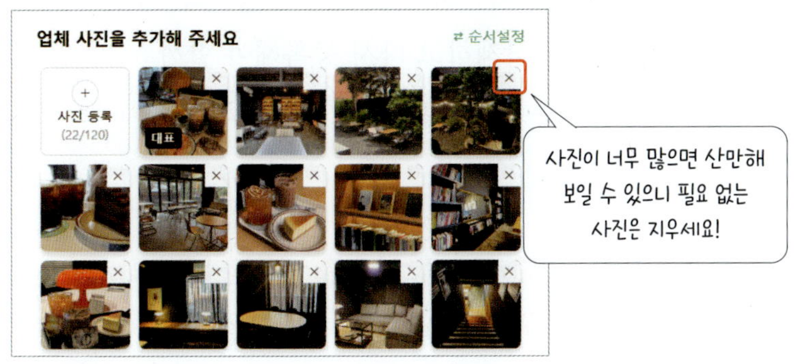

이렇게 등록한 사진은 고객이 우리 가게 플레이스의 [사진] 탭에서 확인할 수 있습니다. 이곳에는 우리가 직접 올린 사진뿐 아니라 고객이 남긴 사진, 동영상, 클립 등 다양한 콘텐츠도 확인할 수 있습니다. [사진 → 업체]를 누르면 앞에서 우리가 등록한 사진만 따로 볼 수 있으니, 매장의 분위기와 서비스를 한눈에 보여 줄 수 있는 사진으로 잘 구성해 보세요.

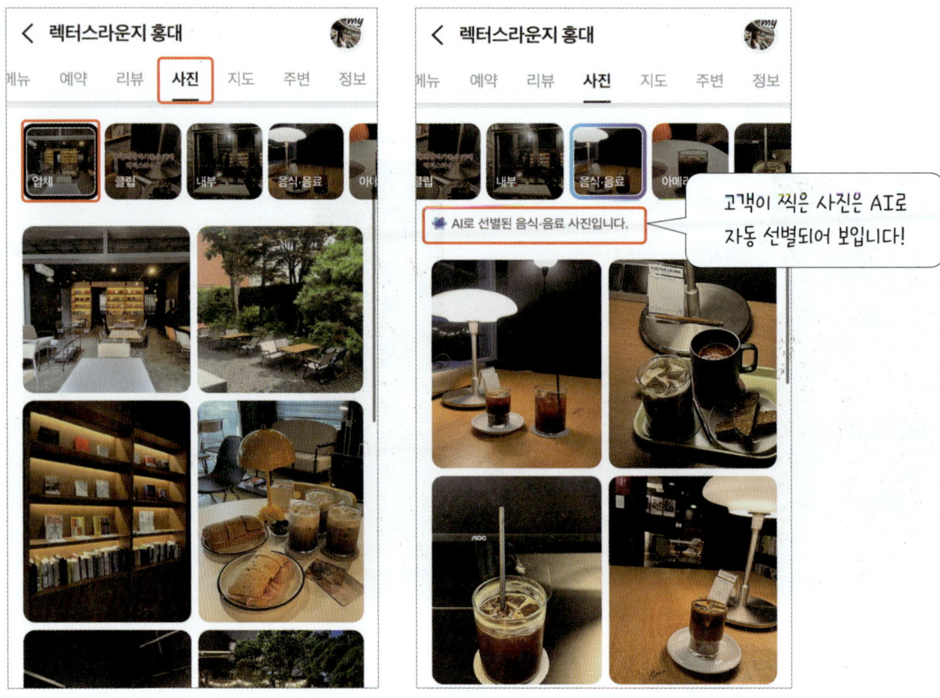

하면 된다! } 대표 사진을 순서 바꿔 등록하기

사진을 등록할 때 가장 마지막에 등록한 사진이 대표 사진이 됩니다. 그렇다면 대표 사진을 바꾸고 싶을 때마다 사진을 삭제하고 다시 등록해야 할까요? 물론 아닙니다. 이미 등록한 사진 중에서 대표 사진으로 설정하고 싶은 사진을 맨 앞으로 이동하면 됩니다.

1 스마트플레이스 관리자 화면에서 [❶ 업체정보 → ❷ 기본정보] 아래 [업체 사진을 추가해 주세요]의 오른쪽에 있는 ❸ [순서설정]을 누릅니다.

2 노출순서 변경 창이 나타나면 **❶** 대표 사진으로 설정할 사진을 마우스로 클릭한 뒤 드래그하여 맨 앞으로 옮겨 주세요. 사진 순서를 정리했다면 **❷** [저장하기]를 눌러 저장합니다.

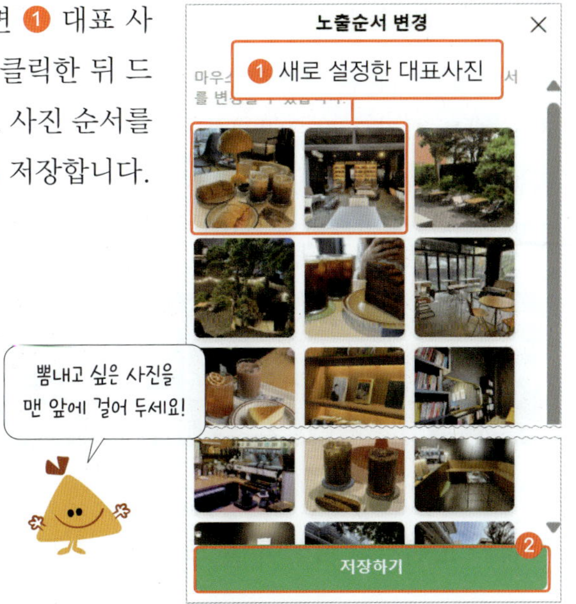

3 모든 설정을 마친 후 페이지 가장 아래쪽에 있는 [저장하기]를 누르면 변경한 내용이 적용됩니다.

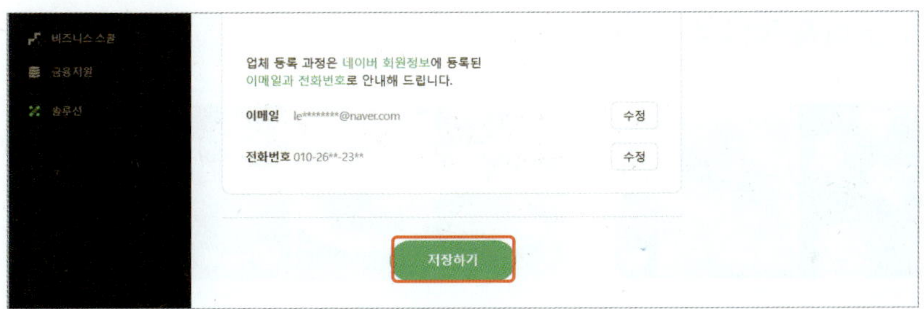

내 가게에 어울리는 사진은 뭘까? — 업종별 사진 추천

만약 내 가게에 어떤 사진이 어울릴지 궁금하다면 다음 예시를 참고해 보세요. 기본적으로 올려야 하는 사진 종류는 동일하지만, 업종에 따라 우리 가게에 어울리는 사진이 다를 수 있습니다. 이제 업종별로 어떤 사진을 올리면 좋을지 함께 확인해 보겠습니다.

음식점 — 맛있어 보이는 음식을 강조!

음식점에서 기본은 당연히 '음식'입니다. 먹음직스러운 음식을 푸짐하게 담은 사진을 대표 사진으로 올리세요. 특정 메뉴뿐만 아니라 다양한 메뉴의 사진을 올리는 것도 중요합니다. 또 손님이 줄 서 있는 장면, 많은 젓가락이 음식을 향하는 장면은 고객의 기대감을 높입니다.

카페 — 분위기와 감성이 잘 드러나는 사진으로!

카페에서 음료와 디저트의 비주얼은 기본이고, 여기에 공간의 매력을 담아야 합니다. 대표 사진에는 카페의 한 공간을 배경으로 찍은 시그니처 메뉴 사진을 활용해 보세요. 조명과 소품 인테리어 등 공간 분위기를 보여 주는 사진도 중요합니다. 커피를 내리는 모습이나 베이킹 장면처럼 생동적인 사진이나 영상을 첨부한다면 신뢰도를 더욱 높일 수 있어요!

펜션/숙소 — 전체 외관 + 객실 + 부대시설이 잘 보이도록!

객실 전경, 부대 시설, 침구나 욕실의 상태 등 숙소의 핵심을 사진을 통해 자세하게 보여 주세요. 멋진 자연 경관이 있다면 필수로 포함하고, 수영장이나 바비큐장 등 부가시설도 자세히 보여주는 것이 예약률을 높이는 방법입니다. 실제 숙박객이 휴식하는 모습의 연출컷도 분위기 전달에 효과적이에요.

업종별 사진 추천 기준을 한눈에 확인할 수 있도록 아래 표로 정리했습니다. 공통으로 **선명하고 화질이 좋은 사진**을 사용해야 하며, 고객이 나온 사진을 사용할 때는 **초상권 침해에 유의**해야 합니다.

업종	꼭 넣어야 할 사진	활용 팁·주의사항
음식점	외관, 내부 사진, 메뉴 전체 샷, 손님이 줄 선 모습	푸짐하게 한 상 차림으로 구성, 고객 사진 활용 시 뒷모습이나 손 등이 나온 사진 이용 (초상권 침해 주의)
카페	대표 음료·디저트, 인테리어, 감성 소품	우리 가게에서 가장 매력적인 공간을 배경으로 음료와 디저트 사진 촬영
펜션/숙소	외관, 객실, 부대시설(바비큐장 등)	자연 경관과 어우러진 전경 사진 포함, 객실 내 시설이 잘 보일 수 있도록 다양한 사진 포함
헤어숍	내부 시설 사진, 시술 사진	시술 사진은 색이나 스타일을 명확히 확인할 수 있도록 흰색 배경 이용
꽃집	내부 사진, 대표 꽃다발, 작업 모습	꽃의 색감을 강조한 사진 촬영, 풍성하고 다양한 꽃 활용
키즈카페	내부 시설 사진(놀이 시설, 보호자 휴식 공간 등), 손님이 이용하는 모습	초상권 침해 아이들이 놀이하는 공간뿐만 아니라 보호자와 아이들 휴식 공간도 다양하게 촬영
피부관리숍	내부 사진(시술 공간, 대기실 등), 시술 장비, 제품	장비와 제품 청결하고 정리된 모습 촬영, 시술 받는 공간 자세하게 촬영
학원	강의실 전경, 수업하는 모습, 교재	아이들이 수업에 집중한 뒷모습 포함, 강의실 전경과 강사의 수업, 교재 사진 포함
애견미용	내부 사진(미용 공간 등), 시술 전후 사진	미용 후 동물의 표정이나 상황 등 확인 후 사진 촬영, 위생적인 환경 촬영
네일숍	내부 사진, 시술 결과, 다양한 제품 사진	밝은 조명으로 클로즈업해서 촬영, 깨끗한 시술 환경과 다양한 제품 촬영
피트니스	내부 시설 사진(운동 기구, 탈의실, 샤워실 등), 운동하는 사진	다양한 운동기구와 탈의실, 샤워실 등 사진 포함, 밝고 건강한 모습의 강사가 수업하는 사진 포함

고객에게 우리 가게를 직접 소개해요! — '상세설명' 입력

상세설명은 고객이 우리 가게를 검색했을 때 [정보] 탭에서 확인할 수 있는 소개 글입니다. 최대 2,000자까지 입력할 수 있으며 우리 가게의 콘셉트와 분위기, 메뉴와 서비스, 특징과 장점을 소개할 수 있는 중요한 영역입니다.

특히 상세설명에 정보를 얼마나 자세히 입력했느냐에 따라 검색 노출에도 영향을 줍니다. 고객이 검색한 키워드와 소개 글의 내용이 유사할수록 노출될 확률도 높아지기 때문이죠.

많은 사장님이 소개 글 작성이 어렵다고 느끼지만, 핵심은 우리 가게의 매력을 자연스럽게 설명하는 것입니다. 키워드를 억지로 나열하기보다 자연스럽게 글에 녹여내고, 고객이 실제로 궁금해할 내용 중심으로 자세하게 작성해 주세요.

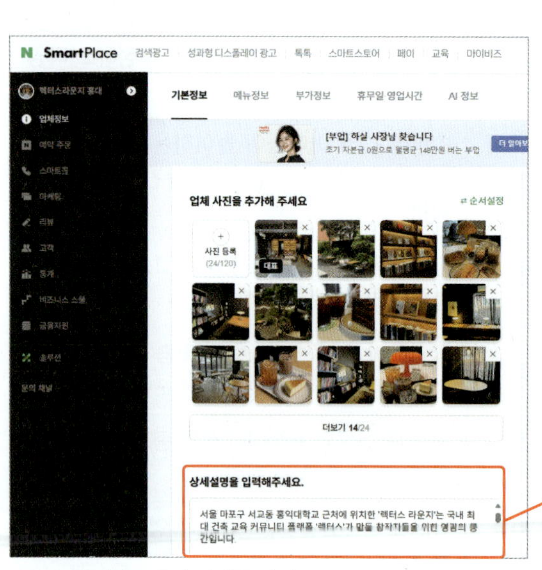

스마트플레이스에서 작성한 상세설명

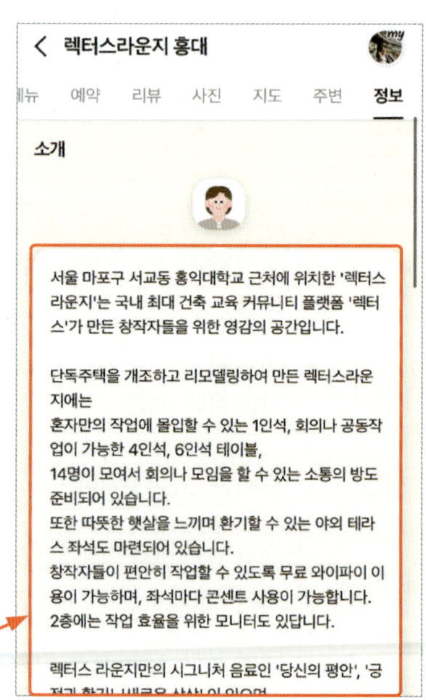

모바일 화면에 나타난 상세설명

다른 가게의 상세설명을 참고해 보세요!

플레이스에서 상위에 노출된 가게의 상세설명을 분석해 보면 업종별로 구성과 표현 방식에서 공통점을 찾을 수 있습니다. 상세설명은 어떤 방식으로 작성해야 하는지 4가지 업종의 예시를 들어 구체적으로 살펴보겠습니다.

음식점 — 위치와 특징이 돋보여요!

업체명	하나노	모리앤코
상세설명	홍대 연남동에 위치한 선술집 하나노는 편안하게 일본풍 요리와 분위기를 즐길 수 있는 공간입니다. 내부는 아늑한 조명과 따뜻한 목재 인테리어로 꾸며져 있어 들어서는 순간 차분한 분위기를 느끼실 수 있습니다. 주요 메뉴는 신선한 고기와 해산물을 꼬치로 구워내는 요리로, 재료 본연의 맛을 살린 정갈한 양념과 함께 제공합니다. 부담 없이 즐길 수 있는 다양한 꼬치 요리와 함께 일본식 주점을 경험하실 수 있습니다. 주류는 사케를 비롯해 맥주, 소주 등 여러 음료가 준비되어 있어 취향에 맞게 즐기실 수 있습니다. 특히 일본식 분위기를 제대로 느끼고 싶으시다면 사케를 권해드립니다. 소규모 모임이나 조용한 시간을 보내기에도 적합한 룸 공간이 마련되어 있으며, 방문객들을 위한 주차 공간도 준비되어 있으니 편히 이용하실 수 있습니다.	성수동에서 10년 넘게 사랑받아온 다이닝 라운지, 모리앤코입니다. 모리앤코에서는 직접 개발한 레시피로 만든 글로벌 퓨전 요리와 다양한 칵테일, 와인, 샴페인, 수제 맥주, 위스키, 무알콜 음료를 즐기실 수 있습니다. 계절마다 달라지는 신선한 요리와 그에 어울리는 주류 페어링, 싱글몰트까지 세심하게 준비된 공간을 지향합니다. 이름처럼 모리앤코는 세계 각국에서 모아온 독특한 소품과 가구, 공연, 사람, 음식, 주류, 식물이 어우러지는 복합 문화 공간입니다. 성수동의 특별한 핫플레이스, 모리앤코. 언제나 기대하며 방문하셔도 좋습니다. 한남동에서도 '라템플한남', '더하우스한남'을 함께 운영하고 있습니다. 인스타그램 mori_and_co

카페 — 위치와 공간을 소개하는 내용이 잘 보여요!

업체명	스튜디오카페 오브	그로브샐러드
상세설명	천호동에 자리한 스튜디오카페 오브는 집중과 휴식을 함께 누릴 수 있는 창작자들을 위한 공간입니다. 많은 손님들이 "노트북하기 좋은 카페예요.", "다른 사람들의 몰입하는 모습에 동기부여가 돼요.", "매일 들르고 싶은 작업 카페예요."라며 후기를 남겨주고 있습니다. 스튜디오카페 오브는 주택을 리모델링해 만든 공간으로, 혼자 작업하기 좋은 1인석, 소규모 미팅이 가능한 4인석·6인석, 최대 10명까지 이용할 수 있는 모임 공간까지 마련되어 있습니다. 잠시 머리를 식힐 수 있는 작은 테라스도 있고, 전 좌석에서 와이파이와 콘센트를 자유롭게 사용할 수 있습니다. 메뉴는 집중력을 높여주는 시그니처 음료 '차분한 오후', '밝은 기운', 계절 한정 메뉴 '여름의 상상' 등이 있으며, 샌드위치와 케이크 같은 간단한 디저트도 준비되어 있습니다. 창작과 영감의 아지트, 스튜디오카페 오브에서 편안하게 몰입의 시간을 경험해 보세요.	그로브샐러드는 '웍샐러드'라는 독창적인 메뉴와 취향에 따라 선택할 수 있는 커스텀 샐러드, 그리고 디저트와 음료까지 함께 즐길 수 있는 건강 다이닝 카페입니다. 오픈 키친에서 펼쳐지는 불쇼로 깊은 풍미를 더한 웍샐러드와 신선한 채소로 만든 샐러드는 맛있고 든든한 다이어트 식단으로 제격입니다. 선릉역 도보 3분, 세련된 공간에서 즐기는 선릉 맛집, 선릉 샐러드 카페를 찾고 있다면 지금 바로 그로브샐러드를 방문해 보세요. 단체 주문도 가능해 직장인과 지역 주민, 멀리서 찾아오시는 분들까지 모두 환영합니다. 그로브샐러드에서 건강과 맛, 분위기를 한 번에 챙기는 특별한 한 끼를 경험해 보세요.

펜션/숙소 — 접근성과 부대시설을 강조했어요!

업체명	라운드힐 펜션&글램핑	강화캠핑파크
상세설명	2025년 신규 오픈, 라운드힐 펜션&글램핑은 **경북 경주 감포해변에 위치한 감성 숙소**입니다. 글램핑 스타일로 설계된 객실마다 개별 데크가 있어 프라이빗하게 캠핑 분위기를 즐기면서도 펜션의 편안함을 동시에 누리실 수 있습니다. • 전용 미니 풀장 • 전 객실 개별 주차 가능 • 전용 바비큐 공간 • 매일 교체되는 청결한 호텔식 침구 • 65인치 스마트TV 및 OTT 시청 가능 • 넓은 30평형 객실, 에어컨 완비 • 어메니티·타월 등 기본 구비품 제공 • 주말마다 열리는 소규모 버스킹 공연 (기상 상황 등에 따라 취소될 수 있음) **숙소 인근으로 다양한 편의시설과 관광지가 가까워 접근성이 좋습니다.** • 감포해변 도보 3분 • 문무대왕릉 해변 산책로 도보 8분 • 카페, 편의점, 식당 도보 2분 바비큐, 캠프파이어, 감성 캠핑까지 한 번에 즐길 수 있는 특별한 공간, 라운드힐 펜션&글램핑에서 잊지 못할 시간을 경험해 보세요. 경주 글램핑, 감포 펜션을 찾으신다면 바로 여기입니다.	파인힐 캠핑리조트는 송도대교 인근에 위치한 글램핑·카라반 복합 캠핑장으로, 도심에서 가까운 자연을 만끽할 수 있는 공간입니다. **서울 여의도·잠실, 경기 분당·일산에서 차로 약 1시간이면 도착할 수 있으며, 소래포구와 송도 센트럴파크가 인근에 있어 여행 동선 짜기도 편리합니다.** **객실은 글램핑, 카라반, 오토캠핑존으로 구성되어 있으며, 전용 바비큐 공간과 개별 데크가 마련돼 있어 프라이빗한 캠핑을 즐길 수 있습니다. 여름철에는 수영장이 운영되고, 주말에는 작은 버스킹 공연이 열려 색다른 분위기를 느낄 수 있습니다.** 예약은 네이버 예약 시스템을 통해 분기별로 오픈됩니다. • 1~3월 / 4~6월 / 7~9월 / 10~12월 분기별로 예약 일정 공개 • 매년 수영장 운영 기간: 7월 ~ 8월 • 여름 성수기: 7월 26일 ~ 8월 31일 • 국경일, 대체공휴일 등 주요 연휴 일정 반영 캠핑의 매력인 불멍과 바비큐는 물론, 근처 관광지와 연계한 여행까지 한 번에 즐길 수 있는 곳. 2025년, 파인힐 캠핑리조트에서 자연과 낭만이 어우러진 특별한 캠핑을 경험해 보세요.

미용실 — 가격 관련 이벤트가 돋보이네요!

업체명	루미에르헤어 홍대점	벨루어헤어 강남점
상세설명	안녕하세요. 홍대입구 미용실 루미에르헤어 홍대점입니다. 트렌드에 맞춘 디자인과 세심한 시술로 고객님의 스타일을 책임집니다. ● 1:1 맞춤 상담 후 시술 ● 얼굴형·모발 상태에 맞춘 디자인 컷과 컬러 ● 저녁 늦게까지 운영으로 직장인 고객도 편리하게 방문 가능 [이벤트 안내] • 첫 예약 고객: 주간 시술 40% 할인 / 야간 시술 20% 할인 • 재방문 고객: 10% 상시 할인 [위치] 서울 마포구 홍익로 18, 2층 루미에르헤어 홍대점 [영업시간] 매일 11:00 ~ 23:00 [문의] 02-123-4567	강남역 인근에 위치한 벨루어헤어 강남점입니다. 저희는 손질이 쉬운 스타일과 건강한 모발을 우선으로 생각하며, 고객님의 개성과 매력을 살려주는 프리미엄 헤어살롱을 지향합니다. ● 주요 서비스 • 레이어드컷, 허쉬컷, 댄디컷, 다운펌 등 맞춤 스타일 제안 • 모발 손상을 최소화하기 위한 고급 약제 사용 • 편안한 분위기에서 서비스하는 프리미엄 살롱 ● 고객 혜택 1. 네이버 예약 시 전 품목 40% 할인 (N 페이 결제 + 포토리뷰 작성 조건) 2. 첫 방문 고객에게 추가 서비스 제공 3. 재방문 고객은 상시 10% 할인 혜택 벨루어헤어 강남점은 고객님의 의견을 소중히 듣고 반영하며, 항상 더 나은 서비스를 위해 노력합니다. 당신의 일상에 어울리는 스타일, 벨루어헤어에서 함께 찾아보세요.

업종별 상세설명의 구성과 표현 방식에서 공통점을 찾았나요? 다음과 같이 상세설명 작성 포인트를 정리해 놓았으니 참고하세요.

업종	공통 요소	강조 포인트
음식점/카페	메뉴의 재료, 조리법 소개 분위기 및 인테리어 설명 예약, 포장 여부 찾아오는 길, 주차 안내	대표 메뉴의 맛, 구성, 추천 조합 설명을 포함하면 효과적
펜션/숙소	객실 구성 및 수용 인원 안내 개별 부대 시설 (수영장, 바비큐장 등) 주변 관광지 및 교통 안내	예약 방법, 운영 기간, 체크인 시간은 반드시 명시

헤어숍	대표 시술 및 디자이너의 특성 이벤트 및 할인 안내 시술 서비스 강조	첫 방문 고객과 재방문 고객에게 각각 맞춤형 서비스 혜택 제공
운동/헬스	수업 구성 및 강사진 소개 할인 이벤트 안내 위치 안내	'1:1 맞춤 수업', '바디 프로필 준비', '재활 운동' 등 가게에 맞는 핵심 키워드 포함하면 효과적
교육/학원	커리큘럼/대상 연령 소개 시간표 및 등록 절차 강사진 이력 및 수강 후기 학습 성과, 수강생 후기	합격 사례 및 실제 학습 자료 등 명시
병원/클리닉	위치, 주차 및 진료 시간 안내 진료과목 및 의료진 소개 주요 장비 및 검사 설명	특정 증상 키워드, 진료 후기를 포함하면 신뢰도 상승
키즈카페	놀이시설 종류 및 안전 설비 안내 할인 이벤트 안내 위치 및 주차 안내	'맘카페 인기', '돌잔치 가능', '예약 필수' 등 검색 키워드 포함하면 노출에 효과적
뷰티숍/ 네일숍	정기권 및 할인이벤트 안내 시술 시간 안내 위치 안내	스타일 키워드(봄네일, 프렌치, 젤네일 등) 활용

가까이 오는 길을 안내해요! — '찾아오는 길' 입력

03장에서 우리 가게의 주소와 위치를 자세하게 입력했으니 "사람들이 알아서 잘 찾아오겠지"라고 생각했나요? 아닙니다. 찾아오는 길까지 상세하게 작성해야 해야 합니다.

이 정보는 고객에게는 친절한 길잡이가 되고, 네이버에는 정보를 충실하게 입력한 가게로 인식되는 중요한 요소입니다. 고객이 헷갈리지 않고 우리 가게를 찾을 수 있도록 자세히 작성하고, 가능한 한 주변 관광지와 명소 등을 자연스럽게 포함해 작성해 주세요.

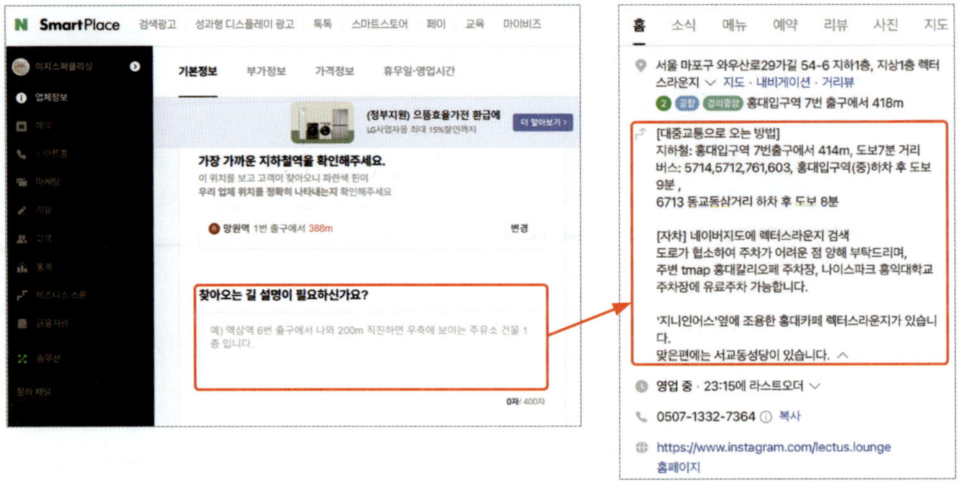

'찾아오는 길'을 작성할 때에는 다음의 정보들이 반드시 들어가야 합니다.

항목	예시
건물명/층수	○○빌딩 2층 / △△아파트 상가 1층 / □□타워 8층
주차 가능 여부	지하 주차장 이용 가능 / 근처 공영 주차장 이용 가능
대중교통 안내	지하철 강남역 3번 출구에서 도보 3분 / ○○버스 △△ 정류장 하차
골목/방향 안내	○○카페 건물 옆 골목으로 10m 직진 / △△약국 건물 3층
주변 관광지 및 명소	○○해수욕장 도보 10분 거리 / △△산, □□시장 인근

'찾아오는 길'에 들어가야 할 필수 정보

또, 대중교통 수단별 경로를 제공하면 고객이 우리 가게에 더욱 쉽게 찾아올 수 있습니다. 지하철, 버스, 기차 등의 대중교통으로 우리 가게에 올 수 있는 다양한 방법을 안내하고, 자가용으로 오는 방법, 관광지나 지하철역을 기준으로 도보로 오는 방법까지 구체적으로 작성해 주세요. 노선, 정류장명, 거리, 소요 시간을 함께 적으면 고객이 더 쉽게 찾아올 수 있습니다.

다음 소개하는 두 업체의 예시를 보면서 우리 가게의 찾아오는 길을 작성해 보세요. 우리 가게 주변에서 유명한 건물과 가게 이름, 지하철역 등을 활용해 보세요.

가게명	렉터스라운지 홍대	메종산방 제주점

찾아오는 길	[대중교통으로 오는 방법]
	지하철: 홍대입구역 7번출구에서 414m, 도보7분 거리
	버스: 5714, 5712, 761, 603, 홍대입구역(중)하차 후 도보 9분, 6713 동교동삼거리 하차 후 도보 8분
	[자차] 네이버지도에 렉터스라운지 검색
	도로가 협소하여 주차가 어려운 점 양해 부탁드리며, 주변 tmap 홍대칼리오페 주차장, 나이스파크 홍익대교 주차장에 유료주차 가능합니다.
	
	'지니인어스' 옆에 조용한 홍대카페 렉터스라운지가 있습니다.
	맞은편에는 서교동성당이 있습니다.
		[제주 산방산 풀빌라 메종산방 제주 오시는 길]
		- 도보 이용 시
		  용머리해안 2분
		  산방산 10분
		  산방굴사 12분
		- 차량 이용시
		  사계해변 4분
		  황우치해안 3분
		  산방산 탄산온천 6분
		  송악산 8분
		네비게이션(구글맵/카카오맵/아이나비/티맵)에 '메종산방 제주'를 검색하면 산방산 리조트 메종산방을 쉽게 찾을 수 있습니다.
		[주차 정보] 숙소 내 30대까지 주차 가능하며, 도보 약 3분 거리에는 100대 이상 주차 가능한 공영주차장도 있어 단체나 차량 이동이 많은 여행객도 편리하게 이용하실 수 있습니다.

챗GPT를 이용하면 '찾아오는 길'을 더욱 쉽게 작성할 수 있어요. 챗GPT 등 생성형 AI를 활용해 찾아오는 길을 작성하는 방법은 07-3절에서 확인할 수 있습니다.

정리하면 이렇게!

사진과 상세설명, 이것만 알면 된다!

1. 사진은 고객의 방문을 결정하는 가장 강력한 마케팅 도구예요!
   - ✔ 외관, 내부, 메뉴, ① (이용 고객 모습 / 간판)이 4가지 사진은 반드시 등록해야 함

2. 상세설명과 찾아오는 길은 고객의 궁금증을 해결하고 검색 노출을 높여요!
   - ✔ 우리 가게만의 매력과 핵심 ② (유행어 / 키워드)를 담아 정성껏 작성하고, 누구나 쉽게 찾아올 수 있도록 구체적인 길 안내를 제공해야 함

정답 ① 이용 고객 모습 ② 키워드

04-3

우리 가게의 매력을 보여 줄
메뉴정보 입력하기

고객이 식당 메뉴판을 볼 때 가장 먼저 시선이 가는 곳은 어디일까요? 바로 맨 위 첫 줄입니다. 플레이스의 메뉴 정보는 우리 가게의 '온라인 메뉴판'과 같습니다. 고객이 검색해서 플레이스를 누르는 순간, 어떤 메뉴를 어떤 순서로 보여 주느냐에 따라 고객의 방문 여부가 결정됩니다. 그래서 가게에서는 메뉴를 단순히 나열하는 것이 아니라, 고객이 "여기는 꼭 가봐야겠다."라고 생각할 수 있도록 전략적으로 구성해야 합니다. 지금부터 '방문을 이끄는 메뉴판'을 만드는 전략을 알아보겠습니다.

1단계 '가성비'와 '시그니처'를 동시에 잡으세요!

대표 메뉴는 우리 가게의 얼굴입니다. 고객은 방문을 고민할 때 "이 집은 어떤 메뉴가 유명할까?"를 기대하며 메뉴를 봅니다. 이때 대표 메뉴가 너무 비싸면 첫 방문을 망설이고, 너무 평범하면 찾아갈 이유가 약해집니다.

따라서 **부담 없는 가격대에, 먹음직스러운 사진과 메뉴명이 매력적인** 대표 메뉴를 선정하세요. 여기에 우리 가게만의 시그니처 포인트(예 수제, 지역 특산물 사용, 콘셉트에 맞는 메뉴 등)가 있다면 고객에게 '이 집은 특별하다'라는 인식을 심어 줄 수 있고, 방문할 확률도 더 올라가겠죠.

단, 기념일에 방문하는 레스토랑이나 오마카세처럼 가격 민감도가 낮은 업종은 예외입니다. 이런 경우에는 합리적인 가격보다는 메뉴의 완성도, 스토리, 셰프의 철학, 서비스 경험을 강조하는 것이 더 효과적이에요.

알아 두면 좋아요!   **가격 민감도란?**

가격 민감도란 고객이 가격 변화에 민감하게 반응하는 정도를 말합니다. 민감도가 높으면 작은 가격 차이에도 구매를 망설이거나 다른 곳으로 옮겨가지만, 민감도가 낮으면 가격보다는 품질·경험·브랜드를 우선시하는 경향이 있어요. 보통 일상 소비재인 편의점이나 분식, 패스트푸드는 민감도가 높지만, 기념일 등에 이용하는 레스토랑이나 오마카세, 파인 다이닝 등은 비교적 민감도가 낮습니다.

2단계 고객의 눈은 5개까지만 기억해요!

네이버 모바일 화면에서 가게 이름을 검색하면 플레이스 영역에서 3개의 메뉴가 보입니다. [메뉴 더보기 >]를 누르면 [메뉴] 탭에서 5개의 메뉴가 보이는 것을 확인할 수 있어요. 이 3~5가지 메뉴는 이 가게를 대표하는 메뉴라고 볼 수 있어요.

판매 전략상 가장 중요한 메뉴 5개를 상단에 배치하세요. 나머지 메뉴는 고객이 화면을 아래로 스크롤 해서 확인해도 늦지 않아요. 전략적으로 매력적인 메뉴를 선별해 순서대로 정리하는 게 좋겠죠?

가게 이름 검색시 보이는 플레이스 영역의 [메뉴] [메뉴 더보기>]를 클릭했을 때 [메뉴]

3단계 잘 팔고 싶은 메뉴를 위에 배치하세요!

텍사스 A&M 대학과 레스토랑의 협업 프로젝트 결과에 따르면 메뉴를 변경할 때 **마진율이 높은 메뉴를 화면 상단으로 이동한 결과, 해당 메뉴의 매출이 20% 이상 증가하는 효과**가 나타났다고 합니다. 따라서 가장 잘 팔고 싶은 메뉴를 위에 두는 것이 효과적입니다. 대중이 선호하는 메뉴와 함께 우리 가게의 시그니처 메뉴를 상단에 올려 두세요. '신선한 재료로 만든 00카페의 신메뉴, 하루 한정 판매' 와 같이 설명을 추가한다면 고객의 시선을 자연스럽게 사로잡을 수 있습니다.

이제 메뉴 배치 전략을 참고해 우리 가게 플레이스에 메뉴와 메뉴판을 등록해 보겠습니다.

하면 된다! 〉 플레이스에 메뉴 & 메뉴판 등록하기

1 메뉴 등록하기

메뉴를 등록하는 방법은 사진을 등록하는 방법과 비슷합니다. 스마트플레이스의 관리자 화면에서 [❶ 업체정보 → ❷ 메뉴정보]로 들어간 후, 스크롤해서 화면을 약간 내려 [메뉴를 추가해 주세요] 바로 아래에서 ❸ [+메뉴 추가]를 누릅니다.

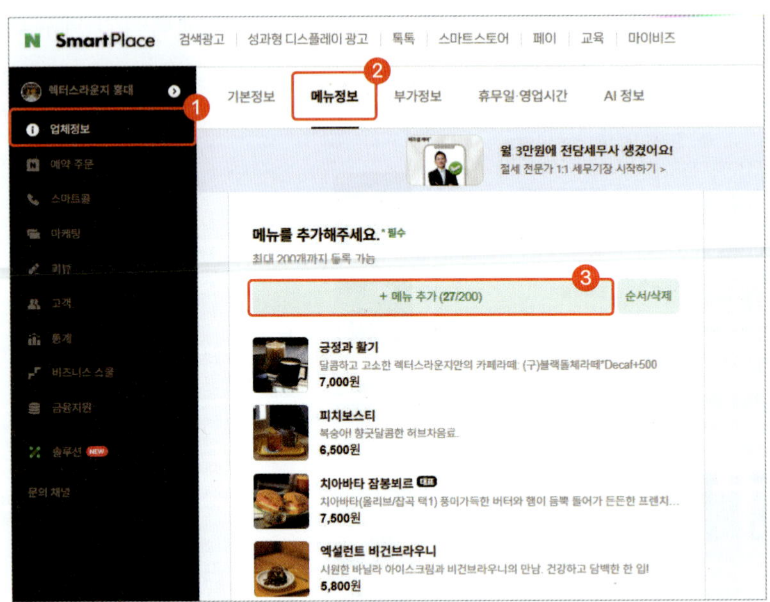

스마트플레이스 관리자 화면(https://new.smartplace.naver.com/)

2 ❶ **메뉴명**과 **가격**을 입력하고 [메뉴 사진] 아래에서 ❷ **[사진 등록]**을 눌러 알맞은 메뉴 사진을 올립니다. ❸ **메뉴 설명**까지 입력합니다. 만약 메뉴 설명의 내용이 고민된다면 메뉴의 주재료나 특징 등을 적어 주세요. 모두 입력한 후 ❹ **[추가하기]**를 누르면 메뉴가 추가됩니다.

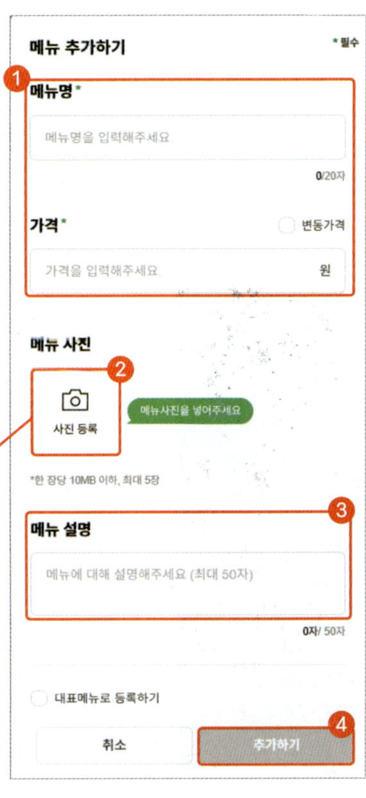

⭐ 고해상도 사진일수록 화질이 좋아 고객에게 긍정적인 인상을 줄 수 있습니다.

3 이렇게 간단하게 메뉴를 등록했습니다. **2**의 방식으로 우리 가게의 메뉴를 하나씩 등록해 주세요. [업체정보] 등록 화면의 맨 아래에 있는 **[저장하기]**를 눌러 메뉴정보 등록을 마무리합니다.

4 메뉴판 등록하기

가게 메뉴판 이미지를 추가해 주세요. 화면을 위로 스크롤 해 [메뉴판 사진을 추
가해 주세요] 아래에서 ❶ [+사진 등록]을 누릅니다. 메뉴판 사진을 등록하고 맨
아래에 있는 ❷ [저장하기]를 누르면 저장이 완료됩니다.

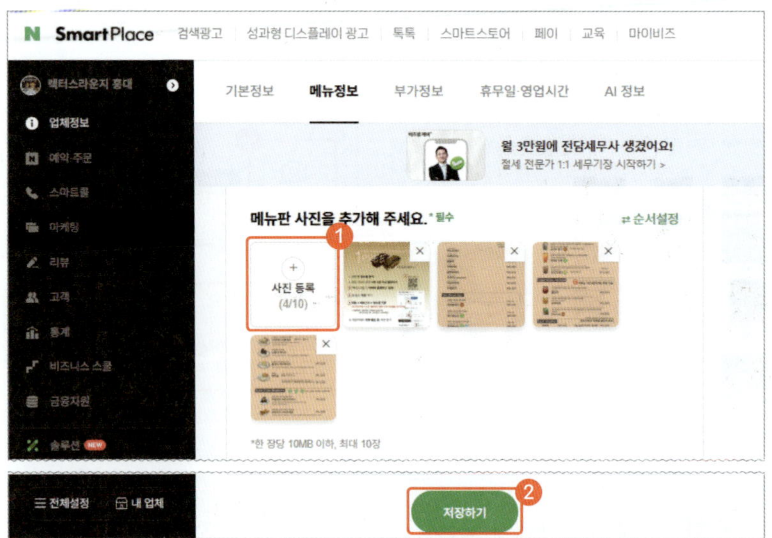

5 이렇게 저장한 메뉴판은 플레이스에서 [메뉴판 이미지로 보기]를 눌러 확인할
수 있어요.

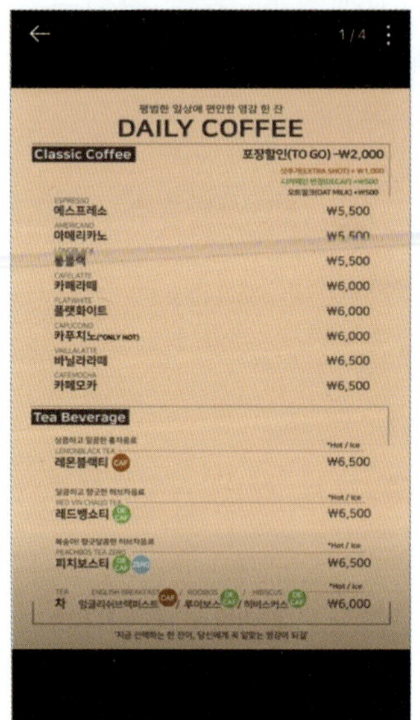

하면 된다! } 메뉴 관리하기 — 순서 변경, 대표 설정, 수정, 삭제

메뉴 입력을 마친 후에도 순서 변경, 내용 수정, 삭제, 대표 메뉴 설정 등 추가 관리가 필요할 때가 있습니다. 스마트플레이스에서는 이러한 과정을 간단히 처리할 수 있습니다. 지금부터 메뉴 순서 변경, 수정 및 삭제, 대표 메뉴 설정 방법을 차례로 살펴보겠습니다.

1 메뉴 순서 변경하기

스마트플레이스의 관리자 화면에서 [❶ 업체정보 → ❷ 메뉴정보]로 들어간 후, 화면을 아래로 스크롤 해서 [+메뉴 추가] 오른쪽의 ❸ [순서/삭제]를 클릭합니다.

2 메뉴마다 왼쪽에 있는 ❶ 삼선 아이콘(≡)을 누른 채 원하는 위치로 드래그해서 옮깁니다. 메뉴 순서 변경을 마쳤다면 ❷ [저장하기]를 꼭 눌러 주세요.

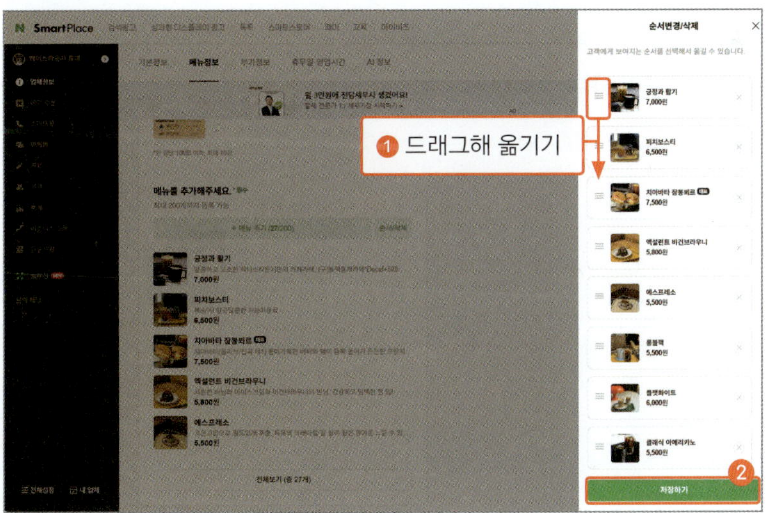

3 메뉴 수정·삭제하기

메뉴를 수정하려면 메뉴명이나 메뉴 사진을 클릭해 내용을 변경하면 됩니다. 내용 수정을 마쳤다면 [수정]을 누르세요. 메뉴를 삭제하려면, 해당 메뉴 오른쪽에 있는 ⊠를 클릭하면 삭제할 수 있습니다.

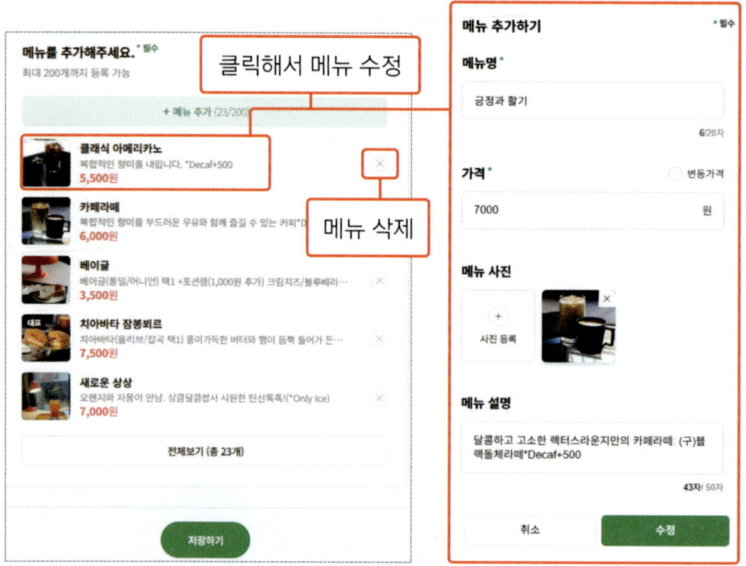

4 대표 메뉴 설정하기

가장 강조하고 싶은 메뉴는 대표 메뉴로 설정할 수 있어요. 설정하고 싶은 메뉴 왼쪽 아래에 있는 [대표메뉴로 등록하기] 체크박스를 선택합니다. 아래쪽에서 [수정]을 눌러 저장하면 완료됩니다.

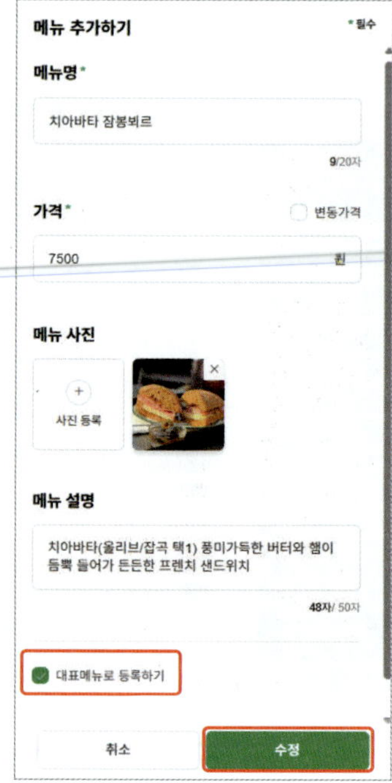

5 대표 메뉴로 등록된 항목은 사진에 '대표'라는 표시가 생깁니다. 고객이 보는 화면에서는 순서와 관계없이 맨 위에 대표 메뉴 사진이 노출됩니다.

스마트플레이스에서 선택한 대표 메뉴 사진

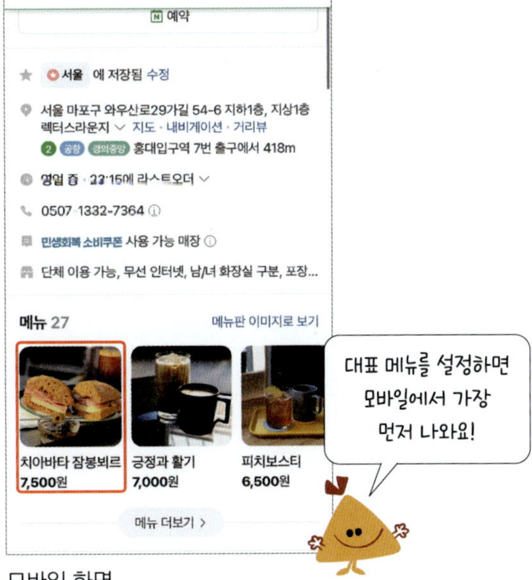

모바일 화면

6 마지막 단계, 저장은 필수!

모든 설정이 끝났다면 [저장하기]를 눌러야 최종 반영됩니다. 만약 [저장하기]를 누르지 않으면 지금까지 작업한 내용이 사라질 수 있어요. 마지막 단계까지 꼭 확인해 주세요.

메뉴정보 입력, 이것만 알면 된다!

1. 플레이스 메뉴는 고객의 방문 여부를 결정해요!

   - 고객의 시선을 이끌 수 있는 메뉴명, 설명, 가격, 사진까지 꼼꼼히 등록하고 '시그니처 메뉴', '시즌 한정 메뉴'와 같은 특별한 설명을 추가하면 고객의 ① (관심도 / 열정)을(를) 높일 수 있음

2. 간단하게 메뉴를 등록하고 삭제해요!

   - 메뉴 순서를 바꾸거나 대표 메뉴를 설정한 후, 변경 내용을 최종 반영하려면 반드시 ② (저장하기 / 새로고침) 버튼을 눌러야 함

정답 ① 관심도 ② 저장하기

04-4

좌석, 주차, 결제수단 등
부가정보 입력하기

고객은 정보가 분명한 가게를 선택한다!

부가정보는 필수 항목은 아니지만 우리가 반드시 챙겨야 할 중요한 정보입니다. 왜냐하면 고객의 입장에서 부가정보는 '내가 찾는 가게인가?'를 판단하는 결정적인 기준이 되기 때문이죠. 또한, 부가정보는 플레이스의 검색 노출에 영향을 주는 '정보의 충실성'에 해당하는 부분입니다. 정보를 꼼꼼하게 입력할수록 가게의 전문성과 신뢰도를 높이는 데 도움이 됩니다.

플레이스에서 제공하는 부가정보의 순서에 맞게 [좌석/공간 정보], [주차 정보], [추가 서비스], [결제수단], [홈페이지/SNS 연결]을 차례로 살펴보겠습니다. 고객은 가게의 플레이스 [정보] 탭에서 우리 가게의 부가정보 내용을 확인할 수 있습니다.

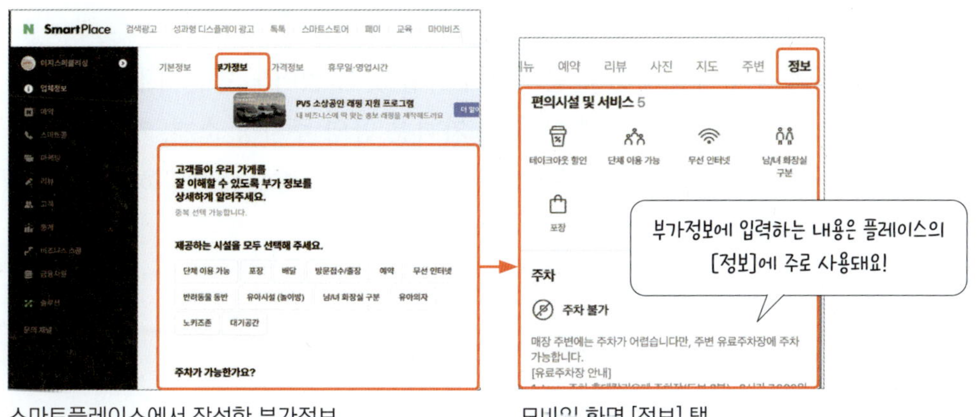

스마트플레이스에서 작성한 부가정보   모비일 화면 [정보] 탭

❶ 좌석/공간 정보

우리 가게에 단체석이 있고 유아 의자가 준비되어 있다는 것. 이 작은 정보 하나가 '가족 외식 장소'를 찾는 고객의 최종 선택을 끌어냅니다. 특히 음식점, 카페, 스터디 카페 등은 좌석 정보가 방문 결정에 직접적인 영향을 주기도 합니다.

어린아이가 있는 가족 단위 방문객이라면 '유아시설 (놀이방)', '유아의자' 여부를 중요하게 생각해요. 우리 가게에 해당하는 내용이 있다면 빠짐없이 입력하고 선택하세요. 이 설정 하나만으로도, 특정 공간이나 좌석을 찾는 고객들을 자연스럽게 불러올 수 있어요.

스마트플레이스의 좌석/공간 정보 설정 화면   좌석/공간 정보가 반영된 모바일 플레이스 화면

❷ 주차 정보

주차 문제로 방문을 포기하는 고객이 얼마나 많은지 알고 있나요? 주차 정보는 특히 차량으로 이동하는 고객에게는 방문을 결정하는 가장 중요한 기준이 됩니다. 가게에 주차 공간이 있거나, 공영 주차장이 가게 바로 앞에 있다면 [주차가 가능한가요?]에서 [가능]을 선택하고 요금 정보를 입력해 주세요. '가게 바로 앞 공영 주차장에 주차할 수 있다'는 안내도 함께 포함하면 좋습니다.

만약 우리 가게에 주차장이 없고 근처에 주차할 곳이 없어도 단순히 [불가]로 끝내지 마세요. [주차 위치 등 상세 안내]에 가까운 공영 주차장 소개, 가게와의 거리, 이용 요금까지 함께 안내해 주세요. 이런 정보는 차량으로 방문하는 고객이 우리 가게를 선택하는 중요한 기준이 됩니다.

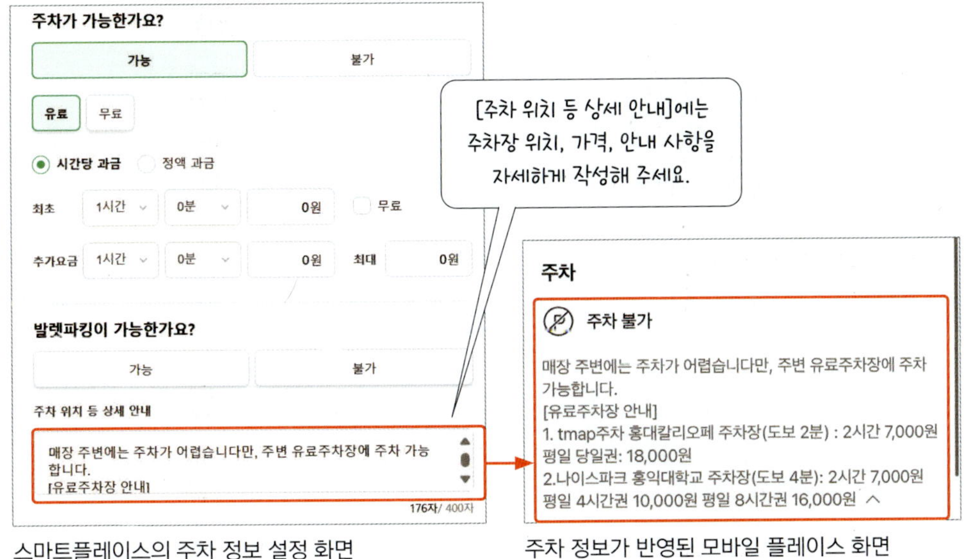

스마트플레이스의 주차 정보 설정 화면   주차 정보가 반영된 모바일 플레이스 화면

❸ 추가 서비스

콜키지 여부, 생일 혜택, 유기농 메뉴 등 업종에 따라 다양한 항목이 나타납니다. 장애인 편의시설도 체크할 수 있는데요. 휠체어를 이용할 수 있는 시설과 장애인 주차구역 등 우리 가게에서 제공하는 서비스는 모두 입력해 주세요.

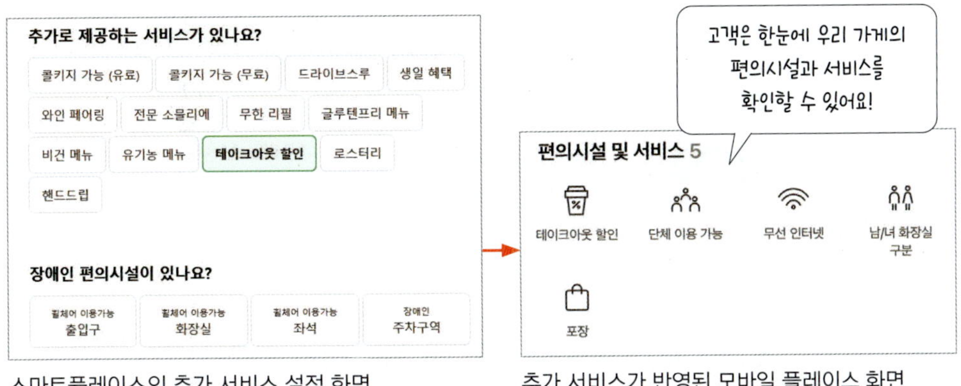

스마트플레이스의 추가 서비스 설정 화면   추가 서비스가 반영된 모바일 플레이스 화면

❹ 결제수단

요즘은 간편결제도 기본입니다. 고객이 결제수단 때문에 고민하지 않도록 가게에서 사용할 수 있는 모든 결제 수단을 선택해 주세요. 네이버페이, 카카오페이, 페이코, 애플페이, 토스페이 등은 모두 간편결제에 해당해요.

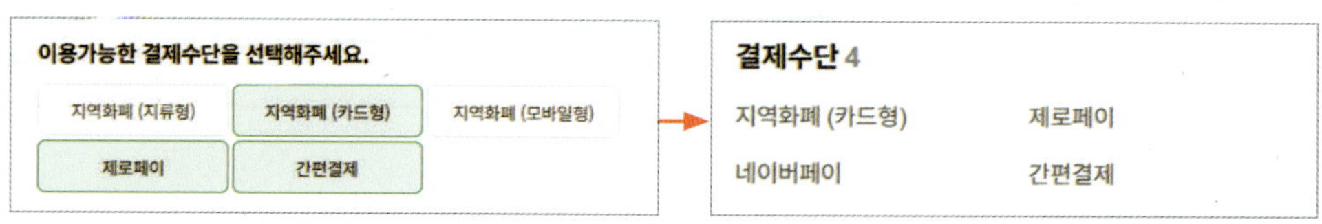

스마트플레이스의 결제수단 설정 화면   결제수단이 반영된 모바일 플레이스 화면

❺ 홈페이지/SNS 연결

운영하는 인스타그램, 블로그, 유튜브, 홈페이지 등이 있다면 고객이 플레이스에서 바로 접속할 수 있도록 반드시 입력해 주세요. 고객은 이 링크를 통해 리뷰나 사진, 후기 등을 더 확인할 수 있어서 가게에 대한 신뢰도가 자연스럽게 높아집니다.

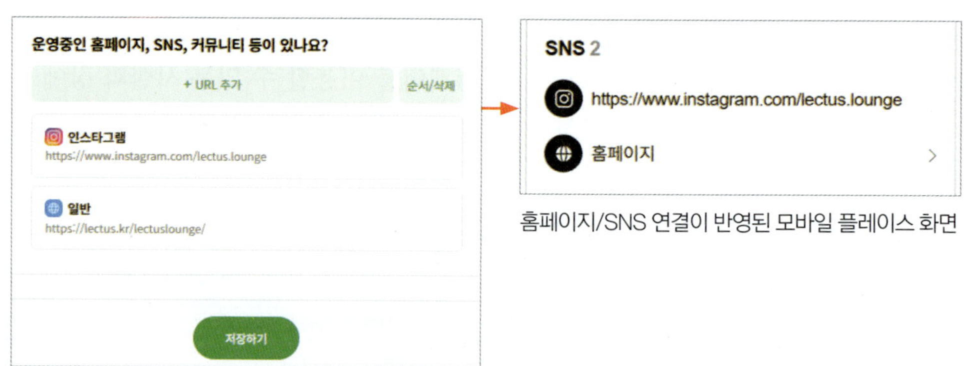

홈페이지/SNS 연결이 반영된 모바일 플레이스 화면

스마트플레이스의 홈페이지/SNS 연결 설정 화면

하면 된다! } 홈페이지/SNS 주소와 내 플레이스 연결하기

1 스마트플레이스 관리자 화면에서 [업체정보 → 부가정보]로 들어간 후, 화면을 아래로 스크롤 해서 [운영중인 홈페이지, SNS, 커뮤니티 등이 있나요?]의 [+URL 추가]를 누릅니다.

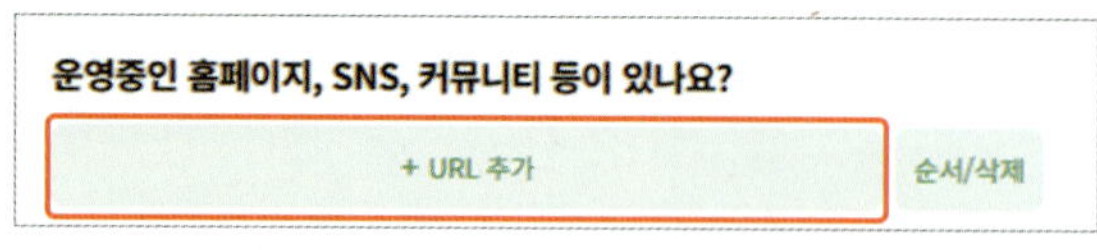

2 ❶ URL 추가 창의 [분류 선택]에서 **연결할 SNS**를 선택하고 **URL 주소**를 입력하세요. 예를 들어 [인스타그램]을 선택하면 기본 주소가 자동으로 입력됩니다. URL 끝부분에 우리 가게 고유 주소만 추가해도 되고, 이 URL 주소를 지운 뒤 전체 주소를 복사해서 붙여 넣어도 됩니다. ❷ 입력을 마쳤다면 [추가하기]를 눌러 주세요. 나머지 SNS도 같은 방법으로 추가합니다.

3 노출순서 변경하기

이벤트나 신메뉴 정보를 전달하는 주요 SNS 플랫폼은 고객에게 더 잘 노출될 수 있도록 가장 위에 배치해 주세요. ❶ [순서/삭제]를 누르면 나타나는 노출순서 변경 창에서 ❷ SNS 링크의 순서를 변경하거나 ❸ 삭제할 수 있습니다. SNS 링크의 순서를 변경하거나 삭제한 후에는 ❹ [저장하기] 버튼을 꼭 눌러 주세요.

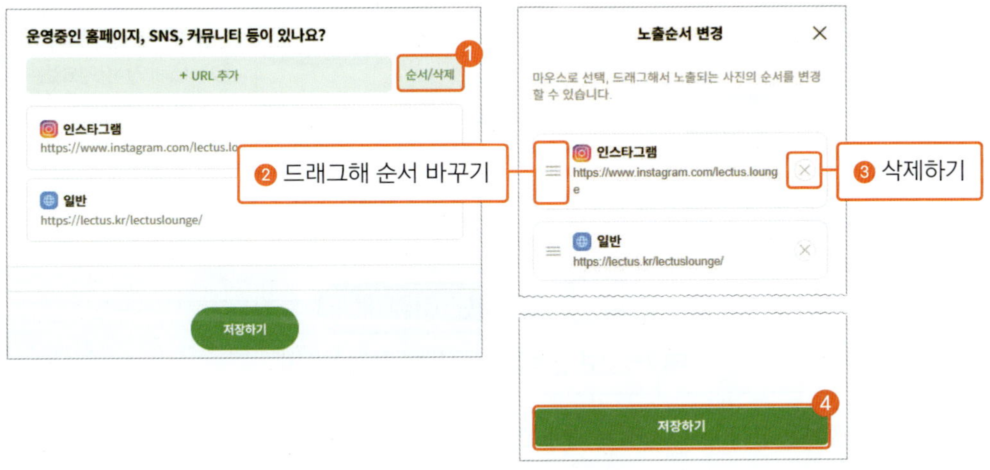

4 등록한 URL을 수정할 수도 있습니다. ❶ 기존 등록한 주소를 클릭하고 ❷ SNS 종류나 주소를 수정한 후 ❸ [완료]를 누릅니다.

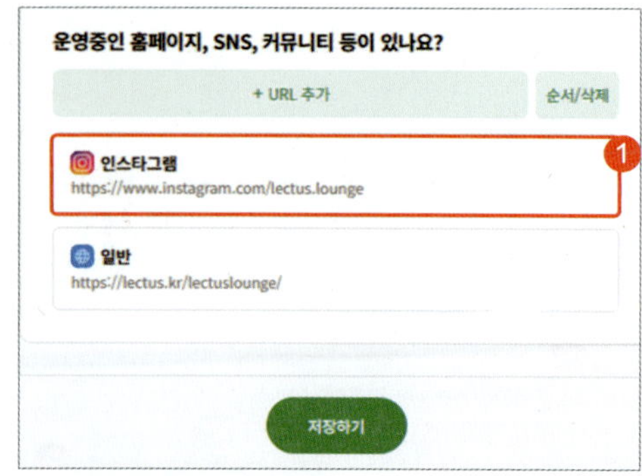

5 내 플레이스에 연결할 홈페이지/SNS 주소를 모두 입력/수정했다면 페이지 아래쪽에 있는 **[저장하기]**를 꼭 눌러야 합니다. 독자에게 유용한 정보 내용을 아무리 잘 입력했더라도 저장하지 않으면, 고객 화면에 노출되지 않으니, 마지막 단계까지 잊지 마세요.

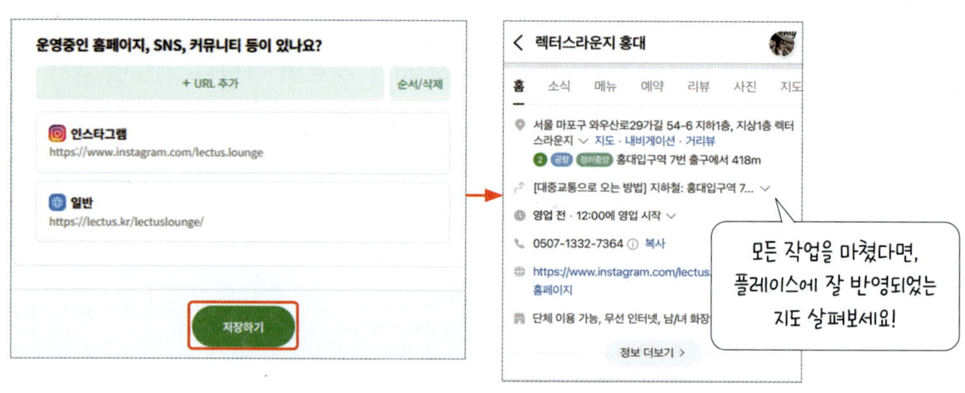

모바일 플레이스 화면

정리하면 이렇게!

부가정보 입력, 이것만 알면 된다!

1. 부가정보는 고객이 '내가 찾는 가게'인지 판단하는 결정적 기준이에요!

   - 단체석, 유아 의자, 주차 가능 여부 등 ① (사소해 보이는 정보 / 특별한 점) 하나가 고객의 최종 선택을 이끎

2. 정보를 상세히 채울수록 '친절한 가게'로 인식되어 검색 상위 노출에 유리해요!

   - 좌석, 주차, 결제수단 등 우리 가게에서 제공하는 모든 ② (서비스 정보 / 메뉴)를 꼼꼼하게 기재하기

정답 ① 사소해 보이는 정보 ② 서비스 정보

04-5

영업시간과 휴무일
설정하기

영업시간 정보는 고객과의 약속입니다!

네이버에 검색해서 영업 중이라는 표시를 확인하고 찾아갔는데 가게 문이 닫혀 있다면 가게에 대한 신뢰도는 떨어질 것입니다. 그래서 네이버 스마트플레이스에 영업시간과 휴무일을 정확하게 입력해 놓는 것이 중요합니다. 스마트플레이스에서 영업시간을 설정해 두면 고객에게는 오른쪽 화면처럼 보입니다.

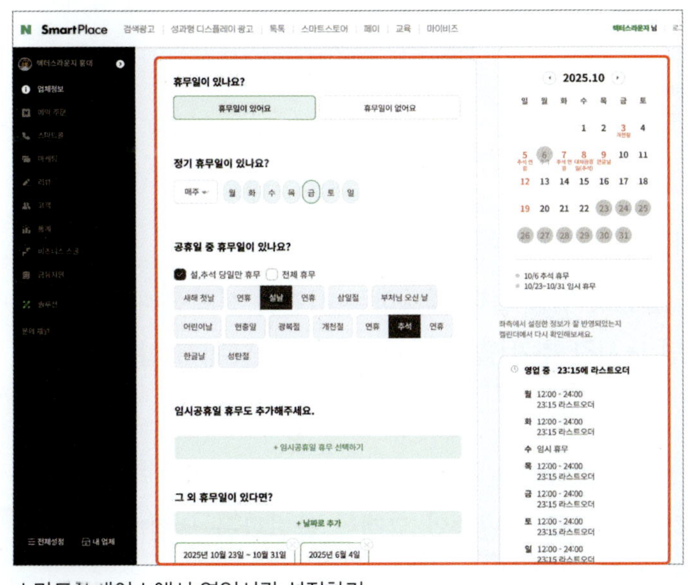

스마트플레이스에서 영업시간 설정하기

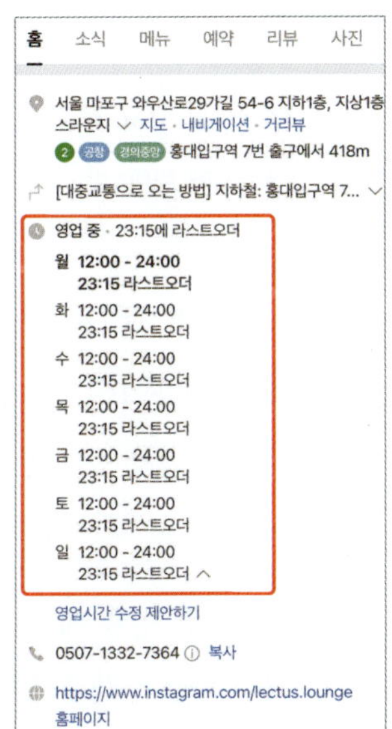

영업시간이 나타난 모바일 화면

영업시간과 브레이크타임 정보는 방문을 결정짓는 핵심 요소예요. 영업시간을 정확하고 상세하게 설정해 두면 고객이 헛걸음 하는 일이 없을 거예요.

1 전체 영업시간 방식 선택하기

스마트플레이스의 관리자 화면에서 [휴무일·영업시간]을 누른 뒤, 화면을 아래로 스크롤 하면 영업 시간을 설정할 수 있는 [영업 시간을 알려주세요] 항목이 나타납니다. 여기에서 3가지 방식 중 하나를 선택합니다. 여기에서는 ❶ [모든 영업일이 같아요]를 선택해 보겠습니다.

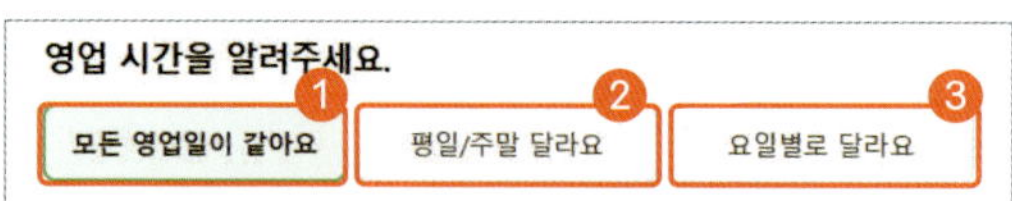

⭐ 나머지 ❷와 ❸은 151쪽 [알아두면 좋아요!]를 참고하세요.

❶ [모든 영업일이 같아요]: 모든 요일의 영업시간이 같은 경우
❷ [평일/주말 달라요]: 평일과 주말 영업시간이 다른 경우
❸ [요일별로 달라요]: 요일마다 영업시간이 모두 다른 경우

2 기본 영업시간 입력하기

영업시간 입력 칸을 클릭하면 5분 단위로 시간을 설정할 수 있습니다. 예를 들어 오후 12시부터 오후 10시까지 영업한다면 12:00 ~ 22:00로 입력하면 됩니다.

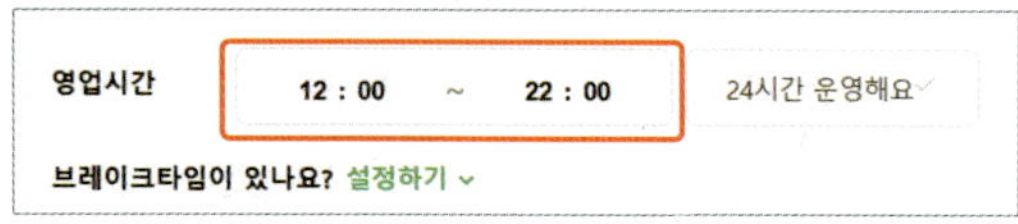

3 브레이크타임 설정하기

브레이크타임이 있다면 [설정하기]를 눌러 해당하는 시간을 선택합니다. 브레이크타임이 2번 이상이라면 [+시간 추가]를 눌러 2개 구간을 나눠서 입력할 수 있습니다.

가게 운영 상황에 맞춰 브레이크타임을 설정하면 되지만, 브레이크타임이 지나치게 길거나 자주 발생하면 방문을 고민중인 고객이 불편함을 느낄 수 있어요. 가능한 한 고객의 편의를 고려해 설정해야 합니다.

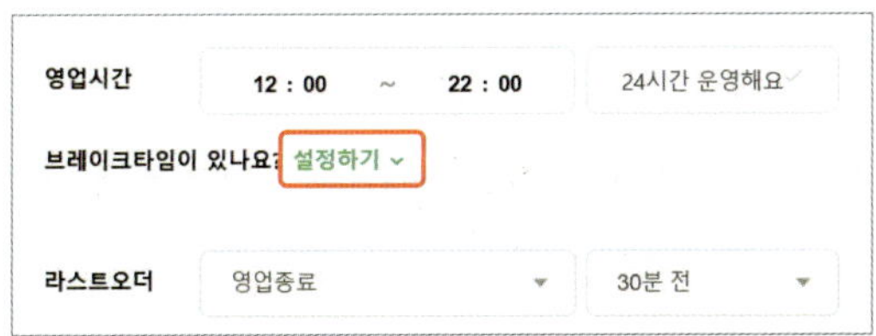
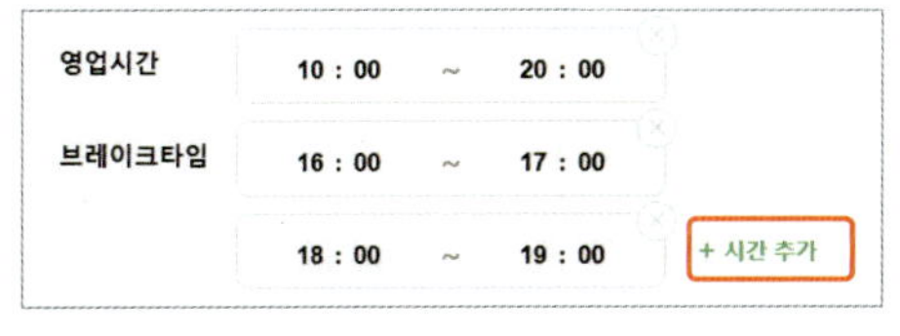

4 라스트오더 시간 설정하기

라스트오더가 있다면 [설정하기]를 눌러서 주문 마감 시간까지 설정해 주세요. 영업 종료 3시간 전부터 5분 전까지 설정할 수 있고, 브레이크타임 전 라스트오더도 설정할 수 있습니다. 이 기능을 활용하면 고객에게 몇 시까지 주문할 수 있는지를 정확히 안내할 수 있어요.

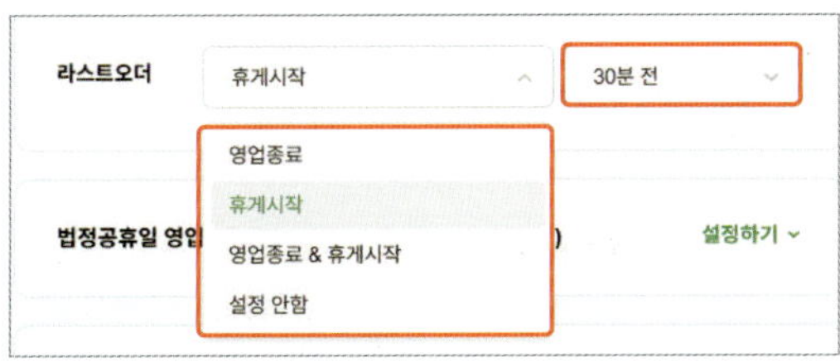

5 공휴일 영업시간 설정하기

만약 법정공휴일만 특별한 시간으로 운영하고 싶다면 [설정하기]를 누른 후 시간을 입력해요. 법정공휴일은 [법정공휴일 보기]를 누르면 확인할 수 있어요. 신정, 설날 연휴(3일), 삼일절, 어린이날, 석가탄신일, 현충일, 광복절, 개천절, 한글날, 추석 연휴(3일), 크리스마스, 대체공휴일이 해당합니다.

6 임시 영업시간 설정하기

특정 날짜만 영업시간을 다르게 설
정하고 싶다면 [설정하기]를 눌러
[임시 영업 일정]에서 날짜와 시간
대를 선택하고 [완료]를 누릅니다.

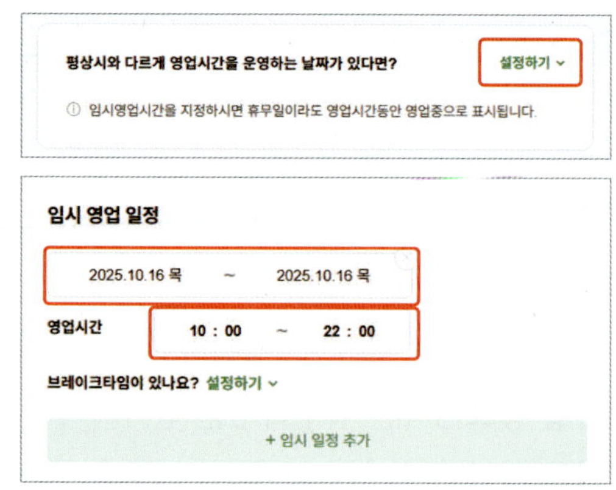

7 안내 문구 추가하기

영업시간을 변경해야 하거나 특
정 사유로 휴무일이 발생하면 [입
력하기]를 눌러 안내사항을 남겨
주세요. 예를 들어 7/18 단축 운영,
10/18~21 인테리어 공사로 휴무와
같이 간단히 남겨 놓을 수 있겠죠?

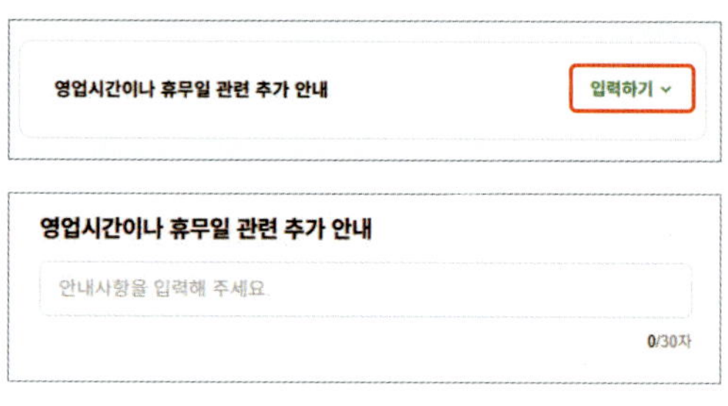

8 영업시간을 모두 입력했다면 맨 아래에 있는 [저장하기]를 눌러주세요. 영업

시간을 입력하지 않으면, 우리 가게가 영업 중이
더라도 네이버 검색의 '현재 영업 중' 필터에 노출
되지 않습니다. 영업시간을 정확히 설정해야 고객
이 우리 가게를 지금 방문할 수 있는지 쉽게 확인
할 수 있어요!

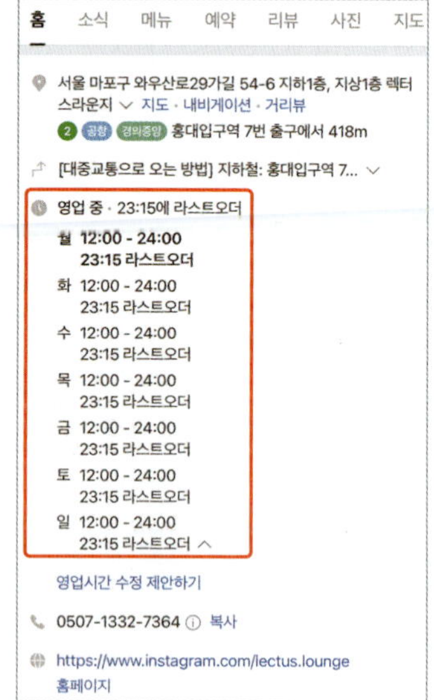

평일과 주말 등 모든 요일의 영업시간이 동일하다면 [모든 영업일이 같아요]를 선택하면 됩니다. 그 외에는 다음 2가지 방식으로, 요일별로 다른 영업시간을 설정할 수 있습니다.

1. 평일과 주말 영업시간이 다른 경우

영업시간 설정 화면에서 [평일/주말 달라요]를 선택한 후, 평일(월~금)과 주말(토, 일) 영업시간을 각각 입력합니다. 토요일과 일요일 영업시간이 다르다면 [주말]을 눌러 [토,일 분리하기]를 선택한 후, 각각 토요일과 일요일 영업시간을 입력하세요. 다시 토요일과 일요일 영업시간을 똑같이 하려면 [토요일] 또는 [일요일]을 눌러 [토,일 합치기]를 눌러주세요.

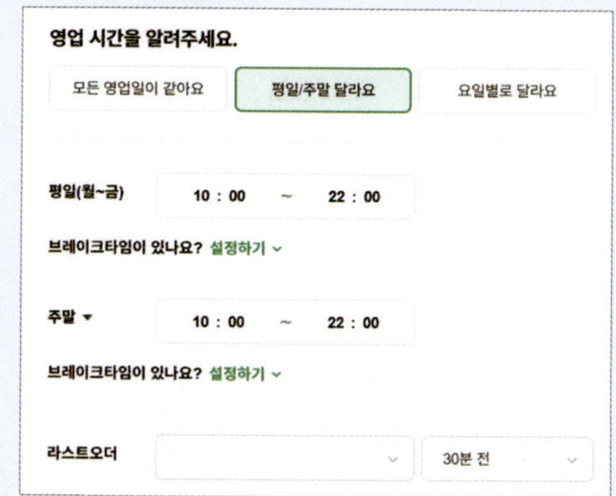
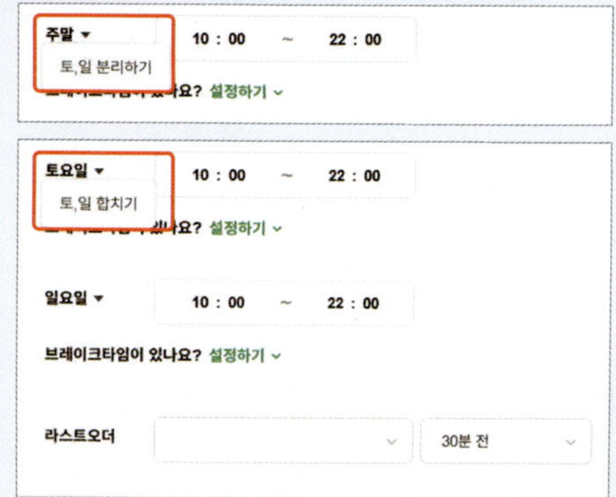

2. 요일마다 영업시간이 모두 다른 경우

영업시간 설정 화면에서 [요일별로 달라요]를 선택한 후, 요일마다 클릭해서 영업시간을 설정할 수 있습니다. 예를 들어 월, 화, 수, 토, 일요일은 10:00~22:00, 목요일은 10:00~23:00, 금요일은 12:00~24:00처럼 요일에 따라 영업시간이 다른 경우에는 영업시간을 어떻게 설정하는지 알아보겠습니다.

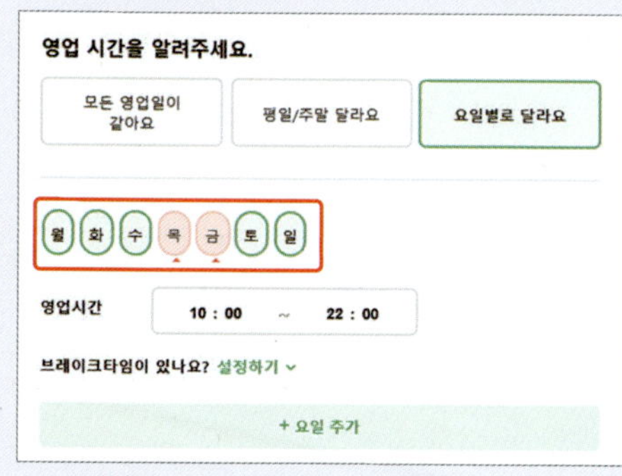

먼저 [목]을 선택하고 [+요일 추가]를 누른 후 영업시간을 10:00~23:00로 입력하면 목요일 영업시간이 변경됩니다. 금요일 영업시간도 동일한 방법으로 아래 [+요일 추가]를 눌러 설정할 수 있어요.

하면 된다! } 휴무일 설정하기

고객이 헛걸음하지 않도록 휴무일 또한 정확하게 설정해야 합니다. 정기 휴무일부터 공휴일, 갑작스러운 임시 휴무일까지 설정해 볼게요.

■ 휴무일 선택하기

매일 영업하는 가게이지만 매주, 격주, 또는 한 달에 한 번씩 정기적으로 쉬는 요일이 있다면 [휴무일이 있어요]를 선택하세요.

2 정기 휴무일 설정하기

정기 휴무일이 있다면 왼쪽에서 [매주]를 눌러 요일을 선택합니다. 예를 들어 매주 화요일 휴무라면 [화]를 클릭해 주세요.

만약 매월 셋째 주 수요일에만 쉰다면 왼쪽에서 [매월]을 누른 후 [세번째 → 수]를 누릅니다.

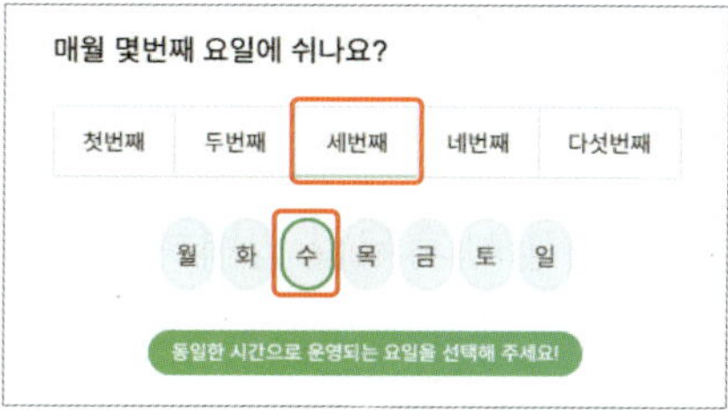

3 공휴일 중 휴무일 설정하기

가게의 상황에 따라 정기적인 휴무일은 없고, 공휴일에만 쉬는 경우도 있겠죠. [공휴일 중 휴무일이 있나요?]에서 휴무인 공휴일을 선택합니다. 설날이나 추석은 당일이 아닌 앞, 뒤 연휴에도 휴무일을 각각 설정할 수 있어요. 명절 당일만 쉰다면 [설, 추석 당일만 휴무]에 체크하고, 연휴까지 쉰다면 앞/뒤 [연휴]까지 함께 클릭하세요.

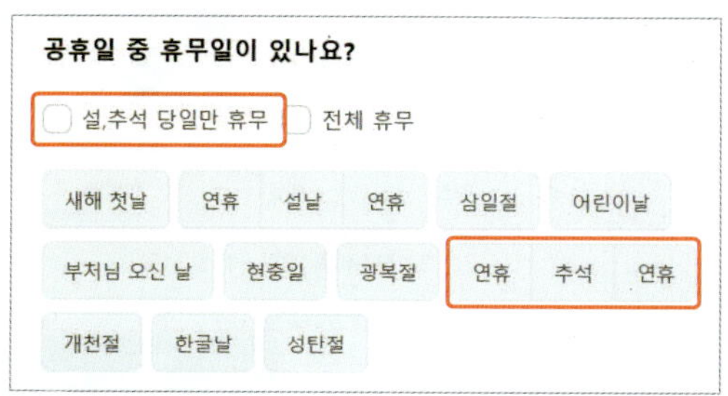

4 임시공휴일 중 휴무일 설정하기

임시공휴일에 쉰다면 ❶ [+임시공휴일 휴무 선택하기]를 눌러 해당하는 날짜를 선택한 뒤, ❷ [저장하기]를 클릭하세요.

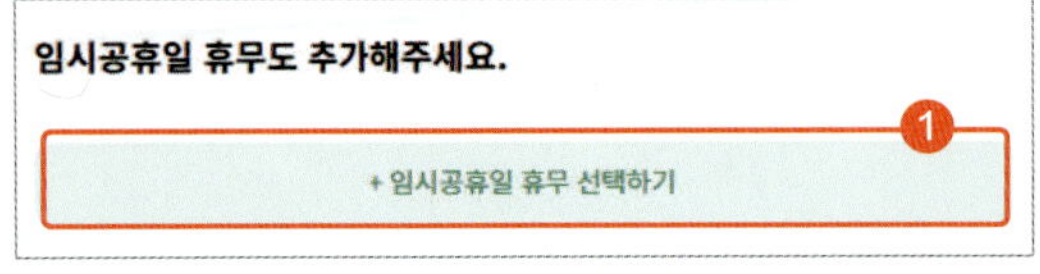

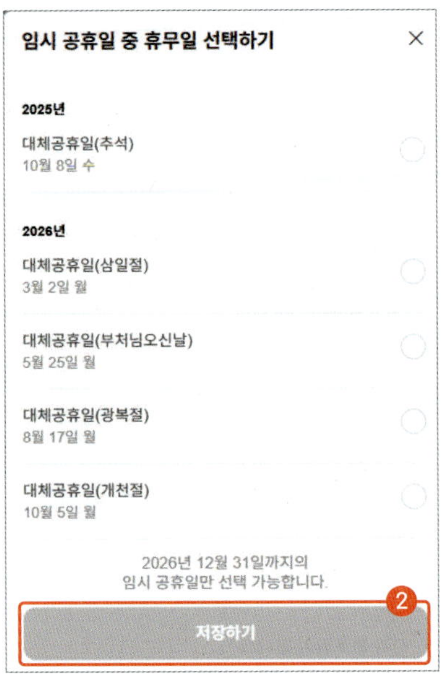

5 갑작스러운 임시 휴무일 입력하기

개인 사정이나 특별한 이벤트로 갑작스럽게 휴무일이 발생하더라도 걱정하지 마세요. 임시 휴무일을 설정해서 고객들에게 미리 안내할 수 있습니다. [그 외 휴무일이 있다면?]에서 ❶ [+날짜로 추가]를 클릭하고 ❷ 해당하는 날짜를 선택하세요. 하루만 쉰다면 해당하는 날짜만 한 번 클릭하고, 2일 이상이라면 첫날과 마지막 날을 차례로 클릭합니다. 그다음 ❸ [매년], [매달], [한번만] 반복 여부를 선택하고 ❹ [완료]를 누릅니다.

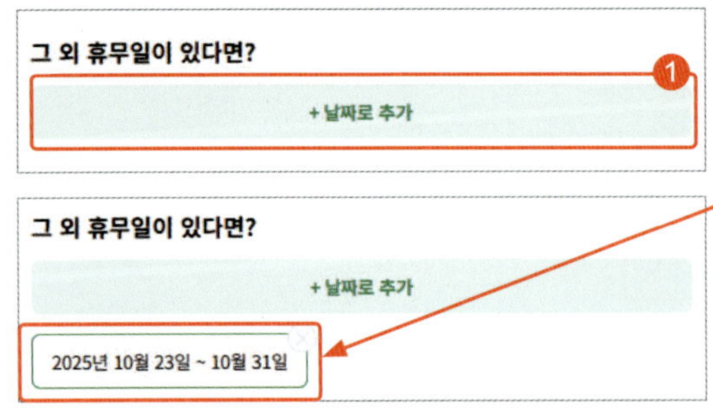

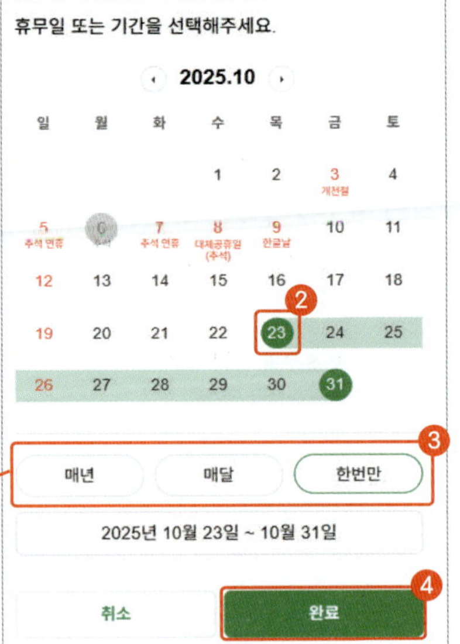

6 지금까지 설정한 휴무일은 화면 오른쪽의 미리 보기에서 확인할 수 있습니다. 모든 설정을 마쳤다면, 반드시 아래쪽의 [저장하기]를 눌러 주세요. 휴무일 정보는 고객에게 우리 가게의 신뢰도를 높일 뿐만 아니라, 방문 전 전화 문의를 줄이는 효과도 있으니 반드시 입력해야 합니다.

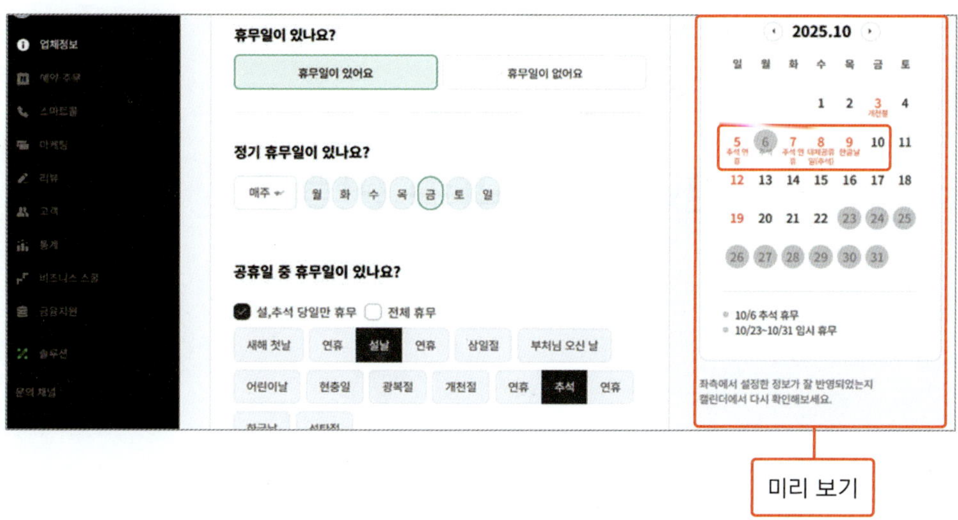

미리 보기

정리하면 이렇게!

영업시간과 휴무일 설정, 이것만 알면 된다!

1. 정확한 영업시간 정보는 고객과의 가장 기본적인 약속이에요!

   ✔ 고객이 헛걸음하지 않도록 영업시간, 브레이크타임, 라스트오더 시간을 정확하게 입력하여 고객의 ① (신뢰 / 관심)을(를) 쌓아야 함

2. 임시 휴무나 변경 사항은 반드시 미리 공지해야 해요!

   ✔ 정기 휴무일 외에 갑작스러운 일이 생겨 가게 문을 열지 못한다면 '임시 영업 일정'과 '안내 문구' 기능을 활용해 고객에게 반드시 미리 ② (공지 / 사과)해야 함

정답 ① 신뢰 ② 공지

04-6

예약 기능으로
고객과의 약속 만들기

예약 기능을 꼭 활용해야 하는 가게는 따로 있어요!

예약은 모든 가게에 꼭 필요한 기능은 아닙니다. 테이크아웃 중심의 소형 카페처럼 회전율이 높은 매장에서는 굳이 예약 기능을 쓰지 않아도 괜찮죠. 하지만 한정식집이나 인기 디저트 카페처럼 대기 손님이 많은 곳, 단체 모임이나 프라이빗 예약이 많은 업종, 뷰티숍, 키즈카페, 체험 공간 등은 '예약이 곧 매출'로 이어질 수 있습니다.

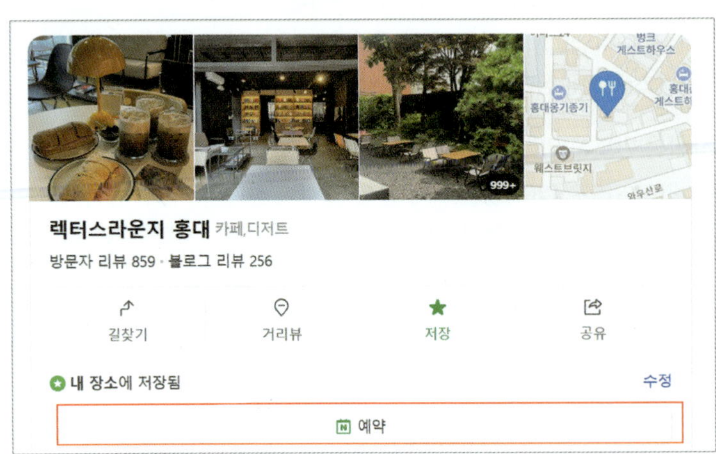

네이버 예약 기능은 매장에 전화하거나 직접 방문하지 않고 네이버 앱에서 스마트폰을 몇 번 터치하는 것만으로도 쉽게 예약할 수 있습니다.

특히 플레이스에 예약 버튼이 노출되면 검색 결과에서도 눈에 잘 띄고 '정확한 시간에 이용하고 싶다.', '일정에 맞춰 미리 예약해 두고 싶다.'라는 고객의 요구를 충족시켜 줍니다. 즉, 미리 계획하고 방문하는 고객층을 자연스럽게 끌어올 수 있습니다.

다음과 같은 가게를 운영한다면 예약 기능을 꼭 써보세요!

- 객실 예약을 꼭 해야 하는 숙박업종
- 단체 손님이 많은 업종
- 고객 맞춤 서비스를 제공하는 뷰티, 체험형 업종
- 운영 효율을 높여야 하는 매장

이제 지금부터 예약 기능을 설정하는 방법 5단계를 순서대로 함께 진행해 볼게요.

하면 된다! } 예약 설정하기

1 스마트플레이스 관리자 화면에서 [예약 → 예약 시작하기]를 누릅니다.

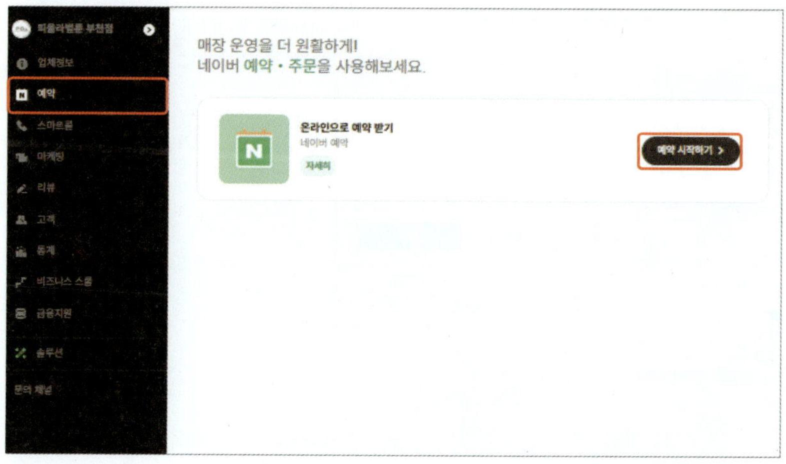

2 이어서 나타나는 화면에서 [예약 시작하기>]를 한 번 더 눌러 주세요.

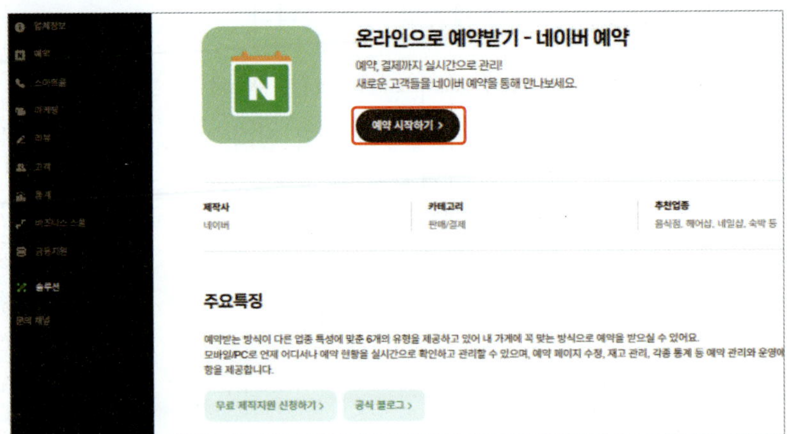

3 회원가입 화면이 나오면 모두 체크한 후 [동의]를 누릅니다.

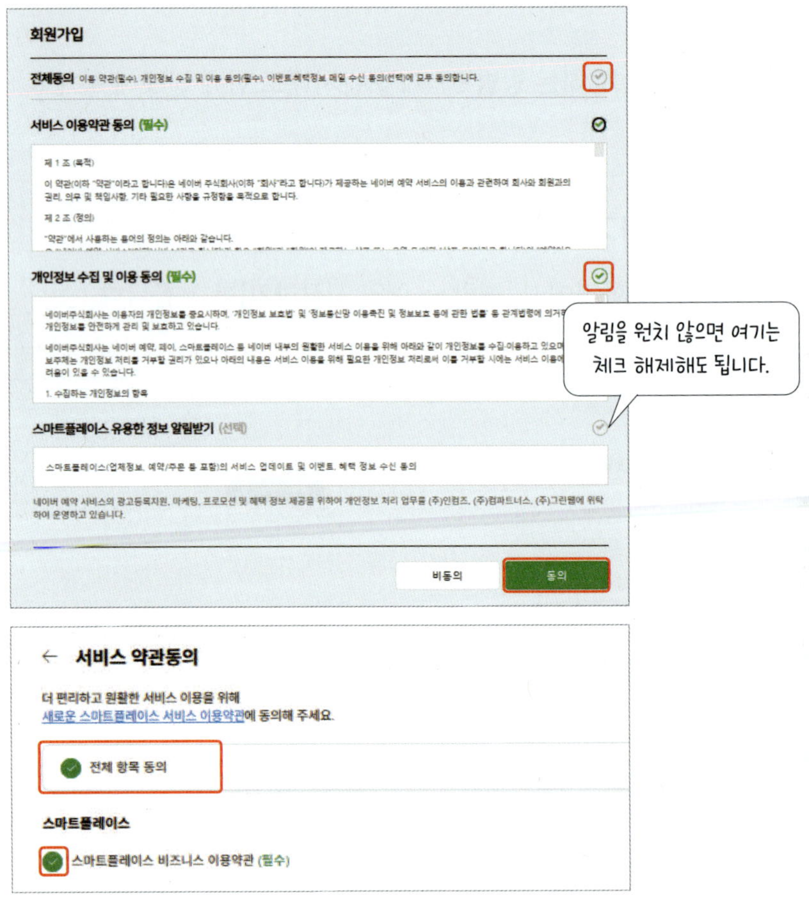

4 예약서비스를 제공할 업체 목록이 나오면 우리 가게가 맞는지 확인하고 [선택하기]를 누릅니다. 만약 플레이스를 여러 개 운영한다면 예약 기능을 활성화할 업체를 정확히 선택해야 합니다.

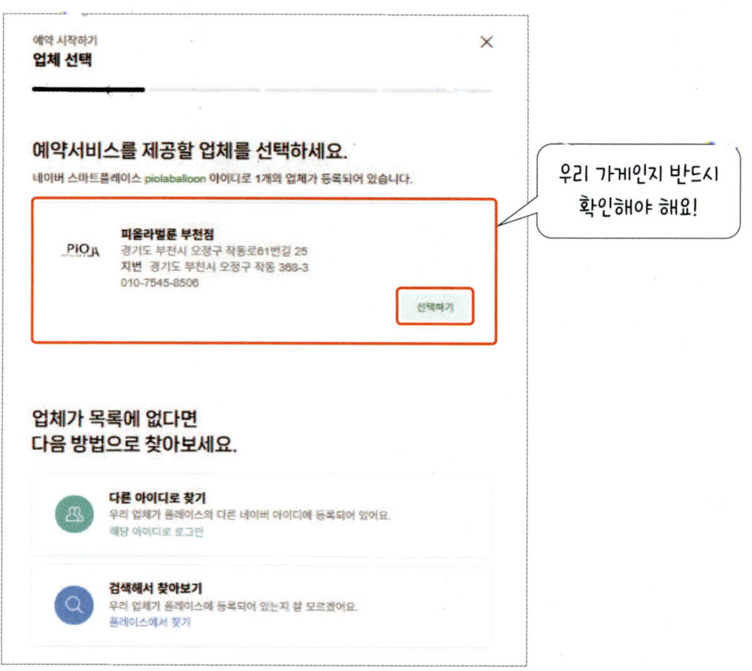

5 정보 입력하기

예약 기능을 활성화했다면 이제 고객에게 보일 예약 페이지의 정보를 채워 넣을 차례입니다. * 표시는 필수 입력 항목입니다. 파란 음영이 들어간 항목은 스마트 플레이스에 미리 입력해 놓은 기본 정보와 연동되므로 이 항목을 수정하면 기본 정보도 함께 변경됩니다. 이미 기본 정보를 잘 입력해 두었다면 이 단계에서는 그대로 유지해도 됩니다.

① 서비스명 입력 필수

고객이 예약 창에서 가장 먼저 보는 서비스 이름입니다. 가게명을 그대로 써도 되지만 지역명
이나 특징 키워드를 함께 적어 주면 검색 상위 노출에 유리할 수 있어요. 단, 사업자등록증의
이름, 지역과 전혀 다른 명칭은 예약 승인이
나 검수할 때 반려될 수 있으니 주의하세요!

> 렉터스라운지 → 렉터스라운지 홍대
> 피올라벌룬 → 피올라벌룬 부천본점

② 홍보문구 입력 선택

서비스명 바로 아래에 작게 보이는 설명 문구입니다. 다음과 같이 짧지만 강렬한 한 줄 문장
으로 우리 가게의 매력을 전할 수 있죠.
이때 간단한 키워드를 넣어 주는 것이 좋
아요.

> "포근한 작업 공간, 진한 핸드 드립 한잔"
> "성수동 감성 디저트와 여유로운 시간"

③ 상세설명 입력 **필수**

스마트플레이스의 [기본 정보]에 작성한 상세설명이 자동으로 연동되어 있습니다. 별도로 다시 입력하지 않아도 되지만, 중복으로 노출되는 정보이므로 한 번 더 꼼꼼히 확인해 주세요.

④ 업체사진 등록 **필수**

스마트플레이스에 등록된 사진이 자동 연동되며 최대 120장까지 등록할 수 있습니다. 사진을 새로 추가하고 싶다면 [+사진 등록]을 눌러 이미지를 올리고, 삭제할 때는 오른쪽 위에서 [X]를 클릭하세요. 순서를 변경하고 싶다면 화면 오른쪽 위에서 [순서설정]을 클릭한 후 사진을 드래그하여 조정할 수 있습니다. 첫 번째 사진이 대표 이미지로 노출되므로 고객의 눈길을 끌 수 있는 사진을 첫 번째로 배치하는 것이 좋습니다.

⑤ 배경색상 선택 **필수**

사진 배경에 표시되는 색상입니다. 가게의 분위기, 사진 톤과 잘 어울리는 색을 선택한 후, 오른쪽 미리보기 화면에서 확인해 보세요.

⑥ 예약혜택 추가 **선택**

고객에게 제공하는 혜택은 [+예약혜택 추가]를 클릭해 등록할 수 있어요. [정보]에는 고객에게 제공할 혜택을 입력하고 [진행기간]은 실제 혜택을 제공하는 기간을 [노출기간]은 예약 창에 혜택 문구를 보여 주는 기간을 설정합니다. 날짜는 달력에서 클릭해 쉽게 선택할 수 있으며, 모두 입력한 후 [저장]을 누르면 혜택이 고객에게 노출됩니다.

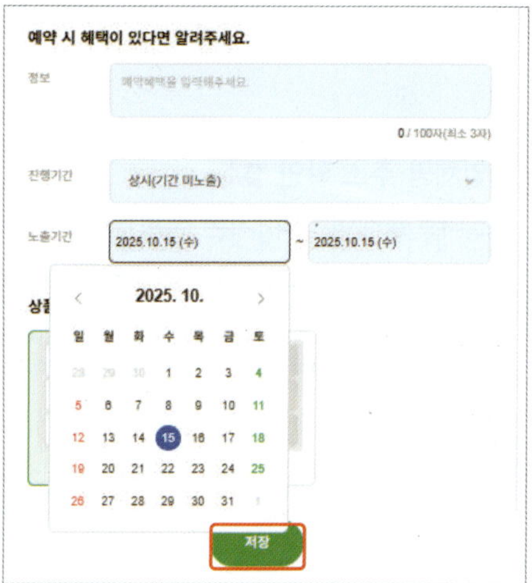

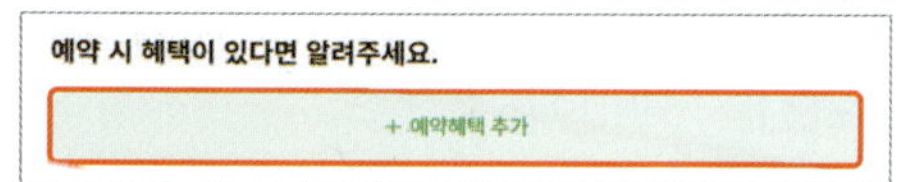

알아 두면 좋아요! 예약 혜택은 꼭 있어야 하나요?

혜택은 가게 운영 방침에 따라 없어도 되지만, 간단한 혜택을 추가해 주는 편이 좋습니다. 간단한 메뉴를 증정하거나 할인 혜택을 제공하는 것만으로도 예약률이 달라져요.

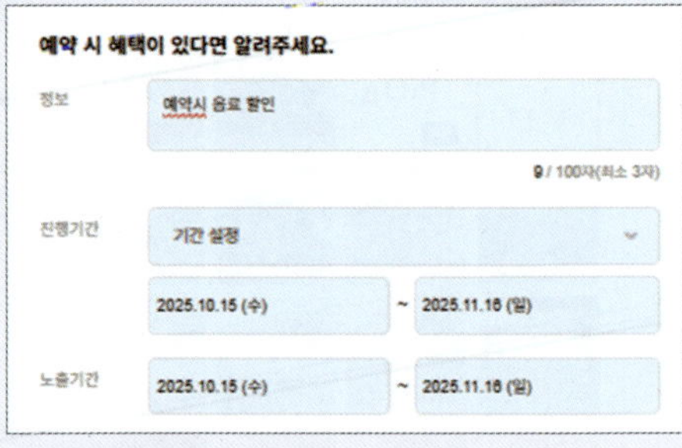

스마트플레이스

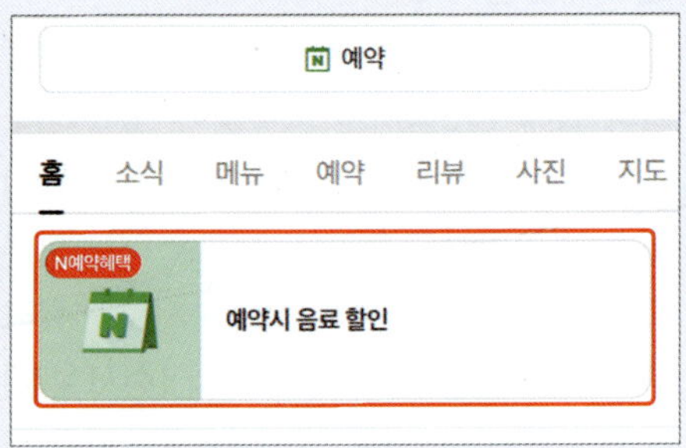

모바일에서 고객에게 노출되는 혜택 정보

7 상품목록 템플릿 선택 `필수`

상품이 예약 페이지에 어떤 형식으로 보일지를 정하는 단계입니다. 상품 목록 템플릿은 다음 3가지입니다.

> - **텍스트형:** 공방이나 클래스(설명 중심 업종)
> - **이미지형:** 음식점, 카페, 헤어숍(사진 중심 업종)
> - **혼합형:** 네일, 숙박 등(이미지와 설명 모두 중요한 업종)

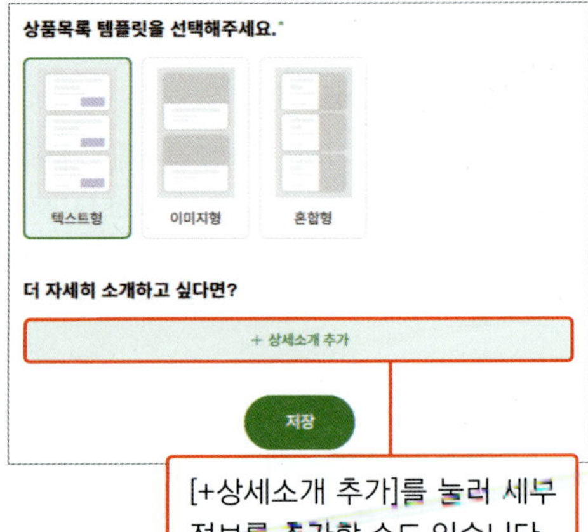

[+상세소개 추가]를 눌러 세부 정보를 추가할 수도 있습니다.

8 업체명·주소 확인 `필수`

스마트플레이스의 [기본 정보]와 연동됩니다. [+]를 눌러 확인하고, 정보가 다르면 <업체 정보에서 수정하기>를 클릭해 변경해 주세요.

❾ 주차 가능 여부 설정 선택

주차장이 있다면 [가능]을 선택하고 없다면 [불가]를 선택한 뒤 아래 설명란에 주변 공영 주차장의 위치나 안내 문구를 적어 주세요. 앞서 스마트플레이스에 작성했던 [기본 정보]의 주차 정보를 그대로 적어도 됩니다. 기억나지 않는다면 04-4절을 참고해 주세요.

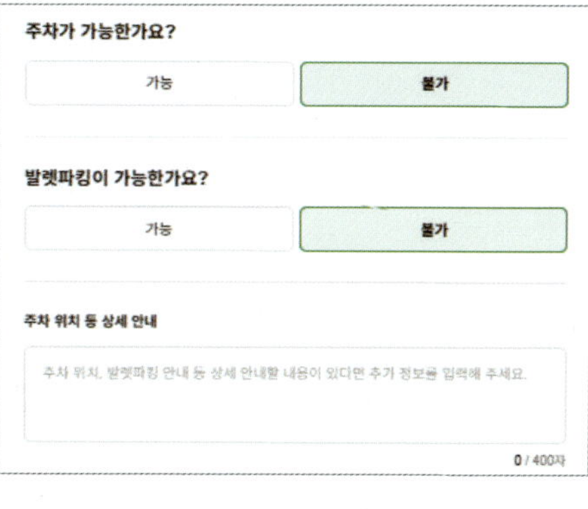

❿ 연락처 및 관리자 인증 필수

예약문의 번호와 이메일을 입력합니다. 예약문의 번호는 유선은 인증 없이, 휴대전화는 인증 후 등록이 가능합니다. 관리자 연락처는 휴대폰 번호를 입력 후 [인증번호 전송]을 해주세요. 인증번호 입력 후 [등록]을 누르면 완료입니다.

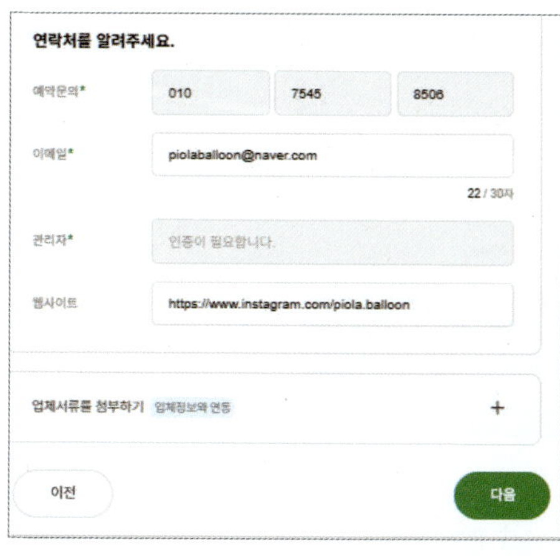
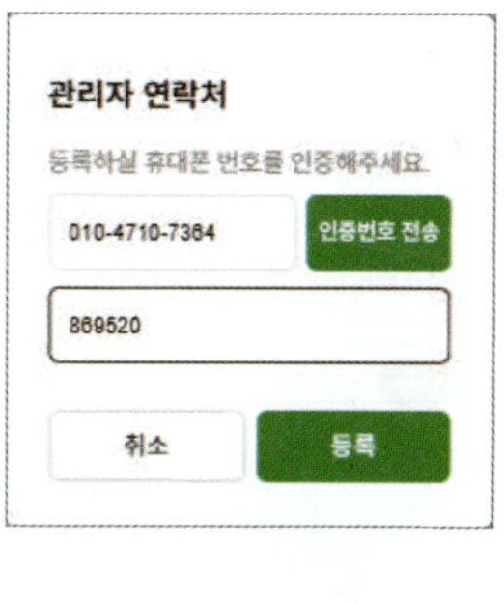

6 모든 정보를 설정했다면 맨 아래의 [다음]을 누릅니다.

네이버페이 가입은 선택사항이지만, 가입을 추천합니다. 네이버페이에 가입하면 예약과 동시에 결제도 가능해서 가게는 정산과 관리가 간편해집니다. 만약 당장 결제 기능을 도입할 계획이 없다면 화면 맨 아래에서 [나중에 하기]를 눌러 다음 단계로 넘어갈 수 있습니다.

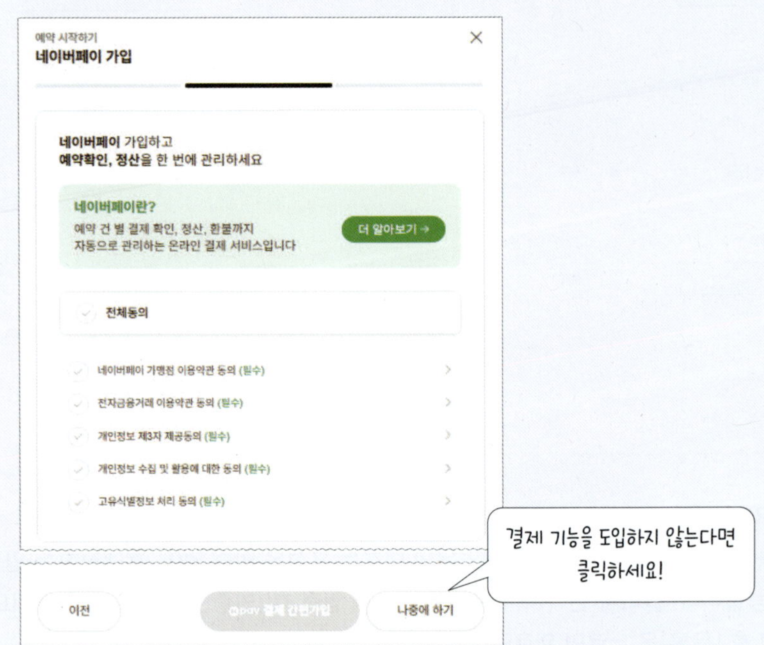

네이버페이는 [솔루션 → 예약, 주문시 N페이 결제사용]을 눌러 언제든지 가입할 수 있으니 안심하세요!

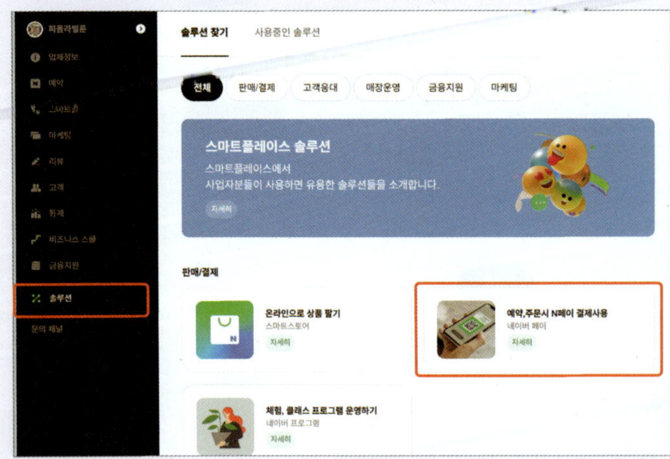

하면 된다! } 예약 유형 선택하기

예약 유형 선택은 예약 구조의 핵심입니다. 이 단계에서 선택한 예약 유형은 나중에 변경할 수 없으므로 반드시 업종과 운영 방식에 맞게 선택해 주세요. 예약 유형은 [날짜만 선택]과 [시간까지 선택] 중에서 선택합니다.

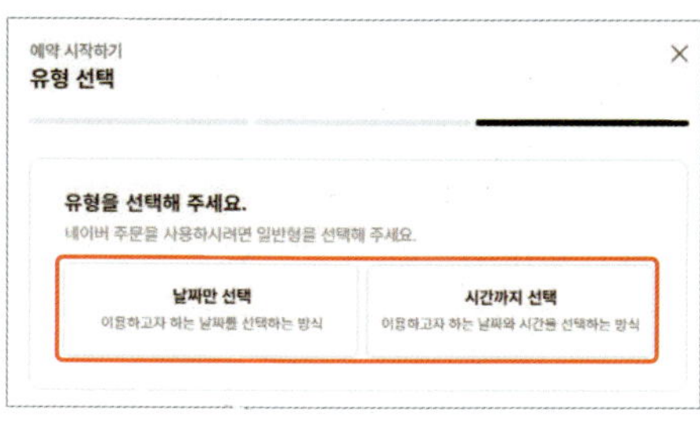

1 [날짜만 선택] 유형

[날짜만 선택] 유형은 고객이 날짜만 지정하고 시간은 따로 선택하지 않는 예약 방식입니다. 이 유형은 ❶ [숙박형]과 ❷ [날짜 선택형]으로 나뉩니다.

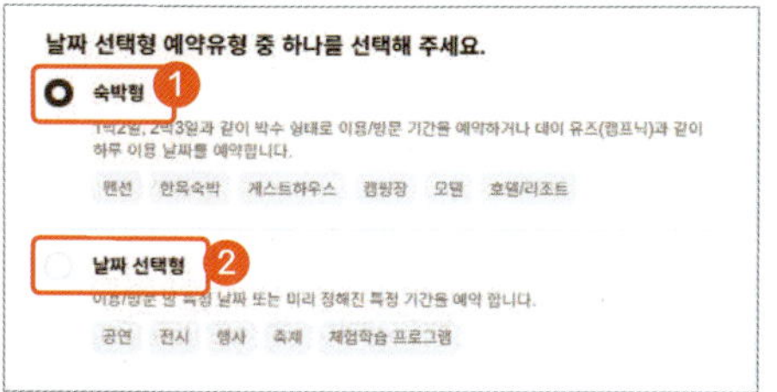

❶ [숙박형]은 말 그대로 하루 이상 머무는 경우에 적합한 예약 유형으로 게스트하우스, 한옥스테이, 글램핑장, 리조트 등과 같이 고객이 1박2일, 2박3일 등 체류 기간을 지정하는 업종에 해당합니다. 고객은 체크인과 체크아웃 날짜를 함께 선택해야 하며, 이용 기간에 따라 일수가 자동 계산됩니다.

예를 들어 7월 10일 체크인, 7월 12일 체크아웃을 클릭하면 2박3일 숙박이 예약되는 구조예요.

❷ [날짜 선택형]은 하루 단위로 예약을 받지만, 이용 시간은 따로 정하지 않을 때 적합합니다. 시간이 중요하지 않거나 당일 일정에 따라 유연하게 운영되는 업종에 추천합니다. 하루에 1번 운영하는 체험이나 공연, 전시, 행사 등이 포함됩니다.

2 [시간까지 선택] 유형

[시간까지 선택] 유형은 고객이 날짜뿐만 아니라 예약 시간까지 선택하는 방식입니다. 운영 형태나 업종에 따라 ❶ 일반형, ❷ 뷰티형, ❸ 회차형, ❹ 시작~종료 시간 선택형의 4가지 유형으로 나뉘어요.

❶ [일반형]은 주로 **식당, 뷔페, 레스토랑 등의 업종**에서 가장 많이 사용하는 예약 유형이에요. 고객은 원하는 날짜와 함께 방문 시간도 직접 선택합니다. 예약 시간은 1시간 단위로 설정합니다.

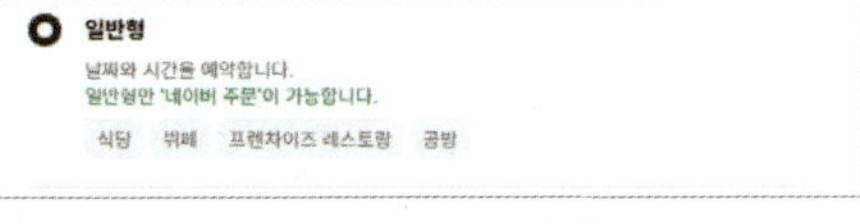

❷ [뷰티형]은 네일숍, 피부관리숍 등 **고정된 시간 단위로 예약을 운영하는 업종**에 적합해요. 시간 단위는 30분, 1시간 중 선택할 수 있으니, 시술 전 상담이나 고객 간 시간을 고려해서 설정해야 합니다. 시간 단위는 한 번 설정하면 이후 변경할 수 없어요.

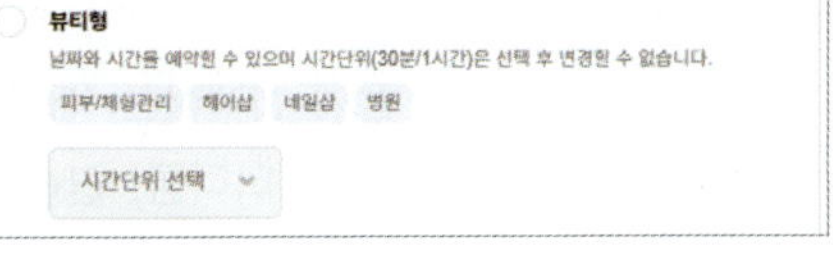

❸ [회차형]은 공연, 전시, 체험 등 일정 시간 간격으로 반복 운영하는 업종에 적합합니다. 시간대를 미리 정해 회차별로 예약을 받는 구조로 1일 2~3회 같은 콘텐츠를 운영한다면 이 유형이 딱 맞아요.

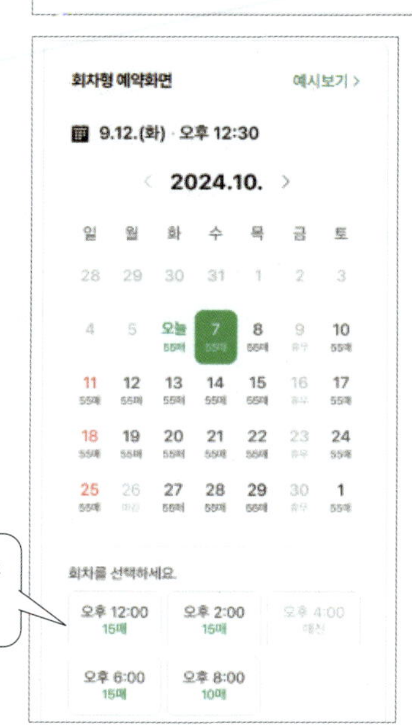

❹ [시작~종료시간 선택형]은 고객이 시작 시간과 종료 시간을 함께 선택하는 예약 방식이에요. 주로 파티룸, 스터디룸, 연습실, 대관 업종처럼 공간을 시간 단위로 대여하는 형태에 적합합니다. 예약할 수 있는 시간 범위를 설정해 두고, 고객이 원하는 시간만큼 예약할 수 있어요.

3 우리 가게에 맞는 예약 유형을 선택하고 모든 설정을 마쳤다면 아래에 있는 [완료]를 눌러 주세요. 예약 서비스 등록이 완료되었다는 메시지 창이 나타나면 다시 한번 [완료]를 클릭합니다. 하지만 예약상품까지 등록해야 정상적으로 서비스를 운영할 수 있으므로, 바로 이어서 예약상품까지 등록해 보겠습니다.

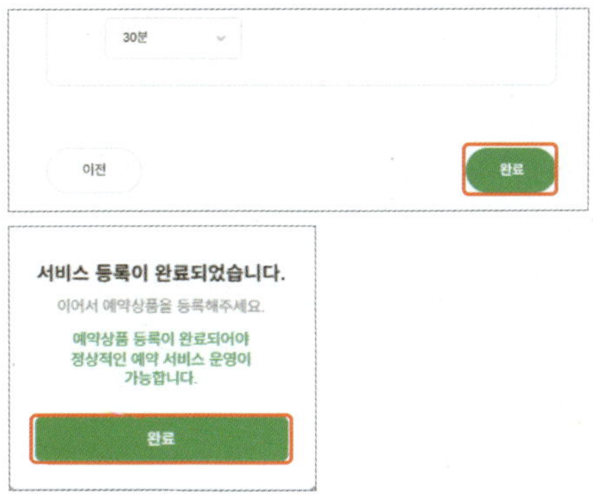

하면 된다! } 예약상품 등록하기

이제 예약 기능의 핵심인 예약상품을 직접 등록해 볼 차례입니다. 예약상품은 고객이 앞으로 실제 예약할 서비스로, 우리 가게의 핵심 정보를 담아야 합니다. 예약 유형에 따라 예약상품 등록 화면이 조금씩 다르지만 흐름은 거의 비슷합니다.

여기에서는 예약 유형 가운데 [시간까지 선택]의 일반형을 기준으로 예약상품을 등록해 보겠습니다.

1 예약상품 등록하기

스마트플레이스의 관리자 화면에서 [❶ 예약 → ❷ 예약] 탭에서 ❸ [+예약상품 등록하기]를 누릅니다.

2 예약상품 기본 정보 입력하기

1 예약 상품명을 입력합니다. 이때 상품명은 '2인 브런치 세트', '프라이빗 창가 좌석'처럼 고객이 이해하기 쉬운 표현을 써보세요. **2** 대표 사진은 분위기와 메뉴가 잘 드러나는 고화질 이미지를 등록해야 고객의 클릭을 유도할 수 있어요. **3** 소개 글, 유의사항까지 입력한 후 **4** [다음]을 누릅니다.

3 운영시간 및 운영기간 설정

상시 운영하는 예약 상품이라면 [네, 늘 운영합니다.]를, 특정 이벤트나 시즌 한정으로 운영하는 상품이라면 [특정 기간만 운영해요!]를 누릅니다. [특정 기간만 운영해요!]에서는 시작일과 종료일을 지정해 주세요. 달력에서 해당하는 날짜를 클릭하고 [확인]을 누르면 운영기간을 간단하게 설정할 수 있어요.

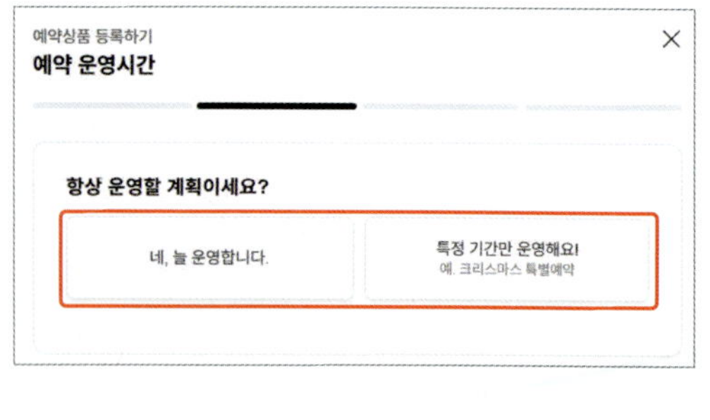

4 이어서 예약받는 시간 간격을 [30분 단위로]와 [1시간 단위로] 중에서 선택합니다. 우리 가게의 회전율이나 운영 상황에 따라 알맞은 간격을 선택하세요.

예를 들어 예약 시간 간격을 1시간 단위로 설정하고 운영시간을 19:00부터 21:00까지로 입력하면 고객은 19시, 20시, 21시까지 예약할 수 있습니다. 특히 마지막 예약 시간은 고객이 이용을 시작하는 시점이므로, 우리 가게의 마감 시간과 고객의 이용 시간 등을 고려해서 설정해야 합니다.

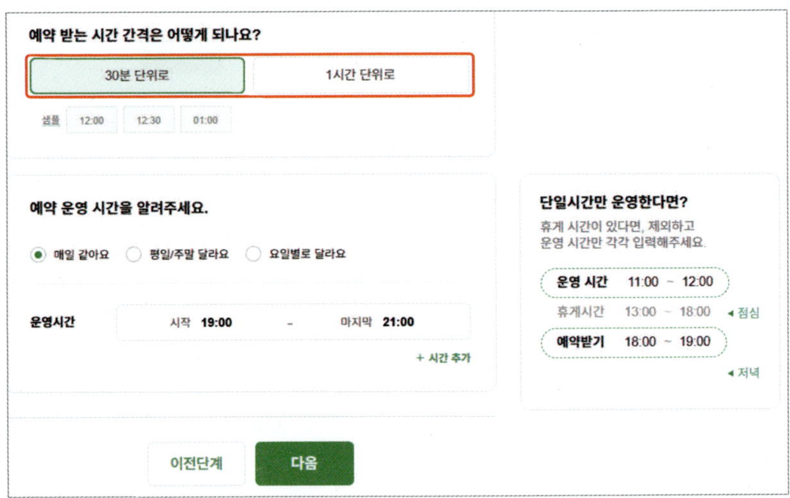

5 휴무일 설정

예약 설정 단계에서는 스마트플레이스의 [기본 정보]에 입력해 둔 휴무일이 자동으로 연동되지 않으므로 다시 입력해야 해요. 이 부분을 간과하면 플레이스에는 영업 종료로 표시되어 있는데 예약은 열려 있는 상황이 발생할 수 있으니 주의하세요. 매주 정기적으로 쉬는 요일이 있다면 해당하는 요일을 선택하고, 공휴일이나 특정 날짜의 휴무도 함께 입력한 후 [다음]을 누르세요.

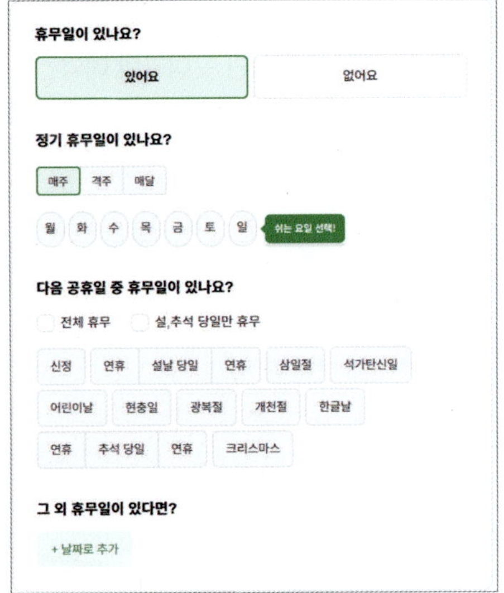

6 예약 수용 방식 설정

예약 수용 방식은 예약 운영의 편의성과
직결되는데요. 예약을 ❶ '인원' 기준으
로 관리할지, ❷ '예약건수' 기준으로 관
리할지 선택해야 합니다.

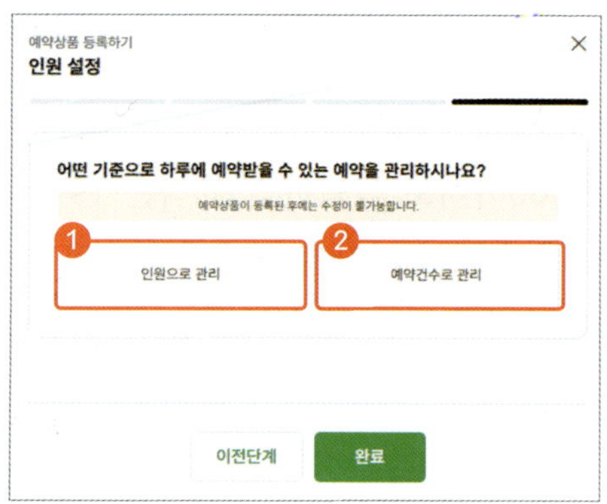

❶ [인원으로 관리]는 하루에 받을 수 있는 총인원을 설정하는 방식입니다. 예를 들어 하루 최대
인원수를 10명으로 설정하고 4명이 예약하면 남은 인원은 6명으로 계산됩니다. 예약 방식
에서 [인원으로 관리]는 다음과 같이 '인원수 받기', '예역자 구분하기', '금액까지 받기' 세
종류가 있습니다.

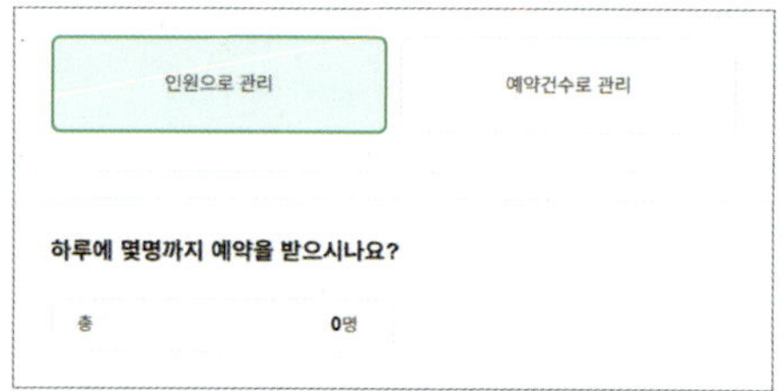

❷ [예약건수로 관리]는 예약 건수를 기준으로 운영하는 방식입니다. 예를 들어 하루 10건을 설
정해 두었다면, 인원수와 상관없이 건수로 계산하는 방식입니다. 다양한 좌석제를 운영하고
예약이 테이블 단위인 곳이라면 예약건수로 관리하는 것이 효율적입니다. [예악건수로 관리]
는 [인원으로 관리] 예약 방식과 달리 [인원없이 날짜/시간만 예약]이 하나 더 추가되어 있어
요.

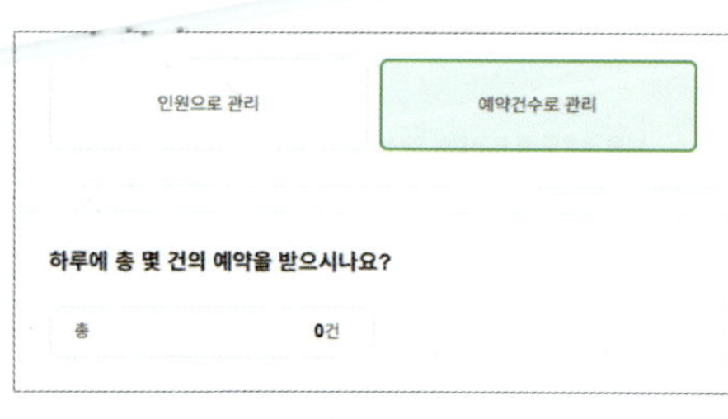

예약 방식에서 [금액까지 받기]를 선택하면 예약과 동시에 결제까지 진행할 수 있습니다. 키즈카페 이용권 등 인원에 따라 금액이 명확한 경우에는 유용합니다. 이때 '판매가'와 '정가'를 입력하는 칸이 있는데 간혹 할인된 금액만 판매가로 입력하고 등록하는 경우가 있습니다. 하지만, 반드시 '정가'와 '판매가'를 함께 입력해 주세요. 두 가격을 모두 입력하면 시스템에서 자동으로 할인율이 노출됩니다.

여러 연구에서 할인율을 노출하면 고객의 구매 확률이 높아진다고 확인된 바 있습니다. 고객 입장에서는 '지금 사면 이득이구나!'라는 판단을 하기 쉬워지기 때문이에요.

단, 정가를 실제 가격이 아닌 높은 금액으로 설정하면 오히려 신뢰를 떨어뜨리거나 문제가 될 수 있으니 주의하세요!

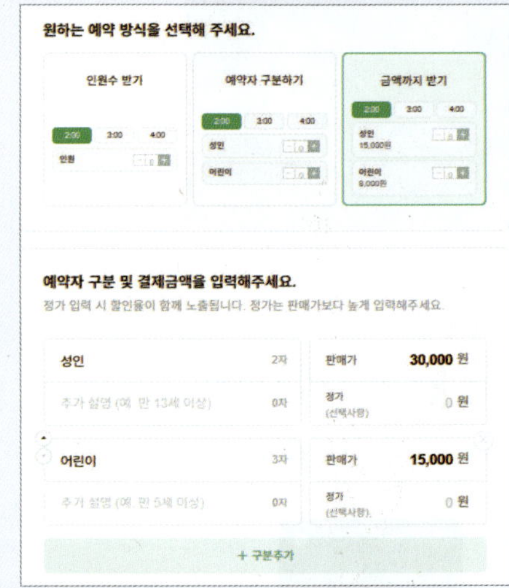

[인원으로 관리 → 금액까지 받기]

'판매가'와 함께 '정가'도 자동 계산해서 표시

7 한 번에 예약할 수 있는 인원 입력

고객이 예약할 수 있는 최소, 최대 인원도 설정해 주세요. 예를 들어 2인 테이블만 운영하는 식당이라면 최소 2인, 최대 2인으로 제한할 수도 있고, 프라이빗 룸을 운영하는 카페처럼 단체 손님을 받는다면 최대 8인, 10인 등으로 설정할 수도 있습니다. 고객이 예약 인원을 선택할 때 혼란스러워하지 않도록 실제 수용할 수 있는 인원을 정확히 입력하는 것이 중요해요.

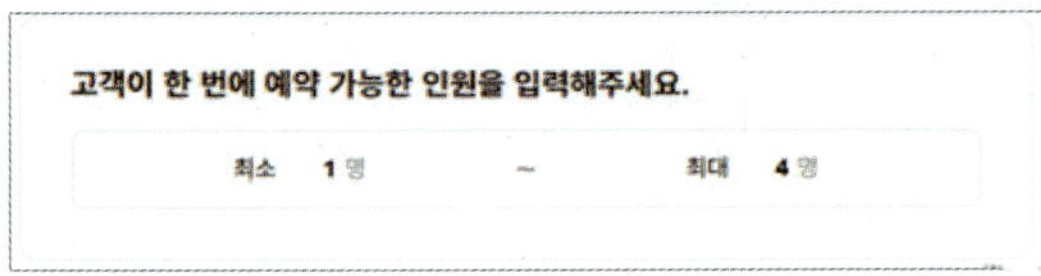

8 이렇게 모든 예약 정보를 설정한 뒤 마지막으로 화면 아래쪽에서 [완료]를 누르면 예약상품 등록은 마무리됩니다. 완전히 끝난 게 아니에요! 예약 상품 상태를 노출되도록 설정해야 합니다.

9 예약상품 노출하기

[① 예약 → ② 예약 → ③ 예약상품]에 ③ [미노출] 오른쪽에 있는 토글 버튼을 눌러 초록색으로 활성화하세요. 이렇게 하면 [미노출]이 [노출중]으로 바뀝니다.

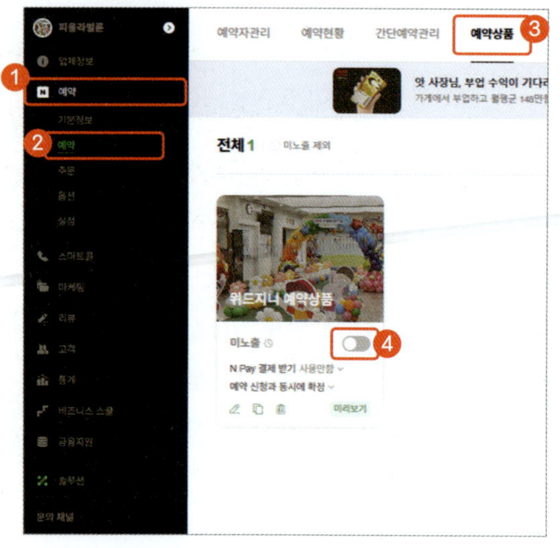

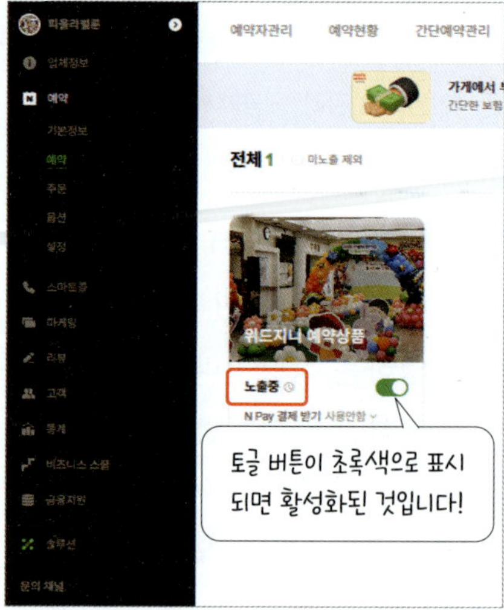

10 검수신청하기

예약상품을 처음 등록했다면, 반드시 검수신청을 해야 합니다. [❶ 예약 → ❷ 설정 → ❸ 운영설정]에서 ❹ [검수신청]을 누릅니다. 검수는 보통 영업일 기준 2~3일이 소요됩니다. 검수가 완료된 이후에는 [예약받기]를 눌러야 고객의 예약을 받을 수 있어요.

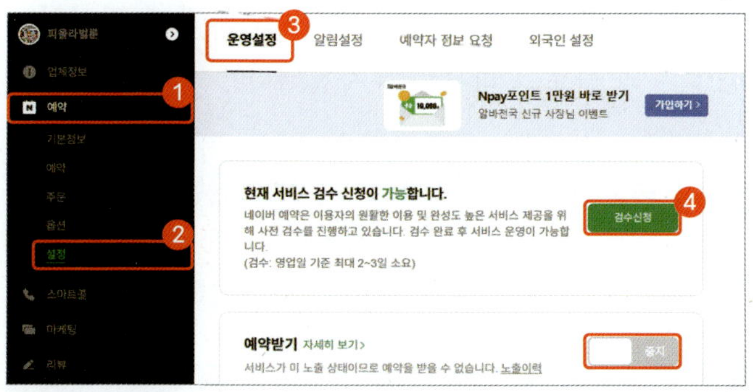

11 등록한 예약상품은 [❶ 예약 → ❷ 예약→ ❸ 예약상품]에서 언제든 확인하고 수정할 수 있어요. 화면 오른쪽에서 [+예약상품 등록하기]를 눌러 새로운 상품을 추가할 수도 있습니다. 위와 같은 방식으로 여러 가지 예약상품을 등록해 보세요.

하면 된다! } 예약 유형 변경하기

예약 유형을 한 번 설정하면 중간에 변경하기가 매우 어렵습니다. 네이버 고객센터에 예외 변경 요청을 해볼 수 있으나 승인율이 매우 낮아, 기존 **예약 서비스를 삭제하고 다시 등록하는 방식**이 가장 현실적인 해결 방법입니다. 다만, 이때 주의할 점이 있습니다. 예약 서비스를 삭제하면 지금까지 쌓인 예약 리뷰가 모두 사라지니, 예약 유형을 변경하고 싶다면 리뷰가 많이 쌓이기 전에 빨리 결정하는 것이 좋아요(단, 일반 영수증 리뷰와 블로그 리뷰는 유지됩니다).

1 스마트플레이스에 접속하고 로그인한 후 화면 오른쪽 위에 있는 **내 아이디**를 클릭합니다.

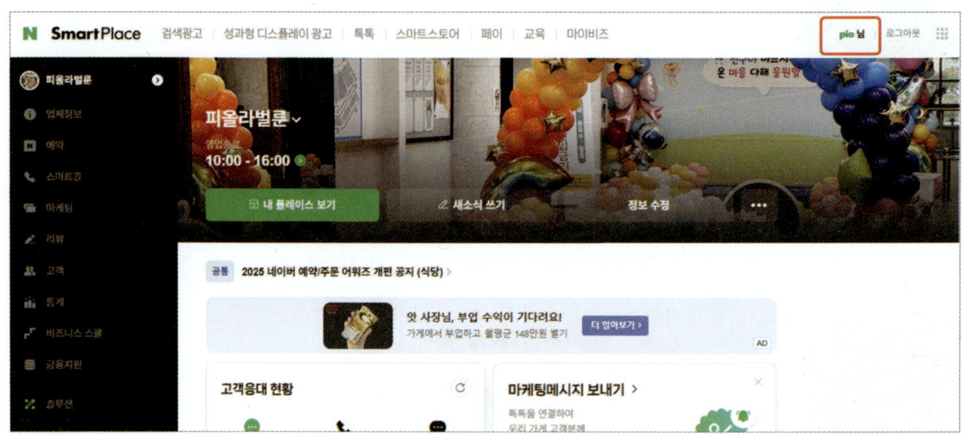

2 [**광고 수신 및 개인정보 동의 현황**]을 클릭한 뒤 [**네이버 예약 주문 서비스 탈퇴**]를 누릅니다.

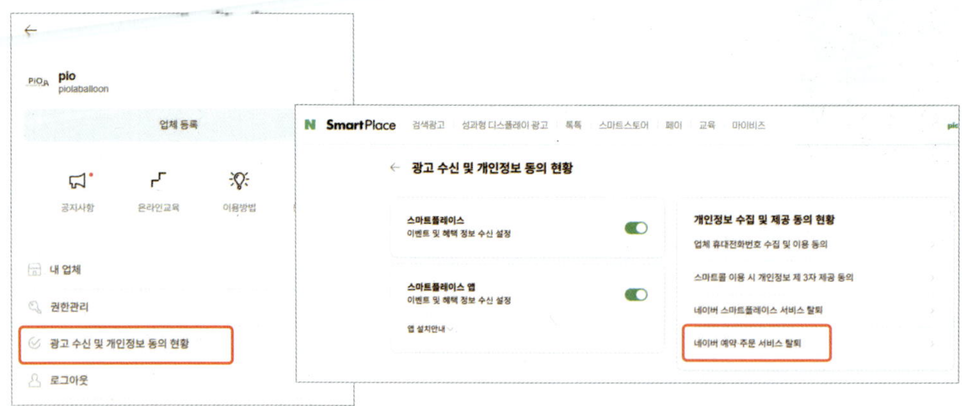

3 진행되는 예약 건이 있는지 확인합니다. 현재 예약이 진행 중이라면 예약 서비스를 탈퇴할 수 없기 때문입니다. 모든 예약이 이용 완료 또는 취소한 상태인지 확인하세요. 탈퇴 사유에는 간단히 '예약유형 변경'이라고 적어 주세요.

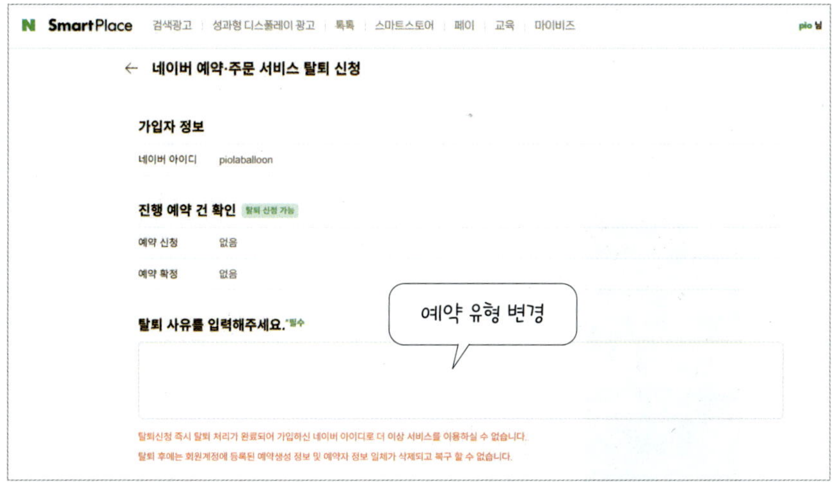

4 안내 사항에 동의한 후 [탈퇴신청]을 누릅니다.

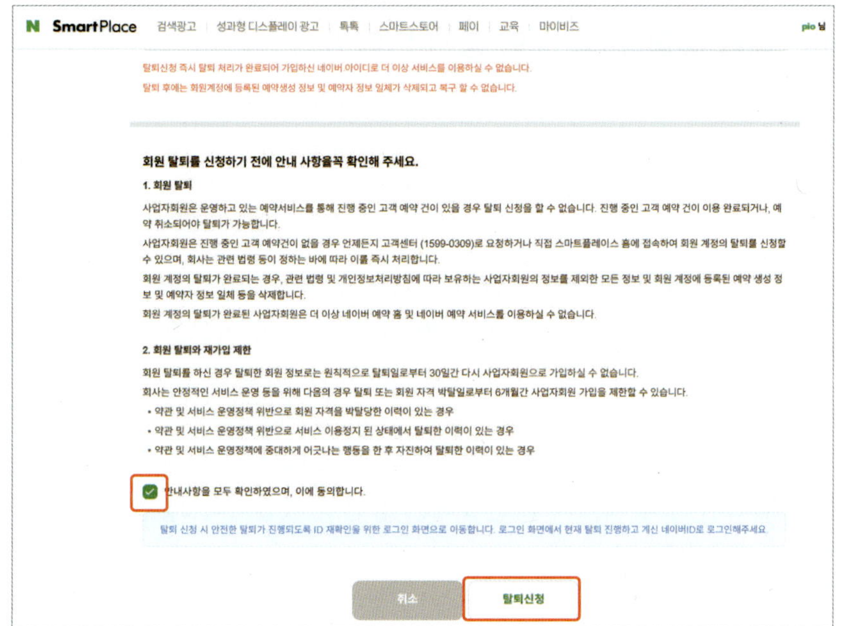

5 마지막으로 사용자 인증을 위해 [로그인]을 누르면, 예약 서비스 탈퇴가 완료됩니다. 다시 스마트플레이스 관리자 화면의 왼쪽에서 [❶ 예약 → ❷ 예약 시작하기]에 접속하면 처음부터 예약 유형을 다시 선택할 수 있습니다.

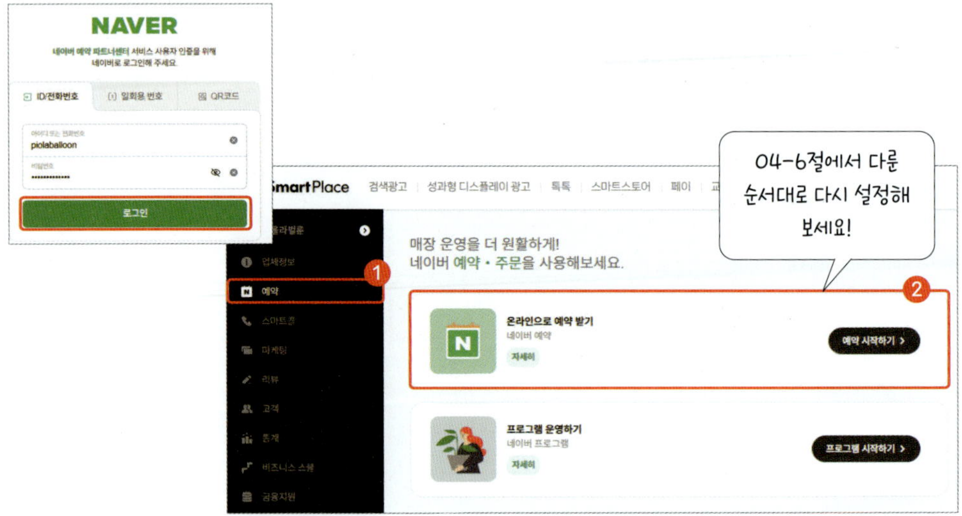

하면 된다! } '숙박 유형' 전용 예약 링크 만들기

"예약 기능을 다 설정해 놨는데도 '우리 숙소'에는 왜 예약 버튼이 안 보일까요?" 숙박 업종을 운영하는 사장님들이 자주 고민하는 문제예요.

네이버 플레이스에서는 공연, 전시, 행사, 축제 또는 모텔, 호텔, 레지던스, 콘도, 리조트 등 일부 업종은 예약 버튼이 노출되지 않도록 제한되어 있어요. 즉, 시스템상 설정을 완료해도 다른 업종과 달리 [예약하기] 버튼이 기본으로 표시되지 않아요.

하지만 걱정하지 마세요. 다음 플레이스 화면에 보이는 [실시간 최저가 예약하기]를 직접 만들어 네이버 예약 페이지로 연결하는 방법이 있습니다. 방법도 복잡하지 않으니 하나씩 따라 해보세요.

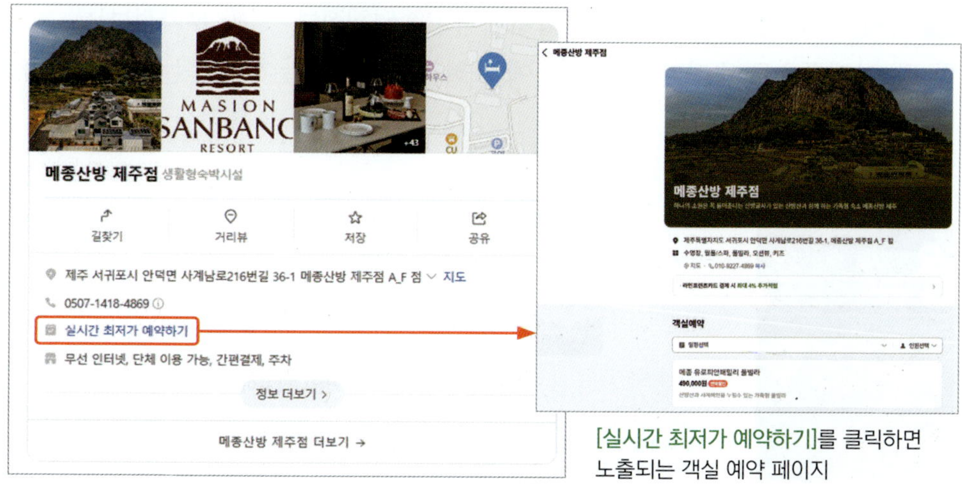

[실시간 최저가 예약하기]를 클릭하면
노출되는 객실 예약 페이지

1 스마트플레이스 관리자 화면에서 [❶ 예약 → ❷ 기본정보]를 누른 뒤 오른쪽
위에 있는 ❸ [예약화면 보기]를 눌러 주세요.

2 새로 열린 예약 화면의 URL을 복사합니다. 이 주소가 바로 우리 숙소의 예약
전용 페이지예요.

3 다시 스마트플레이스 관리자 화면에서 [❶ 업체정보 → ❷ 부가정보]를 선택한 뒤, 아래쪽으로 내려가 운영중인 예약 웹사이트가 있는지를 묻는 질문에서 ❸ [+URL 추가]를 누르세요.

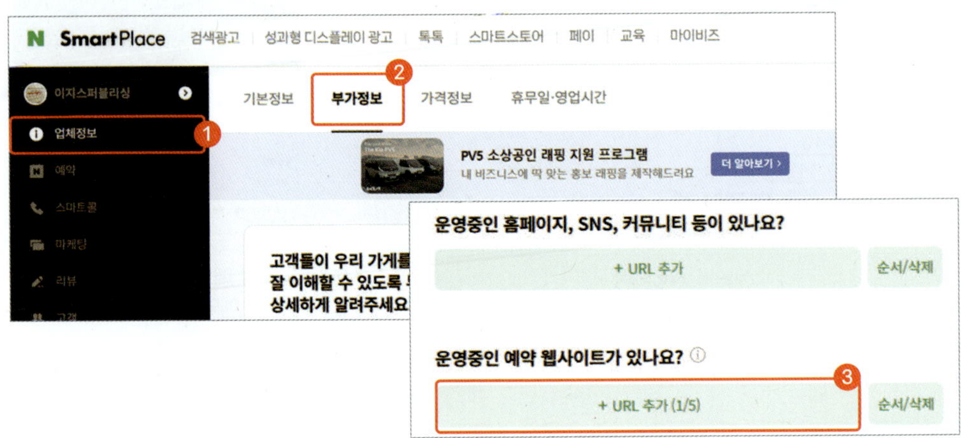

4 분류 선택에서 [네이버 예약]을 선택한 후 복사한 URL을 붙여 넣고 [추가하기]를 누르세요. 맨 아래 [저장하기]를 누르면 끝입니다.

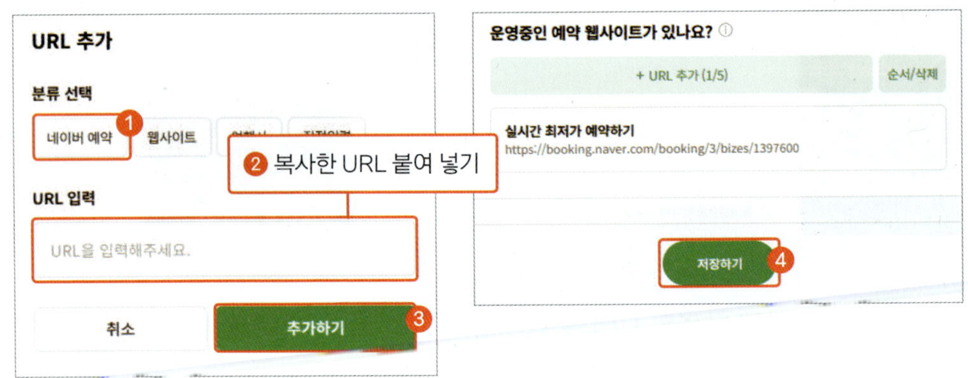

5 URL 추가 창에서 [직접입력]을 선택하고 예약 이름을 '실시간 최저가 예약하기', '여름 한정 특가!', '객실 바로 예약하기' 등으로 입력할 수도 있어요. 이런 방법으로 다양한 예약 페이지나 웹사이트로 연결할 수 있답니다.

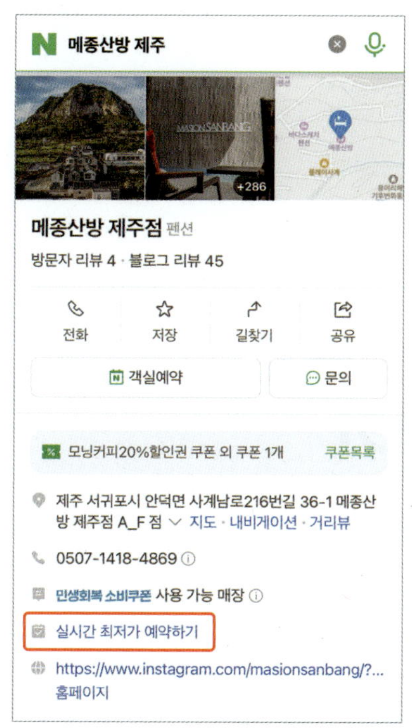
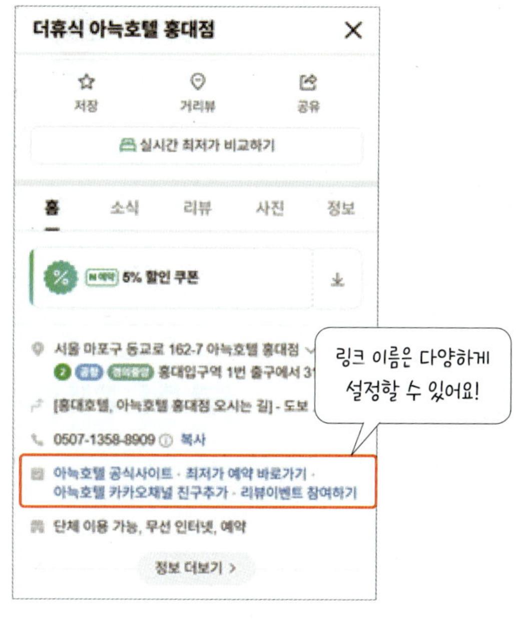

정리하면 이렇게!

예약 기능 설정, 이것만 알면 된다!

1. 예약 기능은 고객의 편의성을 높이고 가게의 운영 효율을 올려 줘요!

   ● 단체 손님이 많거나, 대기가 많은 가게, 또 뷰티숍이나 피부관리실처럼 시간 단위로 서비스를 제공하는 업종에 ① (예약 / 구매) 기능은 필수

2. 우리 가게에 맞는 '예약 유형' 선택이 가장 중요해요!

   ● 예약 유형은 한 번 설정하면 변경하기 어려우므로 식당은 '일반형', 뷰티숍은 '뷰티형', 숙박은 '숙박형' 등 ② (시기 / 업종)에 맞게 신중하게 선택해야 함

정답 ① 예약 ② 업종

04-7

전화 대신 스마트콜로
문의 대응하기

우리 가게 무료 ARS 상담사! 스마트콜

가게를 운영하면서 가장 많이 받는 질문들이 있을 거예요. "주차 가능해요?", "지금 열었나요?", "예약 어떻게 해요?" 등이 대표적입니다. 이런 전화를 받을 때마다 매번 직접 대응해야 한다면 꽤 번거롭겠죠. 이럴 때 스마트콜이 똑똑한 비서 역할을 해줍니다.

스마트콜은 고객이 전화를 걸었을 때, 반복된 질문에 자동으로 음성 안내를 제공하고, 필요한 정보는 문자로 전송해 주는 기능이에요. 설정만 잘 해두면 일손을 줄이는 건 물론, 고객 응대의 질도 한층 높일 수 있습니다. 특히 스마트콜은 무료로 제공되니 쓰지 않을 이유가 없겠죠?

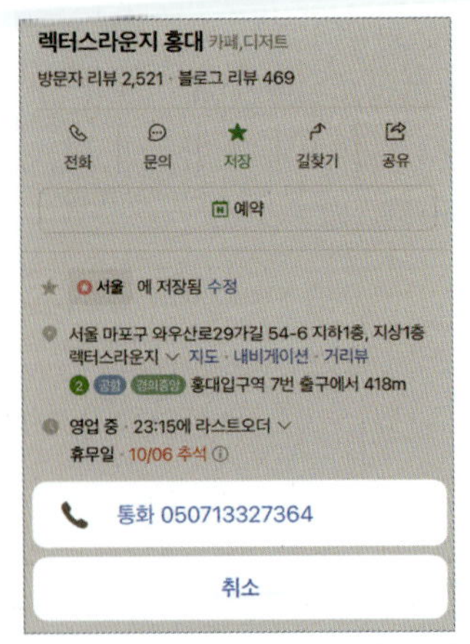

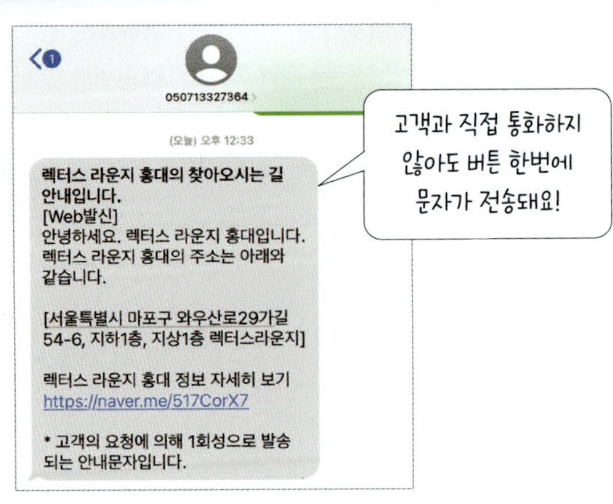

하면 된다! } 네이버 스마트콜 설정하기

가게를 운영하면서 전화 응대까지 직접 해야 한다면 더욱 정신없고 바빠질 것입니다. 또, 똑같은 말을 반복하는 것도 힘들 거예요. 이제 무료로 전화 응대를 담당할 직원을 고용해 볼까요?

▌1 스마트콜 기능 켜기

스마트플레이스 관리자 화면에서 [❶ 스마트콜 → ❷ 스마트 ARS]를 클릭해 스마트 ARS 사용하기의 오른쪽에서 ❸ [미사용]을 눌러 [사용]으로 변경합니다.

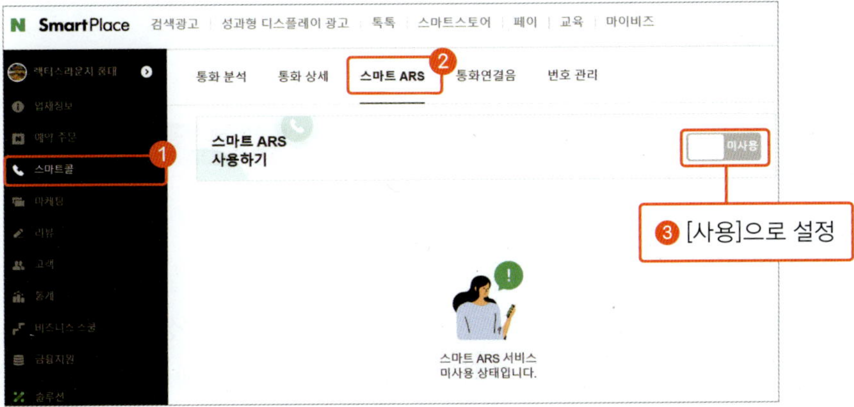

▌2 기본 안내 멘트 수정

기본적인 안내 멘트가 보입니다. 우리 가게 플레이스에 맞게 멘트를 수정해 볼게요. ARS 시나리오 오른쪽에 있는 [기본 멘트 수정]을 누르세요.

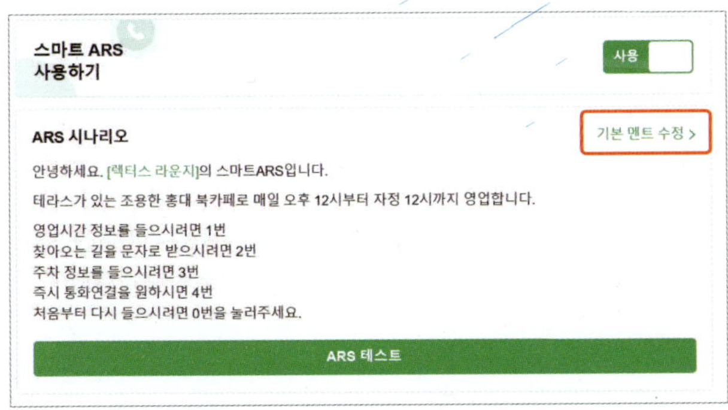

3 기본멘트 창에서 안내 멘트를 수정할 수 있습니다. 모든 내용을 입력한 후 [저장]을 누르면 기본 정보가 ARS 시나리오에 추가됩니다.

이벤트 내용은 고객이 전화를 걸자마자 들을 수 있는 멘트이므로 장황한 설명보다 우리 가게의 특징과 운영시간, 이벤트 등 중요한 운영 사항을 적어 주세요.

우리 가게의 분위기와 어울리는 배경 음악으로 설정하면 좋습니다.

작업을 모두 마친 후 클릭해서 검토해 보세요.

4 ARS 항목 설정

[ARS 항목 설정]에서 정보를 설정합니다. ARS 항목으로 [예약 정보], [매장 위치], [통화 연결], [영업시간], [주차 안내]가 있으며 가게의 상황에 따라 [ON/OFF]로 사용 여부를 결정할 수 있어요. 통화 연결을 ON으로 해놓고 전화를 받지 않는 것보다 미리 OFF로 설정해 놓는 것이 스마트콜을 똑똑하게 이용하는 방법이라는 것, 기억하세요. 고객이 정보를 요청할 때 '예약 정보'와 '매장 위치'는 문자로 발송하며, '영업시간'과 '주차 안내'는 ARS 멘트로 전달합니다.

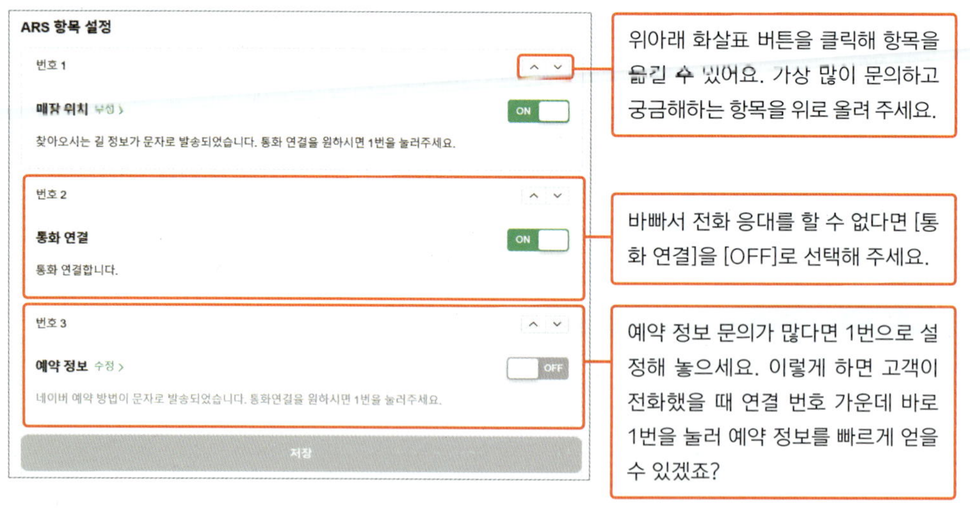

위아래 화살표 버튼을 클릭해 항목을 옮길 수 있어요. 가장 많이 문의하고 궁금해하는 항목을 위로 올려 주세요.

바빠서 전화 응대를 할 수 없다면 [통화 연결]을 [OFF]로 선택해 주세요.

예약 정보 문의가 많다면 1번으로 설정해 놓으세요. 이렇게 하면 고객이 전화했을 때 연결 번호 가운데 바로 1번을 눌러 예약 정보를 빠르게 얻을 수 있겠죠?

5 ARS 항목별 세부 내용 작성

ARS 항목별로 [수정>]을 누르면 세부 항목을 설정할 수 있습니다.

① 예약 정보

먼저 예약 정보를 수정해 보겠습니다. 예약 정보는 고객이 요청할 경우 문자로 발송합니다. [예약 정보] 오른쪽에 있는 [수정]을 클릭해 업체명과 추가 안내 내용을 수정할 수 있습니다. 변경 후에는 [저장]을 꼭 눌러 주세요.

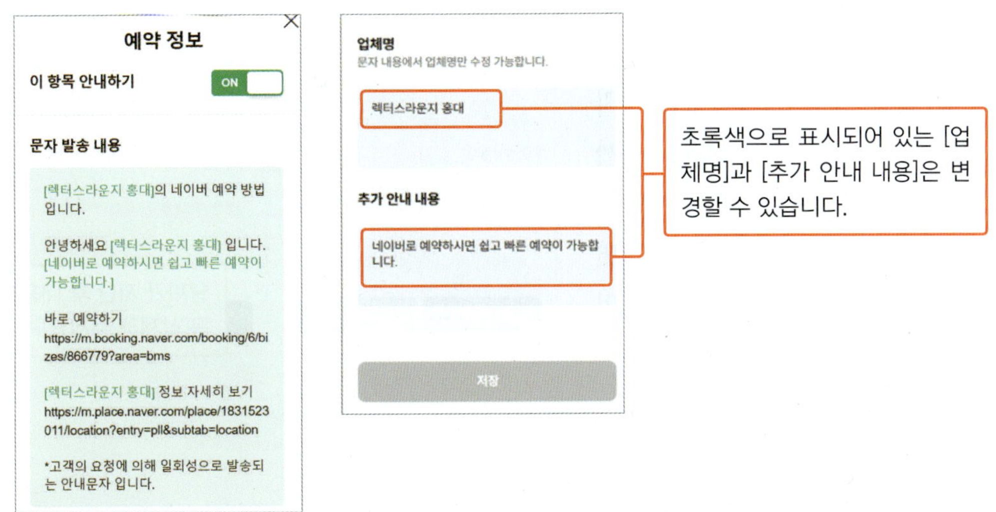

② 매장 위치

매장 위치도 [수정>]을 눌러 변경할 수 있습니다. 이 항목에서는 업체명만 바꿀 수 있으며, 최대 20자까지 입력할 수 있어요. 따라서 가게명 뒤에 지역명이나 업종 키워드 등을 간단히 덧붙여주는 것도 좋은 방법입니다.

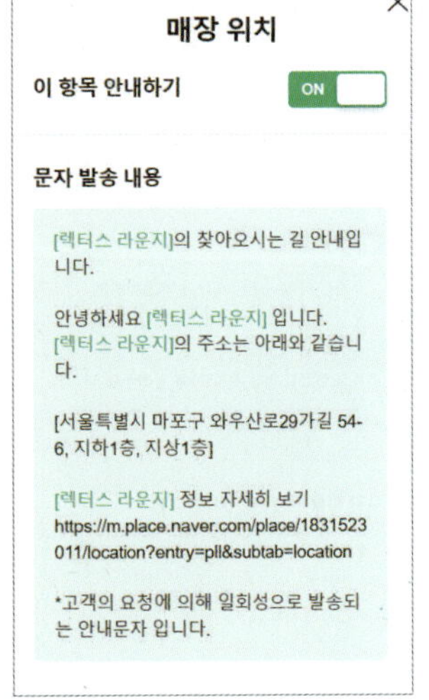

❸ 영업시간

평일과 공휴일(주말) 영업시간이 다른 경우 각각 클릭해서 수정해 주세요. 평일과 공휴일(주말) 모두 영업시간이 같고 휴무가 없다면 [연중 무휴], 24시간 영업을 한다면 [24시간 영업]을 클릭하면 됩니다.

[예외사항]은 특별한 행사로 영업시간을 변경하거나 휴무가 발생한 경우 작성해 주세요. 예를 들어 "1월 3일은 대관 행사로 오후 12시부터 오후 7시까지만 운영합니다. 양해 부탁드립니다." 이렇게 작성해 놓으면 고객이 미리 영업 일정을 확인할 수 있어서 좋습니다.

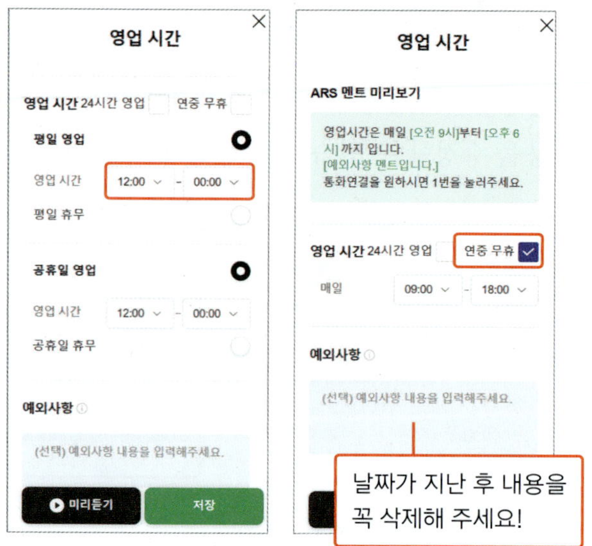

❹ 주차 안내

주차는 전화 문의 가운데 큰 비중을 차지하며, 주차 가능 여부는 가게 방문 여부를 결정하는 중요한 요소이기도 합니다. 우리 가게나 주변에 주차할 공간이 있다면 [내용 입력]에 정보를 상세하게 입력해 주세요. 근처에 공영 주차장이 있다면 주차장 이름과 가격도 꼭 추가하세요. 문의 전화가 반 이상 줄어들 거예요.

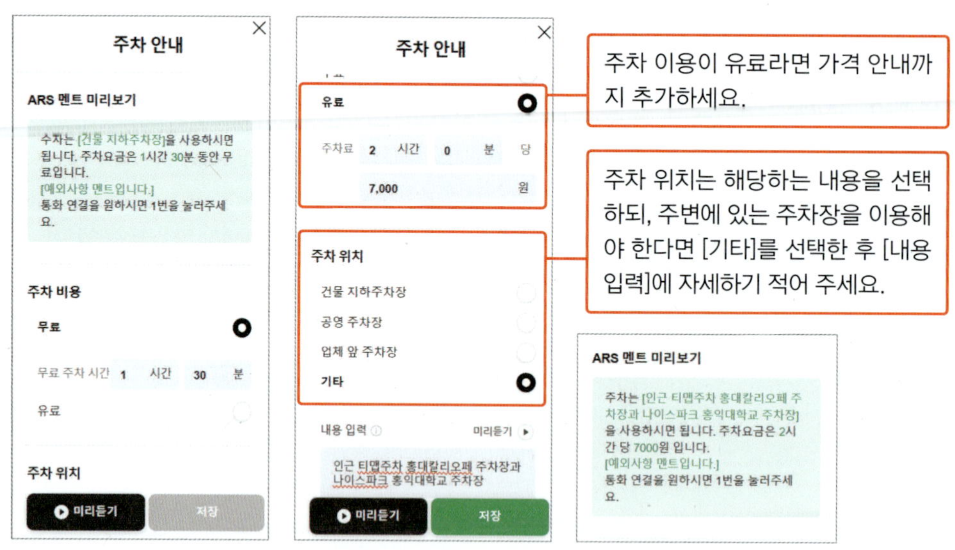

[통화 연결] 항목은 ARS 메뉴 중 가장 마지막 순서로 배치하는 것이 좋습니다. 만약 '통화 연결'이 1번에 위치한다면 고객은 다른 안내 멘트를 듣기도 전에 곧바로 통화 연결 버튼을 누를 거예요. 하지만 [예약 정보], [매장 위치], [영업시간], [주차 안내] 등의 정보를 충분히 제공한 후, [통화 연결]을 마지막으로 설정해 두면 고객은 정말 필요한 경우에만 '통화 연결'을 선택할 것입니다. 그 결과 고객 문의도, 매장 응대 부담도 확 줄어들 거예요.

6 저장하기

모든 설정을 마친 후에는 가장 아래에 있는 [저장]을 꼭 눌러주세요.

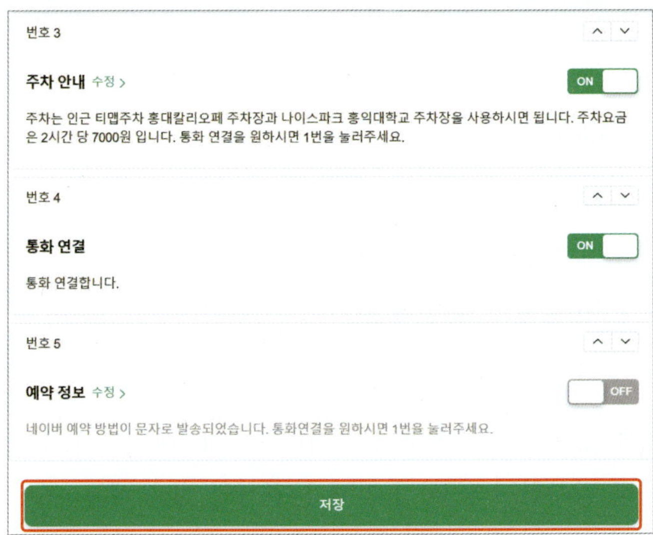

7 ARS 시나리오 테스트하기

마지막으로 저장 후, [ARS 테스트]를 눌러 고객에게 안내되는 ARS 멘트를 직접 확인해 볼 수 있어요. [ARS 테스트] 창에서 [테스트 전화 걸기]를 눌러보세요. 안내 멘트에 따라 번호를 누르면 번호에 해당하는 항목의 멘트도 확인할 수 있어요.

만약 안내 멘트가 어색하거나 너무 빠르다면 문단 기호를 추가해 길이를 조정할 수 있습니다. 또한 문장이 끝나는 곳에는 마침표(.)를 꼭 넣어 주고, 어절이 붙어서 안내 음성이 어색한 경우에는 쉼표(,)를 넣어 주세요. 영어나 숫자 등의 안내 음성이 정확하게 표현되지 않는다면 6은 여섯, seven 은 세븐이라고 한글로 발음을 적어 주세요. ARS 테스 트로 안내 음성의 발음과 속도까지 꼭 확인해 보세요.

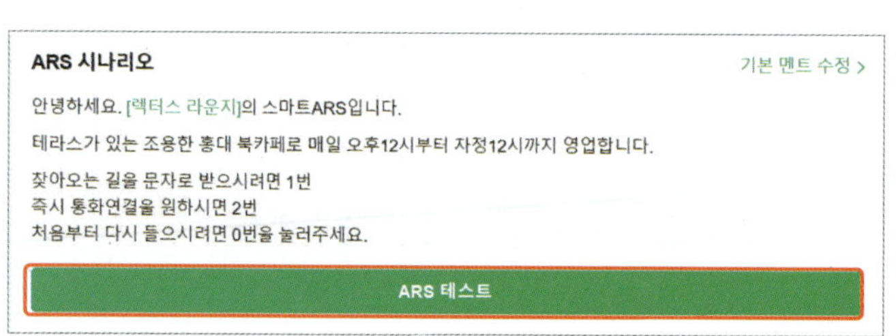

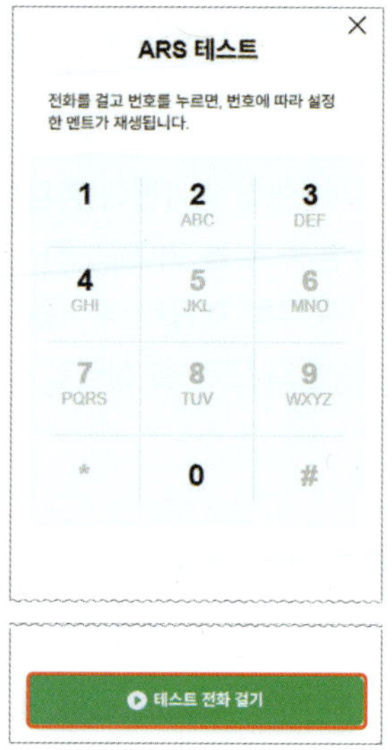

스마트콜은 이렇게 활용해 보세요!

① 통화 연결 시간도 브랜딩 기회입니다

스마트콜에는 고객이 통화 연결을 기다리는 동안 우리 가게를 소개할 수 있는 통화연결음 기능이 있습니다. [스마트콜 → 통화연결음]에서 [통화연결음 문구] 아래 빈칸을 클릭해 직접 입력해 보세요.

예를 들어 "안녕하세요. 홍대 감성 디저트 카페 위드지니입니다. 포토존이 예쁜 티라미수 맛집을 찾아 주셔서 감사합니다."처럼 가게 분위기와 대표 메뉴, 키워드 등을 자연스럽게 담아 소개하는 것이 효과적입니다.

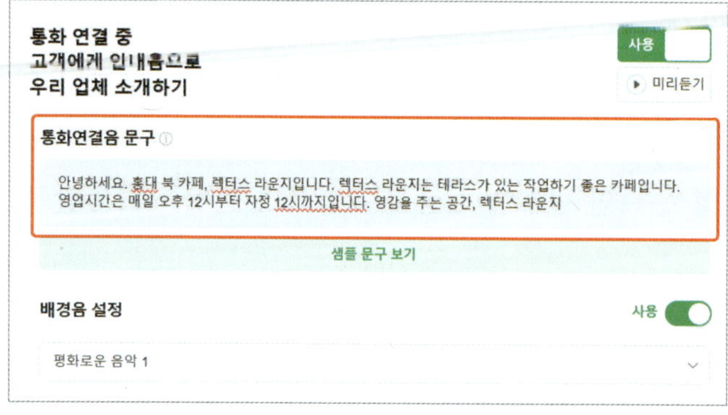

무슨 말을 해야 할지 막막하다면 [샘플 문구 보기]를 눌러 아이디어를 얻을 수도 있어요. 문구를 모두 작성했다면 [미리듣기]를 클릭해서 꼭 확인해 주세요.

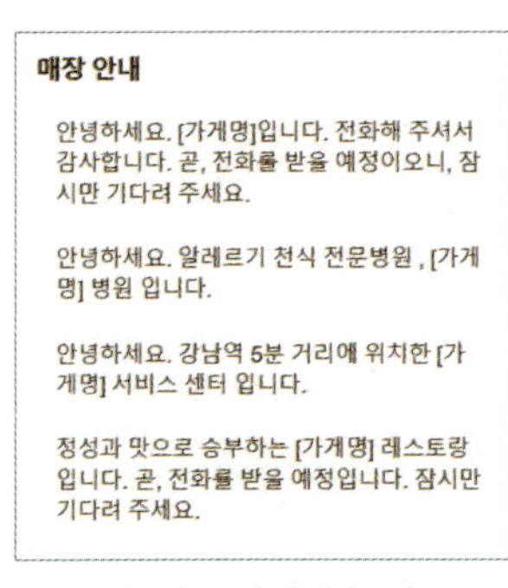

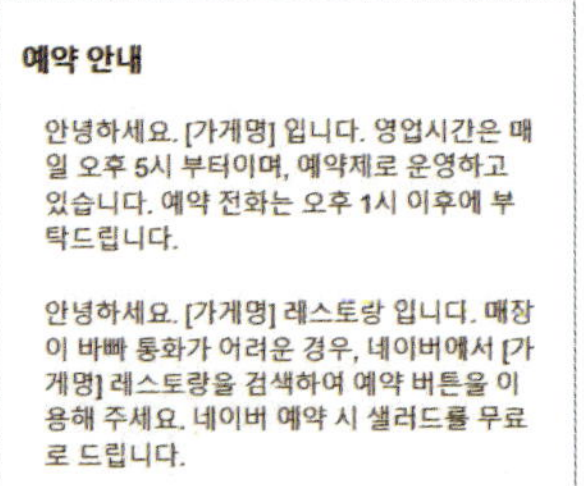

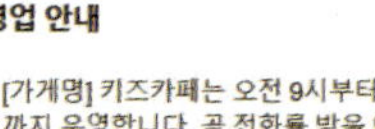

스마트콜의 통화연결음 예 1 — 통화 연결을 기다릴 때

❷ 전화 받을 수 없는 시간은 미리 설정해 두세요

스마트콜은 운영시간 외에도 전화 수신 시간을 유연하게 설정할 수 있어서 통화하기 어려운 영업시간대를 따로 지정해 둘 수 있어요. 예를 들어 점심 피크 타임처럼 응대가 어려운 시간대를 미리 통화 불가 시간으로 지정할 수 있습니다.

이 기능을 활용하면 바쁜 매장에서는 불필요한 전화 스트레스를 크게 줄일 수 있으니 꼭 설정해 두세요. 그렇지 않으면 365일 시시때때로 울리는 전화에 시달릴 수 있습니다. 전화 받을 수 없는 시간은 스마트플레이스 관리자 화면의 [스마트콜 → 통화연결음]에서 설정할 수 있습니다.

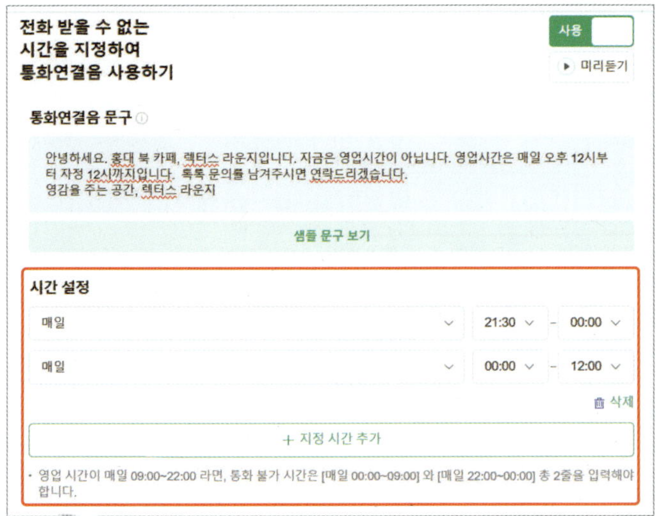

이때 **[통화연결음 문구]**를 꼭 추가해 주세요. 매장에서 전화를 받을 수 없을 때 고객에게 나가는 안내 음성이므로 "죄송합니다. 지금은 영업시간이 아닙니다."보다 "영업시간은 매일 오전 8시부터 오후 10시까지입니다. 현재는 점심시간으로 통화가 어렵습니다. 네이버 예약으로 예약이 가능하며, 톡톡으로도 문의할 수 있습니다."처럼 자세하게 연결음 문구를 입력해 놓는 것이 좋습니다.

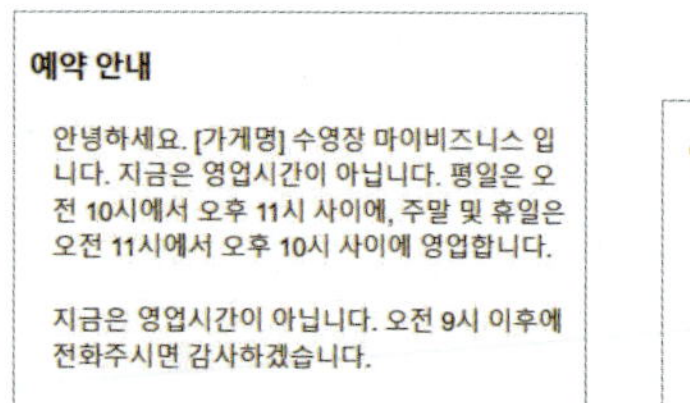

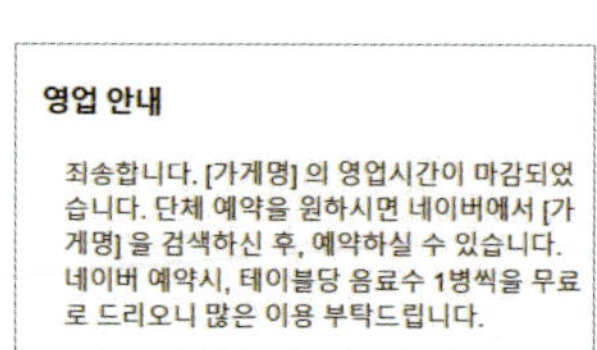

스마트콜의 통화연결음 예 2 — 전화를 받을 수 없을 때

예를 들어 가게 운영시간이 매일 09:00~22:00이고, 운영시간 이외에 전화 연결이 되지 않도록 설정하고 싶다면 **[매일 00:00~09:00]**를 입력한 후 **[+지정 시간 추가]**를 눌러 **[매일 22:00~00:00]**를 입력해야 합니다. 여기에서 **시간 설정은 전화 연결이 어려운 시간을 입력하는 것이라는 점, 꼭 기억해 주세요.**

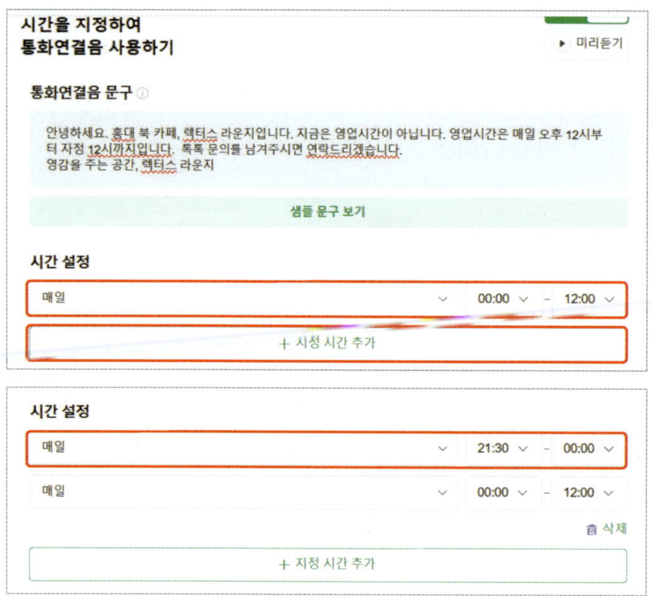

❸ 전화를 놓치지 않으려면 2차 연결번호도 등록하세요

가게 대표번호로 전화 받을 수 없을 때를 대비해 2차 연결번호를 등록해 두세요. 이렇게 하면 고객의 전화를 놓칠 확률이 줄어듭니다. [스마트콜 → 번호 관리]에서 [+ 2차 연결번호 등록]을 누르면 가게 번호 이외에 추가 번호를 입력할 수 있는 번호 관리 창이 열립니다. 번호 관리 창 아래쪽의 [2차 연결번호]에서 번호를 입력한 후 [동의 후, 저장하기]를 누르세요.

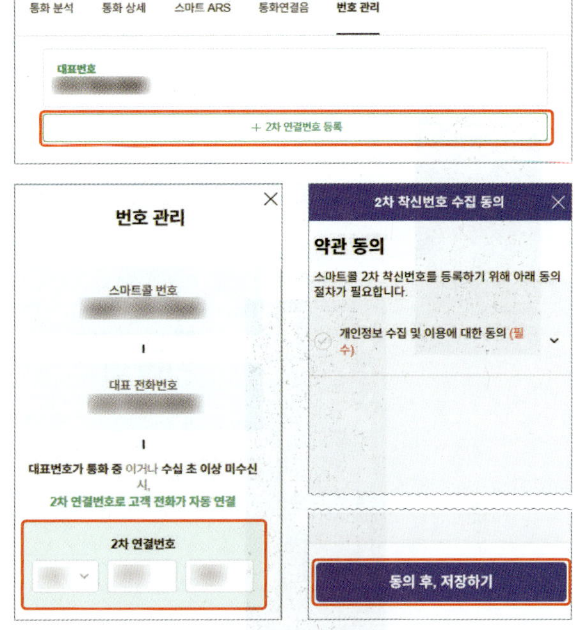

이제부터 대표번호가 통화 중이거나 일정 시간 이상 연결되지 않으면 앞에서 등록한 2차 연결번호로 자동 연결됩니다. 이때 2차 연결번호를 삭제하고 싶다면 이 전화번호를 누르고 [2차 연결번호 삭제]를 눌러 주세요.

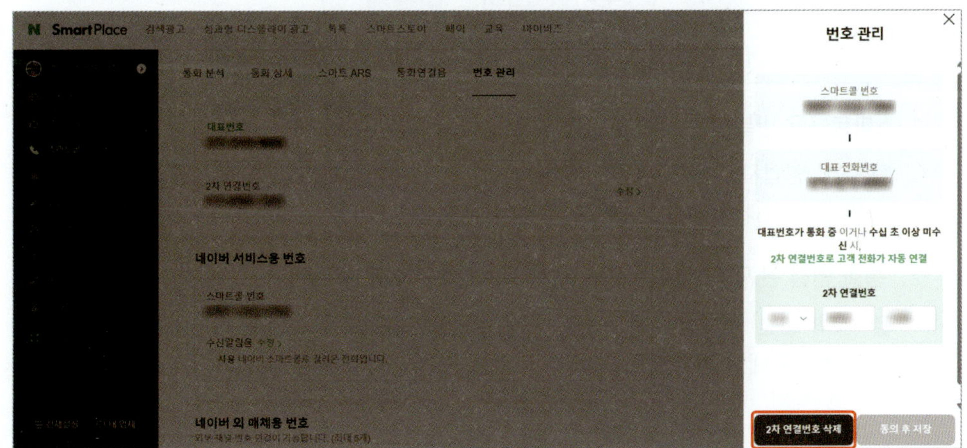

[스마트콜 → 통화 분석]에서는 통화 통계에서 [통화 요약]과 [일별 통화] 정보를 제공합니다. [통화 요약]에서는 누적 통화 연결수와 미연결 수, ARS응대 수를 확인할 수 있습니다. 고객 전화 문의 양상을 파악하면 어떤 정보가 부족한지, 어떤 시간대에 전화가 몰리는지 파악할 수 있으므로 이후 가게 운영이나 홍보 방향에도 도움이 됩니다. 꼭 확인해 보세요.

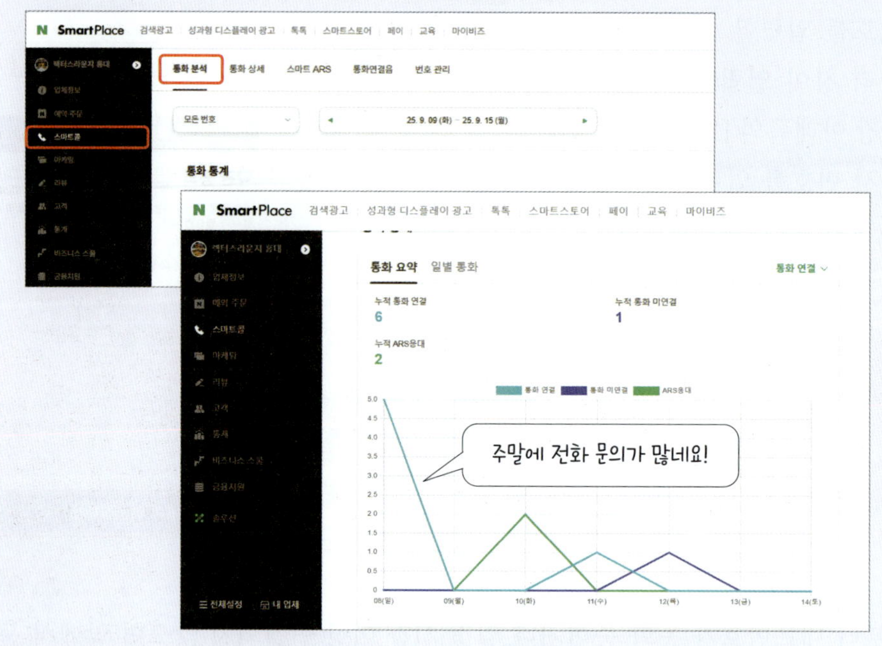

정리하면 이렇게!

스마트콜 설정, 이것만 알면 된다!

1. 스마트콜은 반복되는 전화 문의를 해결해 주는 무료 ARS 비서예요!

   - 주차, 영업시간 등 자주 묻는 질문에 ① (자동 응답(ARS) / 직접 응답)을 설정하면 전화 응대 업무를 획기적으로 줄일 수 있음

2. '통화 연결'은 맨 마지막 순서로 배치해야 효과적이에요!

   - '통화 연결' 항목을 ARS 메뉴 중 가장 ② (마지막 / 첫 번째) 순서로 배치하면 고객이 안내를 먼저 듣게 되어 불필요한 응대를 줄일 수 있음

정답 ① 자동 응답(ARS) ② 마지막

04-8

톡톡으로
고객과 바로 소통하기

네이버 톡톡이란?

플레이스에서는 예약, 주문, 네이버페이뿐만 아니라 [톡톡] 표시가 눈에 띕니다. 네이버 톡톡은 친구 추가나 앱 다운로드를 하지 않더라도 바로 대화할 수 있는 채팅 서비스입니다.

플레이스에서 [문의]를 누르면 바로 네이버 톡톡 대화창이 열립니다. 고객은 언제든지 편하게 문의할 수 있고, 사장님은 바쁜 시간대에도 부담 없이 메시지를 받아둔 뒤 가능한 시간에 스마트폰으로 빠르게 답변할 수 있어요. 전화보다 유연하게 소통할 수 있어 업무 효율도 높아집니다.

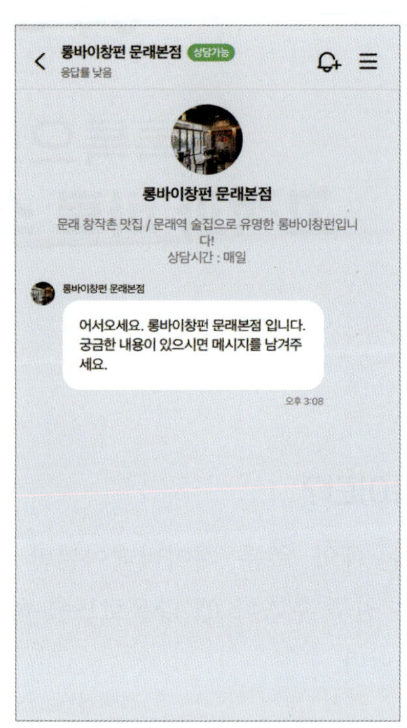

하면 된다! } 네이버 톡톡 가입하기

톡톡은 고객과 소통할 수 있는 창구 역할을 하는 서비스로, 꼭 만들어 놓는 것이 좋습니다. 톡톡 시비스에 가입할 때는 반드시 꼭 스마트플레이스를 운영하는 사장님의 아이디를 사용해야 합니다.

1 네이버 검색 창에서 네이버 톡톡 파트너센터를 입력한 후 접속합니다.

'네이버 톡톡'은 고객 입장에서 사업주와 상담할 때 사용하는 서비스이고, '네이버 톡톡 파트너센터'는 가게 사장님이 운영 계정을 직접 만드는 곳입니다. 우리 가게 톡톡을 시작하려면 반드시 '네이버 톡톡 파트너센터'에 접속하세요.

2 톡톡 파트너센의 첫 화면에서 [시작하기]를 누르고 로그인합니다. 스마트플레이스를 관리하는 계정으로 로그인하세요.

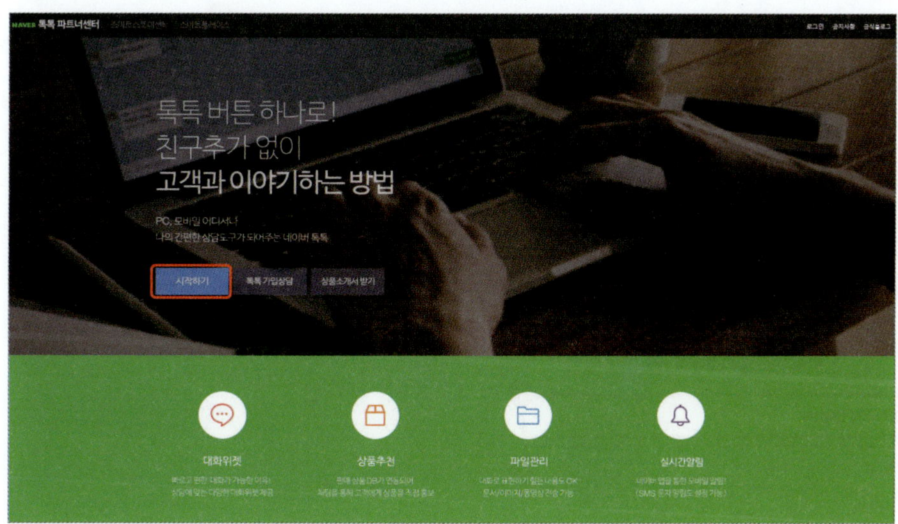

3 ❶ 서비스 이용약관과 ❷ 개인정보수집 및 이용동의 내용을 확인하고 동의에 체크하고 ❸ [완료]를 누르세요.

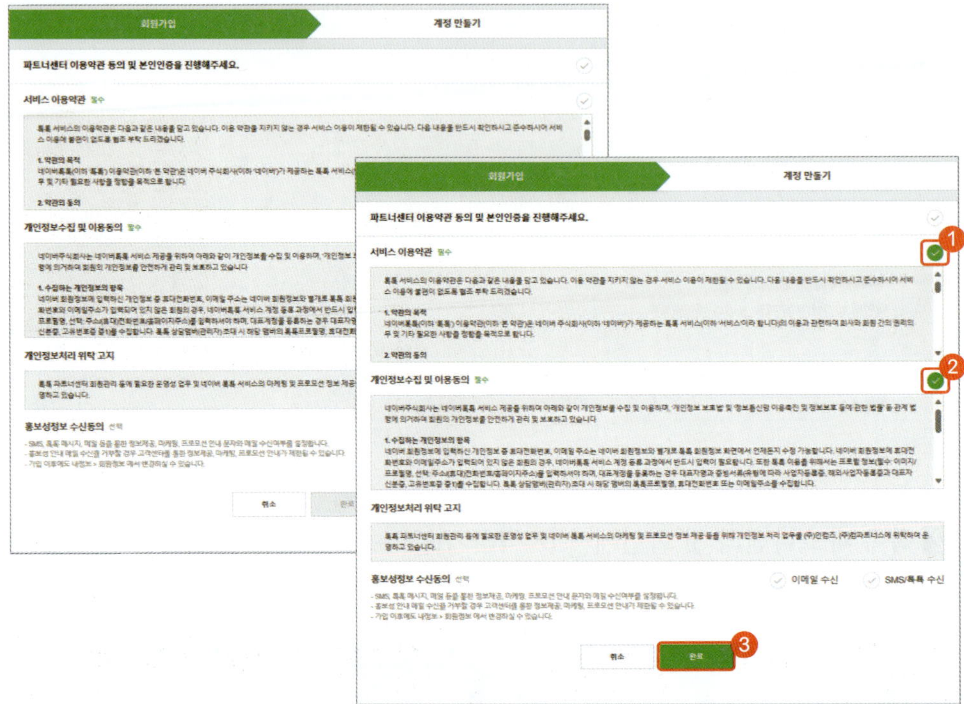

4 ❶ 약관 전체 동의 앞에 체크한 후 개인정보를 입력합니다. 휴대전화 번호를 입력해 ❷ 본인 인증을 하고 ❸ [다음]을 누릅니다.

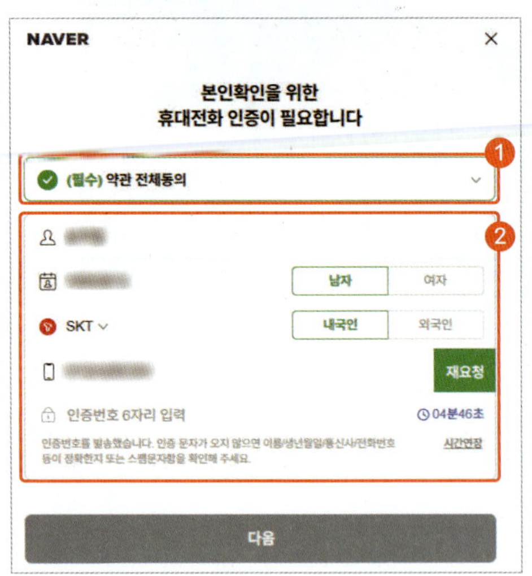
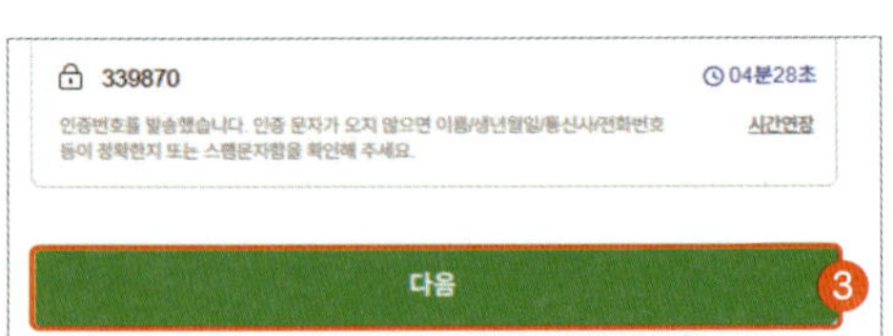

5 [계정 만들기]를 누르면 서비스 연결 창이 나타납니다.

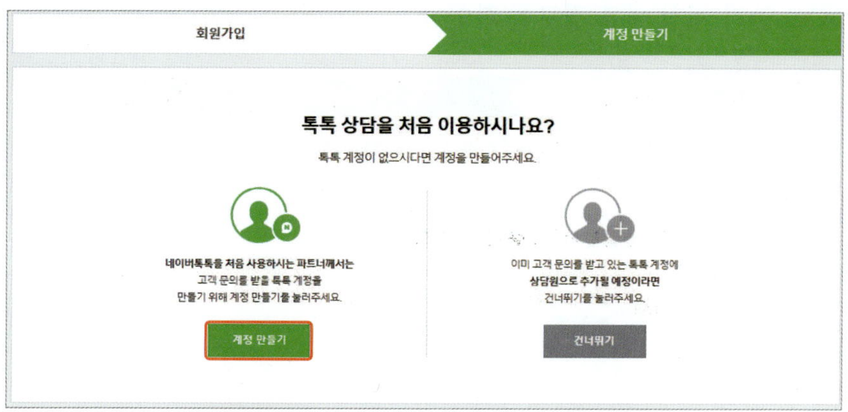

6 ➊ [+ 서비스 연결하기]를 눌러 연결할 서비스 선택 화면이 나오면 ➋ [스마트플레이스]를 선택하고 ➌ [서비스 연결하기]를 누르세요.

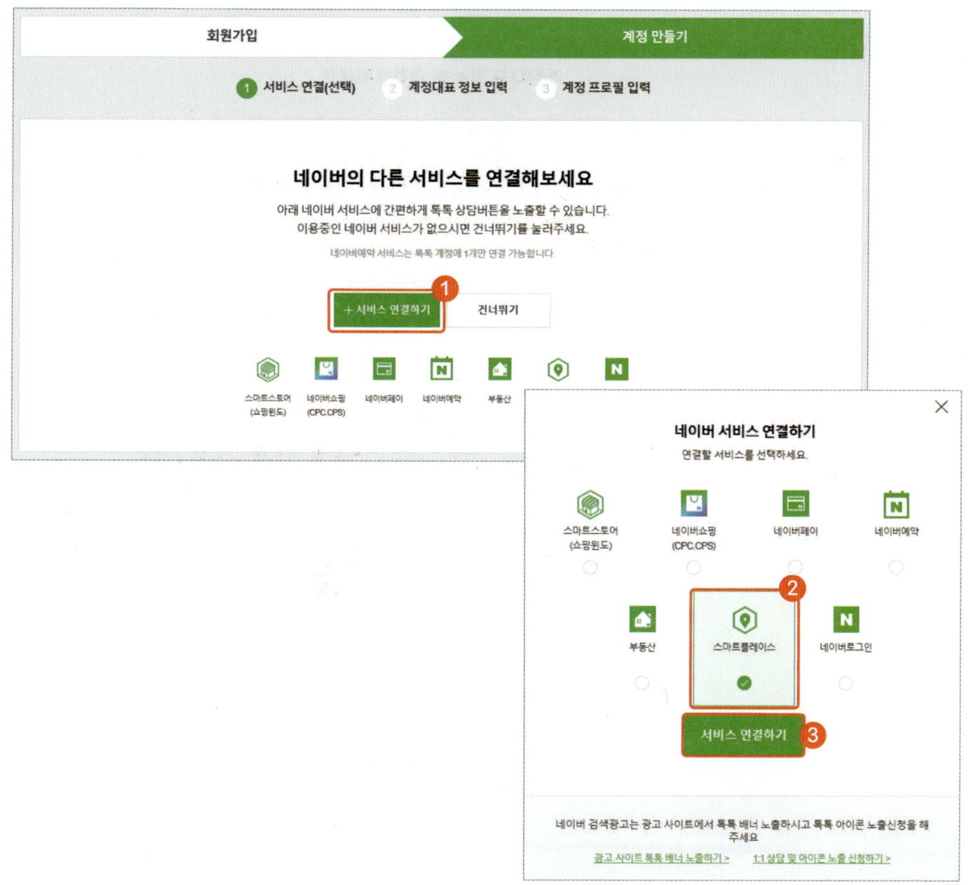

7 사장님 아이디로 가입했다면 운영 중인 스마트플레이스가 자동으로 보입니다. ❶ [다음]을 눌러 계정 대표 정보를 확인한 뒤 다시 ❷ [다음]을 누릅니다.

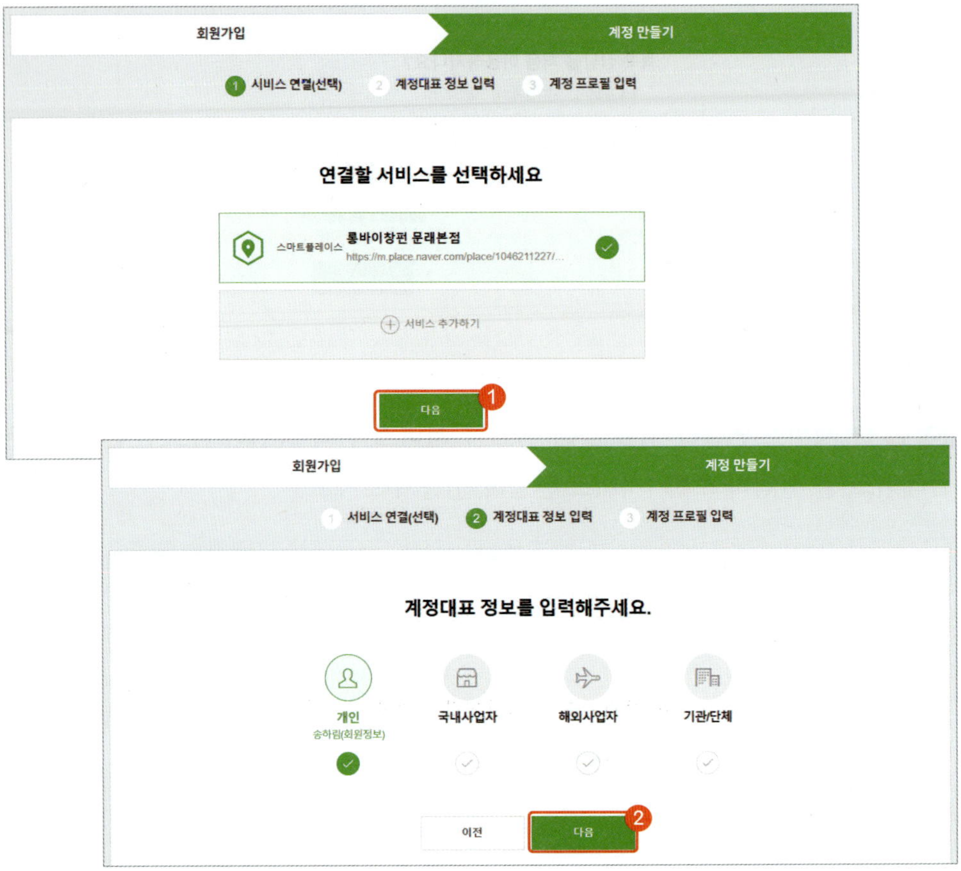

8 프로필 정보를 확인합니다. 프로필 이미지와 프로필명은 플레이스에서 불러오며, 소개말은 우리 가게를 잘 표현할 수 있는 키워드를 넣어 작성합니다.

이미지, 프로필명, 소개말은 필수 입력 사항입니다.

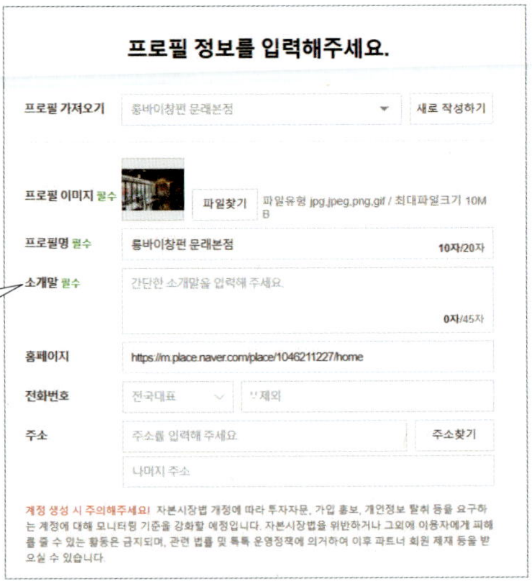

9 주소는 입력한 뒤 **①** [검색]을 누릅니다. 아래 지도에서 톡톡을 할 가게의 위치를 확인한 후 **②** [지도등록]을 누릅니다.

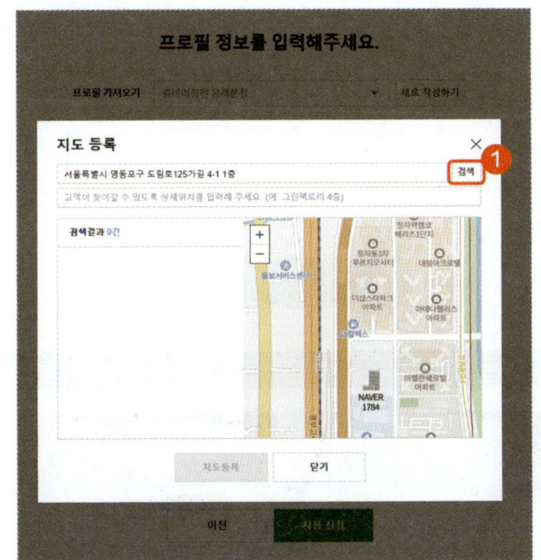

10 모든 정보를 확인했다면 [사용 신청]을 눌러 톡톡 파트너센터 회원 가입을 마칩니다.

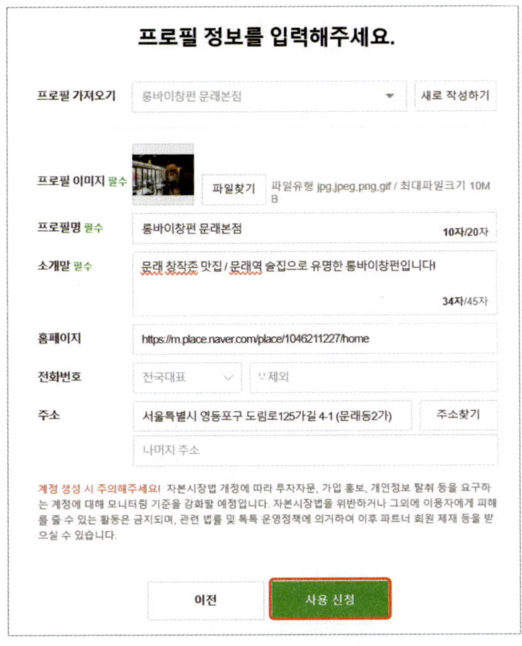

🔢 톡톡 파트너센터에 회원 가입
이 완료되었다는 창이 뜹니다. [톡
톡 시작하기]를 누르면 내 계정을
확인할 수 있어요. 화면에 [검수
중] 표시가 나타나는데, 검수는 보
통 영업일 기준 1~2일 걸립니다.

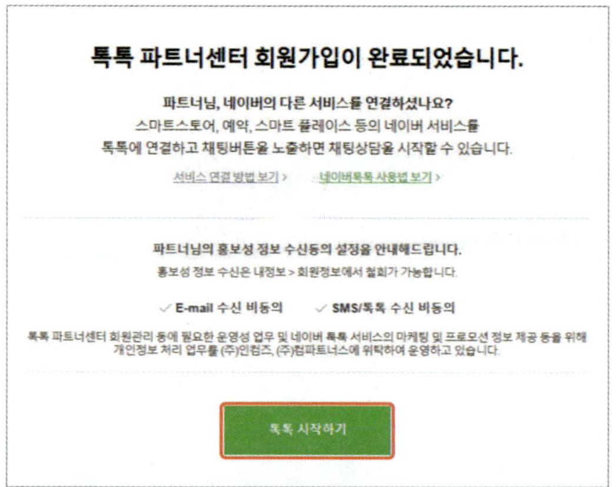

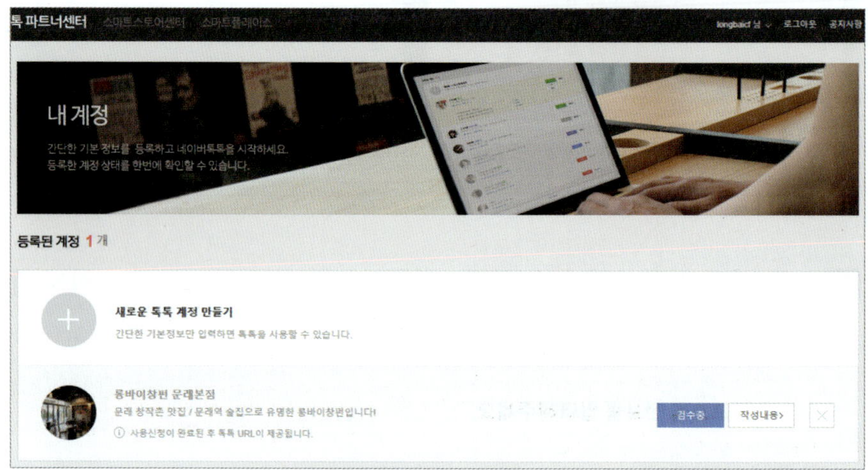

우리 가게 톡톡, 만능 상담원으로 만들기

톡톡을 열어 두면 고객이 언제든 부담 없
이 문의를 남길 수 있습니다. 다만 비슷한
질문이 반복된다면 사장님이나 직원이 일
일이 답변하기 어려울 수 있어요. 이럴 때는
톡톡 메뉴 기능을 활용해 자주 묻는 질문의
답변을 미리 등록해 두면 훨씬 편리합니다.
또한 톡톡에 보이는 첫 인사말도 직접 수정
할 수 있어서, 우리 가게의 특징이나 운영
안내 등을 간단히 담아 소개할 수 있어요.

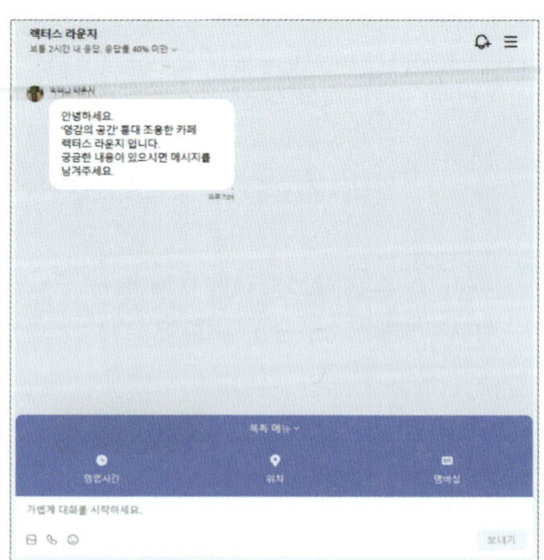

하면 된다! } 톡톡 환영인사 설정하기

네이버 톡톡에 보이는 첫 인사말은 우리 가게의 첫인상이 되기도 합니다. 클릭 몇 번으로 우리 가게의 키워드와 운영 안내를 담은 인사말로 바꿀 수 있습니다.

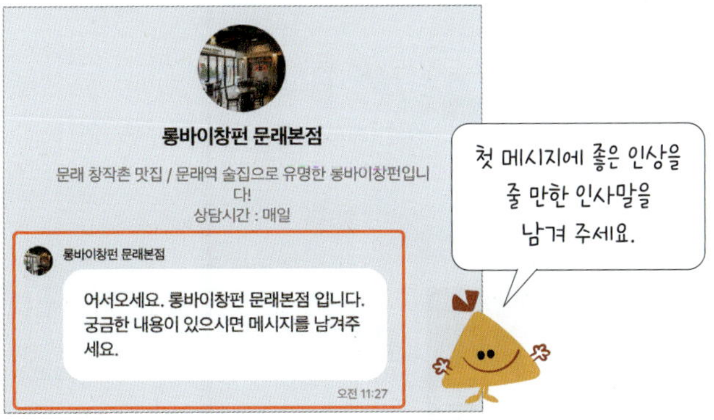

1 톡톡 파트너센터에서 ❶ [시작하기]를 누른 뒤 ❷ [계정관리]를 눌러 톡톡 관리 화면에 접속합니다.

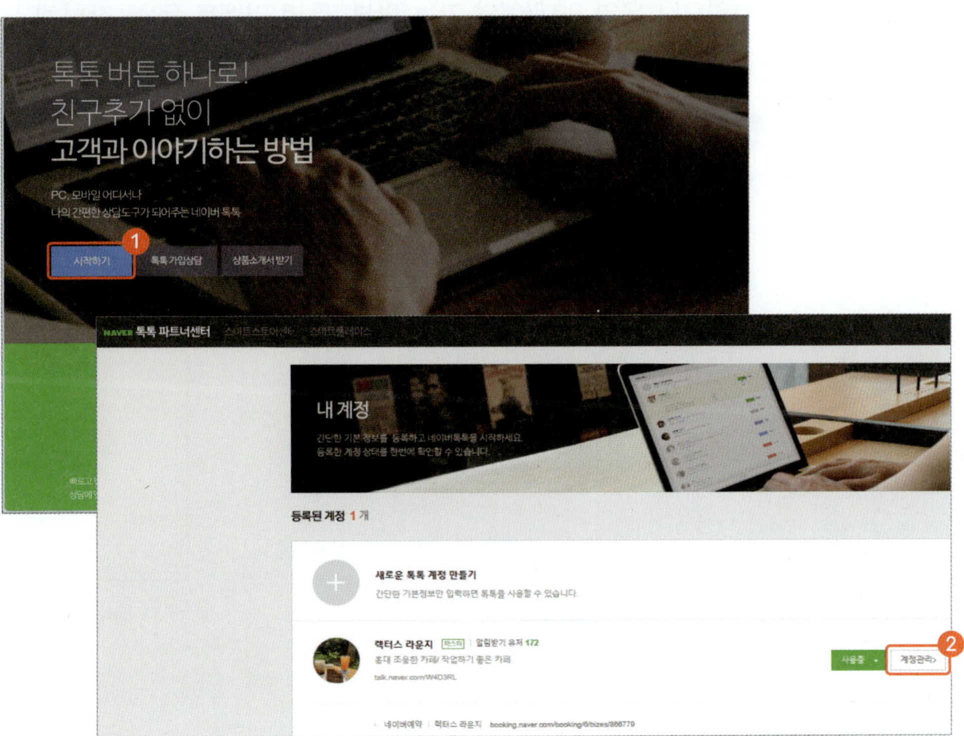

2 톡톡 파트너센터 관리 화면에서 [**1** 자동응대관리 → **2** 자동 메시지 설정]를 누른 후 환영인사의 **3** [메시지 작성하기]를 누르세요.

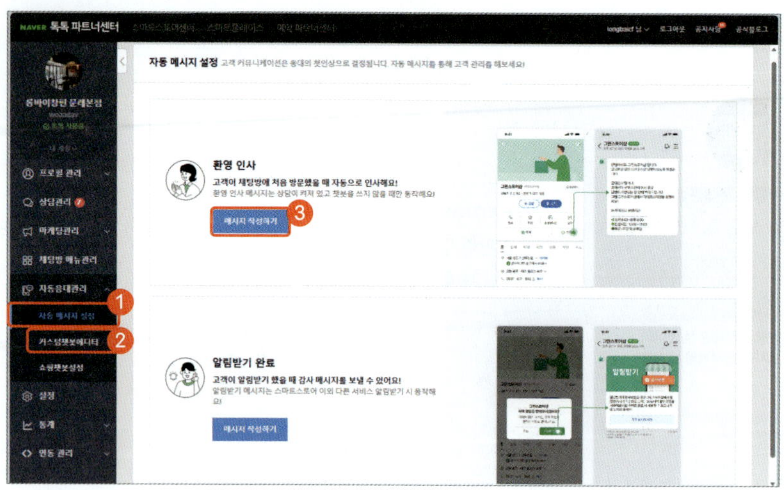

3 환영인사 메시지 작성 창에서 기존 인사말을 누르면 바로 수정할 수 있습니다. 우리 가게의 키워드나 운영 안내(예약 가능 여부, 특별 이벤트 등)를 작성해 두면 불필요한 문의를 줄이고, 고객에게 명확한 정보를 전달할 수 있습니다.

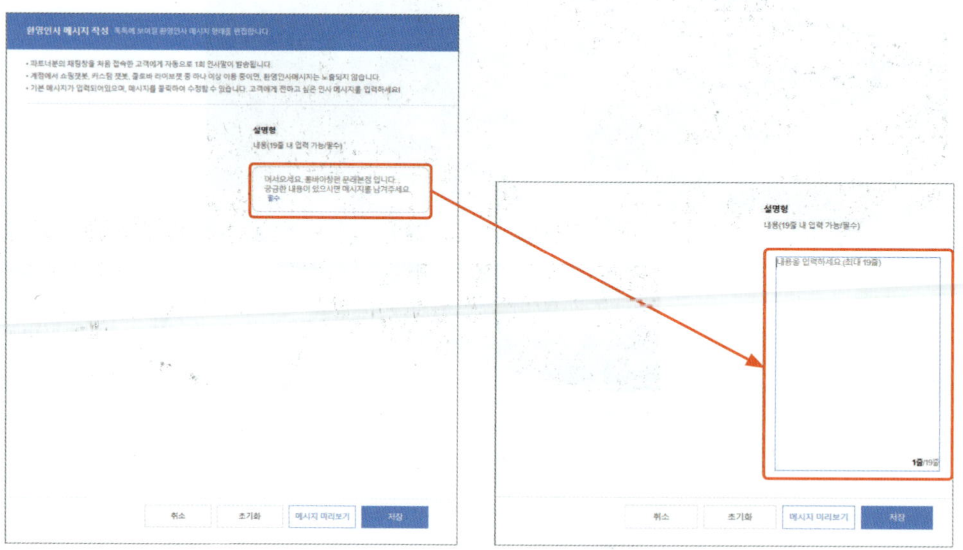

4 작성 후 ❶ [메시지 미리보기]를 눌러 고객에게 보이는 화면을 확인할 수 있어요. 모든 수정을 마친 후 ❷ [저장]을 누르면 톡톡 인사말 설정 완료입니다!

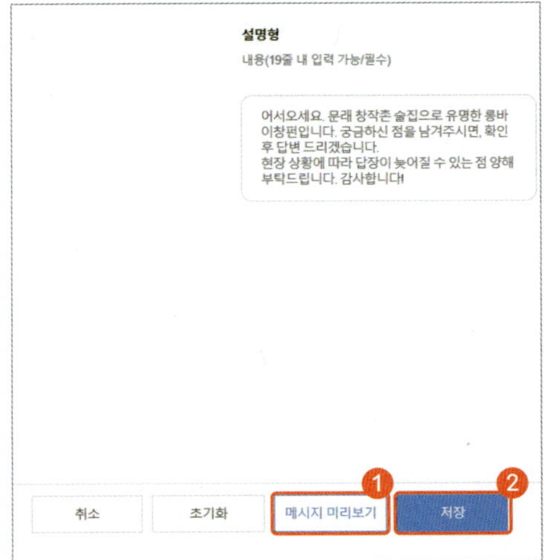

하면 된다! } 톡톡 세부 메뉴 설정하기

톡톡 세부 메뉴는 고객의 반복 문의를 자동화할 수 있는 기능입니다. 고객이 자주 묻는 질문인 '영업시간', '위치 안내', '주차 정보' 등을 미리 버튼으로 만들어 고객이 직접 눌러 답변을 얻게 하는 방식입니다. 이를 통해 사장님의 응대 부담은 줄이고, 고객 만족도는 높일 수 있습니다.

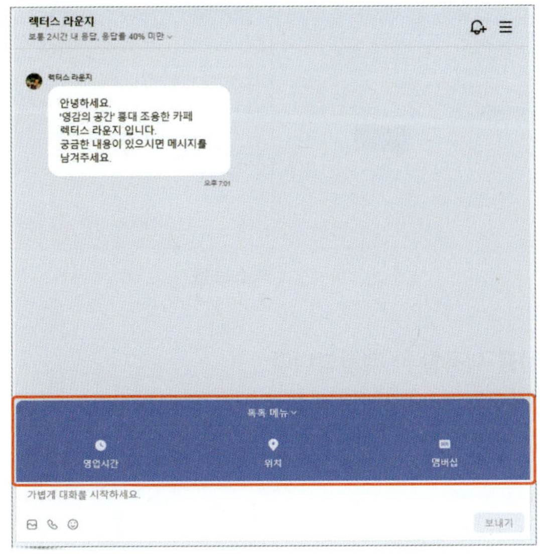

1 톡톡 파트너센터의 메인 화면에서 **[채팅방 메뉴관리]**를 누릅니다.

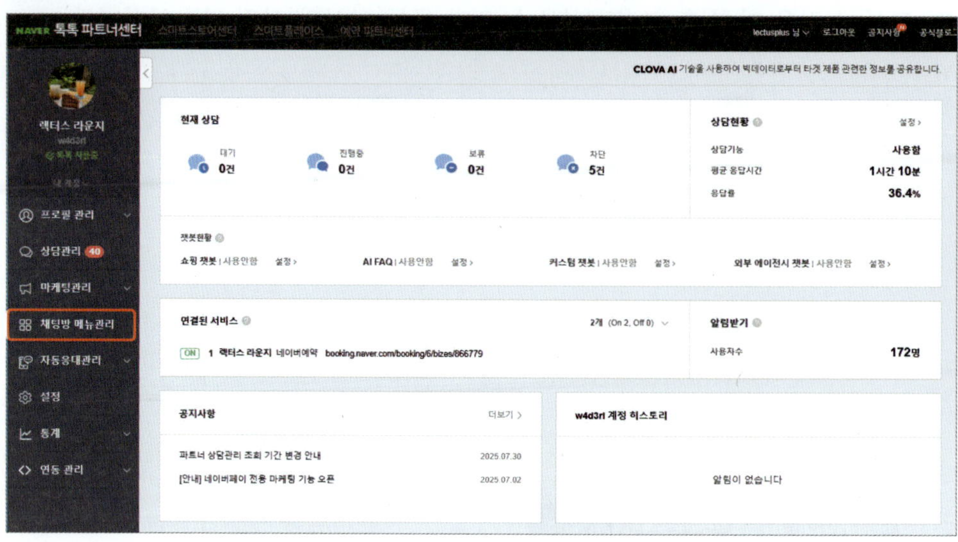

2 채팅방 메뉴 유형은 [아이콘]형과 [텍스트]형으로 나뉩니다. 이번 실습에서는 아이콘 유형 중에 **[아이콘 1단(3개)]**을 선택하겠습니다.

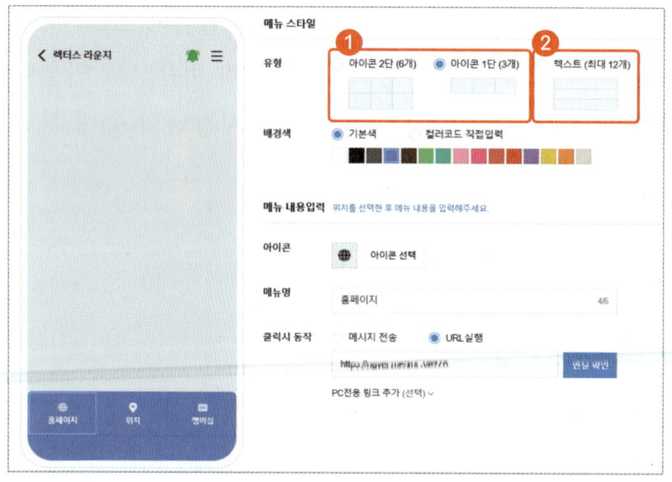

아이콘형

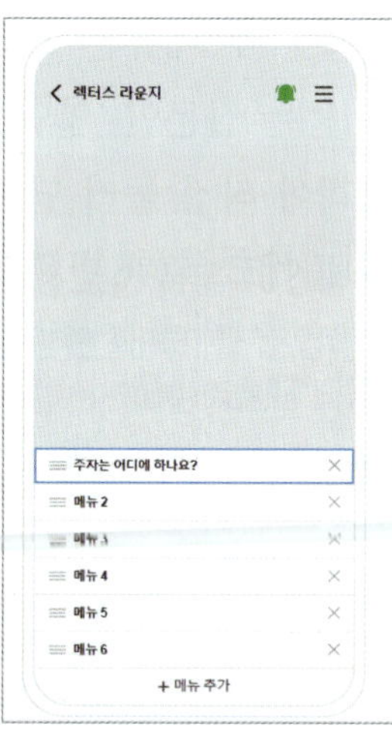

텍스트형

1 **아이콘형:** 간단한 정보(영업시간, 위치 등)를 제공할 때 적합합니다.

2 **텍스트형:** 안내 사항이 많거나 고객의 연령대가 높아 자세하게 설명할 때 유용합니다.

3 ❶ 왼쪽의 미리보기 메뉴 중에서 내용을 입력할 메뉴를 선택하고 ❷ [아이콘 선택]을 누릅니다. ❸ 메뉴명에 맞는 아이콘을 선택하고 ❹ [선택]을 누릅니다. 메뉴명을 6자 이내로 입력할 수 있습니다.

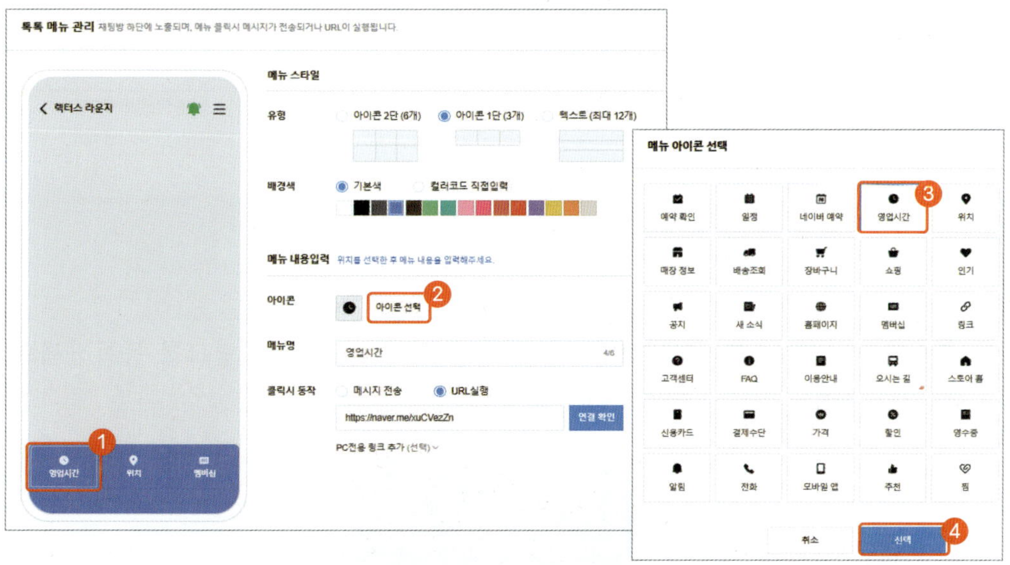

4 [클릭시 동작]에서 [메시지 전송]이나 [URL실행] 중에서 선택하면 고객이 각 각 눌렀을 때 메시지를 자동 전송하거나 URL로 연결되도록 설정할 수 있습니다.

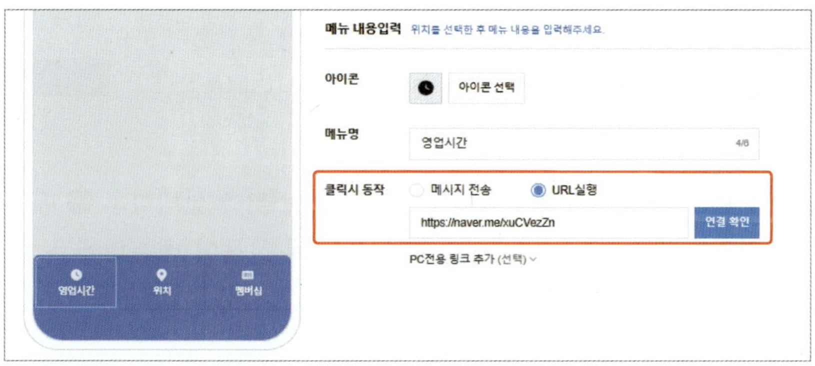

5 ❶ [메시지 전송]을 선택해 볼게요. 메시지 내용을 수정하기 위해 ❷ [메시지 내용 편집]을 누른 뒤 ❸ 제목과 내용을 입력합니다.

6 ❶ [+ 버튼을 추가하세요(최대2개)]를 누르고 ❷ 제목과 링크를 등록하세요. 입력한 후에는 반드시 ❸ [저장]을 눌러야 적용됩니다.

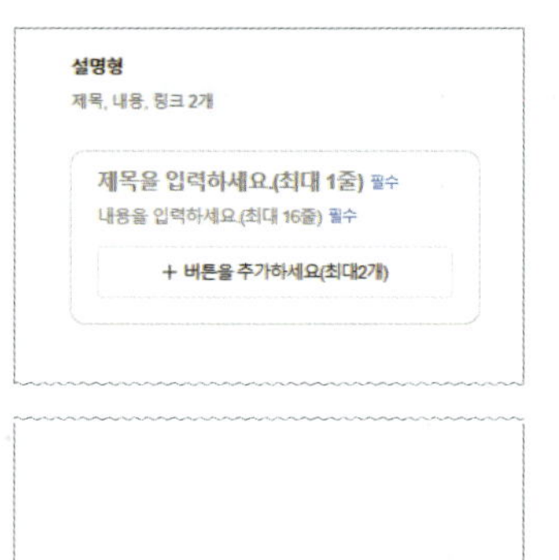

7 이번에는 실행 메뉴를 설정해 보겠습니다. ❶ [URL실행]을 선택하고 ❷ 메뉴 명을 입력한 뒤 연결하고자 하는 주소를 입력합니다. 예를 들어 메뉴명에는 '예약문의' 라고 입력하고 네이버 예약 링크를 연결할 수 있습니다.

이때 주소를 입력했다면 오른쪽에서 ❸ [연결 확인]을 눌러 작동 여부를 꼭 확인하세요. 모든 작업을 마쳤다면 ❹ [입력 내용 저장]까지 꼭 눌러야 저장이 완료됩니다.

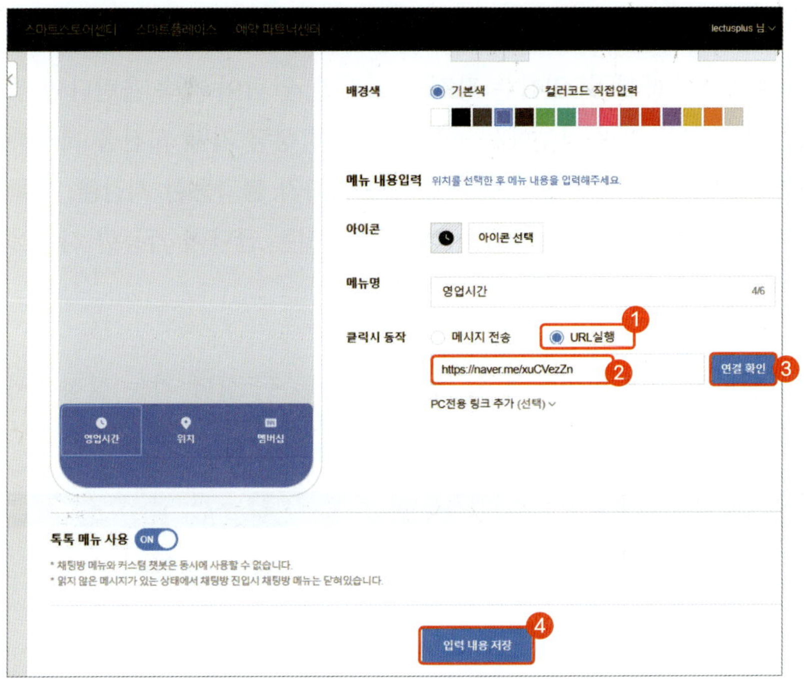

📢 알아 두면 좋아요!　　텍스트 유형은 언제 쓰는 게 좋을까요?

네이버 톡톡 유형은 텍스트형과 아이콘형으로 나뉩니다. 그중 텍스트형은 고객에게 안내해야 할 사항이 많거나 기본적인 문의 사항이 많은 경우 효과적으로 사용할 수 있습니다. [텍스트] 유형도 [아이콘] 유형과 동일한 방식으로 설정할 수 있으니, 우리 가게의 업종에 맞게 설정해 보세요. 메뉴를 추가할 때는 왼쪽 미리보기 화면에서 [+메뉴 추가]를 눌러서 최대 12개까지 등록할 수 있습니다.

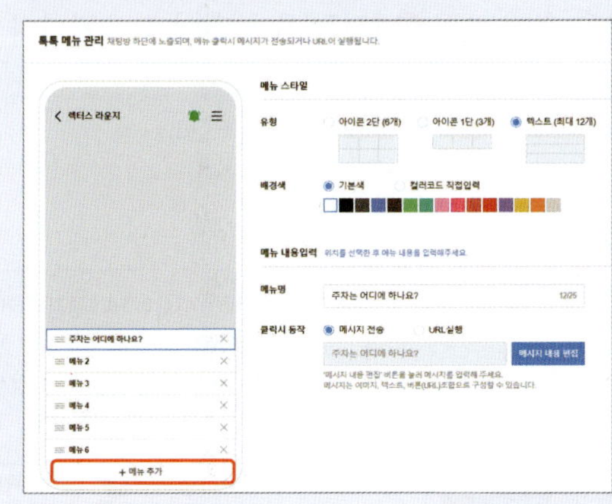

하면 된다! } 톡톡 상담 가능 시간 설정하기

톡톡은 고객과 빠르게 소통할 수 있다는 장점이 있지만, 알림이 계속 울린다면 업무에 방해가 될 것입니다. 이런 경우에는 스마트콜처럼 상담 가능 시간을 지정해 두면 유용합니다. 여기서 주의할 점은, **스마트콜은 통화가 불가능한 시간을, 톡톡은 상담이 가능한 시간을 설정한다는 점**입니다. 톡톡에서는 상담이 가능한 시간을 입력해 주세요.

1 톡톡 파트너센터의 메인 화면에서 ❶ [설정]을 누른 뒤 상담 기능 설정에서 ❷ [정보변경]을 클릭합니다.

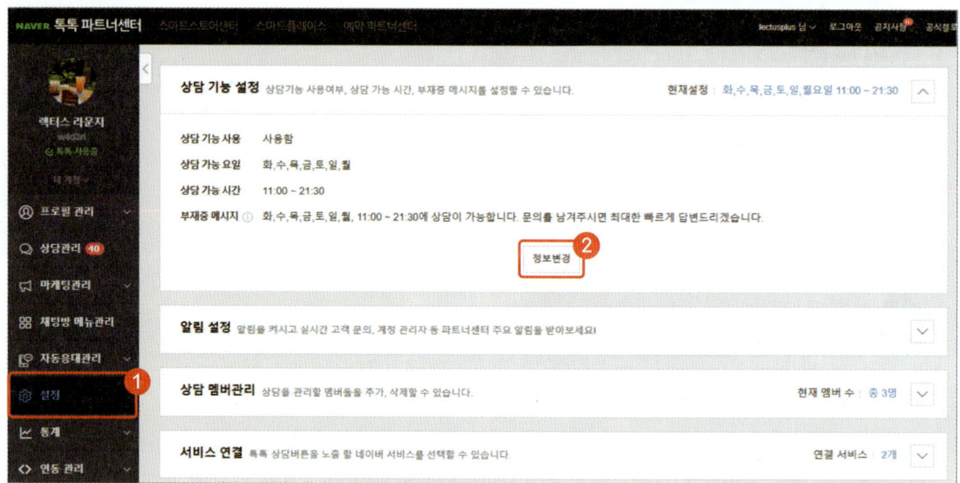

2 ❶ [상담 기능 사용]의 토글 버튼을 **활성화한 후** ❷ [상담 가능 요일]과 [상담 가능 시간]에서 선택합니다. 모든 설정을 마친 후에는 꼭 ❸ [저장]을 눌러야 적용됩니다.

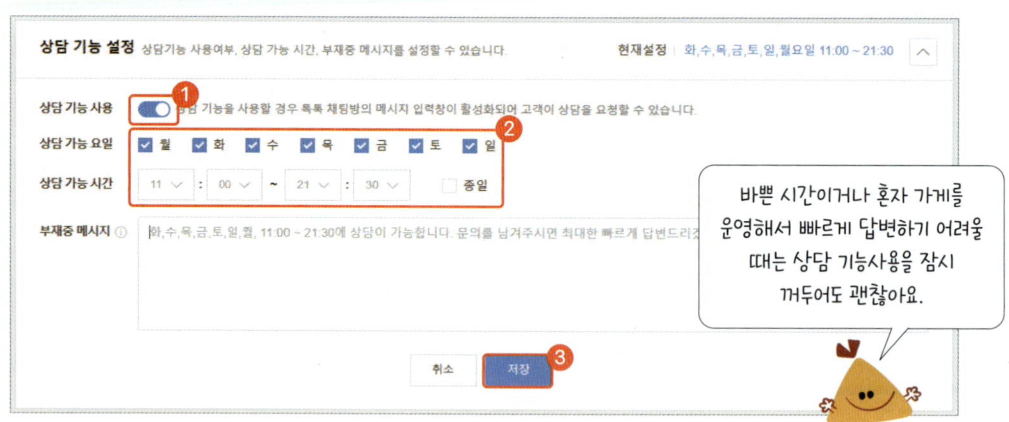

3 이렇게 상담 가능 시간을 설정하면 상담시간 내에만 알림을 받고 응대할 수 있어요.

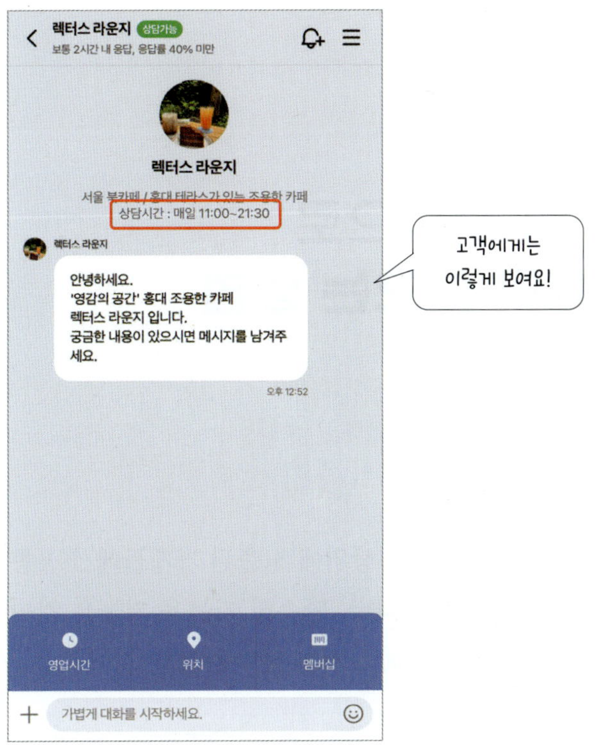

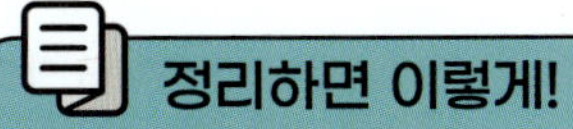

📋 정리하면 이렇게!

네이버 톡톡 설정, 이것만 알면 된다!

1. 톡톡은 앱을 설치하지 않아도 고객과 바로 대화할 수 있는 가장 빠른 소통 창구예요!

   - ✔ 전화가 부담스러운 고객들의 문의를 놓치지 않고 ① (실시간 / 예약)으로 응대할 수 있음

2. 고객이 자주 묻는 질문은 '채팅방 메뉴'로 만들어 자동화하세요!

   - ✔ 영업시간, 위치 등 반복되는 질문은 ② (채팅방 메뉴 / 프로필)로 만들어 두면 24시간 응대할 수 있음

정답 ① 실시간 ② 채팅방 메뉴

04-9

마케팅 쿠폰으로
손님을 불러 모으는 방법

네이버에서 '홍대 술집'을 검색해 본 적이 있다면, 상위에 노출된 가게들에서 공통으로 '쿠폰'을 적극 활용한다는 걸 눈치챘을 겁니다. 단순히 기능을 켜놓은 것이 아니라, 이를 통해 고객 유입과 상위 노출을 동시에 노리는 전략을 쓰는 것이죠.

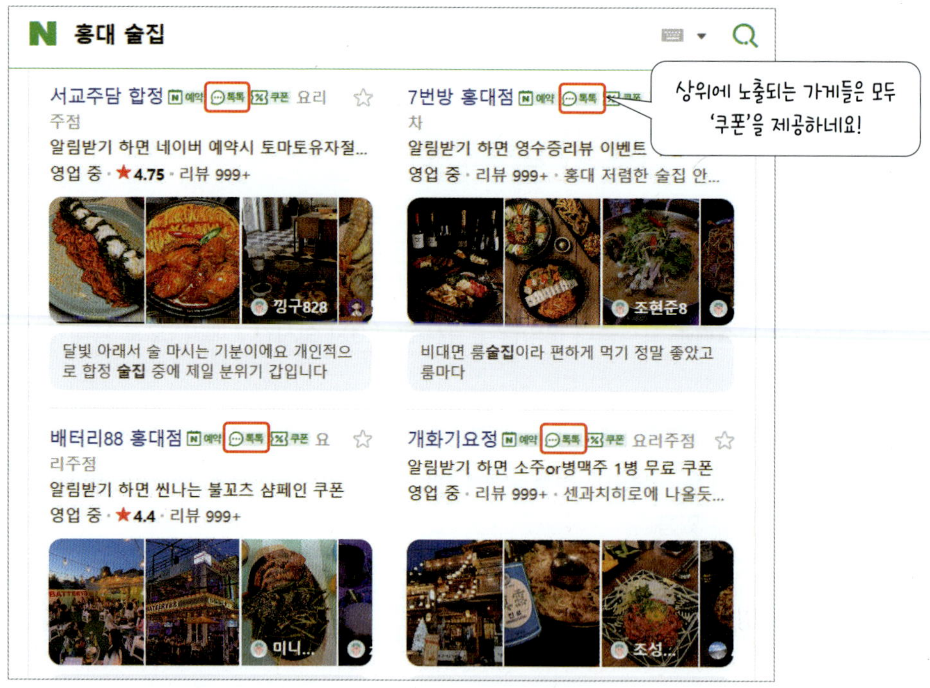

이 절에서는 고객의 시선을 끌고 실제 방문까지 유도할 수 있는 **매력적인 쿠폰 기획법**을 먼저 알아보고, 이어서 **실제로 발행하는 방법**까지 확인해 보겠습니다.

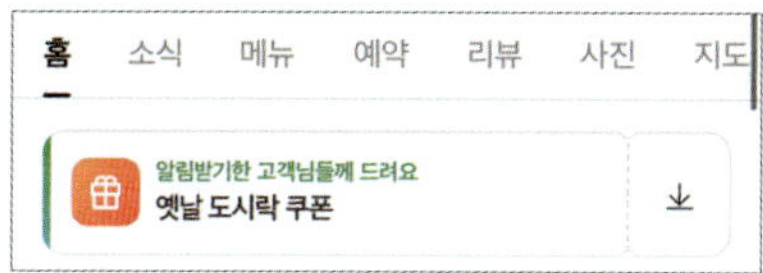

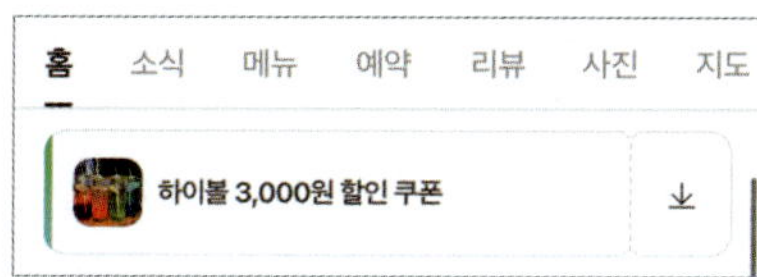

고객을 움직이게 만드는 쿠폰 기획의 5가지 전략

"10% 할인 쿠폰을 뿌렸는데, 왜 아무도 쓰지 않을까요?"

많은 사장님이 쿠폰을 단순히 '가격을 깎아주는 것'으로만 생각하는 실수를 합니다. 하지만 효과 없는 쿠폰은 마케팅이 아니라 비용 낭비일 뿐입니다. 성공하는 가게의 쿠폰은 단순히 '만드는' 것이 아니라 **고객의 상황을 고려해 '설계하는'** 것입니다.

신규 고객의 첫 방문을 유도할 때와 단골의 재방문을 끌어낼 때는 각기 다른 접근이 필요합니다. 지금부터 사용되지 않는 쿠폰을 실제 방문으로 이어지는 효과적인 마케팅 도구로 만들어 줄 5가지 실용적인 전략을 알아보겠습니다.

❶ 신규 고객에게는 '증정 쿠폰'이 더 효과적이에요

동일한 금액 혜택이라도 소비자는 할인보다 무료 제공을 더 긍정적으로 평가합니다. Darke & Chung(2005)의 연구에서는 "무료 선물 형태의 프로모션이 가격 할인보다 더 유리하게 평가된다"라고 밝혔습니다. 특히 첫 방문 고객은 '할인받았다'는 느낌보다 '공짜로 무언가를 받았다'는 경험에 더 크게 반응합니다. 무료 음료나 디저트처럼 눈에 보이고 바로 활용할 수 있는 혜택은 신규 고객을 불러옵니다.

❷ 단골 고객은 '할인 쿠폰'으로 만족도를 높이세요

소비자 성향에 따라 무료 제공보다 가격 할인 혜택에 만족을 느끼는 경우가 있습니다. 특히 자주 방문하는 단골 고객은 '가성비'에 더 매력을 느끼고 할인 혜택에서 만족을 얻는 경우가 더욱 많습니다. 따라서 신규 고객에게는 증정 쿠폰, 기존 고객에게는 할인 쿠폰처럼 목적에 맞게 구분해서 운영하는 것이 효과적입니다.

❸ '계절 한정', '이벤트 기념'처럼 시기성을 담아 보세요

고객은 같은 혜택이라도 어떻게 보여 주느냐에 따라 반응이 달라집니다. 특히 '7월 특별 혜택', '가을 한정' 같은 한정 조건이 붙으면 더 서두르게 되죠. Aggarwal, P., & Vaidyanathan, R.(2003) 연구에 따르면 "한정 혜택은 단순 할인보다 고객이 반응하는 확률이 높다"고 합니다. 예를 들어 '10% 할인' 쿠폰보다는 '가을맞이 디저트 무료 쿠폰', '밸런타인데이 한정 쿠폰'이 훨씬 효과적입니다.

❹ 유효 기간은 2주~1개월 정도가 적당해요

쿠폰의 유효 기간이 너무 짧으면 고객이 쿠폰을 사용하지 못하는 경우가 많고, 너무 길면 긴장감이 떨어집니다. 쿠폰의 성격에 따라 유효 기간은 발급일을 기준으로 14~30일로 설정해 보세요.

❺ 수량도 전략적으로 설정하세요

쿠폰을 발행할 때 무제한 방식은 홍보 효과가 크고, 선착순 방식은 고객에게 희소성을 느끼게 할 수 있습니다. 쿠폰은 상황에 따라 무제한 발행과 한정 발행을 적절히 선택해 보세요.

하면 된다! } 클릭을 부르는 네이버 쿠폰 만들기

고객이 매력을 느낄만한 플레이스 쿠폰을 만들어 볼까요?

1 스마트플레이스 관리자 화면의 [❶ 마케팅 → ❷ 쿠폰]에서 ❸ [+ 신규 쿠폰 만들기]를 누릅니다.

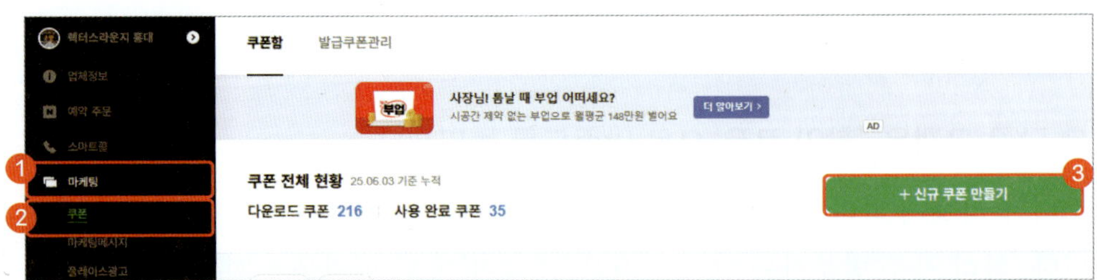

2 신규 쿠폰 만들기 창이 뜨면 할인 쿠폰과 증정 쿠폰 중에서 선택합니다. **신규 고객을 대상으로 한다면 증정 쿠폰이 훨씬 효과적**입니다. 우선 증정 쿠폰을 만들어 보겠습니다. [증정 쿠폰]을 누릅니다.

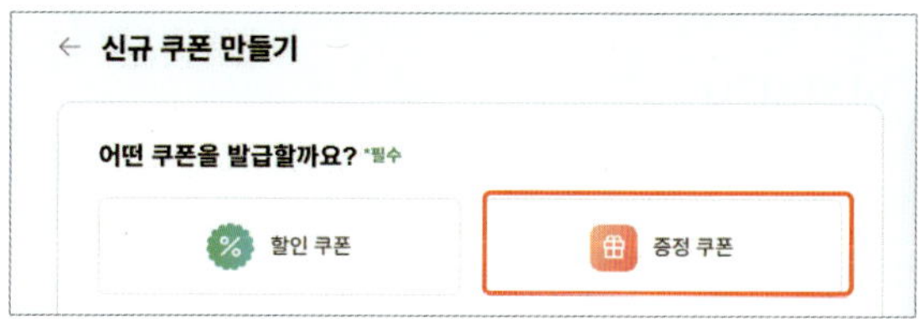

3 [사진 등록] 오른쪽에서 메뉴명을 15자 이내로 입력합니다. '무료', '100% 공짜', '계절 한정 혜택' 등 **시선을 끄는 단어**를 활용해 보세요.

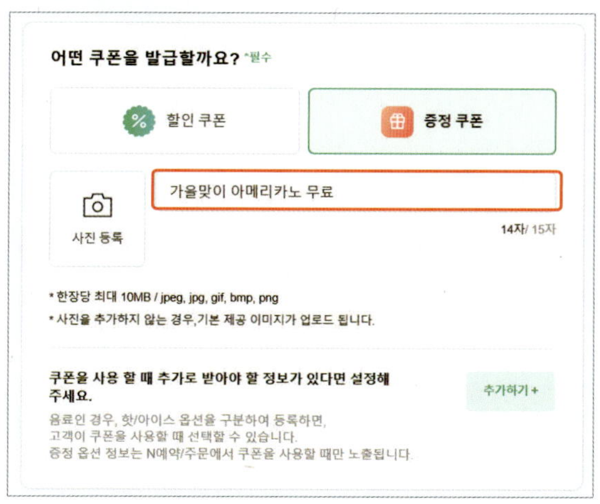

4 누구에게 쿠폰을 제공할지를 결정합니다. 쿠폰은 모든 고객에게 무작위로 제공하는 것보다 **[혜택 알림받기한 고객에게 제공]**하는 방식이 훨씬 효과적입니다. 네이버는 '알림받기'를 우리 가게에 고객이 관심을 표현한 행동이라고 보기 때문에 플레이스 상위 노출에도 긍정적인 영향을 주기 때문이죠.

또한 이 옵션은 고객이 알림받기에 동의하는 순간 쿠폰이 자동 발급됩니다. 쿠폰은 고객 1명당 1회만 발급되며, 알림을 취소하고 다시 진행해도 중복해서 발급되지 않습니다.

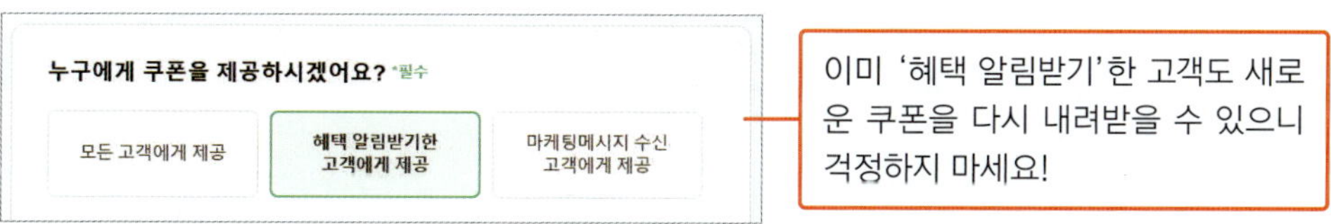

5️⃣ 쿠폰 노출 기간을 ❶ [일정 기간]으로 선택합니다. ❷ 달력에서 날짜를 클릭해 기간을 정한 후 ❸ [완료]를 눌러 주세요. 시작일을 선택하고 1개월, 3개월, 6개월 중 원하는 기간을 누르면 선택한 기간이 적용된 일정이 보입니다.

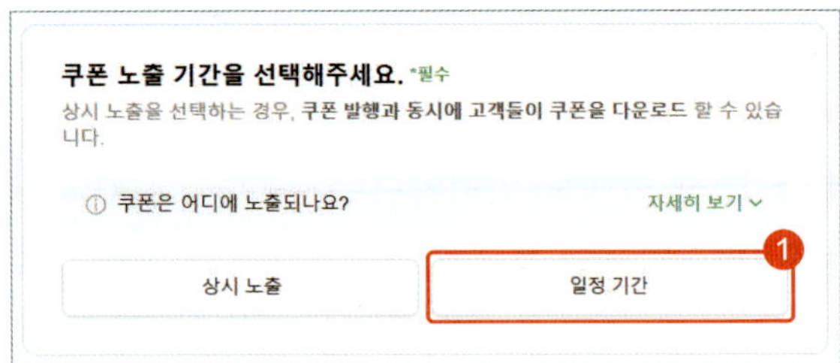

쿠폰 노출 기간과 서비스명은 가급적이면 계절이나 월별로 바꾸는 것이 좋습니다. 동일한 서비스라도 '가을 기념,' '밸런타인 기념' 등 쿠폰 이름과 기간을 바꾸면 한정된 이벤트로 인식되어 더 많은 클릭과 방문을 유도할 수 있습니다.

6️⃣ 쿠폰 사용 장소를 선택합니다. 네이버 예약을 중심으로 한다면 [N예약]을, 신규 고객 활성화를 목적으로 한다면 [방문·N예약·N주문]을 선택해 주세요.

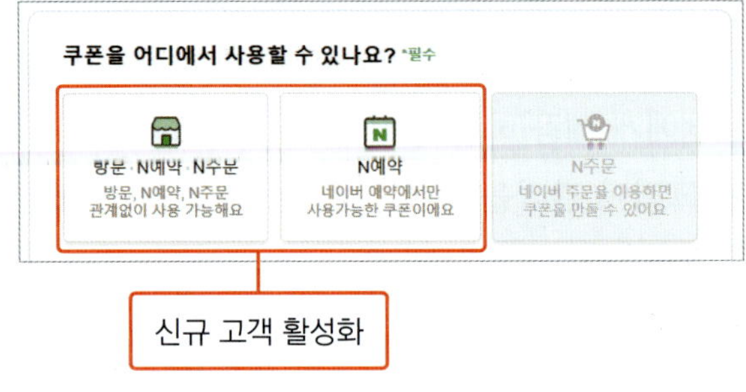

7 쿠폰 유효기간을 설정합니다. 쿠폰 유효기간은 고객이 쿠폰을 내려받은 후 사용할 수 있는 기간입니다. 앞의 5단계에서 설정한 노출기간은 고객이 쿠폰을 볼 수 있는 기간(화면에 노출되는 기간)이고, 여기에서 설정하는 유효기간은 고객이 실제로 사용할 수 있는 기간이라는 점을 꼭 구분해 주세요.

쿠폰 유효기간은 ❶ [발급일 기준]과 ❷ [특정 기간 직접 입력] 중 하나를 선택할 수 있습니다. 유효기간은 최대 1년까지 설정할 수 있지만, 일반 식당이라면 1개월 이내, 시간적 여유를 두고 방문해야 하는 숙박 업종 같은 경우에는 6개월 이내로 설정하는 것이 적정합니다.

❷ [특정 기간 직접 입력]은 시작일을 눌러 기간을 정할 수 있습니다. 쿠폰 노출기간부터 노출 종료일 다음날까지로 설정할 수 있습니다.

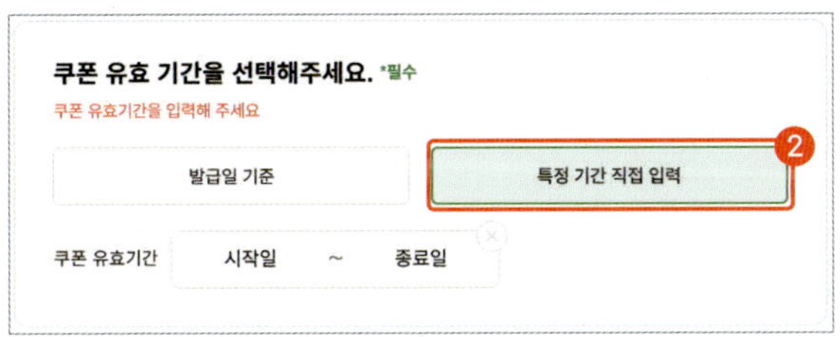

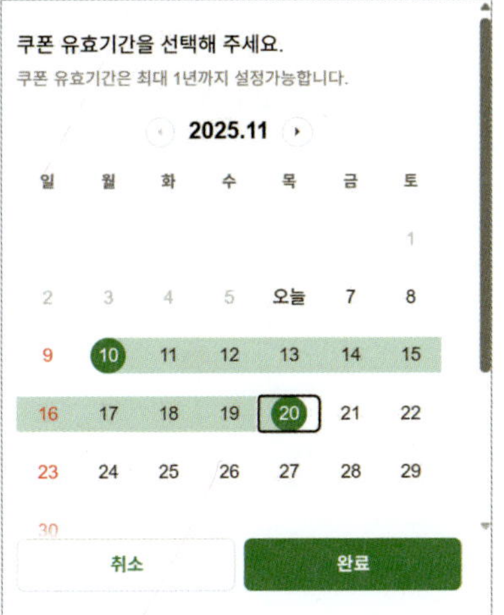

8 쿠폰 발행 수량을 설정해 주세요. 쿠폰 수량은 가게의 상황에 따라 다르게 설정할 수 있습니다. 공격적인 쿠폰 마케팅을 진행한다면 [제한 없이]를, 쿠폰을 적당량 발행할 예정이면 [수량 제한이 있어요]를 클릭한 후 개수를 입력해 주세요. 기간 내에 제공할 총 쿠폰 개수와 하루 최대 쿠폰 개수를 정할 수 있어요.

9 쿠폰 사용 조건을 선택하세요. 중복 선택을 할 수 있어서 우리 가게의 전략에 맞게 쿠폰 사용 조건을 추가하면 더욱 효과적이에요. 플레이스 상위 노출에 도움이 되는 영수증 리뷰를 받고 싶다면 ❶ [직접 조건을 입력할게요.]를 클릭한 후 ❷ 영수증 포토리뷰 작시 제공이라고 작성해 주세요.

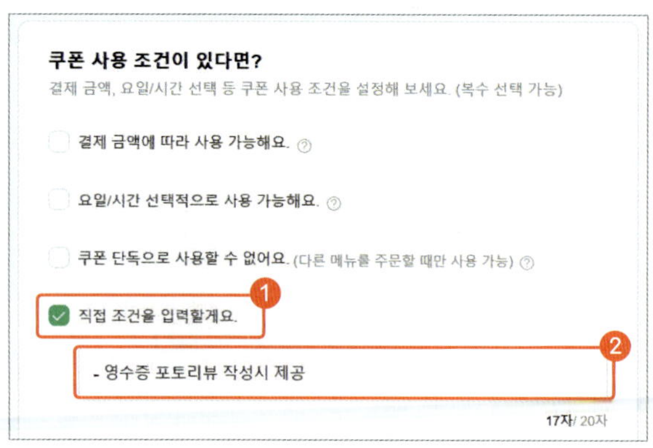

🔟 쿠폰 이름을 작성해 주세요. 키워드를 넣거나 강조하고 싶은 내용을 적으면 됩니다. 여기에서는 쿠폰 이름에 키워드인 **'지역+업종'**과 고객에게 한 번 더 강조할 내용인 **'영수증 포토리뷰 작성시 제공'**이라고 작성했어요. 쿠폰에는 왼쪽 위에 나타납니다.

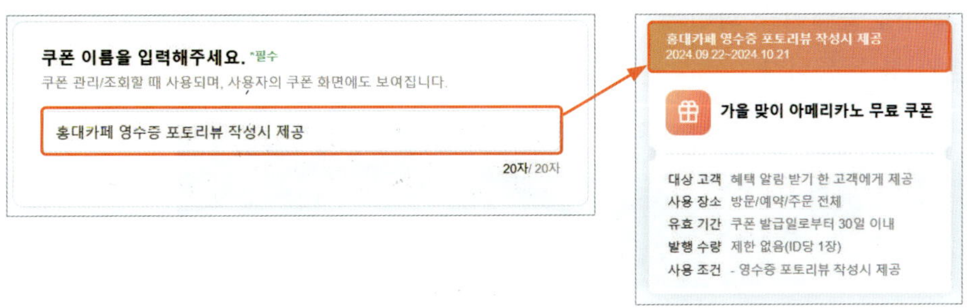

11️⃣ 마지막으로 ❶ 확인코드를 4자리 숫자로 설정한 후 ❷ [발행]을 누르면 오른쪽처럼 쿠폰이 완성됩니다. 확인코드는 직원이 현장에서 확인할 때 입력하는 코드이므로 반드시 기억해야 합니다.

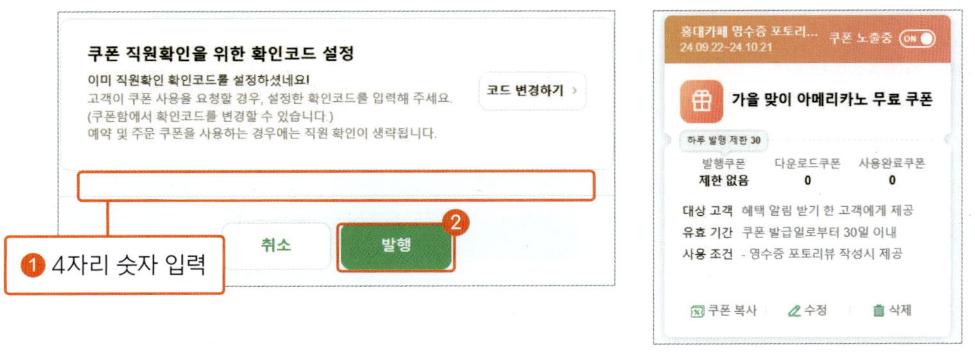

이처럼 간단히 설정으로도 고객에게 매력적인 쿠폰을 제공할 수 있어요. 쿠폰 마케팅은 특히 신규 고객 확보와 리뷰 유도에 최적화된 전략이라는 점, 꼭 기억하세요.

하면 된다! } 네이버 쿠폰 사용해 보기

사장님이 만든 쿠폰을 고객이 어떻게 내려받고 사용하는지, 그리고 사장님이 확인코드를 눌러 사용을 완료하는 단계까지 순서대로 확인해 보겠습니다.

1 고객이 플레이스 화면에서 ❶ 받고 싶은 쿠폰의 [쿠폰 사용]을 누르고 ❷ [쿠폰 받기]를 누릅니다.

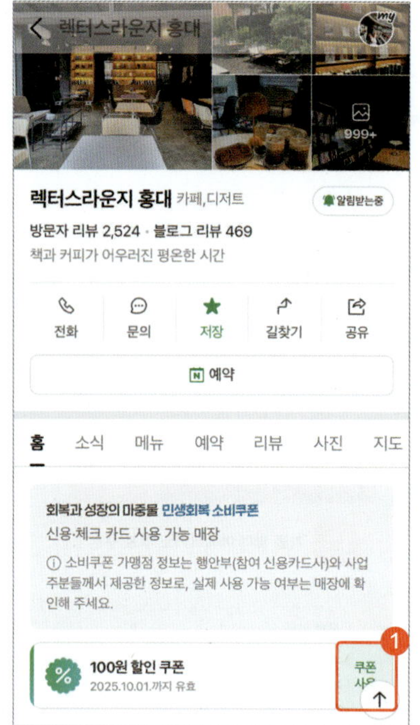
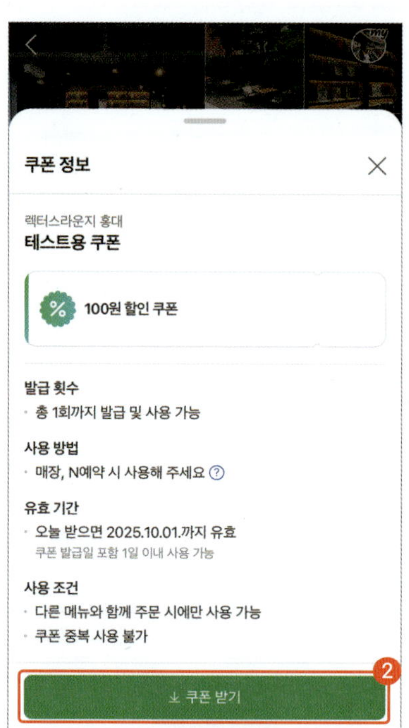

2 발급된 쿠폰 내용을 확인하고 ❶ [쿠폰 사용]을 누릅니다. ❷ 매장에서 바로 쓸 경우에는 [매장에서 사용]을, 네이버에서 예약한 후 방문하는 경우라면 [네이버 예약으로 사용]을 선택합니다.

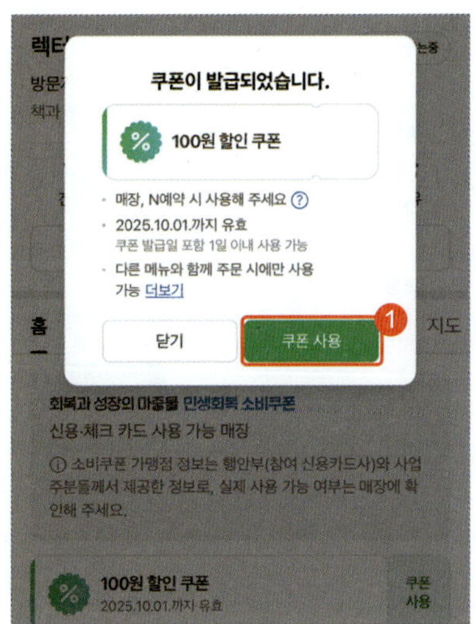

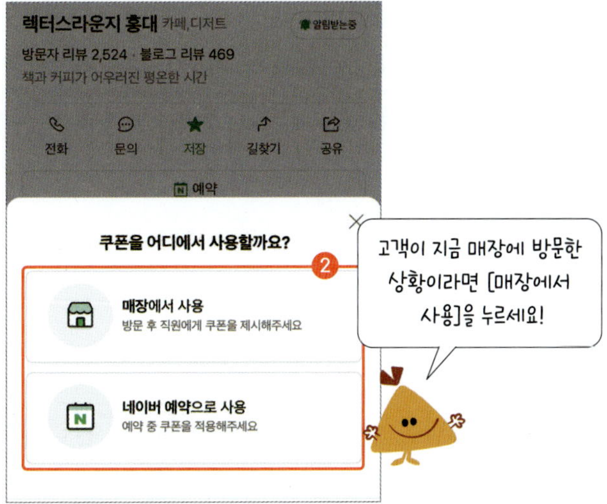

3 [매장에서 사용]을 누르면 매장 직원이 확인코드를 입력할 수 있는 창이 나타 납니다. 바로 앞의 실습 11단계에서 설정한 4자리 확인코드 숫자를 입력하면 고 객에게 쿠폰을 사용했다는 안내 메시지가 전송됩니다.

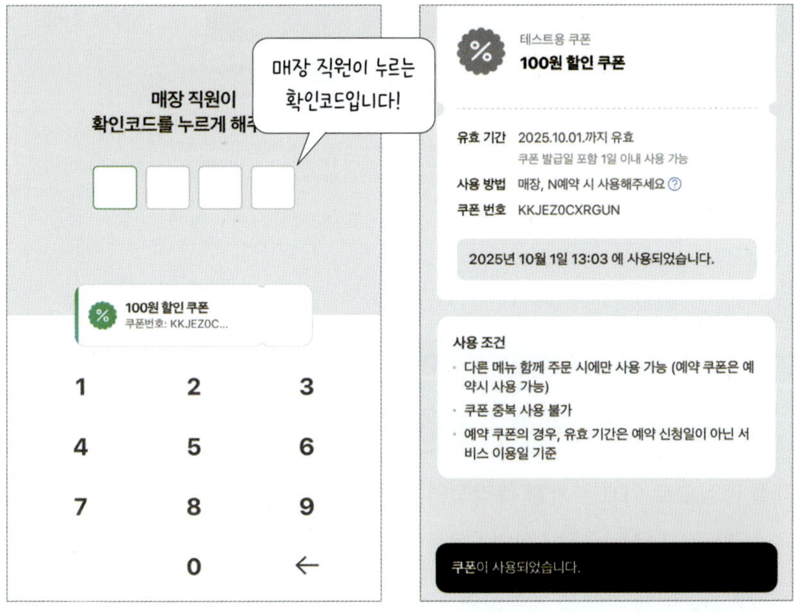

4 [네이버 예약으로 사용]을 선택하면 직원이 따로 확인하는 절차가 없습니다. 예약 창에서 [쿠폰사용]을 누르면 쿠폰 혜택이 바로 적용돼요.

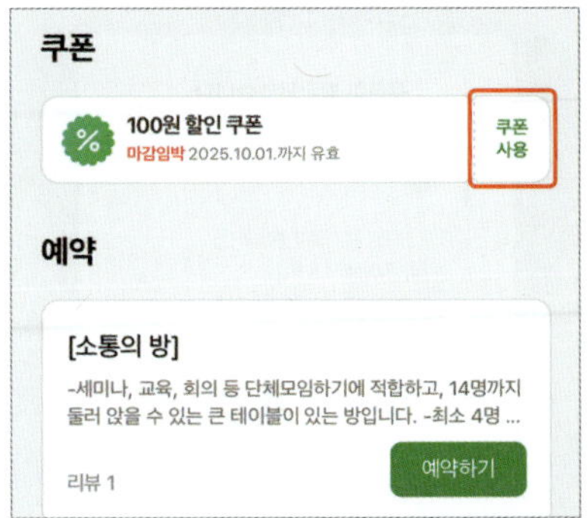

5 사장님은 이후에 스마트플레이스 관리자 화면의 [① 마케팅 → ② 쿠폰]으로 들어간 후 쿠폰 전체 현황에서 다운로드 쿠폰 수와 사용완료 쿠폰 수를 확인할 수 있습니다. 이 수치는 다음에 진행할 쿠폰 마케팅 전략을 기획할 때 중요한 참고 자료가 될 거예요.

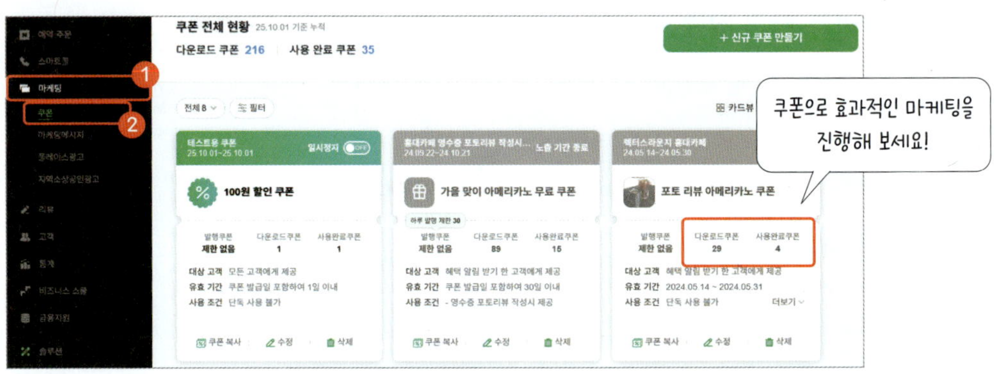

📑 정리하면 이렇게!

마케팅 쿠폰 만들기, 이것만 알면 된다!

1. 쿠폰은 고객을 매장으로 이끄는 가장 즉각적인 마케팅 도구예요!

    ✔ 신규 고객에게는 ① (무료 증정 / 할인) 쿠폰이, 단골에게는 할인 쿠폰이 더 효과적

2. '혜택 알림받기' 고객에게 쿠폰을 제공하면 상위 노출에 유리해요!

    ✔ ② (혜택 알림받기 / 전화 예약하기) 고객에게 쿠폰을 제공하면 플레이스 점수까지 높이는 일거양득 효과

정답 ① 무료 증정 ② 혜택 알림받기

04-10

데이터는 거짓말하지 않는다!
통계 기능 제대로 쓰기

스마트플레이스의 통계 100% 활용법

스마트플레이스의 관리자 화면에서 꼼꼼히 설정했다면, 이제 우리 가게의 성과를 직접 확인하고 개선하는 일만 남았습니다. 이 작업은 바로 [통계] 탭에서 진행합니다. 통계 기능은 단순히 숫자만 보여 주는 것으로 끝나지 않습니다. 통계 데이터는 고객의 관심과 방문 흐름, 검색 키워드까지 파악할 수 있어서 마케팅 전략을 세우는 데 중요한 역할을 합니다.

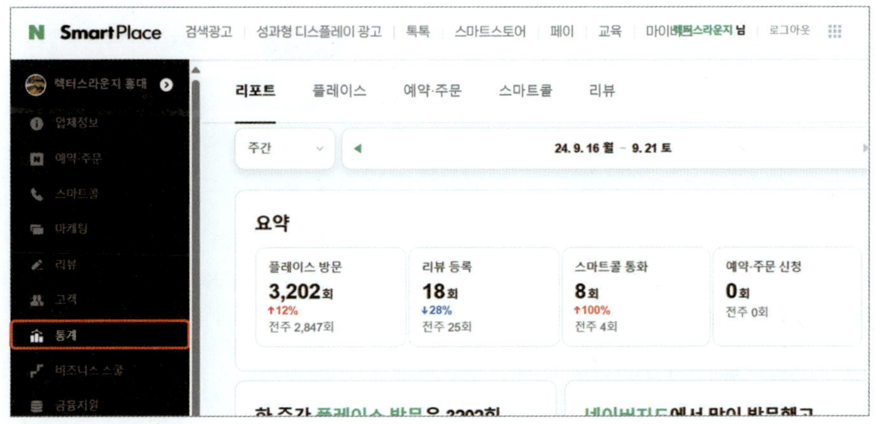

❶ 방문자 수와 고객의 특성 한눈에 파악하기

[통계 → 리포트] 탭에서는 월간·주간·일간 기준으로 방문자 수를 볼 수 있고, [플레이스] 탭에서는 성별·연령대별 방문 비율을 확인할 수 있어요. 다음 오른쪽 그림과 같이 "20대 여성 고객이 우리 가게에 가장 많이 온다"는 데이터를 파악했다면, 20대 여성의 선호도가 높은 이벤트나 메뉴를 기획해 볼 수도 있겠죠?

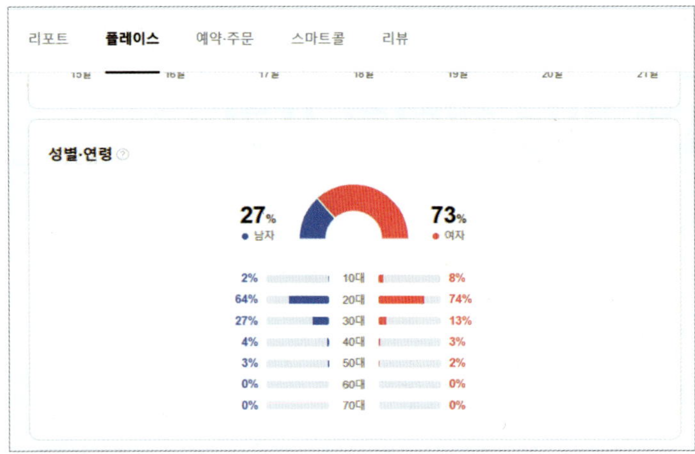

❷ 유입 채널과 키워드를 파악해서 마케팅 전략 재정비하기

유입 채널은 고객이 어떤 경로로 우리 가게 플레이스에 들어왔는지를 보여 줍니다. 보통 네이버 지도, 네이버 검색, 네이버 블로그, 인스타그램 등이 대표적이에요. 이 데이터는 단순한 통계가 아니라 **마케팅 전략을 점검하는 기준**이 됩니다.

예를 들어 블로그 네이버 체험단을 운영하는데 블로그를 통한 고객 유입이 기대보다 적다면 체험단 글이 잘 노출되고 있는지, 또는 운영 방식에 문제가 없는지 확인해야 합니다. 이와 반대로 예상하지 못했던 새로운 유입 채널

이 눈에 띈다면 우리 가게가 어떤 방식으로 노출되었는지 꼼꼼히 살펴보는 게 좋습니다.

유입 키워드는 고객이 어떤 키워드를 입력해 우리 가게 플레이스에 들어왔는지를 보여 줍니다. 쉽게 말해 유입 키워드는 '우리 가게를 나타내는 키워드'를 알려 주는 중요한 데이터예요.

예를 들어, 유입 키워드 중 '홍대 카페'가 많다면, 고객이 '홍대 카페'를 검색한 뒤 나오는 많은 가게들 중 우리 가게 플레이스를 눌러 방문했다는 의미예요. 가게 이름이 아닌 사람들이 많이 검색하는 일반 키워드로 유입이 많다는 것은 우리 가게 플레이스가 해당 키워드에서 상위 노출되고 있을 확률이 높고, 또 그 중에서도 선택을 받을 만큼 매력적으로 보이고 있다는 신호입니다.

이러한 플레이스 방문은 실제 가게 방문으로까지 이어질 가능성이 있습니다. 따라서 유입 키워드 분석은 단순히 방문 경로를 확인하는 것을 넘어, 우리 가게가 어떤 키워드에서 경쟁력이 있는지, 앞으로 어떤 키워드를 더 강화해야 하는지 알려 주는 중요한 지표라고 할 수 있어요.

📢 알아 두면 좋아요!　새로운 유입 키워드를 활용한 마케팅 전략 세우기

유입 키워드를 분석하다 보면 예상하지 못했던 키워드가 눈에 띌 때가 있습니다. 특히 유입 키워드의 순위 변동이 클 때는 주목해야 합니다. 새로운 키워드가 우리 가게의 이미지와 잘 맞는다면, 단순히 통계로만 끝내지 말고 마케팅에 적극 활용해 보세요. 이처럼 키워드 하나가 신규 고객을 끌어오는 강력한 무기가 될 수 있습니다.

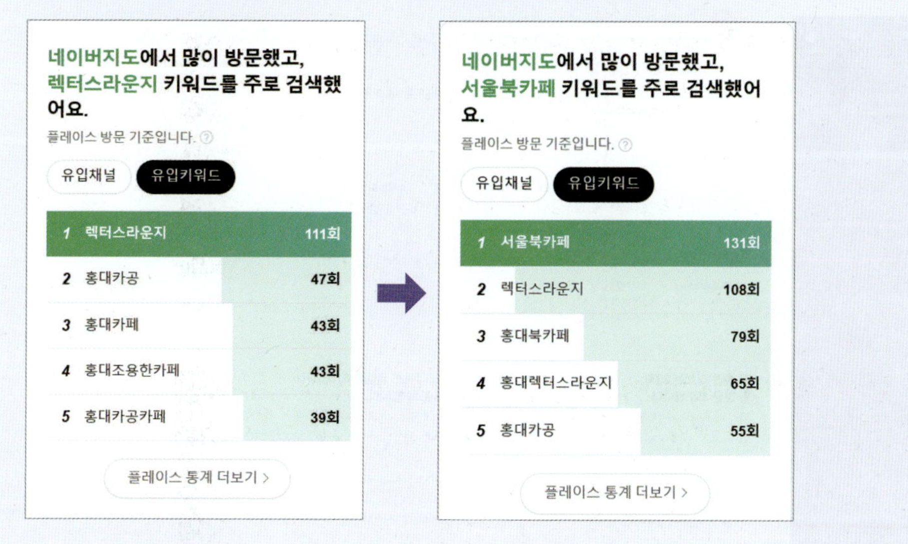

유입 키워드를 활용한 간단한 마케팅 전략 5가지를 소개합니다.

1. 콘텐츠에 반영하기: 블로그 글, 체험단 리뷰, 가이드라인에 해당 키워드를 자연스럽게 포함합니다. '서울 북카페 추천', '홍대 북카페 분위기 좋은 곳' 등으로 내용을 전달할 수 있겠죠.
2. 네이버 광고에 활용하기: 새 키워드를 광고 타기팅에 추가해 노출합니다.
3. 쿠폰·이벤트에 적용하기: '서울 북카페 방문 고객 전용 무료 음료 쿠폰'처럼 키워드를 넣어 고객의 관심사와 직접 연결하고, 플레이스와 해당 키워드의 연관성도 높입니다.
4. 리뷰 답글에 자연스럽게 사용하기: '서울 북카페를 찾으시다가 방문해 주셨다니 감사합니다.'처럼 리뷰 답글에도 자연스럽게 작성해 검색 노출을 강화합니다.
5. 경쟁사 분석에 활용하기: 해당 키워드로 상위에 노출된 경쟁 매장을 확인하고, 차별화 전략을 세웁니다.

❸ 매주 마케팅 성과 분석 확인하기

열심히 마케팅도 하고 이벤트도 진행했는데 어떤 효과가 있었는지 분석하기 어려웠던 적이 있죠? 이럴 때 스마트플레이스 관리자 화면의 [통계]에서 전주 대비 방문자 수, 유입 키워드 변화, 블로그 유입량 등을 비교해 보세요. [❶ 통계 → ❷ 리포트] 화면에서 우리 가게의 현황을 ❸ [주간], [월간], [일간]으로 나누어 확인할 수 있어요.

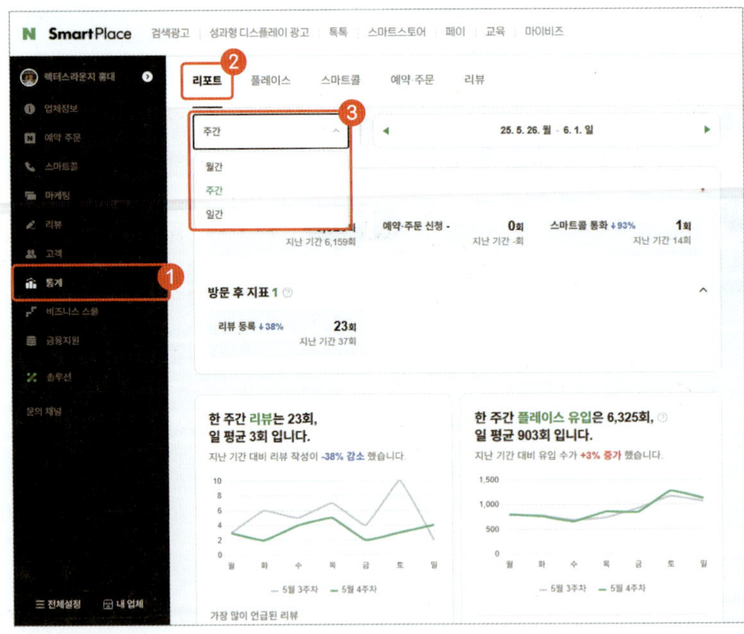

[유입 통계 자세히 보기]를 누르면 유입 수, 유입 채널, 유입 키워드 등을 한눈에 비교할 수 있어요. 예를 들어 지난주에 인스타그램에서 플레이스 유입 광고를 진행한 후 유입이 급상승했다면, 효과가 있었다는 의미겠죠. 반대로 아무 변화가 없었다면, 다른 방법을 고민해 볼 타이밍입니다.

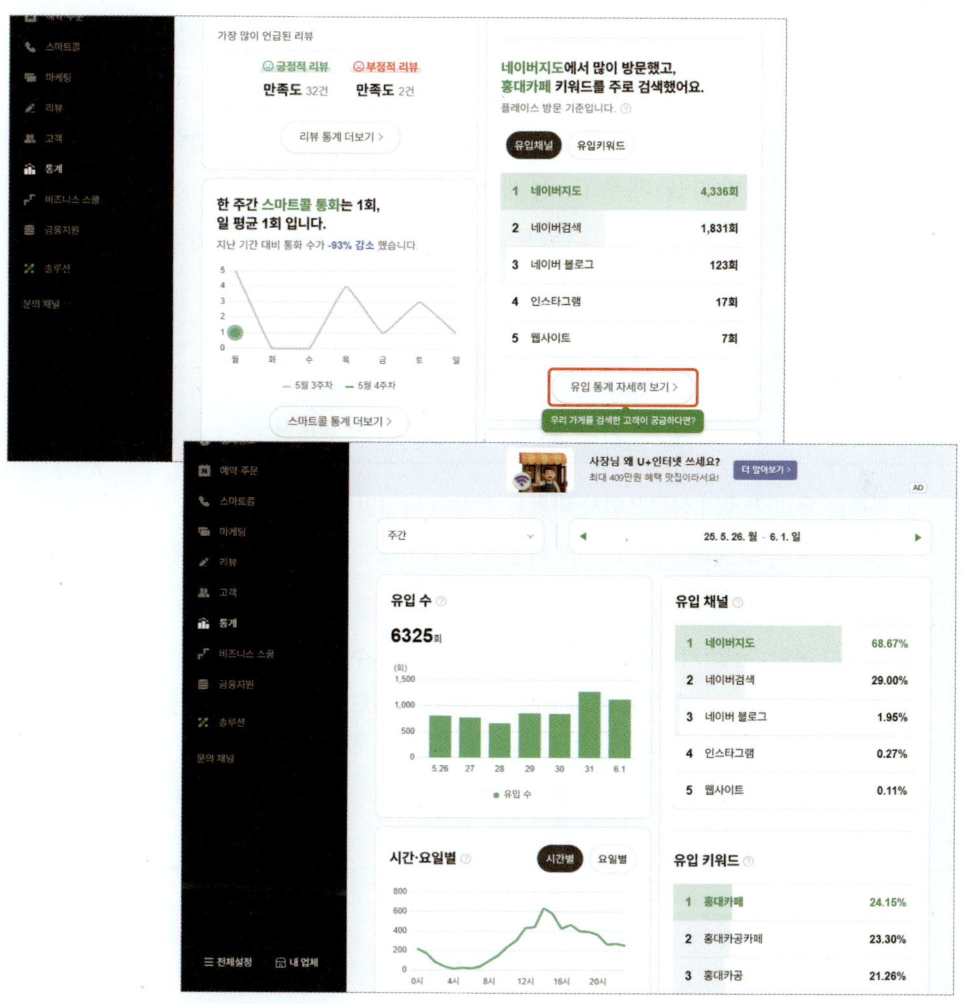

작은 데이터도 꾸준히 확인하다 보면 분명한 패턴이 보입니다. 마케팅은 결국 실험과 피드백의 반복이니까요. 그리고 그 과정을 도와주는 최고의 도구가 바로 스마트플레이스 통계입니다.

다시 한번 말하지만 통계를 그냥 지나치지 마세요. 매출을 올리는 첫걸음은 '데이터를 이해하는 힘'에서 시작합니다. 그리고 그 힘은 누구나 키울 수 있어요. 지금부터 스마트하게 시작해 보세요.

04장에서는 스마트플레이스 운영의 핵심 뼈대를 하나하나 직접 설정해 보았습니다. 가장 먼저 고객에게 보이는 업체정보를 매력적으로 정리하는 것에서 시작했죠. 이어서 예약 설정으로 우리 가게만의 예약 흐름을 만들고, 스마트콜 기능으로 전화 연결을 안정화하는 방법을 배웠습니다. 매력적인 쿠폰을 발행해서 고객의 눈길을 끄는 방법을 배우고, 통계 데이터를 활용해 우리가 지금 어떤 고객에게 관심을 받고 있는지, 어떤 키워드를 강조하면 좋을지 확인해 보았습니다.

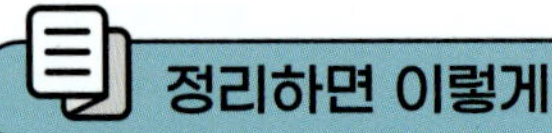

정리하면 이렇게!

통계 기능 활용, 이것만 알면 된다!

1. 통계는 우리 가게의 성적표이자 마케팅 전략의 나침반이에요!
   - 통계 기능을 통해 어떤 고객이, 어떻게, ① (키워드 / 주소)를 검색해서 우리 가게를 찾았는지 파악할 수 있음

2. 예상치 못한 '유입 키워드'에서 새로운 기회를 찾을 수 있어요!
   - 고객이 우리 가게를 발견한 새로운 ② (유입 키워드 / 추천 메뉴)를 블로그, 광고, 이벤트에 적극 활용해서 잠재 고객을 끌어모아야 함

정답 ① 키워드 ② 유입 키워드

우리 가게 플레이스,
100% 완성했나요?

04장까지 따라오시느라 고생 많으셨습니다. 여기까지라도 잘 따라오셨다면, 상위 노출되는 플레이스의 기본은 세운 것입니다.

이제 본격적인 마케팅(05장)을 시작하기 전에, 우리가 만든 뼈대가 얼마나 튼튼한지 마지막으로 점검해 볼 시간입니다. 아래 항목들을 하나씩 확인하며 모든 준비가 끝났는지 체크해 보세요.

핵심 점검 항목	나의 점검 ✔
업체정보는 고객 입장에서 알기 쉽고 매력적인 내용으로 작성했나요?	
대표 사진, 메뉴 사진은 최신 이미지로 올렸나요?	
예약 상품은 우리 업종에 맞게 등록했나요?	
스마트콜은 정상으로 연결되었나요?	
쿠폰은 고객의 눈길을 끌 수 있는 혜택으로 기획했나요?	
통계를 활용해서 유입 키워드나 유입 채널을 분석해 봤나요?	

모든 항목에 ✔ 표시를 했다면, 이제 사장님의 플레이스는 손님을 맞이할 모든 준비를 마쳤습니다.

바로 이어지는 05장에서는 리뷰, 체험단, 광고를 통해 우리 가게를 가장 먼저 눈에 띄게 만들 수 있는지, 실전 꿀팁과 함께 하나씩 파헤쳐 보겠습니다.

플레이스 상위 노출의 핵심 마케팅 전략

05-1 가게의 신뢰성을 높이는 리뷰 작성 유도하기

05-2 리뷰 관리의 핵심, 답글

05-3 네이버 공식 인플루언서가 알려 주는
블로그 체험단 운영법

05-4 네이버 플레이스 광고의 모든 것

네이버의 검색 구조와
플레이스의 원리 파악

기획 & 브랜딩

플레이스 등록

친구와 약속 장소를 정하거나 갈 만한 카페를 찾을 때 가장 먼저 확인하는 것은 무엇인가요? 아마 다른 사람이 남긴 '리뷰'를 먼저 찾아볼 겁니다. 이처럼 리뷰는 고객의 방문을 결정짓는 중요한 요소이자 네이버의 플레이스 상위 노출에도 영향을 미치는 핵심입니다.

하지만 아무리 좋은 리뷰가 많아도 고객의 눈에 띄지 않으면 소용이 없겠죠. 고객이 '성수 맛집'처럼 키워드로 검색했을 때, 수많은 경쟁 가게 사이에서 우리 가게를 가장 먼저 보여 주는 효과적인 방법이 바로 '네이버 플레이스 광고'입니다.

결국 성공하는 가게는 긍정적인 내용의 '리뷰'를 통해 신뢰를 쌓고 '광고'를 활용해 더 많은 고객이 방문하도록 만듭니다. 이번 장에서는 이렇게 중요한 마케팅 전략인 효과적인 리뷰 관리법과 네이버 플레이스 광고 등록 및 운영법을 함께 알아보겠습니다.

05-1

가게의 신뢰성을 높이는
리뷰 작성 유도하기

리뷰가 또 다른 고객을 부른다!

플레이스를 검색했을 때 가장 먼저 눈에 띄는 것은 가게 이름과 사진, 그리고 리뷰입니다. 좋은 리뷰는 자연스레 고객이 해당 플레이스를 클릭하게 만들고 가게에 긍정적인 이미지가 생깁니다. 다시 말해 긍정적인 리뷰가 많이 쌓일수록 자연스럽게 클릭률이 높아지고, 클릭률이 높아질수록 더 많이 노출되고, 더 많이 노출될수록 리뷰가 계속 쌓이는 선순환이 이루어집니다.

리뷰가 언제 작성됐는지도 중요합니다. 3년 전 리뷰 100개보다 최근 3개월간 작성된 리뷰 30개가 훨씬 더 큰 가치를 인정받습니다. 고객은 늘 '지금 이 가게'의 모습을 궁금해하니까요.

네이버 공식 보고서인 D-플레이스 리포트(D-Place Report) 2022에 따르면, 플레이스 리뷰가 쌓일수록 업체 운영에 긍정적 영향을 미치는 것으로 나타났습니다. 리뷰는 **매출 증대, 고객 확보 및 관리, 업체의 강점 부각, 광고 및 홍보 효과** 등 다양한 측면에서 긍정적인 효과를 발휘합니다.

또한 리뷰가 사업 성장에 긍정적인 영향을 미치는 효과는 프랜차이즈보다 중소상공인에게 평균 1.5배 더 큰 것으로 나타났습니다. 이 자료는 이미 리뷰를 적극 활용해 온 중소상공인 사장님들은 그 중요성을 체감하며 전략적으로 운영하고 있다는 사실을 보여 줍니다.

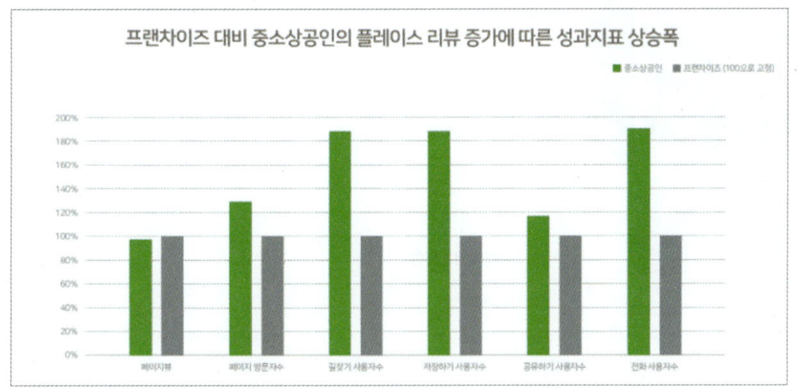

출처: 네이버㈜ 리서치(https://www.navercorp.com/media/researchDetail?seq=1659)

이처럼 **리뷰는 단순한 기록이 아닙니다.** 오히려 고객의 방문 결정을 좌우하는 강력한 설득 도구라고 볼 수 있습니다. 그렇다면 고객이 자발적으로 리뷰를 남기고 싶게 만드는 방법은 무엇일까요? 이제 고객이 스스로 리뷰를 쓰게 만드는, 작지만 확실한 전략을 하나씩 자세히 살펴보겠습니다.

하면 된다! } 영수증 리뷰 작성해 보기

리뷰 전략을 살펴보기 전에 고객이 실제로 어떤 과정을 거쳐 리뷰를 남기는지 살펴보겠습니다. 리뷰를 작성하는 과정을 알아야 고객에게 어떤 방식으로 리뷰를 요청해야 할지 판단하기 쉬워집니다. 그래서 이번에는 고객의 입장에서 **플레이스에 영수증 리뷰를 작성하는 흐름**을 알아보겠습니다. 일반적으로 고객이 플레이스에서 영수증 리뷰를 작성할 때는 다음 4단계를 거칩니다.

1 네이버에 로그인한 후 우리 가게 플레이스에 접속합니다. [❶ 리뷰 → ❷ 리뷰
쓰기]로 들어간 후 ❸ [영수증]을 선택합니다.

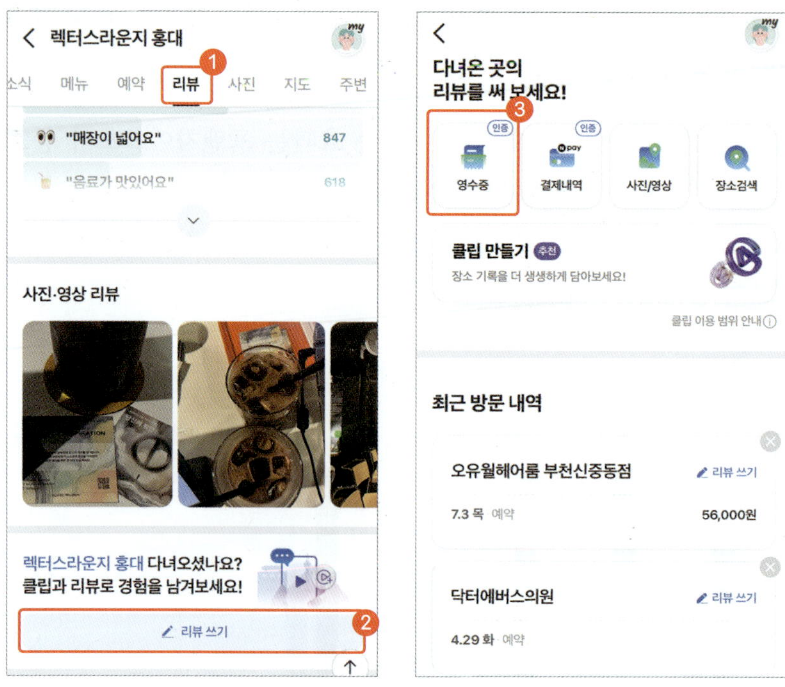

2 스마트폰의 카메라로 연결됩니다. 영수증 사진을 찍으면 자동으로 인식하여
결제 정보가 입력됩니다. 이후 부족한 방문 정보는 따로 채울 수 있습니다.

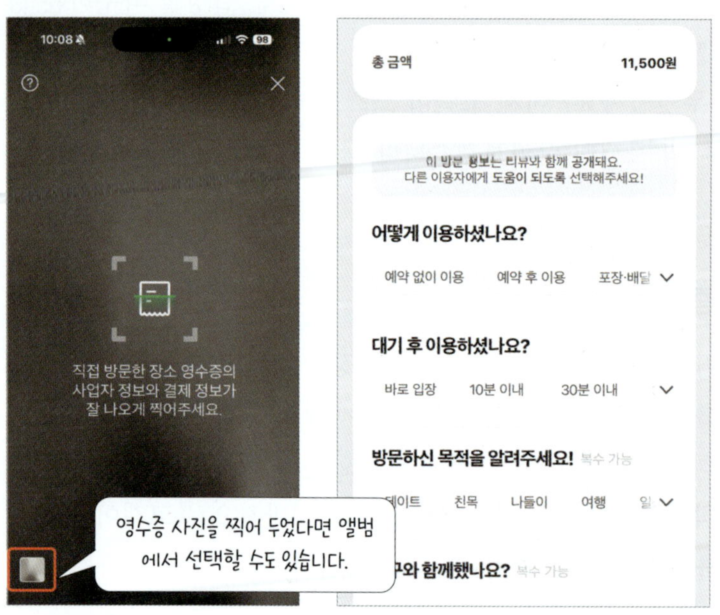

3 가게의 분위기와 맛, 서비스 등을 떠올리며 키워드를 각각 1~5개 고를 수 있습니다. [이런 곳 좋아요!]를 눌러 장소를 저장할 수도 있어요.

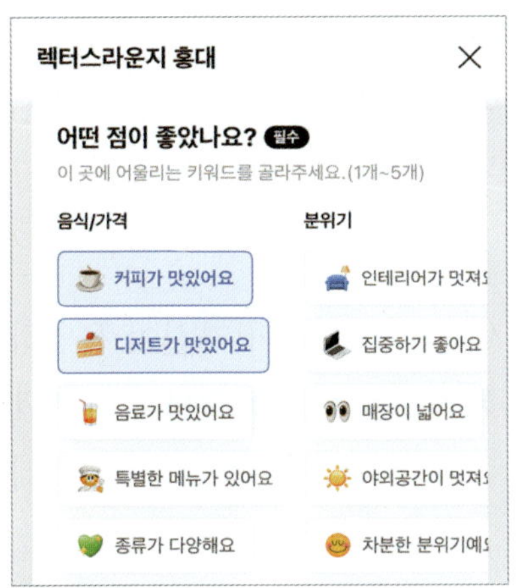

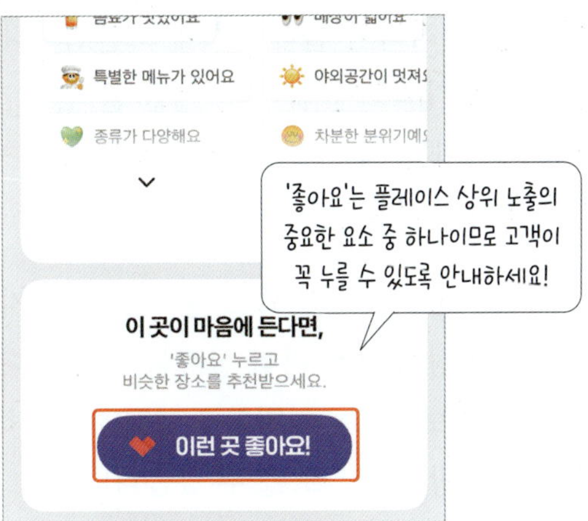

4 ❶ [사진/영상을 추가해 주세요]를 눌러서 사진과 영상을 추가하고, ❷ [리뷰를 작성해 주세요]를 눌러서 글로 리뷰를 작성합니다. 마지막에 ❸ [등록]을 누르면 완료됩니다.

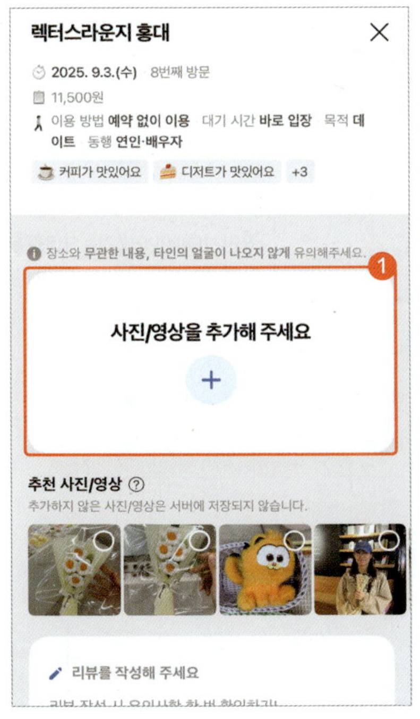

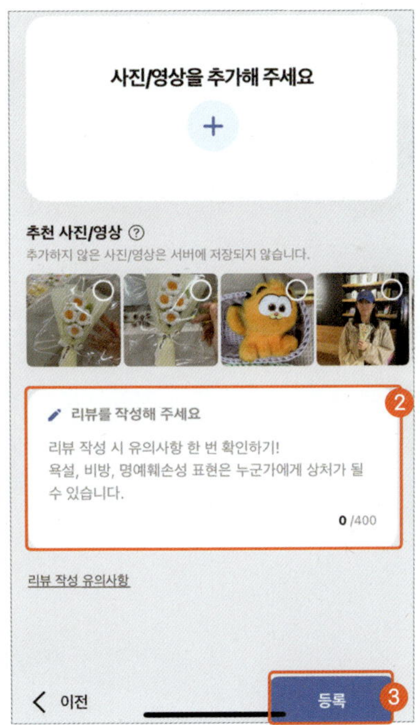

리뷰 키워드는 사장님이 직접 설정할 수 있습니다

고객이 리뷰를 작성할 때 선택하는 키워드는 단순히 한 번의 선택으로 끝나는 것이 아니라, 누적되어 플레이스에 노출됩니다. 결국 이 키워드들이 모여서 우리 가게의 대표 키워드가 됩니다. 예를 들어, 고객들이 '커피가 맛있어요'를 많이 선택하면 네이버는 이 가게를 '커피가 맛있는 카페'로 인식하고 검색 노출에도 긍정적인 영향을 미칩니다.

이 키워드는 고객이 전적으로 정하는 것 같지만 사실은 사장님이 자신이 운영하는 가게의 특징에 맞춰 미리 설정할 수 있습니다. **키워드 순서를 바꿔서 우리 가게의 강점을 잘 보여주는 키워드를 상단에 배치**하면 고객이 쉽게 선택할 수 있고 리뷰도 원하는 방향으로 모을 수 있습니다.

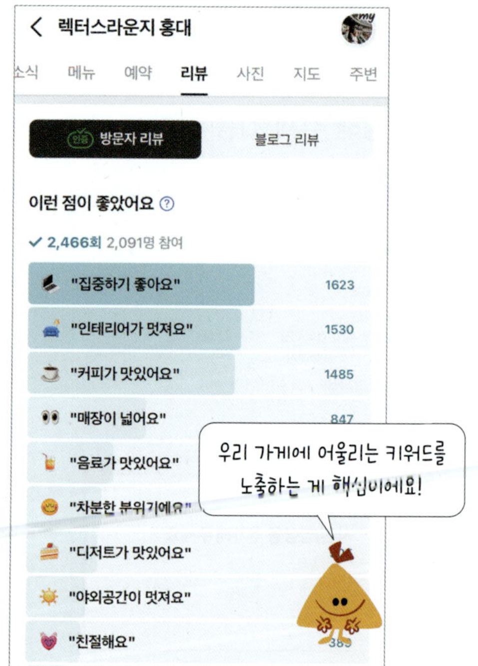

하면 된다! } 영수증 리뷰 키워드 설정하기

그렇다면 우리 가게에 맞는 키워드를 고객이 한눈에 보고 선택할 수 있도록 설정해 볼까요?

1 스마트플레이스 관리자 화면으로 들어간 후 [**①** 리뷰 → **②** 키워드 설정]을 누릅니다.

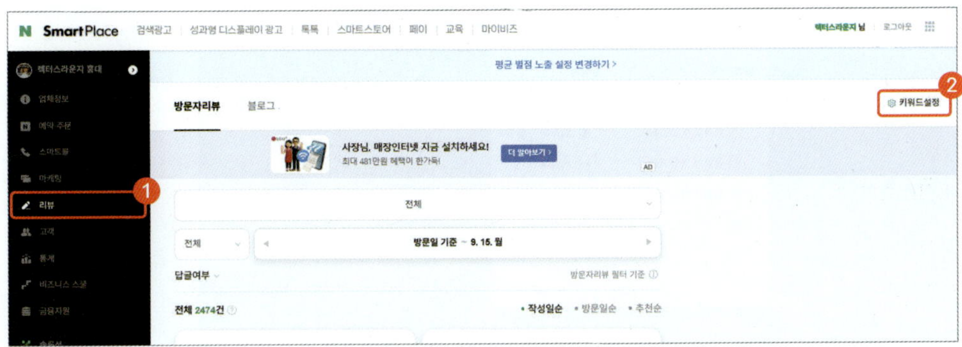

2 우리 가게의 리뷰 키워드를 [음식/가격], [분위기], [기타]에 맞게 각각 5개씩 총 15개를 선택하세요. 필수 키워드는 반드시 포함해야 하며 이 키워드는 업종에 따라 달라집니다.

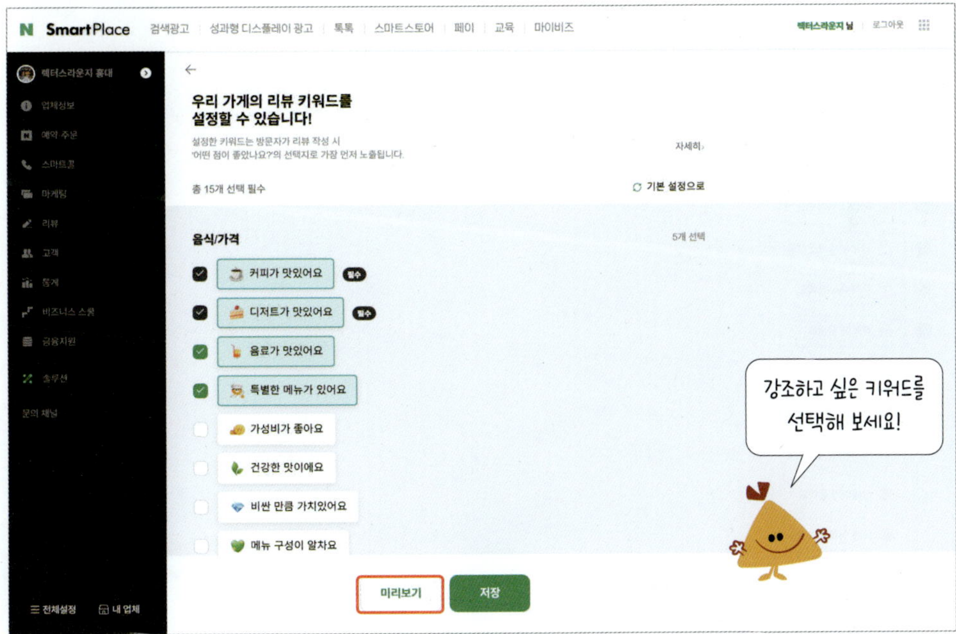

3 [미리보기]를 눌러 고객이 보는 리뷰 작성 화면을 확인할 수 있습니다. 앞서 설정한 키워드가 가장 위에 배치된 것을 확인할 수 있어요.

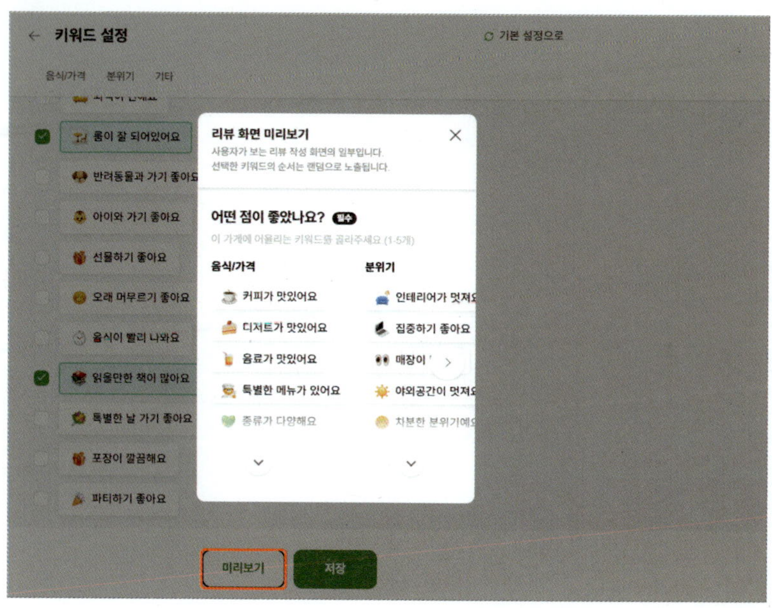

4 설정을 마쳤다면 [저장]을 누르세요. 스마트플레이스에서는 설정 후에 꼭 저장을 눌러야 한다는 것. 기억하죠?

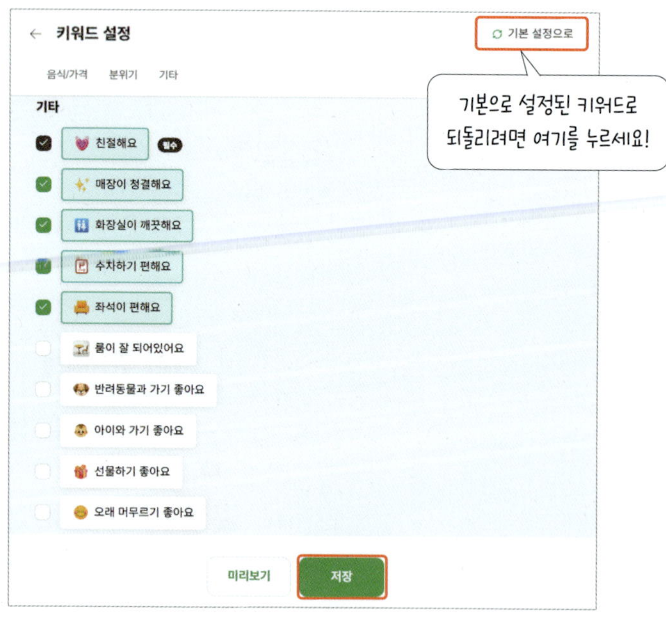

고객이 우리 가게에 좋은 리뷰를 남기게 만드는 3가지 방법

대부분의 가게는 영수증 리뷰 이벤트로 고객에게 제품이나 서비스를 제공하고 리뷰를 작성하도록 유도합니다. '영수증 리뷰 작성 시 사이다 제공', '리뷰 남기면 1,000원 할인' 등의 문구를 한 번쯤 봤을 거예요. 그렇다면 우리도 단순히 사이다를 제공하거나 가격을 할인해 주면 될까요?

우리는 그보다 한 걸음 더 나아가야 합니다. 고객에게 매력적이면서도 확실한 서비스를 제공하고, 우리 가게의 '강점'과 '키워드'를 담은 리뷰가 자연스럽게 쌓이도록 해야 합니다. 그래서 플레이스 노출에도 효과적이고 재방문 고객과 관심 고객의 유입도 늘릴 수 있죠. 여기에서 소개하는 3가지 방법을 실전에서 꼭 활용해 보세요.

❶ 쉽고 간결한 설명으로 고객 참여 유도하기

고객이 리뷰를 남기려다가도 중간에 포기하는 가장 큰 이유는 복잡한 과정 때문입니다. 예를 들어 영수증 리뷰를 작성하기 위해 10줄이 넘는 안내 글을 읽어야 한다면 대부분 그냥 포기할 거예요. "우리 음식점은 이런 특징이 있어요. 이런 내용도 포함해 주세요. 신메뉴 이름과 디저트 맛도 꼭 언급해 주세요."처럼 설명이 길고 복잡하면 참여율이 크게 떨어집니다.

고객이 리뷰 작성에 참여하도록 유도할 때 가장 효과적인 방법은 설명을 쉽고 간결하게 표현하는 것입니다. 리뷰 작성 방법을 순서대로 명확하게 안내하고, 번호를 사용하여 단계별로 쉽게 따라 할 수 있도록 구성하는 것이 좋습니다. 사장님이 원하는 바를 최대한 간단하면서도 자세하게 설명해 두세요. 이렇게 하면 고객이 리뷰를 더욱 쉽게 작성할 수 있을 뿐 아니라 긍정적인 리뷰로 이어질 가능성이 높아집니다.

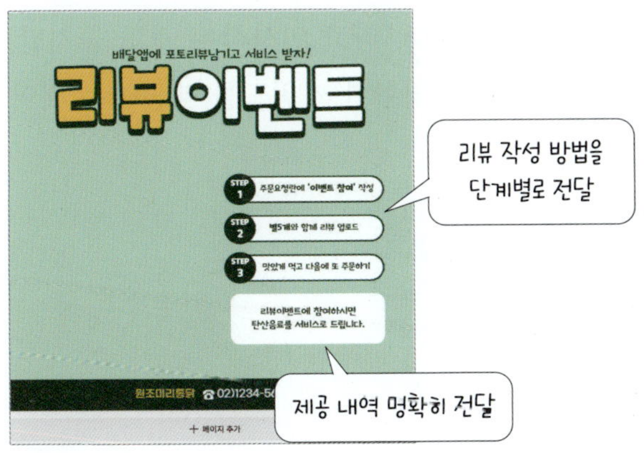

❷ 매력적인 보상으로 고객 감동시키기

고객에게 진심을 담은 제품과 서비스를 제공하는 것은 리뷰 작성을 유도하는 데 매우 효과적이에요. 이때 흔한 음료수나 1,000원 할인보다 '좀 더 확실한 서비스'를 제공하는 것이 좋습니다. 예를 들어 고깃집을 방문했을 때 '리뷰 남기면 사이다 증정'과 '리뷰 남기면 시그니처 메뉴 항정살 100g 추가 서비스!' 중에서 어떤 리뷰 이벤트에 더 매력을 느끼나요? 당연히 후자를 선택할 것입니다.

핵심은 고객이 '이 정도면 리뷰 쓸 만하지!'라고 느끼게 만드는 겁니다. 흔한 일반적인 서비스보다 매력적인 보상이 고객의 리뷰 참여를 자연스럽게 끌어냅니다. 게다가 이런 이벤트는 SNS 공유를 유도해서 바이럴 효과까지도 기대할 수 있습니다.

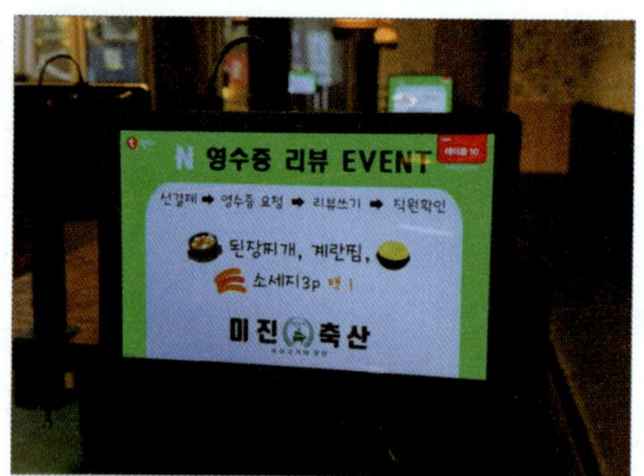

고객의 리뷰 참여를 이끌어 내는 매력적인 보상

❸ 명확한 키워드를 제공해서 리뷰의 질 높이기

플레이스 리뷰는 단순히 많다고 해서 다 되는 게 아닙니다. 리뷰가 '가게 특징을 잘 드러내는가?', '긍정적인 내용을 담았는가?'가 중요해요. 고객에게 리뷰 작성 안내를 할 때마다 "잘 써주세요~ 잘 부탁드립니다."라고 인사하는 것도 좋지만, 다음 예시와 같이 고객이 리뷰에 넣었으면 하는 명확한 키워드를 제공하는 것이 가장 중요합니다.

[안내문과 함께 리뷰 키워드를 제시한 예시]
리뷰 작성 시 아래 키워드를 함께 적어 주시면 감사하겠습니다. :)
✔ 성수동 티라미수
✔ 포토존 카페
✔ 수제 딸기라떼

이렇게 안내문에 리뷰 키워드 예시가 있다면 고객은 자연스럽게 핵심 키워드로 해서 리뷰를 작성하게 됩니다. 고객 입장에서도 제시된 키워드를 간단히 입력하거나 그 방향에 맞춰 리뷰를 작성할 수 있어 고민할 필요가 없습니다. 그리고 이렇게 쌓인 리뷰들은 곧 상위 노출을 위한 강력한 자산이 됩니다.

이처럼 고객의 리뷰 작성은 전략적으로 유도해야 효과가 있습니다. 지금까지 설명한 3가지 방법을 적절히 섞어서 사용해 보세요. 리뷰 하나하나가 우리 가게의 마케팅 자산이 되어 재방문을 유도하고 신규 고객을 설득해 줄 거예요.

하면 된다! } 영수증 리뷰 이벤트 안내문 만들기

리뷰 이벤트를 해보고 싶은데 안내문을 어떻게 만들어야 할지 막막한가요? 눈에 띄고, 리뷰도 잘 받을 수 있는 안내문을 직접 만들어 보겠습니다.

1 ❶ 미리캔버스(miricanvas.com/ko)에 접속하고 ❷ 로그인합니다. 네이버 간편 로그인을 하면 미리캔버스에 회원 가입을 하지 않아도 이용할 수 있습니다.

⭐ 이 책에서는 미리캔버스 가입 방법, 기능별 상세한 사용 방법은 다루지 않습니다. 만약 미리캔버스를 자세히 알고 싶으면 《된다! 미리캔버스 & 캔바 디자인 수업》(이지스퍼블리싱)을 참고하세요.

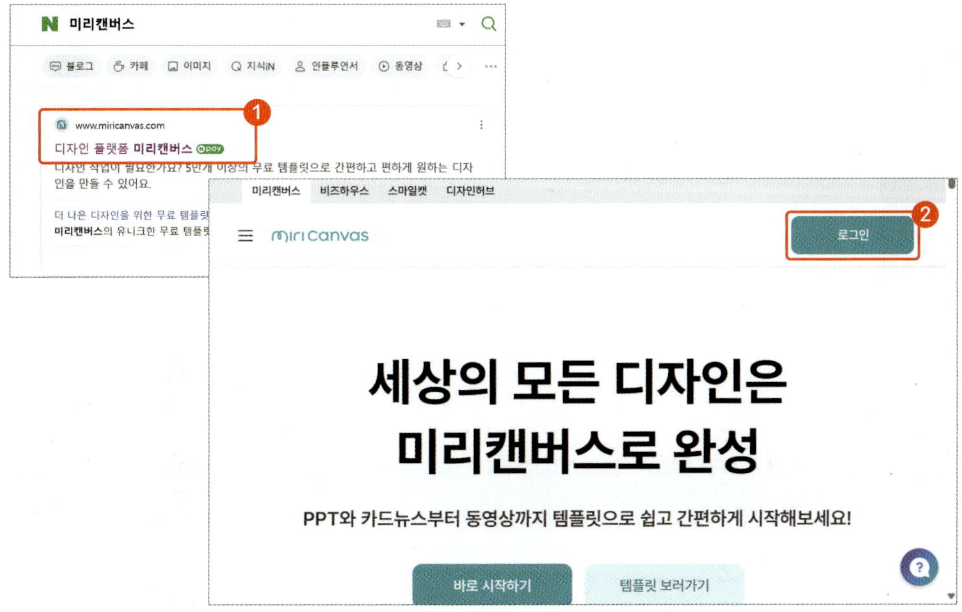

2 미리캔버스의 첫 화면이 나타나면 오른쪽 위에서 ❶ [새 디자인 만들기]를 누릅니다. 이어서 어떤 디자인을 만드는지 묻는 창에서는 ❷ [웹용/동영상 디자인 만들기]를 누릅니다.

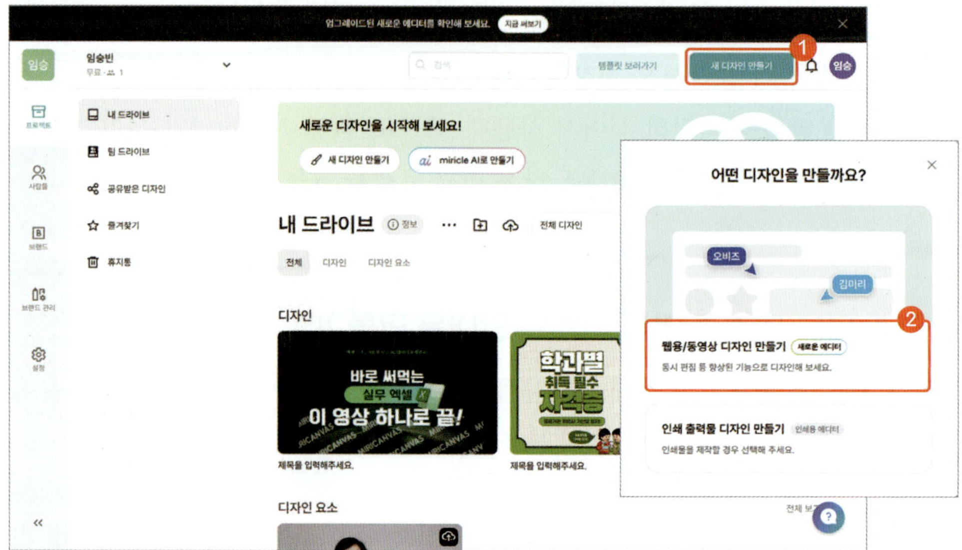

3 무엇을 만드는지 묻는 창이 나타나면 [카드뉴스]를 누릅니다.

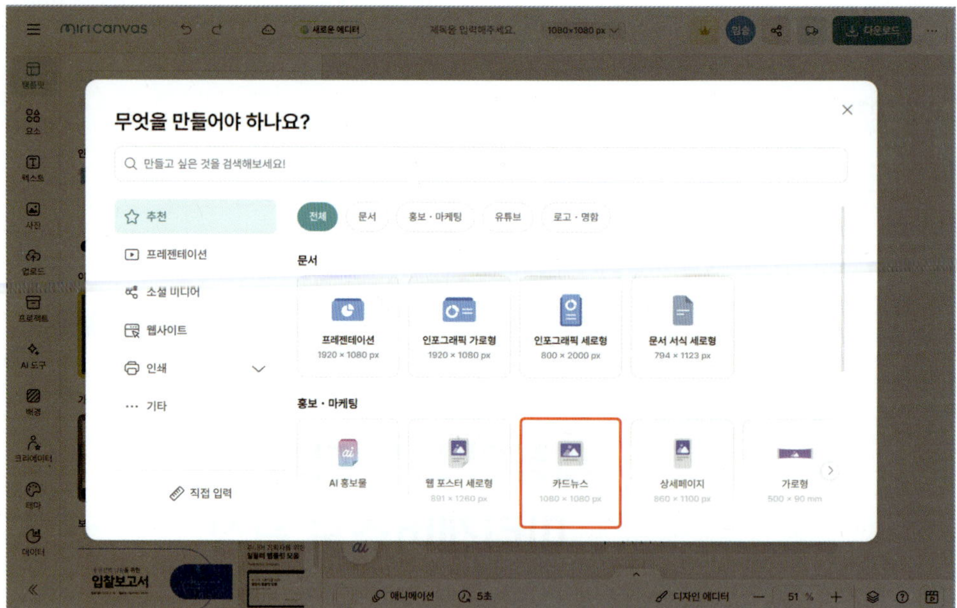

4 미리캔버스의 기본 화면이 나타납니다. 왼쪽의 [❶ 템플릿 → ❷ 카드뉴스 → ❸ 모든 템플릿]을 누릅니다.

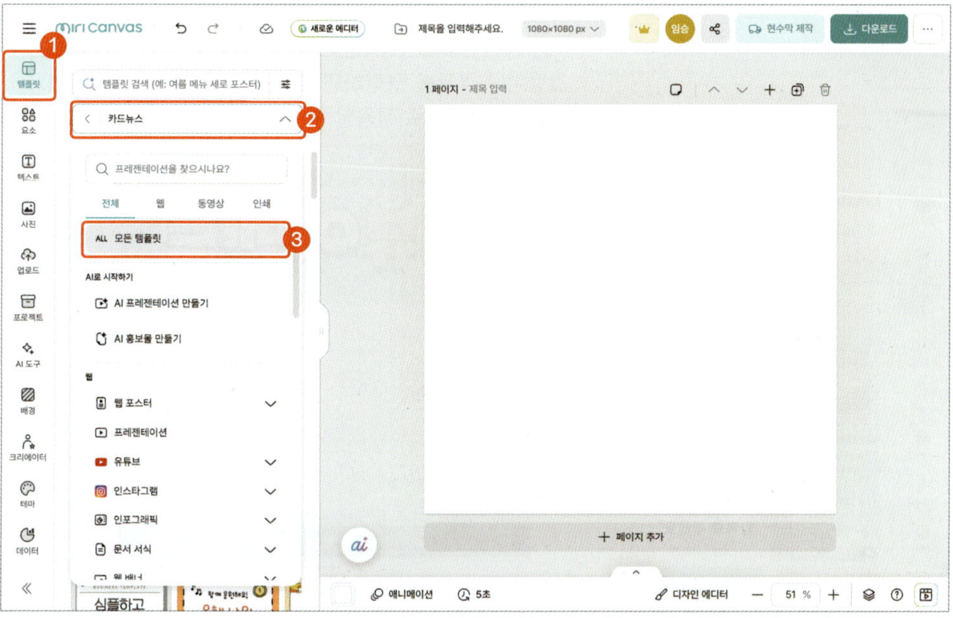

5 검색 바에 ❶ 리뷰이벤트를 입력해 검색합니다. 아래 검색 결과에서 ❷ 마음에 드는 템플릿을 선택합니다.

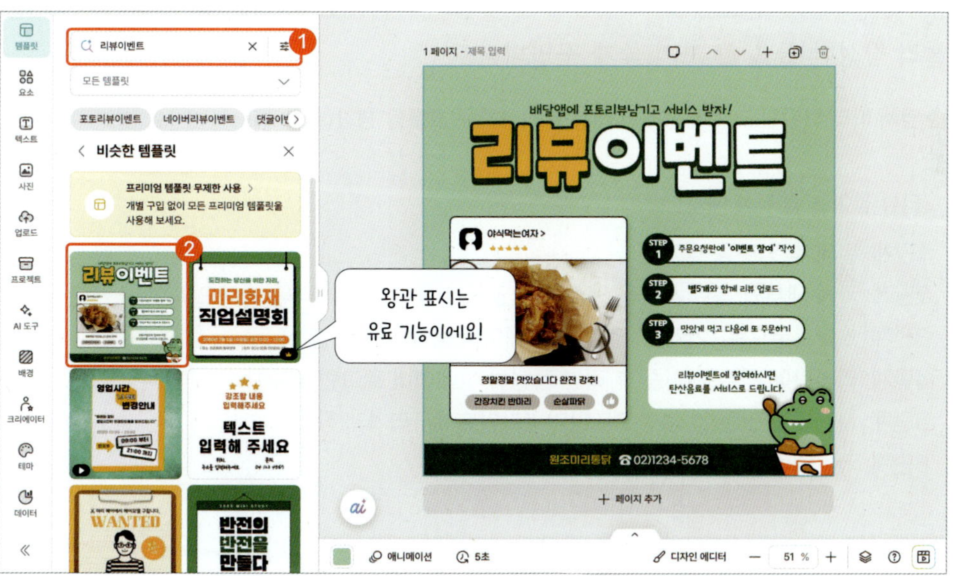

6 선택한 템플릿이 오른쪽의 작업 창에 뜨면 이미지와 텍스트를 클릭해서 수정할 수 있습니다. 그림을 삭제하고 싶다면 클릭해서 선택한 후 [휴지통 그림]을 누르거나 마우스 오른쪽 버튼을 누른 후 [삭제]를 클릭합니다.

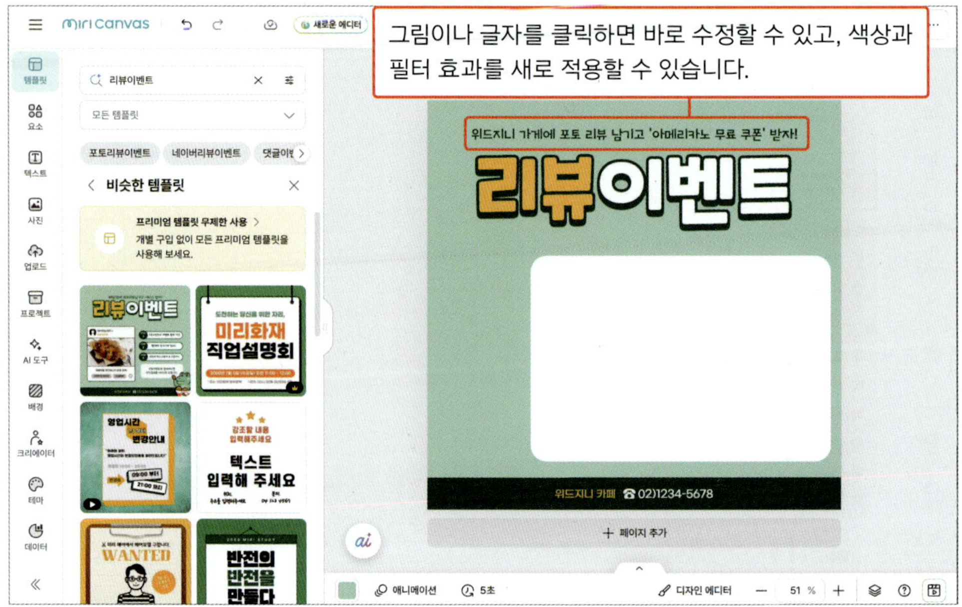

7 ❶ 가운데 빈 공간에 리뷰 참여 방법을 작성합니다. 고객이 쉽게 따라 할 수 있도록 다음처럼 순서대로 작성해 보세요. 그리고 왼쪽 메뉴에서 ❷ [텍스트]를 눌러 작성한 글을 ❸ 보기 좋게 꾸밉니다.

⭐ 앞서 따라 해봤던 고객 입장에서 리뷰를 작성하는 흐름을 생각해 보세요.

[리뷰 참여 방법 작성 예시]

1단계: 결제 후 영수증 받기

2단계: 가게 내부와 음료 사진을 예쁘게 촬영하기(동영상이면 더욱 좋아요!)

3단계: 스마트폰으로 '가게명' 검색하여 네이버 플레이스에 접속!

4단계: 리뷰란에 영수증 인증 후 리뷰 작성하기(네이버 로그인 필수)

5단계: 사진과 간단한 소감 업로드하기 #키워드 #우리가게 장점

6단계: 카운터에서 쿠폰 받기 또는 증정 받기

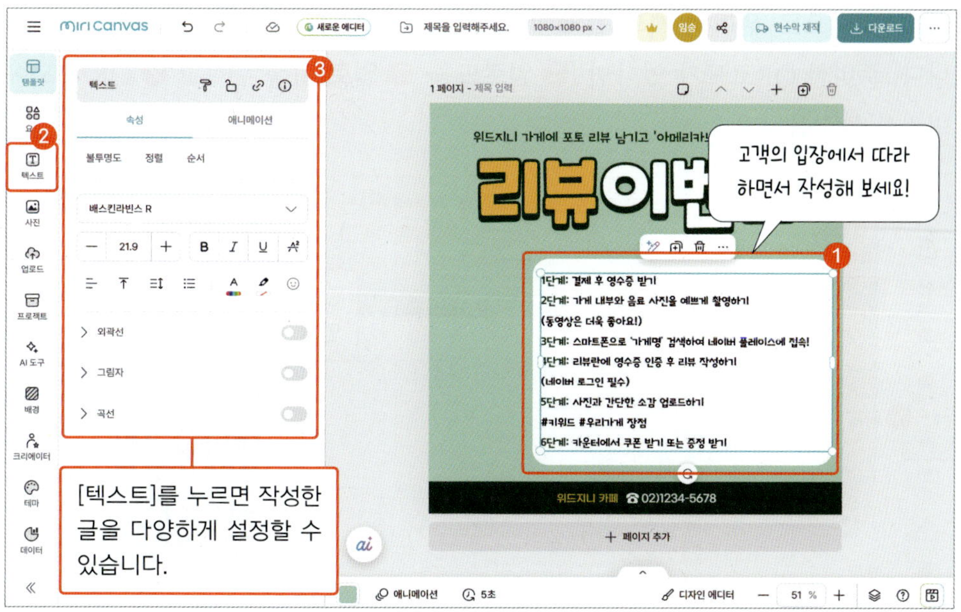

8 이번에는 이미지나 아이콘으로 꾸며 보겠습니다. 미리캔버스의 왼쪽 메뉴에서 **❶** [요소]를 선택한 후 **❷** 요소 검색 바에서 검색어를 입력합니다. 카페라면 **커피, 디저트** 등을 검색해서 우리 가게에 어울리는 이미지를 찾아볼 수 있어요. **❸** 어울리는 요소를 선택해 캔버스에 불러와서 적당한 위치에 배치합니다.

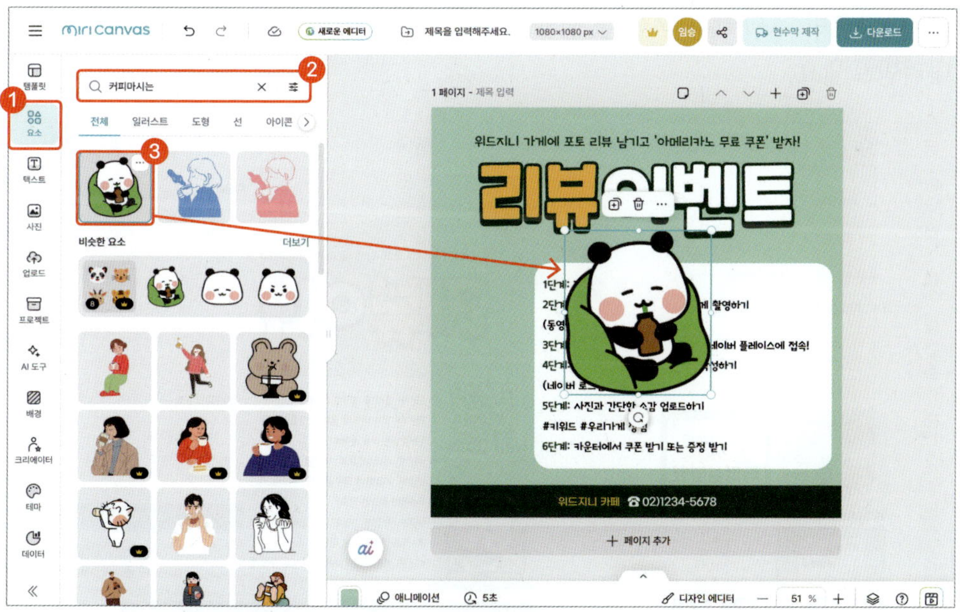

⑨ 마지막으로 우리 가게의 플레이스 주소로 연결되는 QR코드를 추가해야 합니다. 준비한 QR코드가 있다면 [❶ 업로드 → ❷ 업로드]를 누르고 ❸ QR코드 이미지를 불러옵니다.

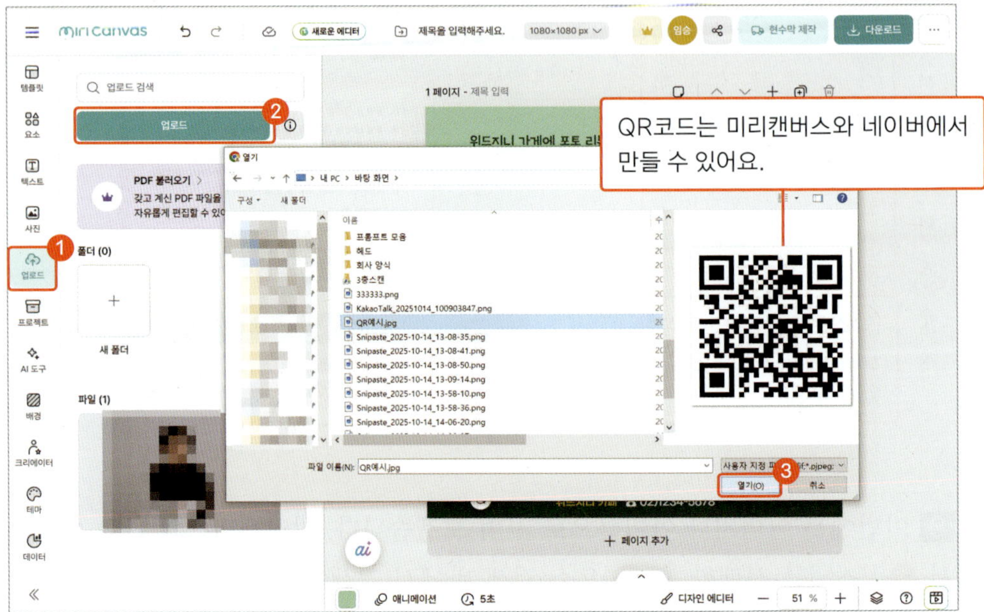

⑩ QR코드 이미지를 적절한 위치에 배치하고 위에 설명을 덧붙이면 완성입니다. 미리캔버스 화면의 오른쪽 위에서 [다운로드]를 눌러 리뷰 이벤트 이미지를 내려받으세요.

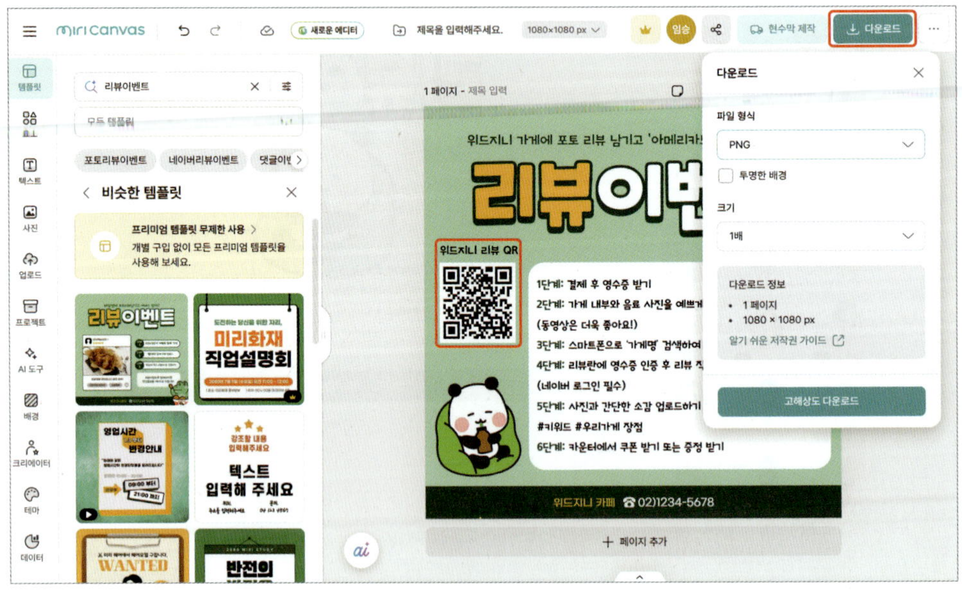

QR코드를 미리 준비하지 못했거나 생성하는 데 어려움을 겪는다면 미리캔버스의 'QR/바코드' 기능을 활용해 보세요. 왼쪽 메뉴에서 ❶ [QR/바코드]를 누르고 ❷ URL에 우리 가게의 인터넷 주소를 복사해서 붙여 넣은 후 ❸ [만들기]를 누르면 ❹ QR코드가 생성되어 캔버스에 삽입할 수 있습니다.

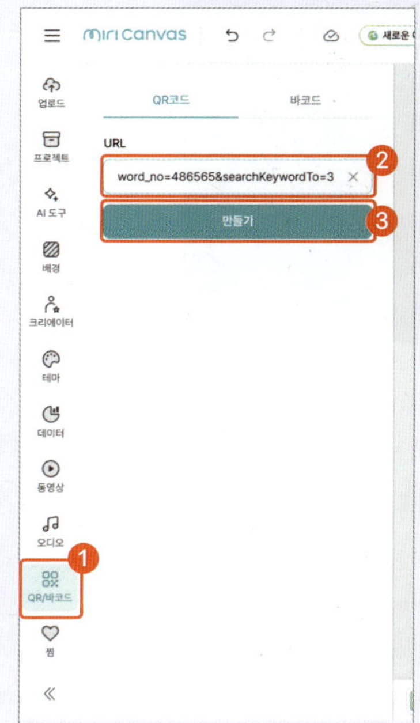

하면 된다! } 네이버에서 QR코드 생성하기

고객의 입장에서 리뷰를 작성하는 과정은 생각보다 번거롭습니다. QR코드를 활용하면 고객이 일일이 검색하지 않고 바로 리뷰 페이지에 접속할 수 있어서 편리합니다. 여기에서는 네이버에서 QR코드를 생성해 보겠습니다.

1 네이버에 로그인한 후 ❶ 검색 창에 QR코드 만들기를 입력해 검색합니다. 검색 결과에서 ❷ [네이버 QR코드]를 클릭해서 접속합니다.

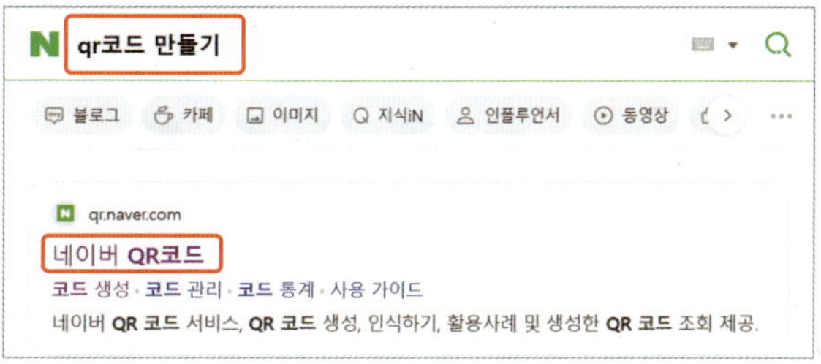

2 QR코드 웹 페이지가 나타나면 [코드 생성]을 누릅니다.

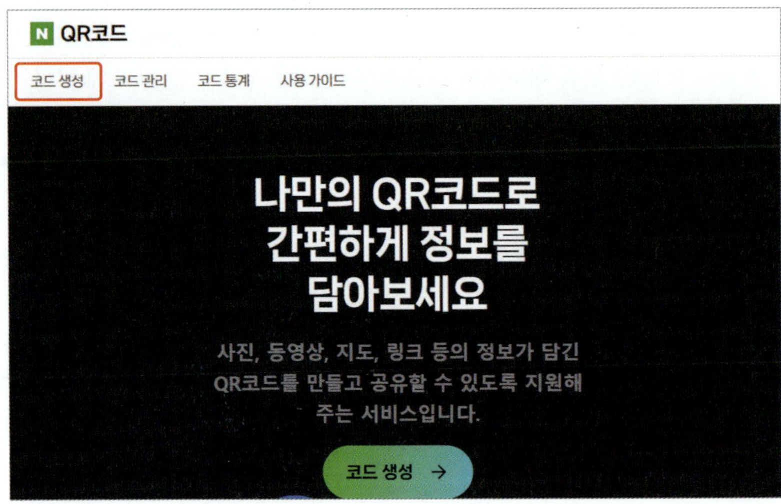

3 여러 옵션이 있지만 [기본형]이 가장 무난합니다. 기본형은 자동으로 선택되어 있으므로 그대로 스크롤을 내려 [다음]을 누릅니다.

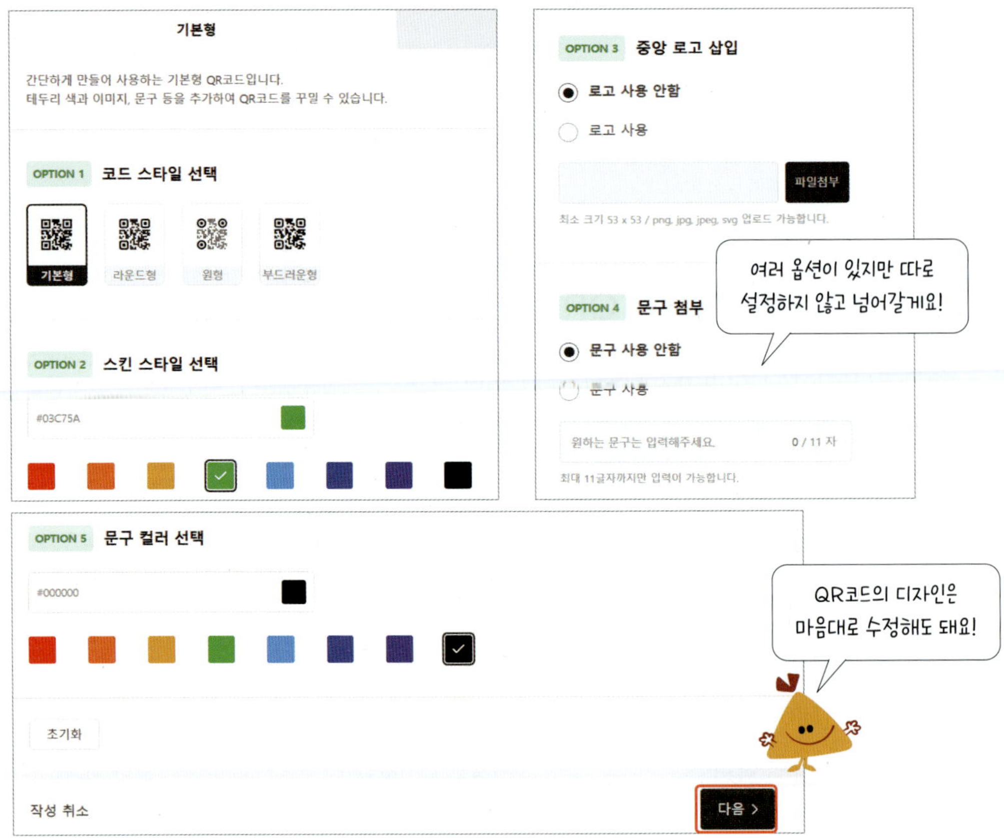

4 페이지 유형 선택에서 ❶ [URL 링크]를 선택하고 ❷ [다음]을 누릅니다.

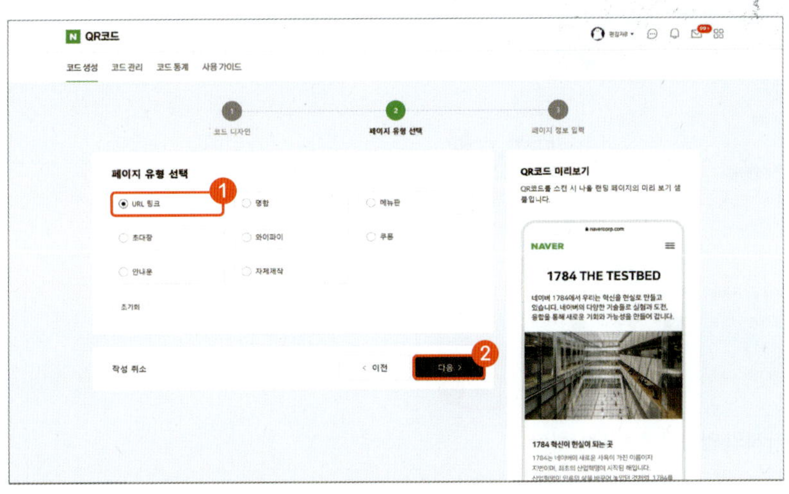

5 우선 [페이지 제목]에 **우리 가게 이름**을 입력합니다.

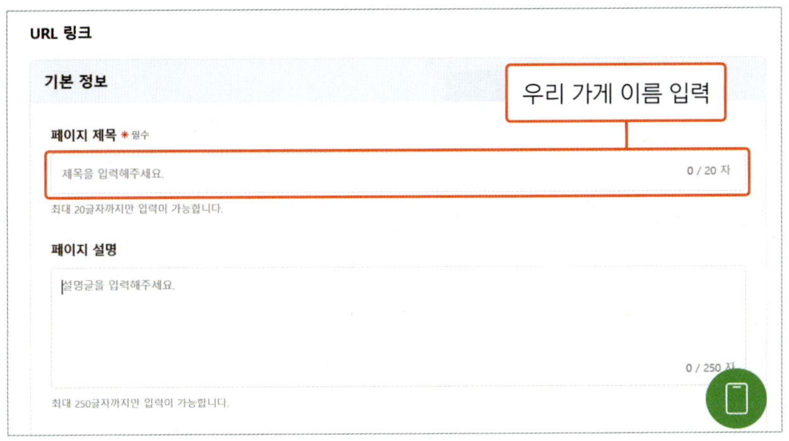

6 다음으로 웹사이트 링크의 URL 링크에 우리 **플레이스의 인터넷 주소**를 넣어야 합니다. 새 창을 열고 네이버에서 가게 이름을 검색한 후 [❶ **공유** → ❷ **복사**]를 눌러 URL을 복사합니다. 다시 QR코드 설정 창으로 돌아와 ❸ [URL 링크]에 내 플레이스의 인터넷 주소를 붙여 넣은 후 ❹ [링크첨부]를 누릅니다.

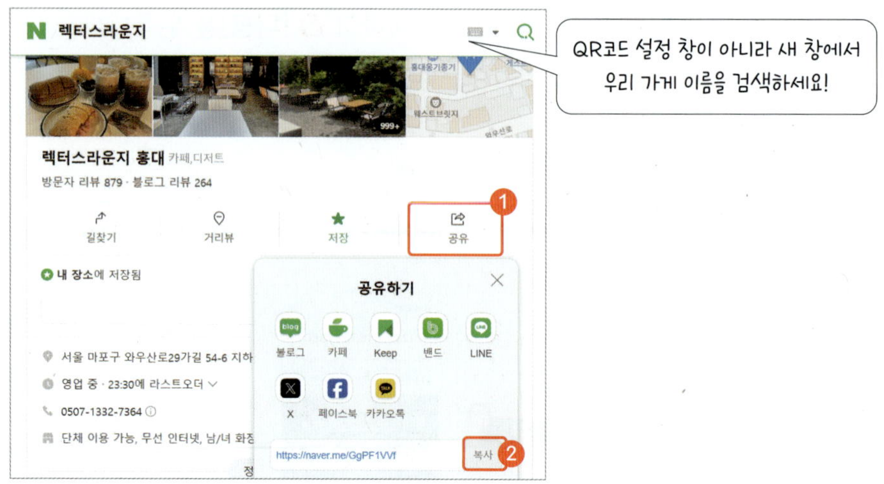

플레이스에서 우리 가게의 인터넷 주소 복사하기

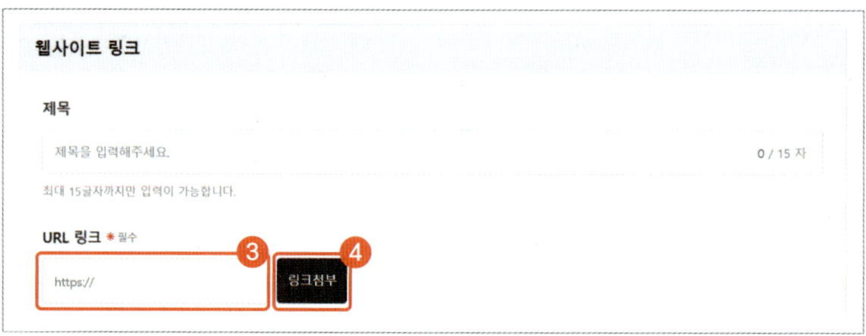

QR 코드 설정 창

7 [QR코드 비공개]의 토글 버튼을 클릭해서 활성화하면 스마트폰 카메라 기능으로 QR코드를 찍었을 때 접속되지 않습니다. 그러므로 ❶ [QR코드 비공개] 버튼은 다음과 같이 선택하지 않은 채 그대로 둡니다. ❷ [다음]을 누르면 QR코드 생성 작업이 완료됩니다.

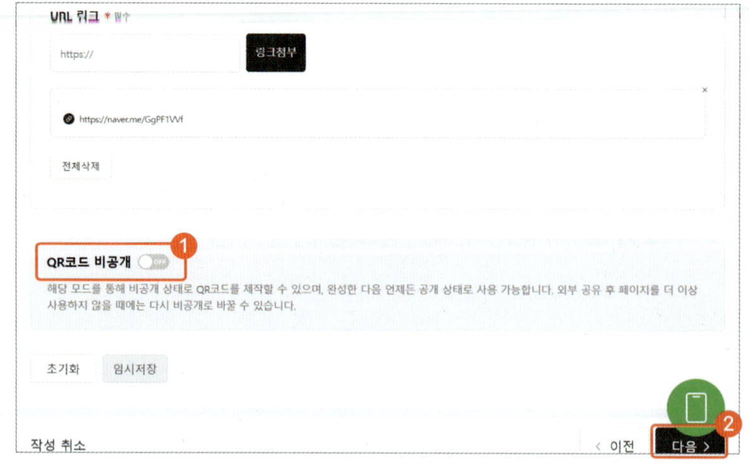

8 QR코드를 생성했다는 창이 나타나면 ❶ [코드 저장]을 클릭합니다. 저장하기 창이 뜨면 파일 형식과 크기를 설정한 후 한 번 더 ❷ [저장]을 눌러 QR코드를 내려받습니다. 이제 이 이미지를 리뷰 이벤트 캔버스에 추가해서 배너를 만들 수 있습니다.

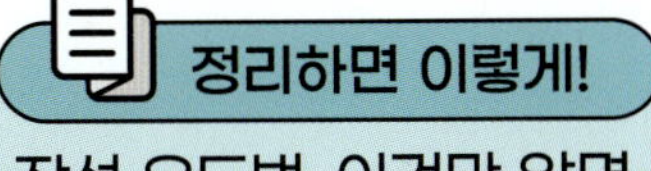

정리하면 이렇게!

리뷰 작성 유도법, 이것만 알면 된다!

1. 리뷰 키워드는 사장님이 직접 설정하세요!

☑ 우리 가게의 강점을 나타내는 ① (키워드 / 사진)을(를) 상단에 배치해 두고, 고객이 자연스럽게 선택할 수 있도록 유도하기

2. 매력적인 이벤트로 참여를 유도하세요!

☑ '음료수 한 병'보다 '시그니처 메뉴 증정'처럼 고객이 '이 정도면 쓸 만하지!'라고 느끼는 ② (특별한 보상 / 기본적인 인사)을(를) 제공하여 리뷰의 질과 참여율 높이기

정답 ① 키워드 ② 특별한 보상

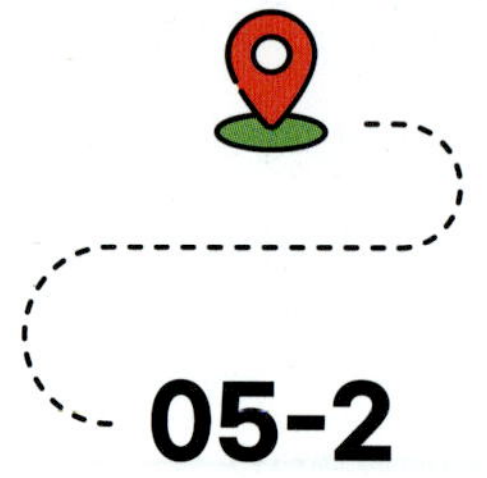

05-2

리뷰 관리의 핵심,
답글

"답글은 그냥 감사하다고 쓰면 되는 거 아닌가요?" 맞습니다. 감사 인사는 기본이니까요. 하지만 리뷰에 다는 답글은 그보다 더 큰 힘을 발휘해요. **답글 하나가 가게의 이미지를 바꾸고 단골을 만드는 힘이 된다는 사실**, 알고 있나요?

먼저 고객의 입장에서 플레이스 리뷰를 확인하는 화면을 보겠습니다. 리뷰는 [추천순]과 [최신순]이 있습니다.

고객은 기본적으로 추천순 화면을 스크롤 하며 다른 사람들이 올린 리뷰의 사진과 내용을 확인합니다. 고객이 작성한 리뷰 밑에 사장님의 친절하고 따뜻한 답글이 달려 있다면 가게의 호감도가 더 올라가겠죠? 플레이스 노출 순위를 올리고, 단골을 만드는 답글 작성 전략 5가지 방법을 알아보겠습니다.

답글 하나로 단골 만드는 5가지 방법

답글은 마음이 가는 대로 적어도 되지만, 여기소 소개하는 5가지 방법을 활용해 답글을 달면 더욱 효과적입니다. 이런 아주 세밀한 작업 하나만으로도 플레이스 노출 순위를 올리고, 단골까지 만들 수 있답니다.

❶ 고객의 아이디를 꼭 넣어 주세요

답글은 고객의 아이디를 언급하는 것으로 시작하세요. "〇〇〇 님, 안녕하세요." 처럼 고객의 이름이나 사용하면, 마치 자신에게만 달린 맞춤형 답글처럼 느껴져 더 특별한 인상을 줍니다. 아주 짧은 문장이지만 강한 첫인사입니다.

다만 이때, "빨간 옷이 정말 잘 어울렸던 고객님!", "지난번 방문했던 커플이네요." 등의 고객의 신상을 특정하거나 과도하게 표현하는 것은 피하세요. 지나친 언급은 고객에게 부담을 줄 수 있기 때문입니다.

❷ 고객이 언급한 포인트를 꼭 짚어 주세요

많은 사장님이 동일한 답글을 복사해 붙여 넣는 경우를 볼 수 있습니다. 물론 아무 답글도 없는 것보다는 낫지만, 고객이 남긴 리뷰에 꼭 맞는 답글을 달아야 '진짜 소통'이 이루어집니다.

예를 들어 "말차 케이크가 맛있었어요."라는 고객의 리뷰에 "말차 케이크를 칭찬해 주셔서 감사합니다! 저희가 매일 직접 만드는 메뉴라 더 애정이 가는 디저트랍니다."처럼 리뷰의 핵심을 콕 짚어 답해 주세요. 고객은 '내 얘기를 들었구나'라고 생각하면서 감동할 것입니다.

❸ 우리 가게만의 매력을 자연스럽게 녹여 보세요

답글은 '작은 안내문'이 될 수 있어요. 예를 들어 "다음에 신메뉴 딸기라떼도 꼭 드셔 보세요! 요즘 반응이 정말 좋답니다. :)", "저희는 항상 신선한 1등급 고기만 사용해요!"처럼 가게의 특징이나 장점을 과하지 않고 자연스럽게 담아 보세요. 재방문할 이유가 저절로 생겨나겠죠?

❹ 긍정적인 단어와 키워드를 적극 활용하세요

답글 안에 '추천', '재방문', '감사합니다'와 '강남 디저트 카페'처럼 지역+업종 가게 키워드도 넣어 보세요. 이런 단어들은 고객에게는 호감을, 검색 알고리즘에는 플러스 요인을 만들어 줍니다. "강남 디저트 카페 중 최고라는 말씀 너무 감사합니다! 또 뵐게요."와 같은 답글 한 줄도 고객에게는 좋은 인상을 깊이 남길 수 있어요.

❺ 답글도 '타이밍'이 중요합니다

리뷰가 올라오자마자 바로 답글을 다는 것보다 업종의 특성과 고객의 재방문 주기를 고려해 '적절한 시기'를 잡는 것이 더 효과적입니다. 답글이 등록되면 고객에게 자동으로 알림이 전송되므로, 이를 재방문으로 연결할 중요한 기회로 활용할 수 있죠. 업종별 답글 알림 추천 주기는 다음과 같습니다.

업종	답글 알림 주기
카페, 식당	1주일
숙박/주점	2주~1달
병원	1주 이내
미용실	1~2달 이내

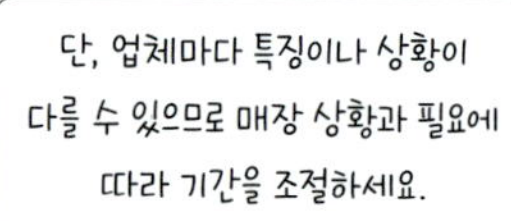

업종별 답글 알림 주기 추천

다음은 앞의 내용을 참고하여 작성한 리뷰 답글 예시입니다. 어떤가요? 답글에 가볍게 인사를 나누는 듯한 말투로 우리 가게의 이름과 키워드, 특성까지 자연스럽게 담았어요.

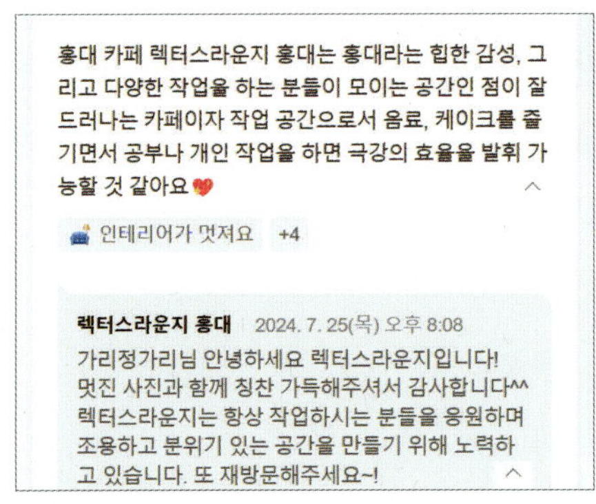

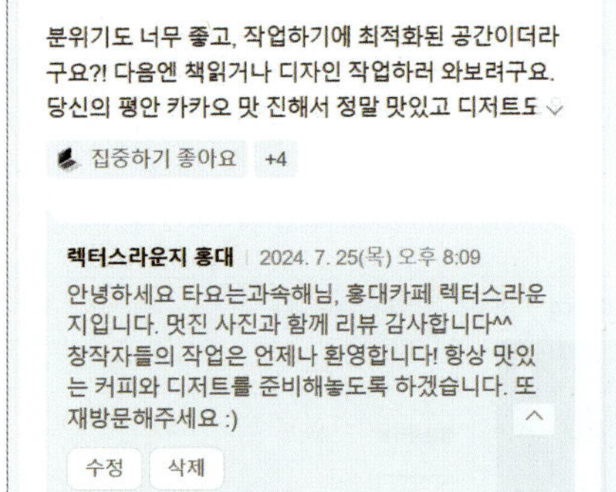

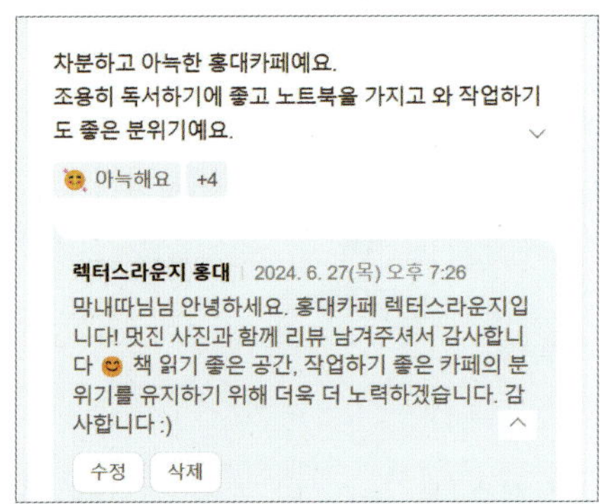

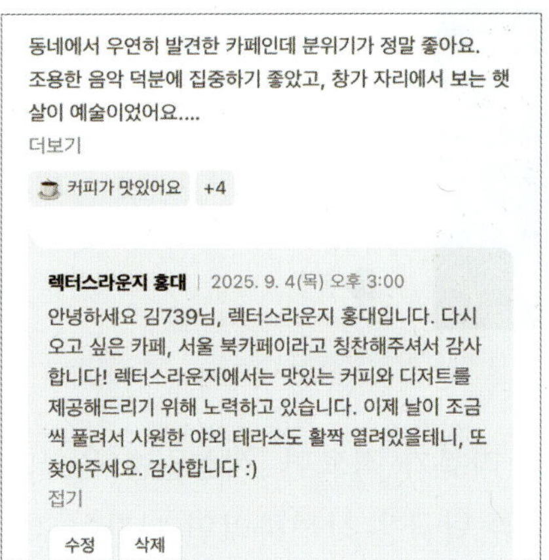

지금까지 설명한 5가지 방법만 기억해도 고객과의 관계는 물론, 매출에도 긍정적인 변화가 생깁니다. 단순한 인사말로 끝내지 말고, 고객과 대화하듯 자연스러운 답글로 단골을 만들어 보세요.

하면 된다! } 고객이 남긴 리뷰에 답글 달기

이제 앞서 배운 방법을 활용해 볼 시간입니다. 고객이 남긴 리뷰에 답글을 달아 보겠습니다.

1 네이버에 로그인한 후, 스마트플레이스 관리자 화면으로 들어가 ❶ [리뷰]를 누릅니다. 화면 오른쪽의 리뷰 항목 중에서 ❷ [답글여부]를 누르면 등록된 답글 과 아직 등록되지 않은 답글, 전체 답글을 확인할 수도 있어요.

2 현재 리뷰가 적으면 [작성일순]을, 많으면 [추천순]을 눌러 답글을 작성해 주 세요. 리뷰 답글을 작성하려면 시간이 걸립니다. [답글 쓰기]를 누릅니다.

⭐ 만약 리뷰가 100개 있고 답글을 달기 시작했다면, 지나간 모든 리뷰에 답글을 다 달 필요는 없어 요. **추천순으로 맨 위 리뷰 5개와 앞으로 추가될 리뷰**에 차근차근 답글을 달아 가는 것이 더 중 요합니다.

3 앞서 소개한 '답글 하나로 단골 만드는 5가지 방법'을 참고해서 답글을 작성해 보세요. 고객의 리뷰 밑에 답글을 달았다면 [등록]을 눌러 완료합니다.

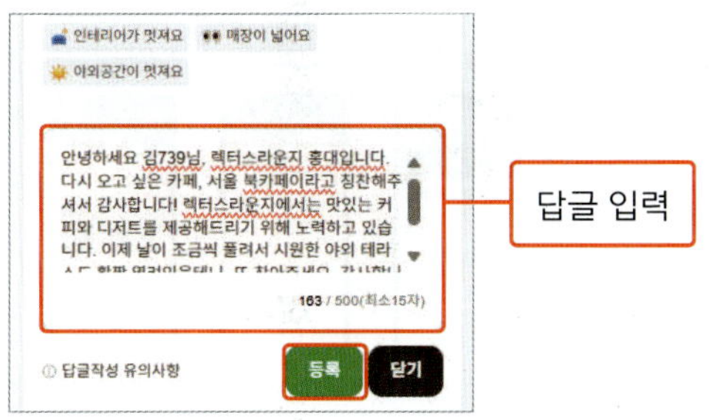

4 이렇게 달아 둔 답글이 잘 반영됐는지 확인해 보세요! [수정]을 눌러 내용을 수정하거나 [삭제]를 눌러 답글을 삭제하고 다시 작성할 수도 있어요.

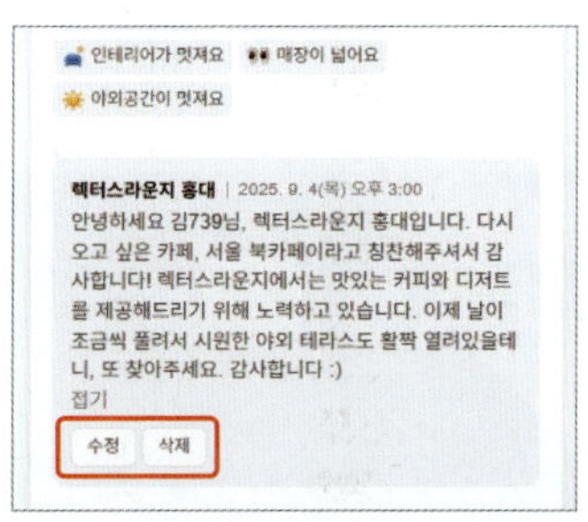

이렇게 고객의 아이디, 우리 가게의 이름과 키워드, 고객이 칭찬한 포인트, 홍보하고 싶은 메뉴나 이벤트, 긍정 키워드까지 모두 담아 자연스럽게 답글을 작성하면 리뷰를 남긴 고객에게는 진심을 전할 수 있고 다른 고객에게는 신뢰를 줄 수 있답니다.

하면 된다! } 모바일 앱에서 리뷰 답글 달기

리뷰 답글은 스마트폰에서도 언제나 쉽게 달 수 있습니다. 앱에서는 리뷰 답글뿐만 아니라 예약사항과 공지사항 등을 알림으로 빠르게 받아볼 수 있으니, 스마트폰에 꼭 설치해 두세요.

1 애플 스마트폰(아이폰)은 **앱스토어**에서, 삼성 스마트폰(갤럭시)은 **갤럭시스토어**에서 **스마트플레이스**를 입력한 후 검색합니다. 네이버 스마트플레이스센터가 보이면 **[받기]**를 눌러 내려받습니다.

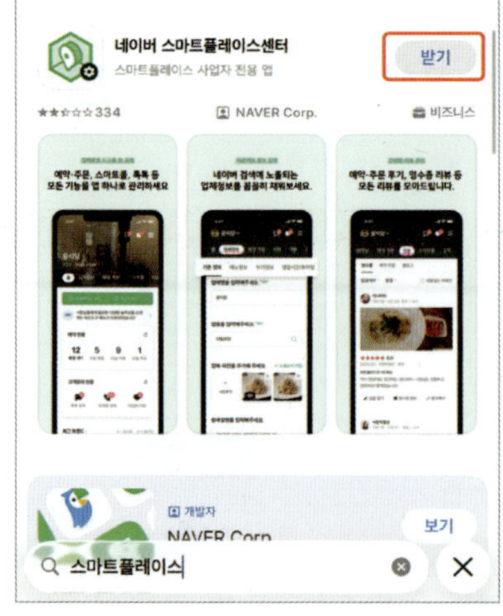

2 **[열기]**를 눌러 스마트플레이스에 접속합니다. 또는 스마트폰의 홈 화면에서 **스마트플레이스** 앱을 눌러 접속합니다.

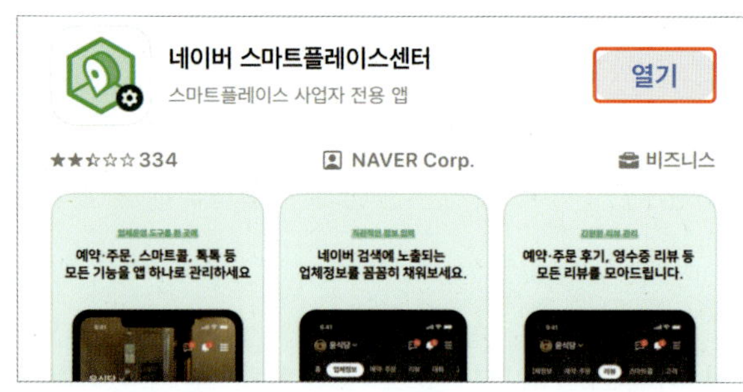

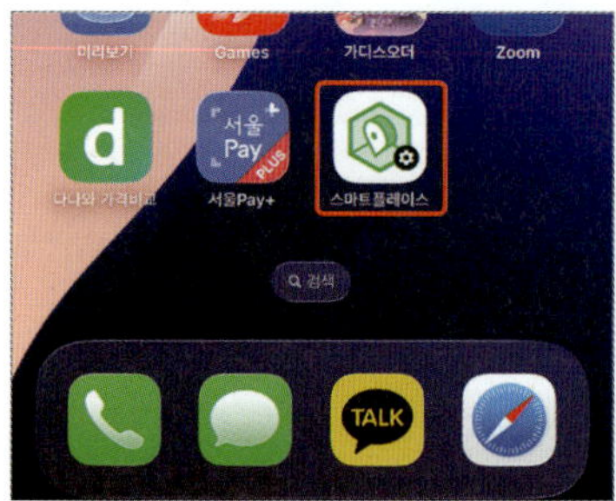

3 스마트플레이스 안내 화면에 따라 ❶ **[다음]**, ❷ **[시작하기]**를 누른 후, ❸ 네이버 로그인 화면에서 아이디와 비밀번호를 입력하고 ❹ **[로그인]**을 클릭합니다.

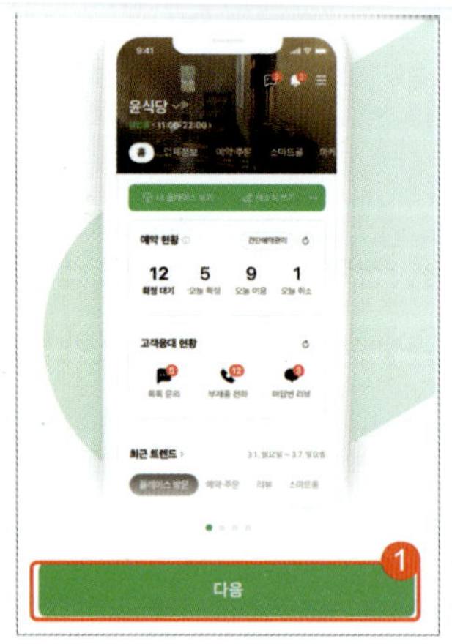

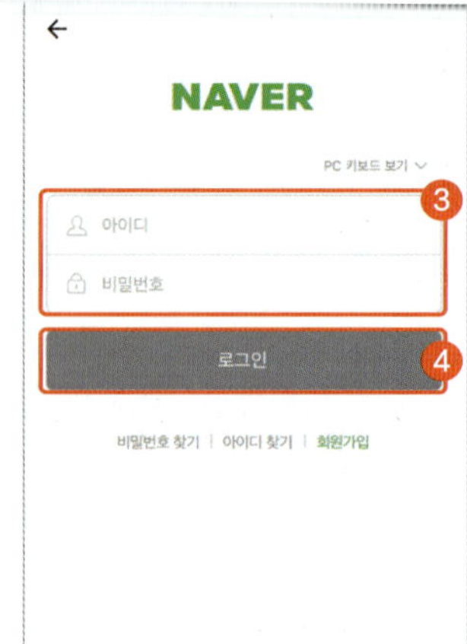

4 스마트플레이스 관리자 화면에서 [리뷰 → 방문자리뷰]를 누릅니다.

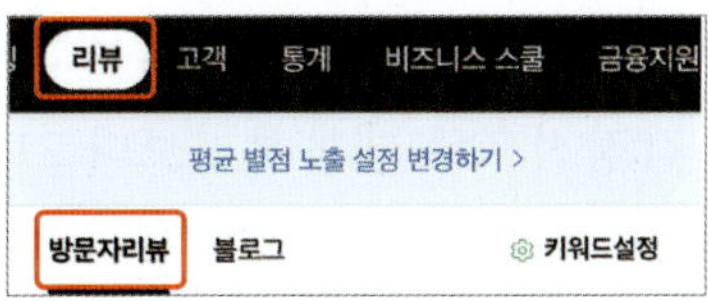

5 [답글여부 → 미등록]을 누릅니다. [전체]로 설정해 놓은 후 답글을 작성해도 되지만, 간혹 놓치는 리뷰가 발생할 수 있으므로 답글을 단 후에도 미등록 답글을 꼭 확인해 주세요.

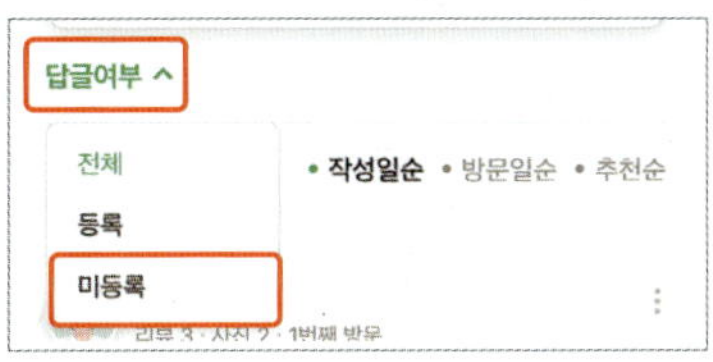

6 답글이 미등록된 리뷰 아래에서 [답글 쓰기]를 누릅니다.

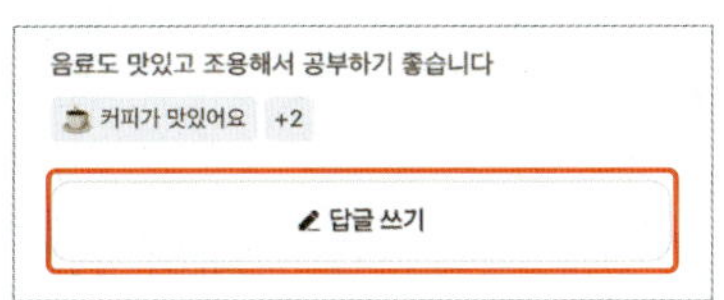

7 답글을 작성하고 [등록]을 누릅니다.

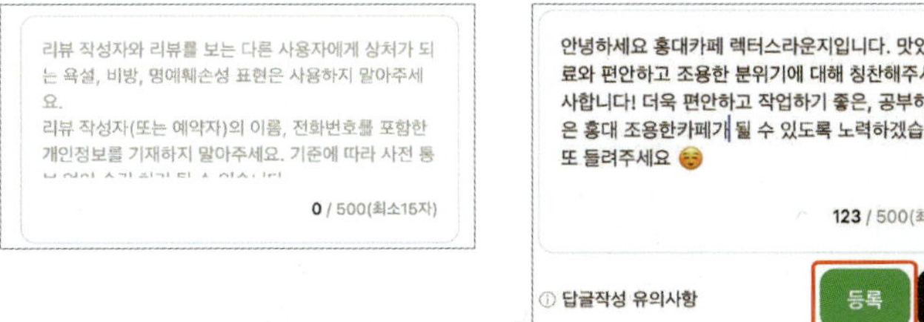

이렇게 고객의 리뷰에 답글을 달았습니다. 일과 중에 조금 여유가 생길 때 스마트폰으로 간단하게 고객 리뷰에 답글을 달아 진심을 전달해 보세요.

고객의 부정적인 리뷰에 대응하는 3가지 방법

모두 칭찬하는 리뷰이면 좋겠지만, 가게를 운영하다 보면 때때로 불편을 겪은 고객의 리뷰도 마주하게 됩니다. 이럴 때 당황하거나 감정적으로 대응하기보다 그 리뷰를 통해 우리 가게를 개선하고 신뢰를 얻을 기회로 삼는 게 더 현명합니다. 부정적인 리뷰에 대응하는 방법 3가지를 소개합니다.

❶ 고객의 마음을 먼저 이해해 주세요

고객이 남긴 내용에 공감하는 것부터 시작하세요. "기대하고 방문하셨을 텐데 불편하게 해드려 정말 죄송합니다." 이렇게 고객의 기분을 먼저 인정하고 진심 어린 태도로 시작하세요.

❷ 상황을 이해할 수 있도록 사실을 설명해 주세요

감정을 담기보다 객관적인 사실과 배경을 간단히 설명하는 것이 중요합니다. 예를 들어 가게의 실수로 발생한 경우라면, "당일 재료 수급 불안정으로 대부분의 메뉴를 제공해 드리지 못한 점 양해 부탁드립니다."처럼 짧고 명확하게 사정을 전달합니다.

가게 실수가 아닌 오해나 단순한 비난이라면, 당시 상황을 사실대로 안내해 고객이 이해할 수 있도록 합니다. 이렇게 하면 리뷰 작성자뿐 아니라 다른 고객에게도 신뢰감 있는 이미지를 전달할 수 있어요.

❸ 현재 개선되었음을 알려 주세요

이 문제가 지속적으로 발생하는 문제가 아니라는 것을 보여 주는 표현이 중요해요. 부정적인 리뷰와 답글은 해당 리뷰를 작성한 고객뿐만 아니라, 우리 가게를 방문할지 고민하는 고객들도 볼 수 있어요.

이때 "지적해 주신 부분은 내부 논의를 거쳐 조리 과정을 조정했습니다.", "해당 직원은 서비스 교육을 하여 현재는 더욱더 친절한 서비스를 제공하고 있습니다." 등 긍정적으로 개선되었음을 알리고, "다음 방문 때는 만족하실 수 있도록 더 노력하겠습니다."와 같은 메시지로 마무리하면 좋습니다.

이번에는 직원 응대가 불친절했다는 리뷰와 기다리는 시간이 너무 길었다는 리뷰에 답글을 어떻게 작성했는지 예시를 들어 보겠습니다.

예시 답글 1 | 직원 응대가 불친절했다는 리뷰

OOO 님, 리뷰 남겨 주셔서 감사합니다. 귀한 발걸음으로 방문해 주셨는데 직원 응대에 실망하셨다니 정말 송구한 마음입니다. 해당 내용은 팀원들과 즉시 공유하여 전 직원 교육을 강화했으며, 고객 응대 매뉴얼도 보완하고 있습니다. 앞으로는 더 따뜻하고 친절한 분위기로 맞이할 수 있도록 더 노력하겠습니다. 다시 한번 죄송하다고 말씀드리며, 기회가 된다면 꼭 다시 뵙고 싶습니다. 감사합니다.

예시 답글 2 | 기다리는 시간이 너무 길었다는 리뷰

OOO님, 저희 가게를 방문해 주셔서 감사합니다. 특히 소중한 시간을 내어 방문해 주셨는데, 대기 시간으로 인해 불편하게 한 점 정말 죄송합니다. 최근에 주말 고객이 많아 주문이 지연된 바 있어서 이후 대기 시스템을 도입해 개선하고 있습니다. 다음 방문하실 때는 보다 원활하게 안내해 드릴 수 있도록 노력하겠습니다. 불편하셨음에도 해당 내용을 남겨 주셔서 감사합니다. 다음번에는 더욱 편안하게 이용하실 수 있게 하겠습니다. 감사합니다.

예시 답글을 보니 고객의 마음이 조금 누그러졌겠죠? 답글을 작성할 때 사과만 반복하면 오히려 역효과가 날 수 있어요. '죄송하다'라는 말은 한두 번만 쓰고, 앞으로 어떤 조치를 할 것인지, 그 후 변화된 모습 위주로 써주세요. 또, 리뷰를 쓴 고객뿐 아니라 방문을 고민하는 고객도 함께 보고 있다는 사실을 꼭 기억하세요. 답글 하나가 신규 고객의 마음을 바꿀 수 있습니다.

⭐ 06-2절에서 부정적인 리뷰에 답글을 달 때 AI를 활용하는 방법을 소개합니다. 답글 작성이 어렵게 느껴진다면 참고하세요.

리뷰는 단순한 평가가 아니라, 우리 가게를 찾아 준 고객과 소통하는 소중한 자료입니다. 감사하는 마음을 담은 답글 하나가 고객에게는 따뜻한 기억으로 남고, 신규 고객에게는 '한번 가보고 싶은 곳'이라는 인상을 줄 수 있어요.

특히 진심 어린 답글은 **가게의 첫인상을 바꾸고, 고객을 다시 오게 만드는 결정적인 요소**가 되기도 합니다. 리뷰 하나에도, 답글 한 줄에도 우리 가게의 브랜드가 담겨 있다는 사실, 이제 잘 아시겠죠?

지금까지 고객을 움직이는 리뷰 활용 전략을 살펴보고 영수증 리뷰 이벤트 안내문도 만들어 봤습니다. 또한 리뷰에 답글을 달아 단골을 만드는 방법과 부정적인 리뷰에 대응하는 방법도 알아보았습니다. 다음 절에서는 조금 더 적극적인 리뷰 마케팅인 **블로그 체험단**을 어떻게 운영하는지 살펴보겠습니다.

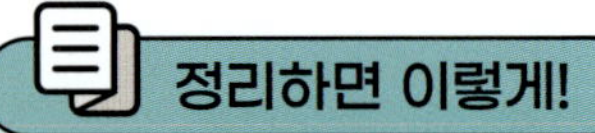

정리하면 이렇게!

리뷰에 답글 작성하는 방법, 이것만 하면 된다!

1. 답글은 최고의 소통 창구예요!

   ✔ ① (고객 실명 언급 / 고객 아이디 언급), 리뷰 내용 반영, 가게 매력 어필 등 답글을 전략적으로 활용해 단순한 감사 인사를 넘어 단골을 만드는 소통을 시작

2. 부정적인 리뷰에 답글 달기는 신뢰 회복의 기회예요!

   ✔ ② (감정적으로 대응하지 말고 / 일단 빠르게 대응하고) '공감 → 설명 → 개선 약속'의 3단계로 차분하게 대응해 위기를 신뢰로 바꾸기

정답 ① 고객 아이디 언급 ② 감정적으로 대응하지 말고

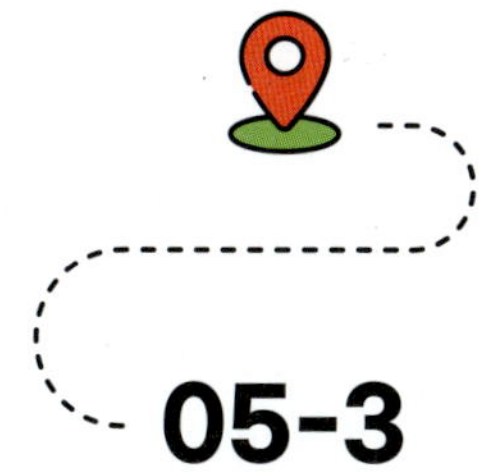

네이버 공식 인플루언서가 알려 주는
블로그 체험단 운영법

블로그 체험단이란?

플레이스를 개설하고 나면 "무료 체험단 운영해 드릴게요.", "블로그 홍보해 보셨어요?" 같은 연락을 한 번쯤 받아보았을 겁니다. 그만큼 블로그 체험단은 요즘 마케팅에서 빼놓을 수 없는 전략입니다.

블로그 체험단이란 **블로거에게 제품이나 서비스를 제공하고, 사용 후기를 블로그에 작성하도록 요청하는 마케팅 방식**입니다. 체험단은 블로그, 인스타그램, 유튜브 등 다양한 소셜 미디어 채널에서 활동하므로 가게 입장에서는 간접 광고 효과를 얻을 수 있죠.

특히 특정 키워드로 검색했을 때 플레이스보다 블로그 글이 먼저 노출되는 경우도 있어서, 이 전략을 잘 활용하면 노출과 신규 고객 유입에 큰 효과를 볼 수 있어요. 이렇게 쌓인 체험단 리뷰들은 플레이스의 [리뷰 → 블로그 리뷰] 탭에서도 확인할 수 있어요.

플레이스의 [리뷰] 탭

예를 들어, 체험단에 참여한 블로거가 '서울 북카페 홍대 감성 카페'라는 제목으로 글을 올렸다고 해봅시다. 이 글이 '홍대 북카페'를 검색했을 때 상위에 노출된다면, 해당 키워드를 검색한 고객 가운데 이 글을 보고 카페에 방문하는 고객이 생기는 것은 자연스러운 흐름입니다. 그렇기 때문에 사장님은 플레이스 상위 노출만큼이나 블로그 체험단 상위 노출을 중요하게 생각합니다.

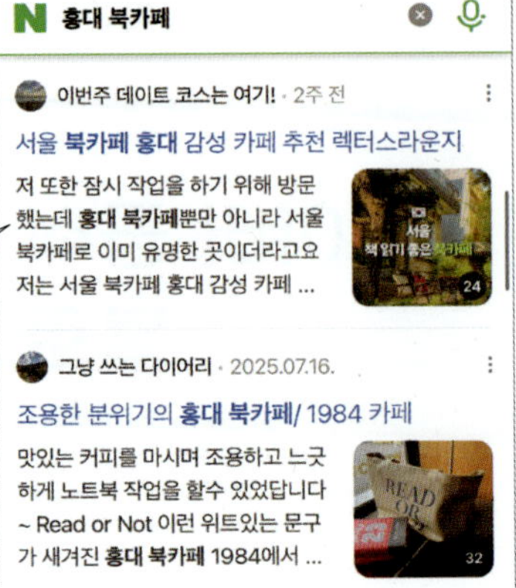

하지만 단순히 체험단을 운영한다고 해서 좋은 결과가 따라오는 건 아닙니다. 어떤 블로거를 선정할지, 어떤 내용을 담아 달라고 요청할지, 어떻게 하면 자연스럽고 신뢰감 있게 우리 가게를 소개할지까지 전략적으로 운영하는 것이 핵심이에요.

이번 절에서는 네이버 인플루언서이자 마케터로 활동하는 제 경험에서 비롯한 **블로그 체험단의 개념부터 실전 노하우**까지 모두 소개하겠습니다.

유료 체험단 vs 무료 체험단, 뭘 해야 할까요?

체험단 운영 방식은 크게 유료 체험단과 무료 체험단으로 나뉩니다. 두 체험단 방식의 특성과 장단점을 간단히 비교해 보면서 우리 가게는 어떤 방식을 선택해야 홍보 효과가 있을지 생각해 보세요.

❶ 체험단 모집 플랫폼을 활용해 체험단 모집하기(유료)

현재 국내에는 '레뷰', '서울오빠', '링블', '디너의 여왕', '놀러와' 등 다양한 체험단 모집 플랫폼이 있습니다. 이 플랫폼에서는 지역, 업종, 키워드 조건에 맞춰 체험단을 모집할 수 있고, 운영 결과를 통계로 확인할 수 있어서 편리합니다. 단점으로는 일정 비용이 발생하고 블로거 후기 퀄리티에 편차가 있으며, 담당자와의 소통이 매끄럽지 않을 수 있다는 것입니다.

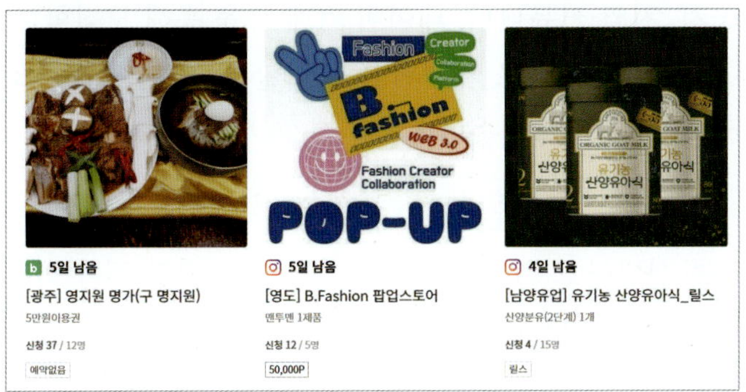

체험단을 모집하는 웹사이트인 레뷰 화면

❷ 마케팅 대행사 이용해 체험단 모집하기(유료)

체험단 모집부터 후기 작성까지 모든 과정을 대행해 주며 전문 서비스를 제공합니다. 편리하고 대형 플랫폼에 비해 담당자와 쉽게 소통할 수 있다는 장점도 있습니다.

그러나 비용이 발생하고 대행사의 실력에 따라 결과 편차가 심하다는 단점도 있습니다. 크몽, 숨고 등의 웹사이트에서 '블로그 체험단'을 검색하면 다양한 대행사를 찾아볼 수 있습니다.

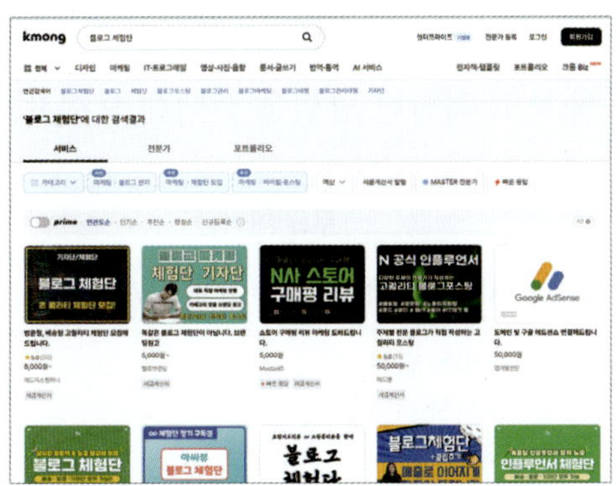
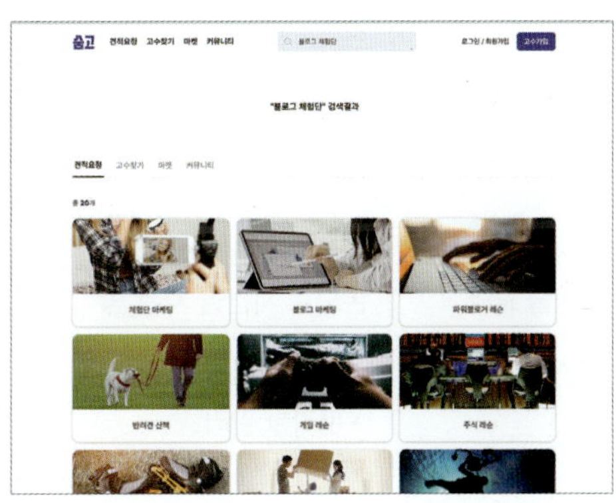

마케팅 대행사를 구할 수 있는 플랫폼인 '크몽'과 '숨고' 화면

❸ 체험단 직접 모집하기(무료)

무료 체험단은 자신이 직접 체험단을 모집하고 운영하는 것을 말합니다. 무료 체험단은 SNS 또는 블로그 공지, 지역 커뮤니티, 네이버 카페 등을 통해 모집할 수 있습니다. 최근에는 '리뷰노트'처럼 무료로 체험단을 모집할 수 있는 플랫폼도 생겨, 이를 활용하면 간편하게 진행할 수 있습니다.

비용 부담 없이 우리 가게의 조건에 맞게 운영하고 블로거와 직접 소통할 수 있다는 장점이 있지만 블로거를 선별하고 소통하고 결과 관리까지 직접 해야 하므로 시간과 노력을 많이 들여야 한다는 단점도 있습니다.

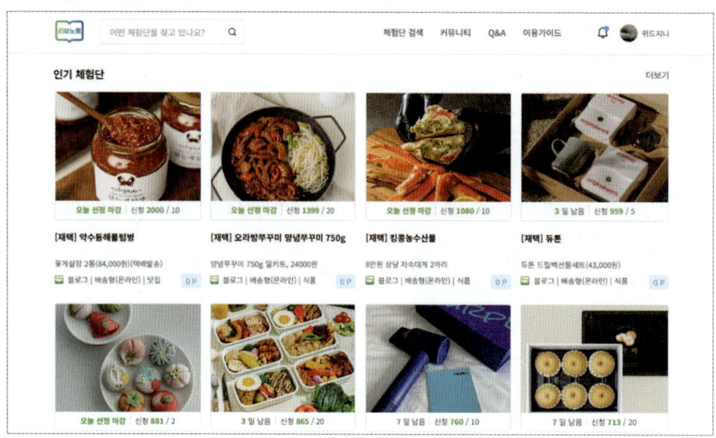

무료 체험단 플랫폼인 리뷰노트 화면

유료 체험단과 무료 체험단의 장단점을 간단하게 표로 정리해 보았습니다. 우리 가게에는 어떤 방식이 더 효과적인지 비교해 보고 적합한 방법을 선택해 보세요.

구분	유료 체험단	무료 체험단
한 줄 요약	돈으로 시간을 사는 방식	시간과 노력을 들여 비용을 아끼는 방식
장점	• 빠른 모집 • 편리한 관리 • 시간 절약	• 비용 없음 • 직접 선별 • 진정성 있는 소통
단점	• 높은 비용 • 업체마다 품질이 다름 • 담당자와의 소통에 제한이 있음	• 많은 시간 소요 • 모집의 어려움 • 돌발 상황 발생
추천 대상	시간이 없는 사장님	예산이 없는 사장님

어떤 체험단 방식이 내 가게 홍보에 더 적합할까요?

운영 시간과 여유가 있다면 체험단을 직접 모집하는 것을 추천합니다. 정성스럽게 구성한 안내문과 선별된 블로거들과의 협업은 기대 이상의 결과를 만들어 내기 때문이죠.

반대로, 시간이 부족하거나 아직 현장 운영이 안정화되어 있지 않다면, 플랫폼이나 대행사를 활용하는 편이 훨씬 효율적입니다. 다만 업체마다 품질 차이가 크므로 검증된 곳을 신중하게 선택해야 합니다. 특히 플레이스를 처음 개설했거나 오픈 이벤트처럼 단기간에 눈에 보이는 성과가 필요한 시기에는 유료 체험단이 안정 적이고 효과적입니다.

무엇보다 중요한 건 체험단 마케팅의 구조와 원리를 이해하는 것입니다. 단순히 글을 하나 쓰고 끝나는 것이 아니라 내 가게의 매력을 블로거에게 전달하고, 고 객이 신뢰할 만한 후기를 남길 수 있도록 하는 것이 핵심입니다. 이어서 우리 가 게의 블로그 체험단을 직접 모집하는 방법을 단계별로 소개하겠습니다. 여기소 소개하는 내용만 알아도 누구나 성공적인 체험단 마케팅을 시작할 수 있습니다.

체험단 모집 전 꼭 알아야 하는 꿀팁 — 블로그 키워드 인기주제

체험단을 모집하기 전에 반드시 기억해야 할 점이 있습니다. 플레이스와 블로그 의 키워드 노출 방식(알고리즘)은 다르다는 사실이에요. 플레이스는 키워드를 검 색하면 해당 키워드에 해당하는 가게들이 순서대로 노출되지만, 블로그는 단순 순위가 아니라 네이버가 정한 인기주제에 따라 나뉘어 노출된다는 것입니다.

예를 들어 '강남 카페' 키워드에서 우리 가게의 블로그 체험단 글을 노출하고 싶 다고 해볼까요? 이때 단순히 제목에 '강남 카페'를 넣으라고 블로그 체험단에 요 청하는 것보다, 실제 검색 결과에서 노출되는 '강남역 카페', '강남 카페 추천'같 은 인기주제를 제목과 본문에 자연스럽게 활용하도록 안내하는 것이 훨씬 효과 적입니다.

직접 검색해 보면 더 명확하게 알 수 있어요. '여의도 맛집'을 검색하면 '여의도 한강뷰 맛집', '여의도 맛집 내돈내산' 같은 인기주제가 노출되고, 해당 인기주제에 맞는 블로그 글들이 상위에 올라옵니다. 경우에 따라 브랜드 광고 콘텐츠도 보이죠.

마찬가지로 '신도림 맛집'을 검색하면 또 다른 인기주제들이 나타납니다. 즉, **인기주제**란 검색 사용자가 많이 찾는 연관 검색 키워드들을 묶어 보여주는 영역으로, 검색 키워드에 따라 구성과 조합이 달라집니다.

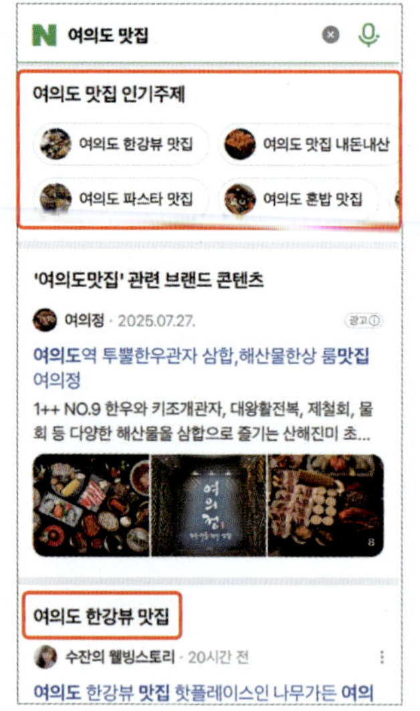

따라서 우리 가게가 **노출을 목표로 하는 키워드가 있다면, 반드시 먼저 검색해 보고 어떤 인기주제가 노출되는지 확인**해야 합니다. 그리고 체험단에는 단순한 키워드가 아니라 현재 노출되는 인기주제 키워드를 함께 제공해야 상위 노출 확률을 높일 수 있습니다. 참고로 인기주제는 일정 기간에 따라 달라지니, 체험단을 모집하기 전에 네이버에 키워드를 한 번 더 검색해 보는 것을 잊지 마세요.

블로그 체험단 실전 운영 4단계

앞서 알아본 것처럼 체험단은 대행사를 통해 유료로 모집할 수도 있고, 무료로 직접 모집할 수도 있습니다. 여기서는 무료 체험단 플랫폼 리뷰노트를 활용해 체험단을 직접 모집하고 선정하는 방법을 살펴보겠습니다.

유료 대행사를 이용하더라도 모집부터 선정, 후기 관리까지 **체험단을 운영하는 기본 흐름**은 알아 두는 게 좋습니다. 그래야 나중에 대행사나 다른 플랫폼을 이용하더라도 체험단 마케팅을 더 효과적으로 활용할 수 있기 때문이죠.

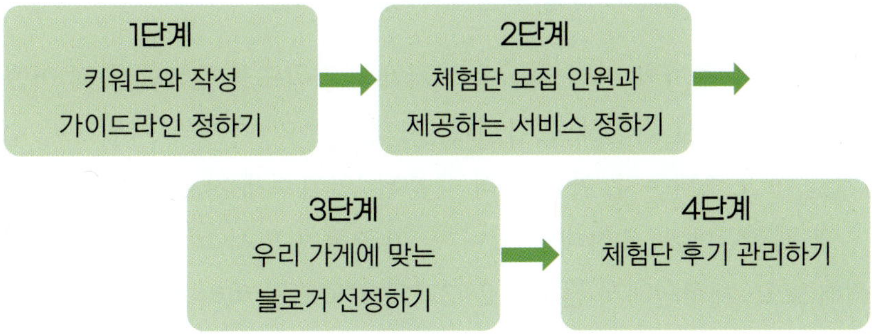

1단계 키워드와 작성 가이드라인 정하기

체험단을 모집할 때는 가장 먼저 블로그 글에 담아야 할 키워드와 작성 가이드라인을 제공해야 합니다. 다음에 제시한 체험단 가이드라인 예시 2가지를 비교해 볼게요.

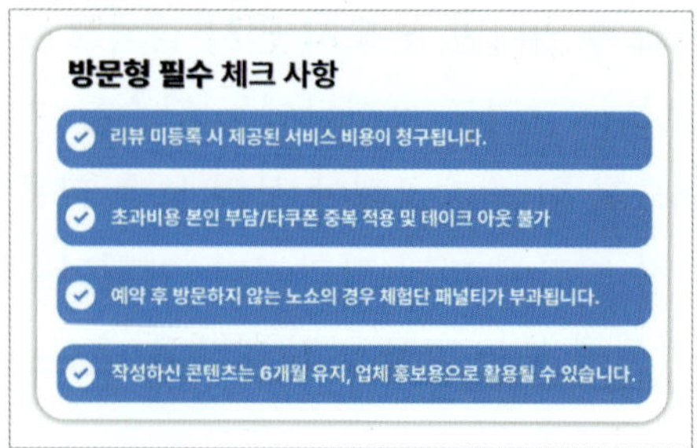

기본적인 정보만 있는 가이드라인 예시

**주말에 웨이팅이 많아 방문 어렵습니다. 평일 방문 가능하신 분만
신청해주세요. 주말에 오시면 체험 불가합니다.**

아래 내용을 꼭 포함해주세요.

- 12시부터 24시까지 운영하는 #홍대 늦게까지 하는 카페 라는 점
강조해주세요!
- 지하1층은 갤러리, 1,2층은 카페로 운영하고, 2층은 조금 더 작업에 집중하는
공간이라는 점 작성해주세요.

- 위치 안내: 대중교통을 통해 오기 편한 경로 안내해주시면 됩니다.
홍대입구역 7번 출구에서 도보 7분
상수역 2번 출구에서 도보 13분

- 주차: 주변 홍익대학교 주차장이나 tmap홍대 칼리오페주차장 (모두의
주차장) 통해서 이용 가능하다는 점 안내부탁드립니다.

상세한 정보를 포함한 가이드라인 예시

어떤 가이드가 더 좋은 결과를 만들까요? 대부분은 키워드, 필수 언급 포인트 등이 명확하게 적힌 오른쪽 가이드가 훨씬 높은 품질의 체험단 리뷰를 끌어냅니다. 일부 사장님은 '블로거가 알아서 잘 써주겠지.', '너무 많은 걸 요청하면 모집이 어렵지 않을까?' 생각하고 가이드를 간단하게 작성하지만, 사실은 그 반대입니다. 가이드라인에서 제공하는 **기준이 명확해야 블로거도 방향성을 잃지 않고, 가게가 원하는 정보 중심으로 글을 구성할 수 있습니다.**

그리고 가이드에 추가할 키워드는 **우리 가게의 키워드를 검색했을 때 어떤 영역이 노출되는지**를 반드시 확인해야 합니다. 고객이 우리 가게의 키워드를 검색했을 때 '인기글'이 노출되는지, 아니면 더 세분된 '인기주제'가 나타나는지 반드시 확인한 후에 체험단에게 요청해야 합니다. 따라서 **반드시 네이버에서 직접 키워드를 검색해 보고, 체험단에게 전달할 2~3개의 키워드를 미리 정리해 두세요.**

예를 들어 우리 가게 키워드가 '합정 한정식'이고 검색했을 때 인기주제에 '합정역 한정식'이 나온다면 제목에는 '합정역 한정식'을 넣어 작성해 달라고 요청하는 것이 핵심입니다.

이렇게 고객에게 제공할 리뷰 작성 가이드라인에 반드시 들어가야 할 내용을 4가지로 정리해 보았습니다.

❶ 체험단 리뷰의 목적을 정확히 안내하기

신메뉴 홍보가 목적이라면 메뉴의 이름과 가격, 사진, 맛을 중심으로 작성하도록 요청하고, 시즌 이벤트 홍보가 목적이라면 이벤트 참여 방법과 혜택 중심으로 정리해 달라고 안내해야 합니다.

❷ 키워드와 인기주제가 포함되도록 전달하기

예를 들어 한정식집이 키워드라면 '부모님이 만족한 한정식집', '엄마가 칭찬한 가게'처럼 키워드와 관련된 메시지를 자연스럽게 포함하도록 안내해 주세요.

❸ 리뷰에 포함할 내용과 제외할 내용 구체적으로 제시하기

찾아오는 길, 주차 안내, 대표 메뉴, 우리 가게의 특징 등 강조할 정보는 명확히 전달하고, 언급하지 말아야 할 경쟁 가게나 부정확한 문구도 사전에 안내해야 실수를 줄일 수 있습니다.

❹ 촬영 가이드라인 제공하기

블로그는 이미지 비중이 높기 때문에 촬영 가이드라인을 제공하는 것이 좋습니다. 외관, 공간, 대표 메뉴처럼 반드시 들어가야 하는 사진을 지정하고, 촬영을 원치 않는 공간이 있다면 미리 안내해 주는 것이 좋습니다.

이처럼 **목적, 키워드와 인기주제, 필수정보, 촬영 가이드라인**만 명확히 정리해서 전달하면 체험단 리뷰의 품질을 안정적으로 유지할 수 있고, 검색 노출 효과를 극대화할 수 있습니다. '알아서 잘 써주겠지.'라는 생각은 금물입니다.

정리하면 다음과 같은 방식으로 가이드라인을 제공할 수 있습니다.

> **[고객에게 전달하는 리뷰 가이드라인 예시]**
> 1. 딸기라떼 신메뉴가 나왔다는 것을 강조해 주시고, 딸기라떼의 맛과 신선한 재료를 중심으로 작성해 주세요.
> 2. 합정 카페, 합정 데이트 중 1개의 키워드와 가게 이름을 제목에 넣어주세요. 커피뿐만 아니라 디저트가 다양하고 맛있다는 점도 작성해 주세요.

3. 합정역에서 도보 5분 거리로 가깝다는 점과 주변에 공영주차장이 있어 주차하기 편하다
   는 점을 안내해 주세요. 주변 다른 카페 이름은 넣지 말아 주세요.
4. 1~3층까지 모든 공간의 사진을 꼭 찍어주시고, 다양한 디저트와 음료 사진을 선명하게
   찍어주세요. 메뉴판 사진도 꼭 첨부해 주세요.

하면 된다! } 블로그 체험단 키워드와 가이드라인 작성하기

다음 예시를 참고해서 우리 가게의 블로그 체험단에 제공할 키워드와 가이드라
인을 작성해 보세요.

[예시]

키워드 예	강남 카페				
인기주제	강남 노트북 카페	강남 힙한 카페	강남 주차 카페	강남 대형 카페	강남역 카페
우리 가게 연관 여부	O	X	X	O	O
가이드라인	1. 제목에 '강남역 카페', '강남 대형 카페' 중 하나와 '상호명'을 필수로 넣어주세요. 2. '눈치 안 보고 노트북 하기 좋은 분위기'와 '넓은 좌석'을 강조해 주세요. (카공족 타깃) 3. 시그니처 메뉴인 '아인슈페너'의 크림 맛을 상세히 묘사해 주시고 2층 통유리창 뷰, 노트북 사용 중인 테이블, 디저트 클로즈업 사진은 꼭 넣어 주세요. 4. 하단에 네이버 지도 첨부 필수! 경쟁 업체인 'OO커피' 언급은 피해 주세요.				

[우리 가게 키워드 및 가이드라인]

키워드 예					
인기주제					
우리 가게 연관 여부					
가이드라인					

키워드의 인기주제는 2~3개 정도 골라주세요. 가이드라인은 플레이스 업체정보를 입력할 때 자세히 적었던 것 기억하죠? 간략하게 정리해서 적으면 됩니다. 1, 2, 3, 4와 같이 번호를 활용해 정확하게 명시해 주는 것이 좋아요.

2단계 체험단 모집 인원과 제공하는 서비스 정하기

블로그 체험단을 모집할 때는 **인원수와 제공하는 내역을 명확하게 정하는 것**도 중요합니다. 가장 중요한 기준은 **우리 가게에서 감당할 수 있는 규모**입니다. 일반적으로 블로그 체험단은 **한 달에 10팀 내외**로 시작하는 경우가 많습니다. 적극적으로 홍보하고 싶다면 **20~40명**까지 모집하기도 합니다. 다만, 무리하게 인원을 늘려 손님이 한꺼번에 몰리면 서비스 품질이 떨어지고, 오히려 부정적인 리뷰가 늘어날 수 있습니다.

이런 상황을 방지하려면 방문 요일을 조정하거나 방문하는 시간을 분산하는 등 매장 상황에 맞게 운영해야 합니다. 방문 요일 설정도 중요한 요소입니다.

체험단을 운영하다 보면 "주말은 손님이 어느 정도 있으니, 평일에만 모집해야겠다"라고 판단하는 경우가 많지만, 주말에 웨이팅이 생길 만큼 붐비는 매장이 아니라면 주말 방문을 허용하는 것이 더 효과적입니다. **주말 방문이 가능할수록 영향력 있는 블로거의 지원율이 높아지기 때문입니다.**

체험단에게 제공하는 서비스는 가게의 특징이나 시즌에 따라 달라질 수 있습니다. 중요한 점은 **체험단 입장에서 '이 정도면 방문해도 되겠다!' 라고 느낄 만한 매력적인 서비스를 제공하는 것**입니다. 제공 내역은 단순히 일정 금액의 이용권보다는 가게의 시그니처 메뉴를 반드시 포함하는 것이 좋습니다. 그래야 체험단이 자연스럽게 대표 메뉴를 맛보고 리뷰를 남길 수 있고, 우리는 대표 메뉴를 더욱 효과적으로 홍보할 수 있습니다. 또한 제공 내역은 신메뉴가 나오거나 6개월에 한 번씩 변경해 다양한 메뉴를 소개할 기회를 마련해 보세요.

카페	식당	고깃집, 술집	호텔·숙박업
3만 원 내외의 식음료	5만 원 내외의 식음료	5~7만 원 내외의 식음료	랜덤 숙박권

업종별 추천 제공 내역

체험단 모집 인원수와 제공하는 서비스를 가게 운영 초기와 안정기로 나누어 정리해 보았습니다.

구분	가게 운영 초기	가게를 안정적으로 운영하는 시기
체험단 모집 인원수 (1개월 기준)	20~40명	최소 10명
제공하는 서비스	우리 가게의 대표 메뉴나 서비스	우리 가게의 대표 메뉴나 서비스, 신메뉴 등으로 구성
체험단이 우리 가게를 방문하는 요일	요일 제한 없이 운영	주말 제외 등 탄력 있게 운영

하면 된다! } 리뷰노트로 우리 가게에 딱 맞는 체험단 모집하기

무료 체험단 모집 사이트인 **리뷰노트**에서 우리 가게의 체험단을 직접 모집해 보겠습니다.

리뷰노트 로고

1 리뷰노트 로그인하기

① 네이버에서 **리뷰노트**(reviewnote.co.kr)를 검색하고 **②** **리뷰노트**에 접속합니다.

2 리뷰노트의 오른쪽 위에서 ❶ [로그인]을 누르고 ❷ [Naver로 로그인]을 선택해서 회원 가입을 진행합니다.

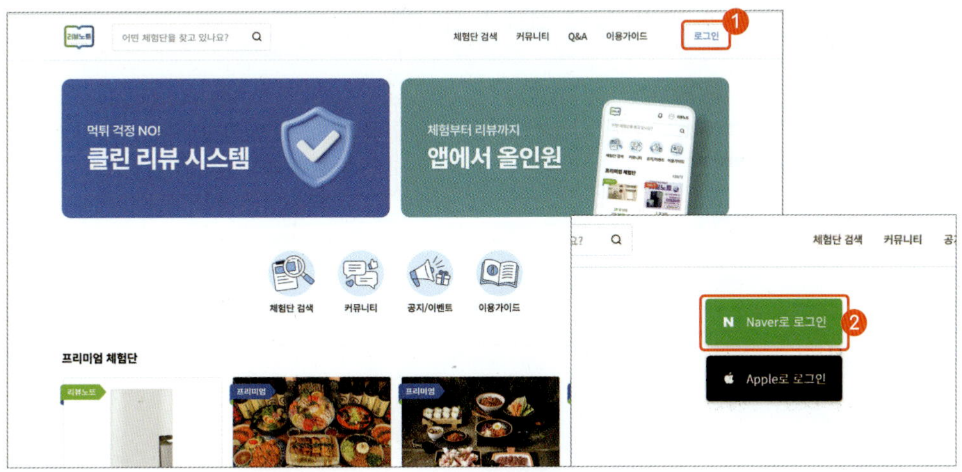

3 처음 회원에 가입하면 3가지 메뉴가 나타납니다. ❶ [소상공인으로 시작]을 누르고 ❷ 개인 정보를 입력한 후 회원가입을 마칩니다.

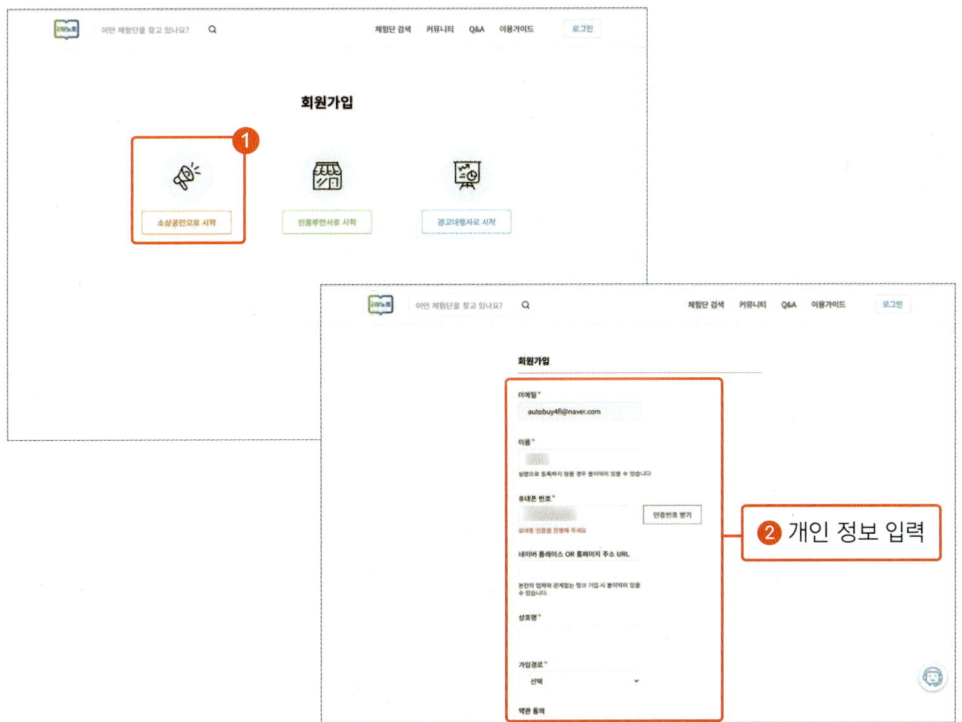

4 체험단 기본정보 등록하기

로그인을 마쳤다면 ❶ 마이페이지에서 [체험단 모집]을 누르고 ❷ 우리 가게의
기본 정보를 입력한 후 ❸ [다음으로]를 누릅니다.

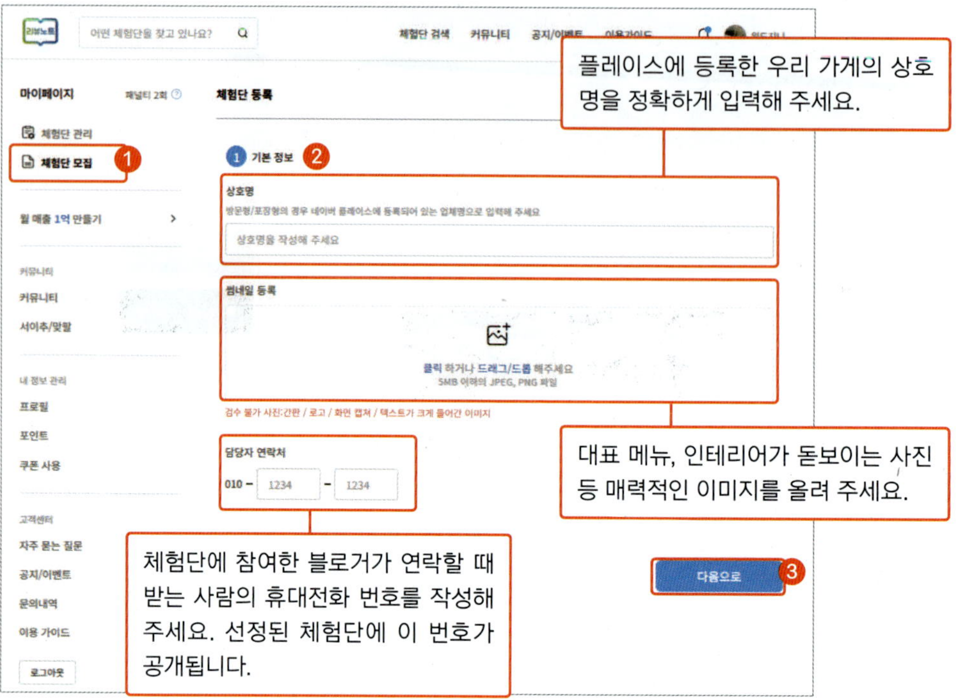

5 홍보 유형 선택하고 우리 가게 주소 입력하기

홍보 유형은 다음과 같이 4가지가 있습니다. 오프라인 매장에서는 보통 [방문형]
또는 [포장형]을 선택합니다. ❶ 우리 가게에 맞는 홍보 유형을 선택한 후, ❷ 고
객이 방문할 가게 주소를 정확히 입력해 주세요. 이번 실습에서는 [방문형]을 선
택하겠습니다.

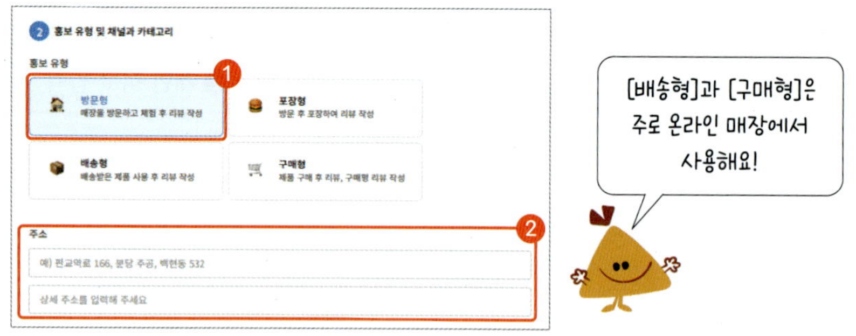

6 카테고리와 채널 선택하기

이번에는 카테고리와 채널을 선택하겠습니다. ❶ [카테고리]에서 우리 가게의 업종에 맞는 카테고리를 선택해 주세요. 예를 들어 식당이라면 [맛집]을, 숙박이라면 [여행]을 선택합니다. 채널에서 [블로그]나 [인스타그램]을 선택하면 체험단을 무료로 모집할 수 있습니다. 가게 운영 초반에는 블로그만으로도 충분하므로 여기에서는 ❷ [블로그]를 선택하고 ❸ [다음으로]를 누르세요.

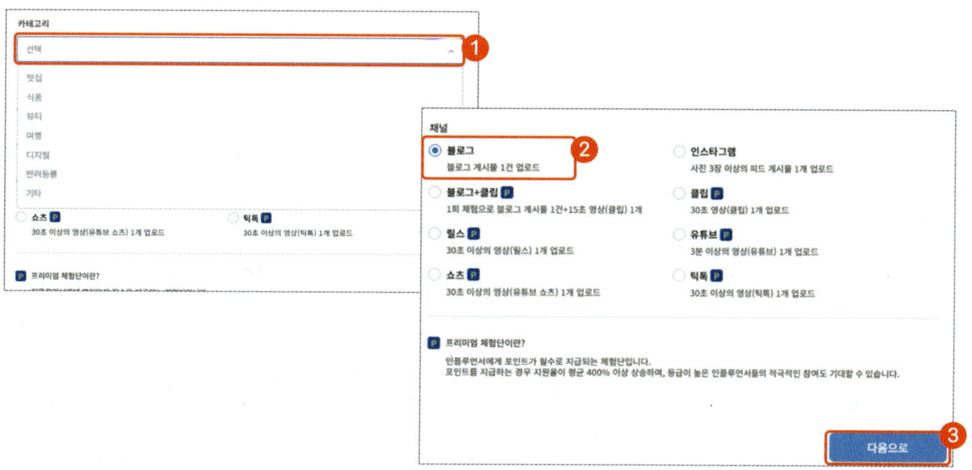

7 체험할 요일과 시간 설정하기

우리 가게 상황에 맞게 체험단이 방문할 요일과 시간을 선택합니다. 예를 들어 주말은 바빠서 체험단을 관리하기 어렵다면 평일 오후 12시~17시와 같이 선택할 수 있어요. 단, 방문 가능 시간의 범위를 화요일~목요일 오후 14시~16시처럼 지나치게 제한하면 지원율이 크게 떨어질 수 있으니, 가게 상황을 고려해 적정한 범위로 설정하는 것이 좋습니다.

가게가 24시간 영업한다고 해서 체험 가능 시간을 24시간으로 선택하지 않아도 됩니다. 다시 말해 **체험단 운영 시간은 전체 영업시간과 별개라는 것이 핵심**입니다.

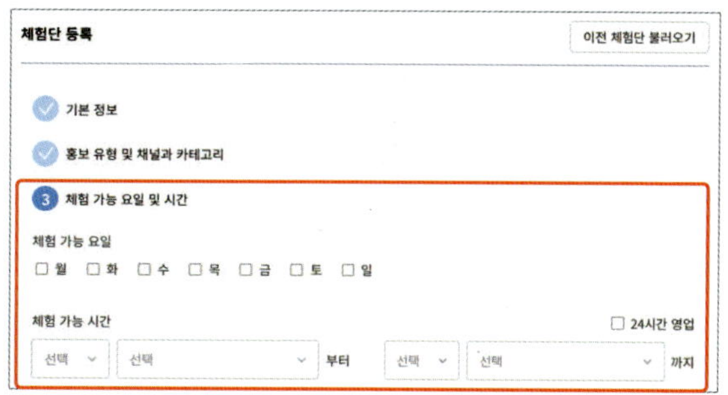

8 당일 예약 및 방문 가능 여부 설정하기

준비 시간이 오래 걸리거나 매장이 넓지 않다면 당일 예약과 방문은 [불가능]으로 설정하는 것을 추천합니다. [예약 시 주의사항]에도 '당일 예약은 불가하며, 최소 하루 전 예약 부탁드립니다.' 등의 안내 문구를 꼭 남겨 주세요.

만약 제공하는 서비스가 간단하거나 매장이 넓어 따로 예약하지 않아도 된다면 [가능]을 선택한 후에 '예약 없이 일정 내에 방문하시면 됩니다.'라고 안내해 주는 것이 좋아요. 모두 입력했다면 [다음으로]를 눌러 주세요.

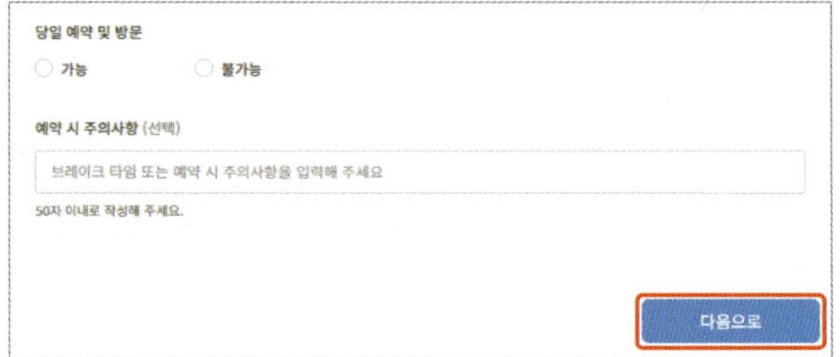

9 체험단 미션과 키워드 작성하기

앞서 '우리 가게의 무료 블로그 체험단 실전 운영 4단계' 가운데 1단계에서 준비한 업종별 키워드와 작성 가이드라인을 그대로 입력합니다. 막연하게 '잘 부탁드립니다.'라는 문구보다 우리 가게에 딱 맞는 블로그 키워드와 가이드라인을 제공해 주는 것이 핵심입니다.

예를 들어 '사진은 외부 전경과 메뉴, 전반적인 분위기와 카운터 앞 포토존 포함, 내용은 1. 메뉴명과 가격, 2. 맛 후기, 3. 전체적인 분위기와 재방문 의사를 꼭 작성해 주세요.'처럼 친절하지만 명확하게 요청해야 합니다.

또, 강조하고 싶은 부분이 있다면 '○○ 부분은 사진을 꼭 찍어 주시고, 내용도 적어 주세요.'라고 남겨 놓는 것이 좋습니다. 체험단 미션과 홍보할 검색 키워드를 모두 작성했다면 [다음으로]를 누릅니다.

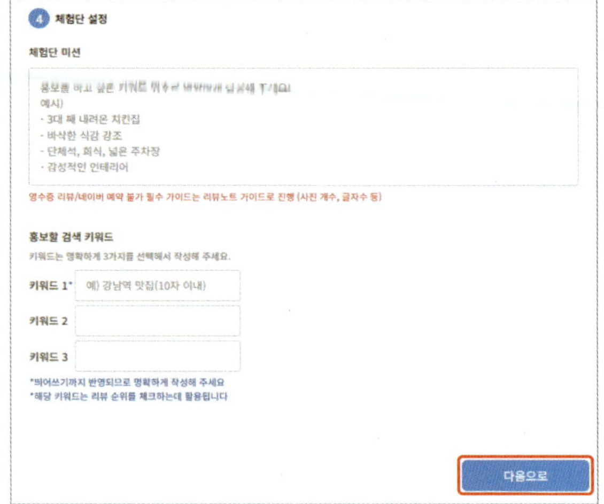

🔟 제공 내역 입력하고 포인트 제공 여부 설정하기

제공 내역은 금액권보다는 우리 가게의 메뉴를 강조해서 구체적으로 작성합니다. 예를 들어 단순하게 '**카페 3만 원 이용권**'보다 '**시그니처 딸기라떼 포함 3만 원 상당 자유 이용권 제공**'이라고 작성해야 우리 가게의 대표 메뉴를 알리고 홍보하는 데 훨씬 좋습니다.

숙박업종일 경우 '랜덤 객실 제공'보다 '**○○룸, △△룸 중 랜덤 객실 제공**'처럼 제공할 서비스를 명확하게 작성해야 합니다. 제공하는 서비스 내역을 애매하게 작성해 놓으면 리뷰노트 쪽에서 체험단 모집 신청을 반려하기 때문입니다. 만약 반려됐다면 요청한 내용에 따라 수정하고 재신청하면 됩니다.

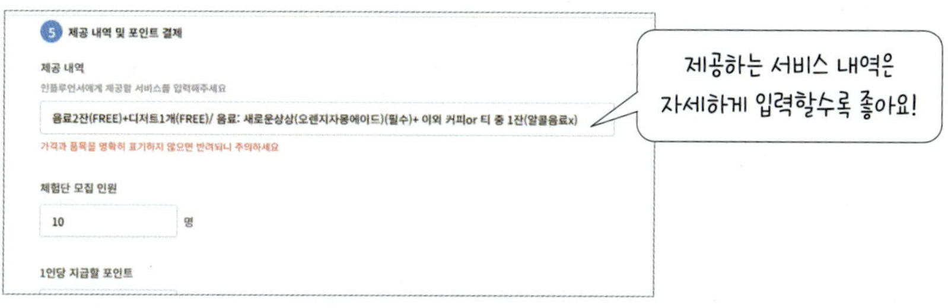

11 모집 인원과 일정 확인 후 등록하기

마지막으로 체험단을 모집하는 채널과 인원수 등을 확인한 후 [체험단 등록]을 누르면 신청이 완료됩니다. 체험단 등록을 신청한 후 검수는 영업일 기준 최대 5일 정도 걸립니다. 검수가 완료되면 자동으로 체험단 모집이 진행됩니다.

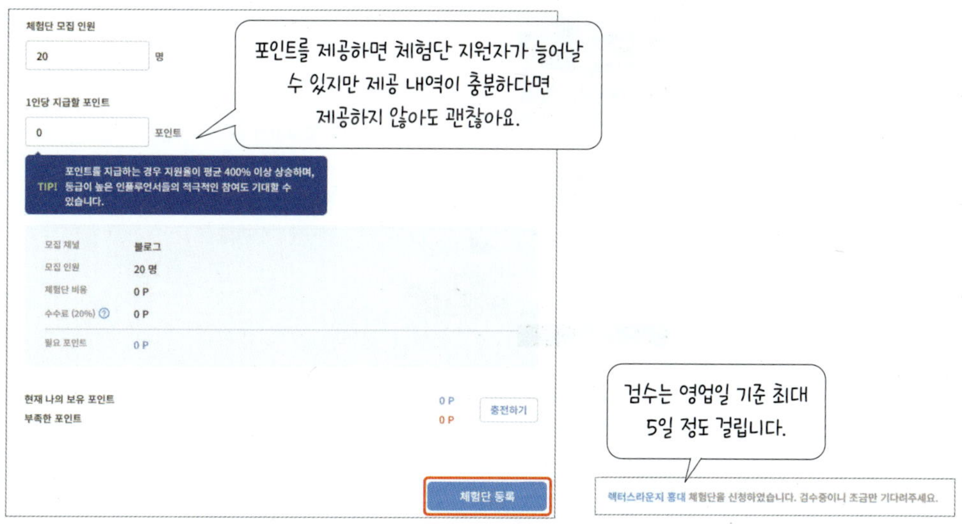

🔟2 리뷰노트 체험단의 전체 일정을 알아보겠습니다. 기본 일정은 보통 7~10일 동안 블로그 체험단을 모집하고 선정하여 발표한 뒤, 2주 동안 체험(방문)&리뷰 작성 기간으로 이어집니다. 체험단 모집 발표 기간이 지나면 페널티를 받으니 일정에 맞춰 꼭 블로거를 선정하는 것이 중요합니다.

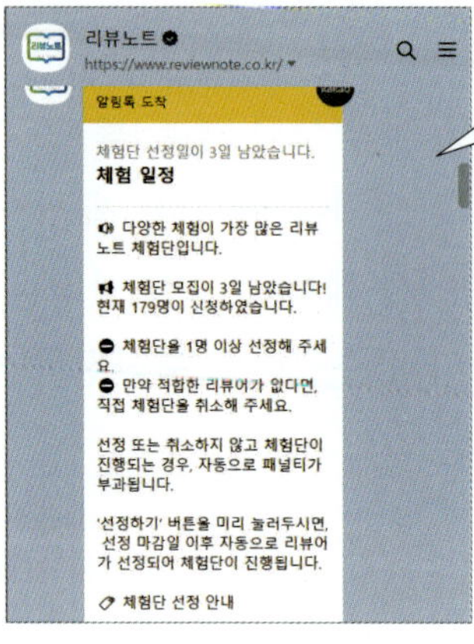

 **알아 두면 좋아요!**   **리뷰노트의 체험단 모집을 중단할 수도 있나요?**

리뷰노트에서 체험단을 모집하던 중에 더 이상 운영하기 어려워졌을 때 취소하는 방법을 알아보겠습니다. 리뷰노트 화면의 왼쪽에서 [체험단 관리]를 선택한 후, 모집 중인 체험단의 오른쪽 위에서 [취소]를 누르세요.

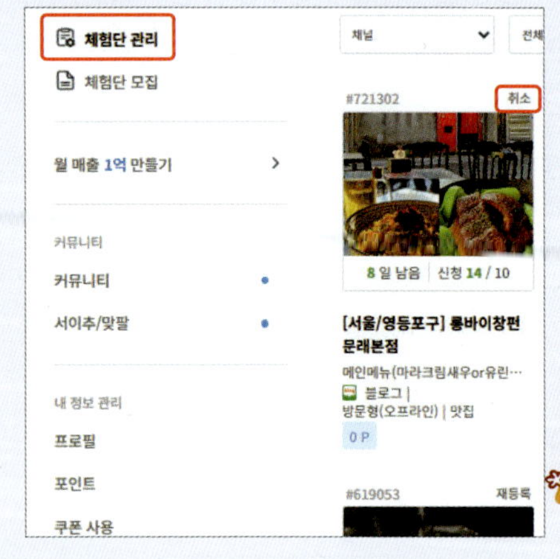

🔢 체험단 모집은 한번 설정해 두면 이후에 같은 양식으로 진행할 수 있습니다. 이전에 진행한 체험단 창의 오른쪽 위에서 ❶ [재등록]을 선택하고 ❷ [확인]을 누르면 쉽게 등록할 수 있어요.

이전에 사용한 체험단 사진과 내용으로 진행되는 만큼 수정 사항이 없다면 재등록하는 것을 추천합니다. 체험단을 재등록하면 검수 과정 없이 즉시 모집할 수 있습니다.

🔢 만약 변경 사항이 있다면 마이페이지에서 [체험단 모집 → 이전 체험단 불러오기]를 눌러 앞에서 설명한 내용을 참고하여 수정한 후에 다시 등록하면 됩니다. 이때는 내용을 수정하기 때문에, 신청 후 검수가 진행됩니다.

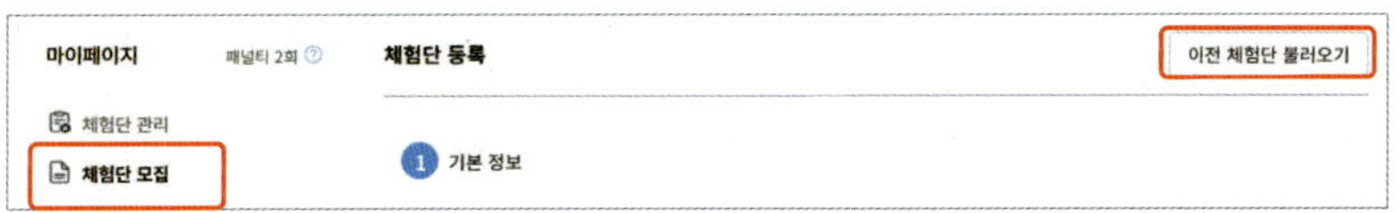

3단계 우리 가게에 맞는 블로거 선정하기

체험단 운영에서 가장 중요한 과정은 어떤 블로거를 선정하느냐입니다. 단순히 '성실히 리뷰하겠습니다.'라는 체험단 지원 문구나 블로그 방문자 수만으로는 충분하지 않아요. 체험단의 글은 단순 홍보를 넘어 우리 가게의 얼굴을 대신 보여주는 콘텐츠이기 때문이죠.

그렇다면 좋은 블로거는 어떻게 골라야 할까요? 지금부터 블로거 선정 기준을 4가지로 정리해 드리겠습니다.

1 방문자 수는 참고만 하세요

블로그 방문자 수는 영향력을 판단할 수 있는 지표이지만, 요즘은 허위 트래픽 (매크로 등)도 많습니다. 따라서 방문자 수는 절대 기준으로 삼기보다 참고 자료로 활용하세요. 보통 하루 100명 이상이라면 꾸준히 운영되는 블로그라고 볼 수 있습니다.

2 최근 글 업로드 주기를 확인하세요

최근 일주일 이내에 몇 개의 글을 올렸는지 꼭 확인하세요. 너무 오랫동안 비활성화된 블로그는 검색 노출 반응이 떨어지고, 체험한 후 후기를 제때 올리지 못할 가능성도 큽니다.

3 사진과 글의 완성도를 살펴보세요

블로그 글에 포함된 사진의 퀄리티와 글이 자연스러운지 직접 확인하세요. 요즘은 AI 생성 글이 많아 어색한 문장 패턴이 반복되는 경우도 있습니다. 사진을 성의 있게 찍었는지, 글의 내용이 실제 경험담인지도 중요한 기준입니다.

4 지역과 업종에 맞는 블로그인지 체크하세요

우리 가게와 같은 업종 리뷰 경험이 많은 블로거일수록 가게 특성을 잘 표현해 줄 가능성이 큽니다. 또, 같은 지역의 글이 있는지도 검색해서 확인해 보세요. 예를 들어 홍대 미용실을 운영한다면 미용실 리뷰 경험이 있고 홍대 지역의 글이 여러 개 있는 블로거가 적합합니다.

블로그 검색 창에 '홍대', '미용실' 등 키워드를 입력했을 때 게시물이 33개 나오는 블로거와 3개뿐인 블로거가 있다면, 먼저 글의 퀄리티를 확인한 뒤 관련 글이 많은 쪽을 선택해야 합니다.

4단계   체험단 후기 관리하기

블로거가 가게를 방문하고 후기를 작성하기 시작했다면, 이제 후기 검수와 관리를 할 차례입니다. 블로거의 글 중에 내용이 부족하거나 사실과 다른 경우를 종종 볼 수 있습니다.

이를 예방하려면 블로거가 후기를 작성하기 전에 가이드라인을 미리 숙지하도록 안내하고, 글이 올라온 뒤에는 꼼꼼히 검토해야 합니다. 블로거를 선정하고 나서 문자로 인사와 함께 가이드라인을 한 번 더 보내는 것도 세심하고 친절한 사장님 이미지를 남기는 좋은 방법입니다.

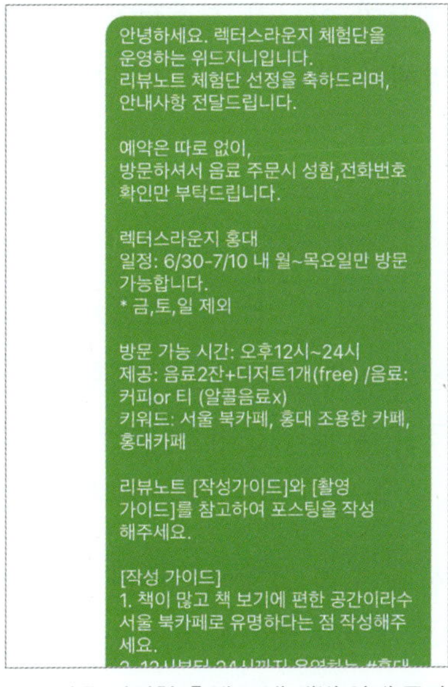

블로거를 선정한 후에 보낸 개별 안내 문자

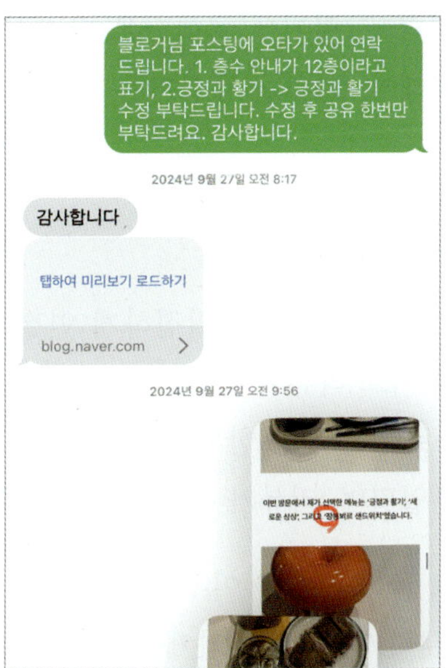

후기 수정을 요청하는 예시

이처럼 후기와 관련한 사전 안내와 검수를 체계적으로 진행하면, 글의 품질을 높이는 동시에 블로거와의 관계도 긍정적으로 유지할 수 있습니다.

[블로거 체험단 후기 검수 체크리스트]
① 오타, 잘못된 정보(가격, 위치, 메뉴명 등)
② 사진 누락 또는 화질 문제
③ AI로 생성한 티가 나는 어색한 문장
④ 광고 표시 누락('체험단' 혹은 '협찬' 문구 등)

[체험단 후기를 작성하기 전에 미리 안내하면 좋은 문구 예시]
"본 후기는 AI로 생성하지 않고 실제 체험한 후 작성한 내용만 허용됩니다. 불성실한 후기는 재작성을 요청할 수 있습니다."
"실제 체험 기반의 독창적인 후기만 인정하며, 가이드라인에 맞지 않을 시 수정을 요청할 수 있습니다(AI 사용 불가)."

체험단, 꾸준히 운영해야 하는 5가지 이유

처음 체험단 글이 상위에 노출되어 손님이 몰리면 깜짝 놀라곤 합니다. 그러고는 체험단의 수를 줄이거나 중단하는 때도 많죠. 하지만 체험단 운영을 멈추면 상위 노출되는 게시글이 점차 줄어들고, 검색 유입과 매출은 자연스럽게 감소하는 상황이 발생합니다. 그렇기에 체험단은 단발성 이벤트가 아니라 **지속적인 마케팅 전략**으로 운영해야 합니다. 체험단을 꾸준히 운영해야 하는 이유 5가지를 살펴보겠습니다.

❶ 플레이스 상위 노출을 위해

네이버 플레이스와 블로그는 밀접하게 연결되어 있습니다. 체험단 리뷰가 꾸준히 쌓이면 플레이스 리뷰 수가 늘어나 플레이스 상위 노출에 긍정적인 영향을 줍니다. 또한 블로그 글에 포함된 네이버 지도 링크를 통해 방문자가 자연스럽게 플레이스로 유입되며, 리뷰가 누적될수록 상위 노출 확률이 더욱 높아집니다.

그리고 블로그 글이 작성된 이후뿐만 아니라, 체험단 모집 과정에서부터 블로거가 가게에 방문하기 전 우리 가게를 검색하는 경우가 있는데, 이 역시 플레이스 방문자 수가 증가하고 상위 노출 강화라는 선순환으로 이어집니다.

❷ 변하는 알고리즘을 대비하기 위해

네이버 검색 알고리즘은 끊임없이 변합니다. 오늘 1등이었던 글도 한 달 후에는 순위에서 사라질 수 있죠. 그래서 **최신 글을 꾸준히 쌓는 것**이 중요합니다. 특히 체험단 리뷰는 다양한 키워드에서 상위에 노출될 수 있으므로 꾸준히 운영해서 새로운 글을 꾸준히 쌓으면 여러 키워드에서 상위 노출을 유지할 수 있습니다.

예를 들어 '상수 카페'를 검색했을 때 우리 가게 블로그 글 2개가 상위에 노출되면, 다른 가게보다 고객에게 선택될 확률이 훨씬 높아집니다. 우리 가게의 리뷰 글이 검색 상위에 노출되면 자연스럽게 매출 증가로 이어질 것입니다.

❸ 신뢰도 및 긍정적인 이미지를 구축하기 위해

고객은 한 번 검색으로 가게를 결정하지 않습니다. 예를 들어 '강남 필라테스'를 찾는 고객이 몇 차례 연관 키워드를 검색하며 우리 가게 리뷰를 반복해서 접하면, "여기 진짜 괜찮은 곳인가 보다."라는 신뢰감이 생깁니다. 또한 다양한 블로거의 객관적인 후기와 사진은 자연스러운 홍보 효과를 만들어 줍니다.

❹ 마케팅 콘텐츠를 확보하기 위해

체험단 리뷰는 블로그뿐 아니라 SNS, 네이버 카페 등에서도 활용할 수 있습니다. 예를 들어 인스타그램에 체험단 리뷰를 올리거나 네이버 카페에 공유하면, 새 콘텐츠 제작 비용과 시간을 절감하면서도 홍보 효과를 높일 수 있습니다.

블로거를 모집할 때 작성한 콘텐츠는 업체 홍보용으로 활용될 수 있다는 안내를 미리 해야 합니다. 다만, 초상권 문제에 주의해야 하므로, 콘텐츠 활용 전에 블로거에게 다시 한번 사용 허가를 받거나, 가능하면 뒷모습이나 얼굴이 특정되지 않는 사진을 활용하는 것이 좋습니다.

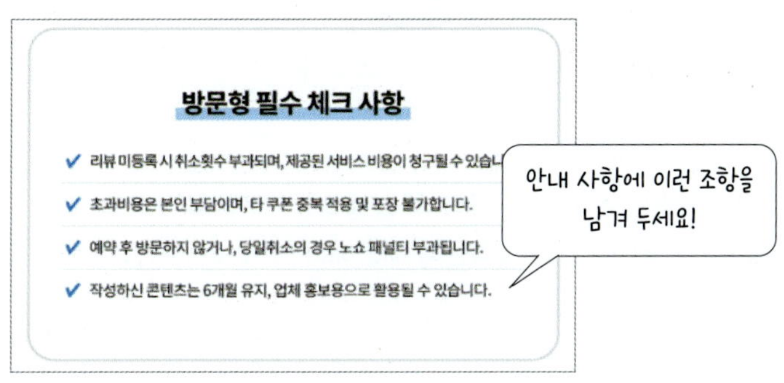

블로거에게 제시한 안내 사항 예시

❺ 트렌드 반영과 메뉴 개선을 위해

블로그 리뷰는 고객 선호도, 메뉴 반응, 서비스 만족도를 실시간으로 확인할 수 있는 중요한 자료입니다. 체험단은 보통 긍정적인 리뷰를 작성하지만, 아쉬운 점이나 보완할 점을 전달하기도 하므로 이를 바탕으로 메뉴 개선이나 프로모션 전략을 조정할 수 있습니다.

체험단 효과가 바로 나타나지 않거나, 반대로 너무 잘 나와 갑자기 손님이 몰려 부담스러울 때도 있습니다. 그렇다고 해서 체험단 마케팅을 일회성으로 끝내지 마세요. 체험단을 꾸준히 운영하는 것이 **검색 노출 유지, 매출 유지, 고객 신뢰 확보**의 핵심입니다.

이처럼 제대로 된 키워드와 가이드라인을 활용해 꾸준히 블로그 체험단을 운영한다면, 플레이스 상위 노출과 매출 상승에 큰 도움을 받을 수 있습니다. 그러므로 이 책에 나온 방법을 따라 차근차근 우리 가게의 키워드와 가이드라인을 찾아 체험단을 모집하고 관리해 보세요. 체험단을 직접 운영하기 어렵다면 대행사를 활용하는 것도 하나의 방법입니다. 하지만 책에서 다뤘던 **체험단 관리의 기본 원리**는 꼭 기억하세요!

지금까지 플레이스 영수증 리뷰부터 블로그 체험단까지, 리뷰 마케팅의 모든 과정을 살펴봤습니다. 다음 절에서는 플레이스의 상위 노출과 매출 증대에 직접 영향을 주는 네이버 광고 활용법을 알아보겠습니다.

정리하면 이렇게!

공식 인플루언서의 체험단 운영 노하우

1. **'인기주제'를 공략하는 것이 핵심이에요!**
   - 단순히 '강남 카페' 같은 키워드보다 실제 검색 시 노출되는 '강남역 노트북 카페' 같은 ① (인기주제 / 기본 키워드)를 체험단에 제공해야 상위 노출 확률이 올라감

2. **명확한 가이드라인은 필수예요!**
   - 체험단 블로거가 '알아서 잘' 써주길 기대하지 마세요. 우리 가게에 맞는 키워드, 사진 구도, 필수 내용 등을 ② (구체적으로 / 간략하게) 제시해야 가게와 블로거 모두 만족하는 결과물이 나옴

3. **똑똑한 블로거를 선정하세요!**
   - ③ (리뷰 개수 / 방문자 수)에 현혹되지 말고 사진 퀄리티, 최신 글 활동, 우리 가게와의 연관성을 직접 확인하고 선별하는 것이 실패 확률을 줄이는 가장 확실한 방법

4. **꾸준함이 생명입니다!**
   - 체험단을 운영할 때 단발성 이벤트로 하면 효과가 나지 않으니 지속적인 운영으로 ④ (최신 리뷰 / 방문자 수)를 쌓아야 변화하는 알고리즘에 대응하고 안정된 노출 순위를 유지할 수 있음

정답 ① 인기주제 ② 구체적으로 ③ 방문자 수 ④ 최신 리뷰

05-4

네이버 플레이스
광고의 모든 것

광고, 비싸기만 하고 효과는 없을 것 같나요?

네이버에서 '신도림 맛집'을 검색해 볼까요? 가장 먼저 보이는 가게 정보에는 광고ⓘ 아이콘이 붙어 있습니다. 일부 고객은 이 아이콘을 누르면 광고가 뜬다는 것을 알아채지만 대부분은 "여기가 가장 유명한가 보네." 하고 무심코 클릭합니다. 이처럼 **광고 플레이스는 고객이 가장 먼저 보게 되는 가게입니다.** 광고는 비싸고 어렵다고 생각할 수 있지만, **네이버 플레이스 광고는 비교적 저렴한 예산으로 폭발적인 광고 효과를** 누릴 수 있는 똑똑한 마케팅 수단이에요.

네이버에서 검색

네이버 시도에서 검색

네이버 플레이스 광고는 다음과 같은 3가지 장점이 있습니다.

❶ 우리 가게가 상위에 노출될 기회가 생긴다

네이버 검색 결과나 지도에서 우리 가게가 상위에 노출될 확률이 높아집니다. 그 결과 더 많은 고객이 우리 가게를 방문할 수 있게 해줍니다.

❷ 예산을 조정해 비용을 아낄 수 있다

하루 최소 1천 원부터 예산을 설정할 수 있습니다. 클릭당 요금 부과 방식이라 고객이 클릭하지 않으면 요금이 부과되지 않아 예산 낭비 없이 운영할 수 있습니다. 필요에 따라 예산을 조정할 수 있어요.

❸ 광고 성과 데이터를 확인해 마케팅에 활용할 수 있다

노출 수, 클릭 수, 클릭률, 유입 후 행동(전화·예약 등)을 확인할 수 있어서 데이터를 기반으로 마케팅 전략을 수정하고 개선할 수 있습니다.

알아 두면 좋아요! · **광고를 집행하기 전 준비해야 할 4가지 요소**

광고한다고 해서 고객이 찾아오거나 매출이 늘어나는 것은 아닙니다. 광고①를 클릭한 고객이 "여기다!" 하고 결정을 내리려면 플레이스 안의 내용이 매력적이어야 합니다. 그래서 여기에서 소개하는 4가지 요소를 미리 준비해 두세요. 이 4가지 요소를 잘 갖춰야 광고를 통한 고객 유입이 매출로 연결됩니다. 준비되지 않은 상태에서 무작정 광고만 집행하면 광고비만 날릴 수 있습니다.

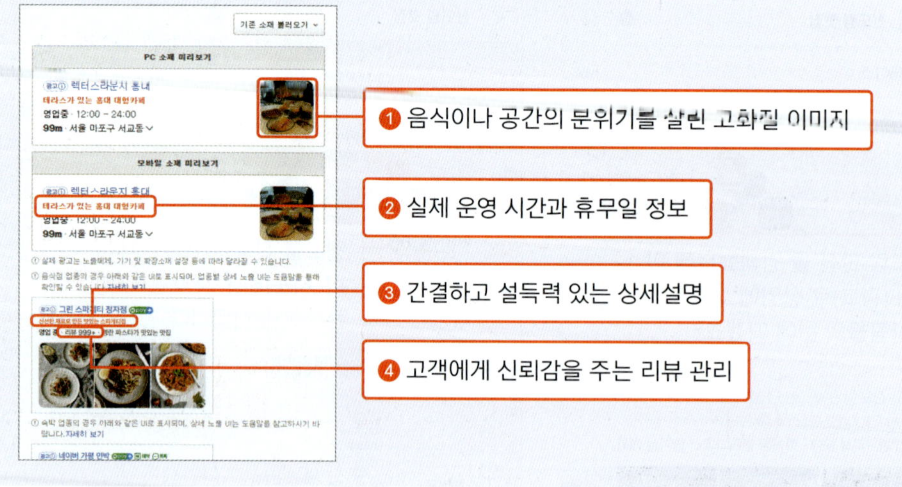

네이버 광고의 2가지 종류

일반적으로 플레이스를 운영하는 사장님들이 가장 많이 이용하는 광고 상품은
플레이스광고와 **지역소상공인광고**입니다. 이 광고 상품은 스마트플레이스 관리
자 화면의 **[마케팅]**에서 확인할 수 있어요.

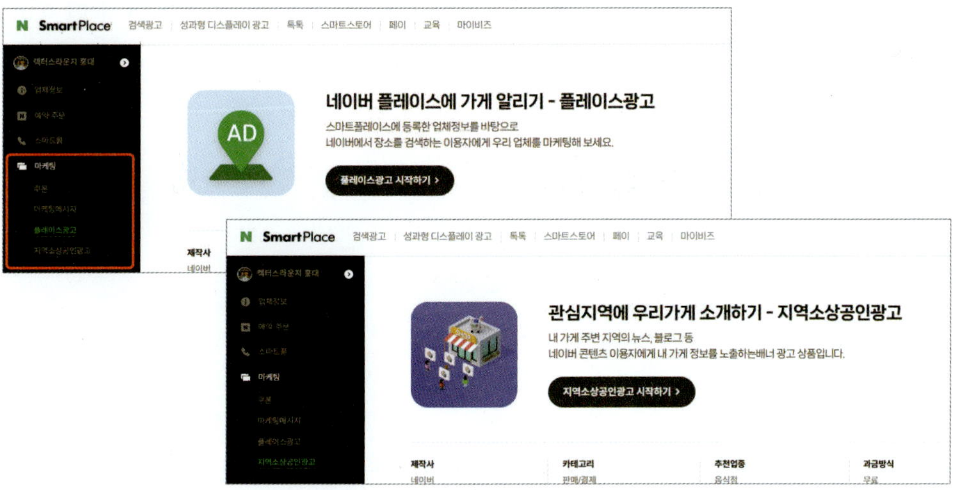

❶ 플레이스 광고

앞의 예시에서 본 것처럼 플레이스 광고는 네이버에서 검색했을 때 가장 상위에
노출되는 광고 형태이므로 스마트플레이스에 등록된 업체의 정보를 기반으로 진
행됩니다. 고객이 '지역+업종/가게' 또는 특정 장소를 검색할 때 네이버 통합검
색의 플레이스 영역과 지도 검색 결과 상위에 광고가 노출됩니다.

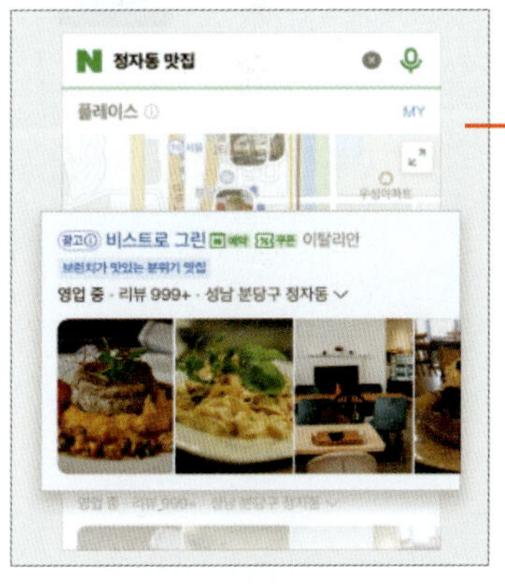

스마트플레이스에 등록한 가게의 정보를 연동해 광고
를 쉽고 빠르게 생성할 수 있습니다. 여기에 가게 홍보
문구와 광고용 이미지를 추가할 수 있습니다.

스마트플레이스에 등록한 업체의 정보를 활용하는 만큼 키워드 등록을 별도로 할 필요가 없으며 연관도가 높은 키워드를 자동으로 매칭해서 노출되는 형태입니다. 단, 노출하고 싶지 않은 키워드는 직접 제외할 수 있습니다.

광고비는 광고주가 광고 그룹 단위로 적용한 입찰가와 품질 지수에 따라 순위가 결정됩니다. 이때 광고비는 설정해 놓은 입찰 금액을 초과하여 부과되지 않으며, 기본 입찰가를 별도로 설정하지 않을 경우 최저가인 50원으로 입찰에 참여할 수 있습니다.

> **[플레이스 광고 집행을 할 수 없는 업종]**
> - 주유소/편의점 업종
> - 사행성 및 성인 관련 업종(유흥업소, 경마장 등)

❷ 지역소상공인 광고

지역소상공인 광고는 가게의 위치와 업종에 따라 노출되는 광고 형태입니다. 예를 들어 신림동에 있는 카페라면 신림동 지역소상공인 광고를 이용할 수 있습니다. 이 광고는 노출 횟수에 따라 비용이 부과되며 고객이 클릭할 때마다 추가 비용이 발생합니다. 아마 네이버의 뉴스나 블로그 콘텐츠 아래에서 이런 광고를 본 적이 있을 거예요. 이 광고는 지역 중심으로 타기팅을 할 수 있어서, 특정 지역에 집중된 소비자를 대상으로 고객 유입을 목표로 하는 경우 효과가 좋습니다.

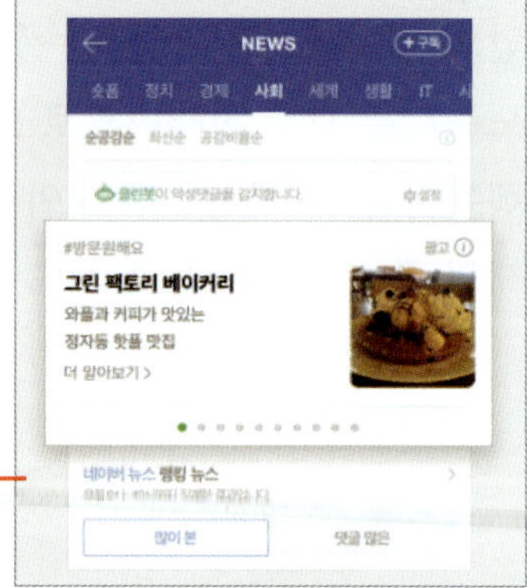

주변의 잠재 고객에게 가게이름과 대표 이미지, 가게 이미지, 위치, 실명 문구 등이 노출됩니다.

여러 가게가 카드 슬라이딩 형태로 노출될 경우, 첫 번째 카드에 보이는 가게의 광고가 실제 고객에게 노출되어 클릭했을 때만 요금이 부과됩니다.

> **[지역소상공인 광고를 집행할 수 있는 업종]**
> 음식점, 생활편의, 학원, 스포츠/레저 체험, 서비스/산업, 쇼핑/유통, 교육/학문, 건강/의료

하면 된다! } 플레이스 광고 만들기

우리 가게 플레이스를 상위 노출하는 방법, '플레이스 광고'를 직접 만들어 보겠습니다.

1 네이버 통합 광고주센터 접속하기

먼저 광고를 집행하기 위해서는 '네이버 통합 광고주센터'에 접속하여 회원가입을 해야 합니다. 네이버에 ① 네이버 검색광고를 검색하고 ② 네이버 통합 광고주센터를 눌러 접속합니다.

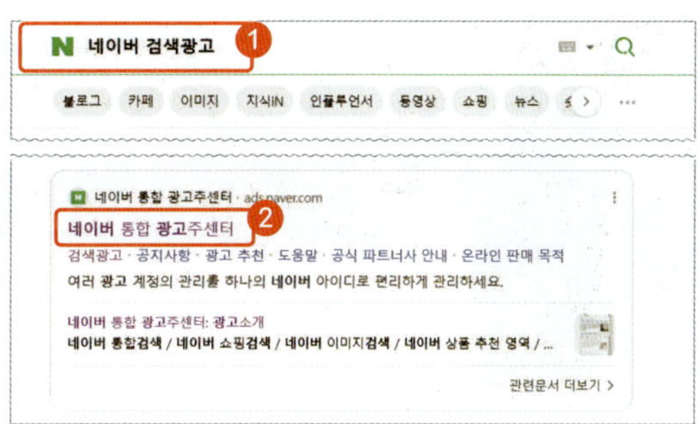

2 네이버 통합 광고주센터에 회원가입하기

오른쪽 위의 ① [회원가입]을 누른 후 ② [네이버 ID로 광고 시작하기]를 클릭하고 ③ 로그인합니다.

⭐ 회원가입 절차는 간단하므로, 자세히 다루진 않고 넘어가겠습니다.

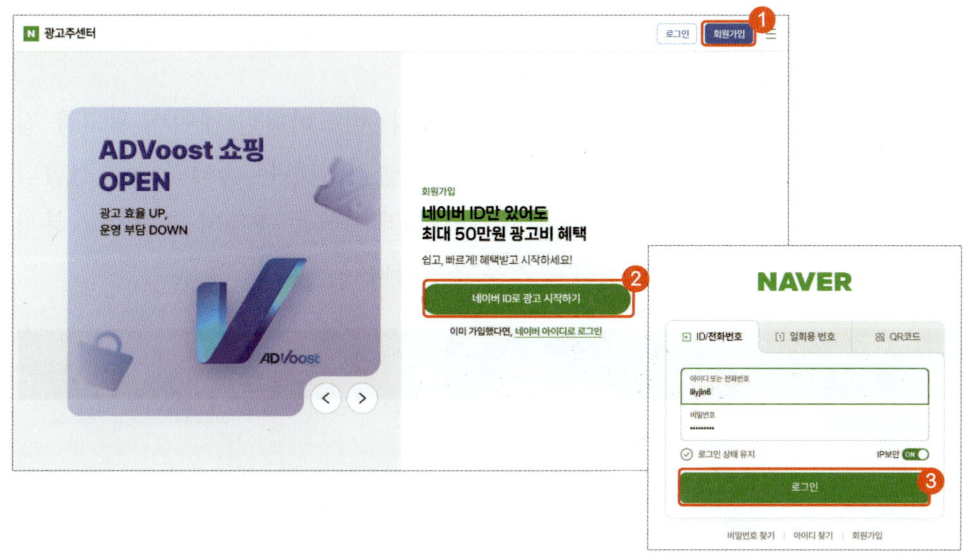

3 네이버 검색광고 접속하기

가입을 마쳤다면, 네이버 통합 광고주 센터 메인 화면의 오른쪽 위 [❶ 광고 플랫폼 → ❷ 검색광고]를 눌러 네이버 검색광고에 접속합니다. 이제 여기서 광고를 설정하고 집행하게 됩니다.

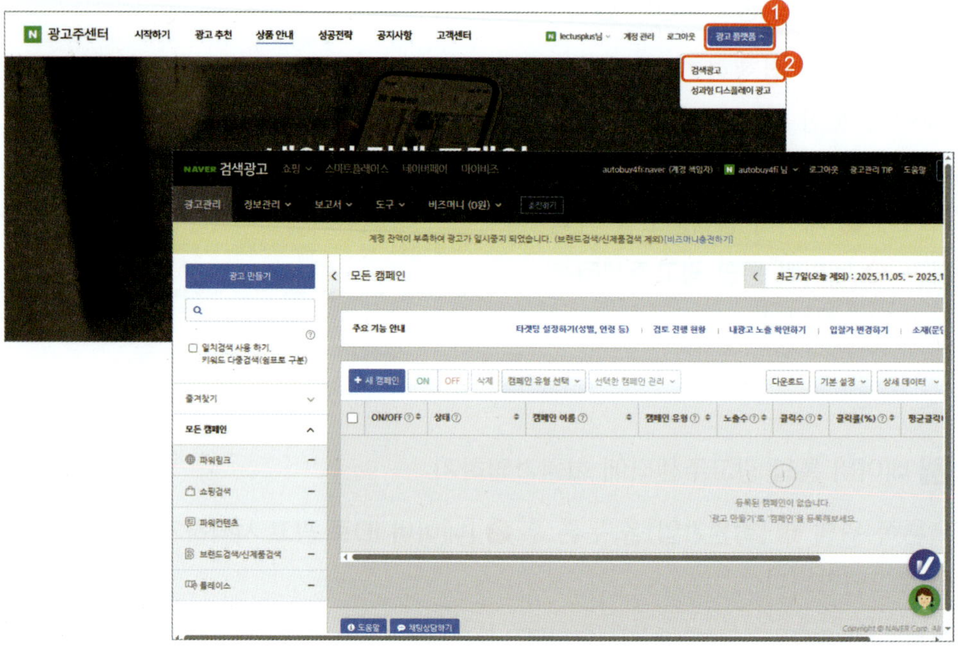

4 비즈머니 충전하기

광고를 집행하려면 비즈머니를 충전해야 합니다. 비즈머니란 네이버 광고를 집행하는 데 사용하는 예산입니다. [충전하기]를 눌러 원하는 금액만큼 충전합니다. 초기에는 10만 원으로 시작하여 광고 성과 데이터를 충분히 수집하고 분석한 뒤, 필요에 따라 예산을 조정하는 것을 추천합니다.

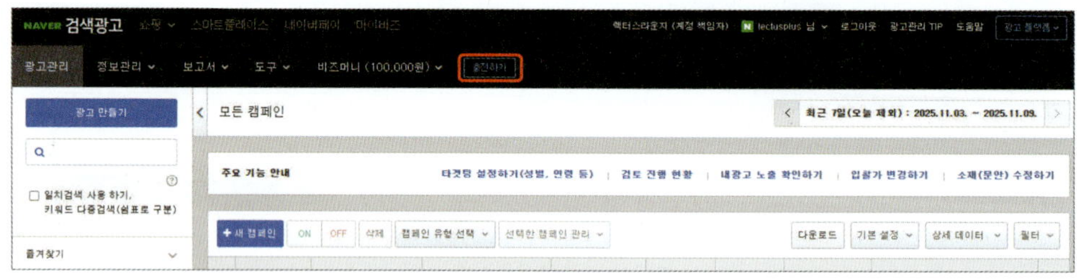

5 비즈머니 충전하기 창이 뜨면 가장 편리한 수단을 이용해 충전하세요. 광고를 처음으로 집행할 때는 광고비를 명확하게 기록하고 분석해야 하므로 가상계좌로 직접 입금하는 방법이 좋습니다.

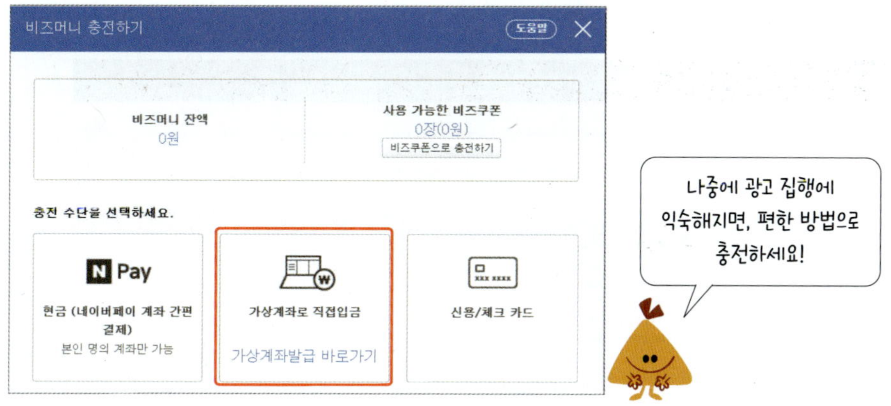

6 캠페인 유형 선택하기

비즈머니 충전을 마쳤다면 다시 우리 가게의 광고 현황화면으로 돌아가서 오른쪽에 있는 ❶ [광고플랫폼]을 누른 뒤, 검색광고 화면이 나타나면 [❷ 광고관리 → ❸ 광고 만들기]를 선택합니다.

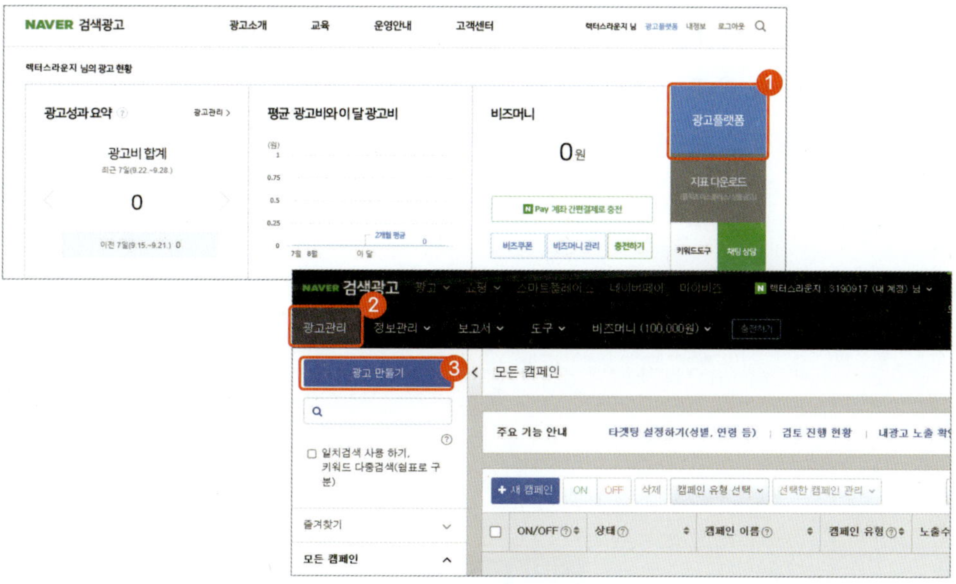

7 캠페인 유형을 ❶ [플레이스 유형]으로 선택한 후, 등록 가이드의 오른쪽 끝에서 ❷ [네]를 누릅니다. 캠페인 이름은 광고 분류용으로 노출되지 않으므로 자신이 알아볼 수 있게 적습니다. ❸ 기본으로 '플레이스#1'이 자동 입력되어 있는데, 이 이름을 그대로 사용해도 상관없어요.

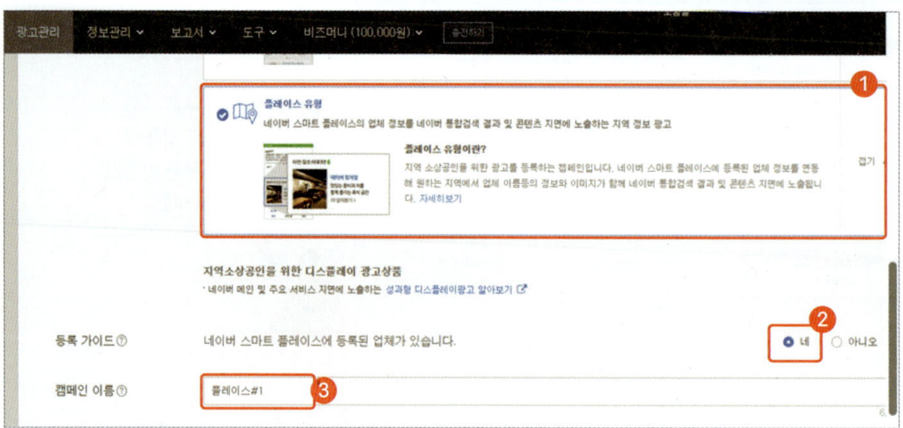

8 하루예산 설정하기

❶ 하루예산은 초기에는 3,000~5,000원 정도로, 적은 금액으로 테스트해 보는 것을 추천합니다. 클릭 단가가 높은 지역이나 업종은 예산이 빠르게 소진될 수 있기 때문에 초반에는 예산을 낮게 책정해 놓고 결과에 따라 조정하는 것이 좋습니다. 예산은 50원에서 최대 100,000원까지 입력할 수 있습니다. ❷ 하루 예산 설정을 마쳤다면 [저장하고 계속하기]를 누릅니다.

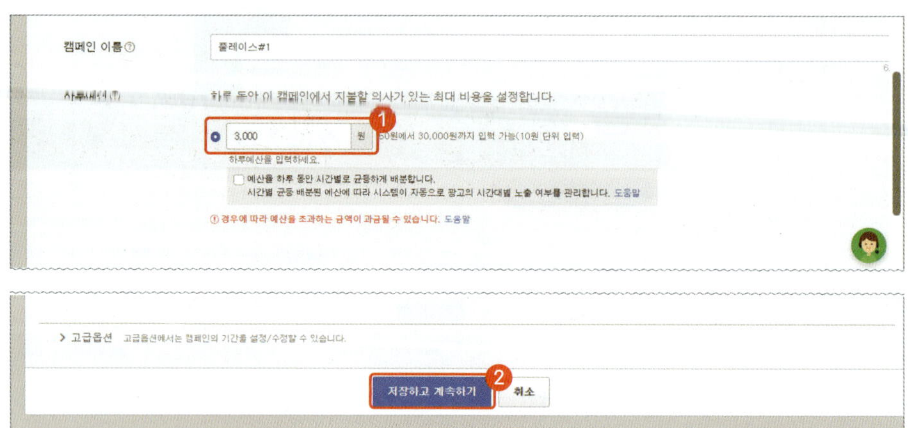

9 그룹 유형 선택하기

광고 그룹 유형으로 ① [플레이스검색]을 선택한 후 업체 정보 ② [동의 후 인증하기]를 누릅니다. 네이버 스마트플레이스의 계정 인증 창이 뜨면 ③ [확인]을 눌러 인증을 마친 후 ④ [저장하기]를 누릅니다.

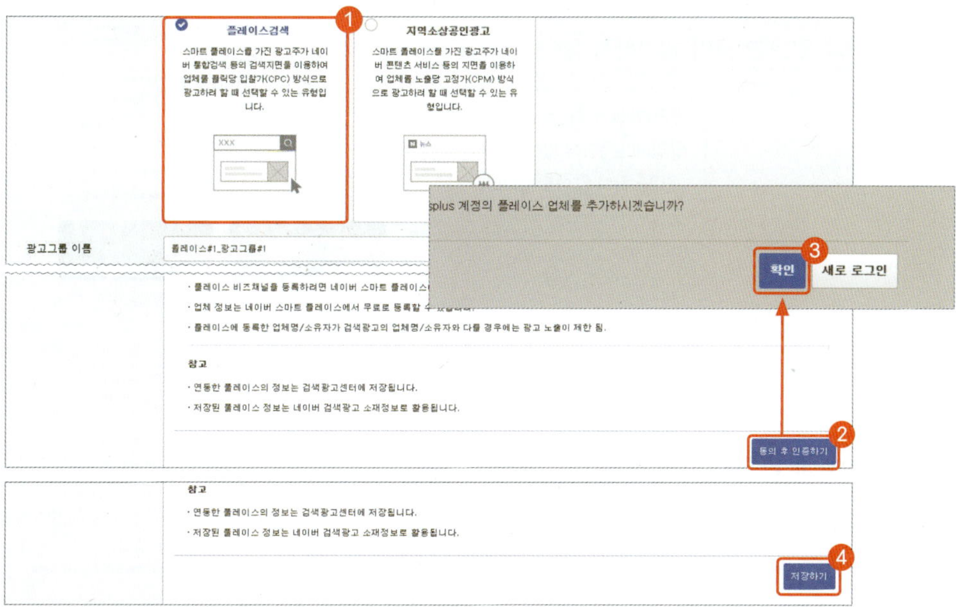

10 키워드 설정하기

업체 정보에서 네이버가 제시하는 선택업체 예상 노출 키워드를 확인합니다.
① 우리 가게와 관련 없는 키워드는 [노출제외]를 눌러 제외하고 ② [저장하고 계속하기]를 누릅니다.

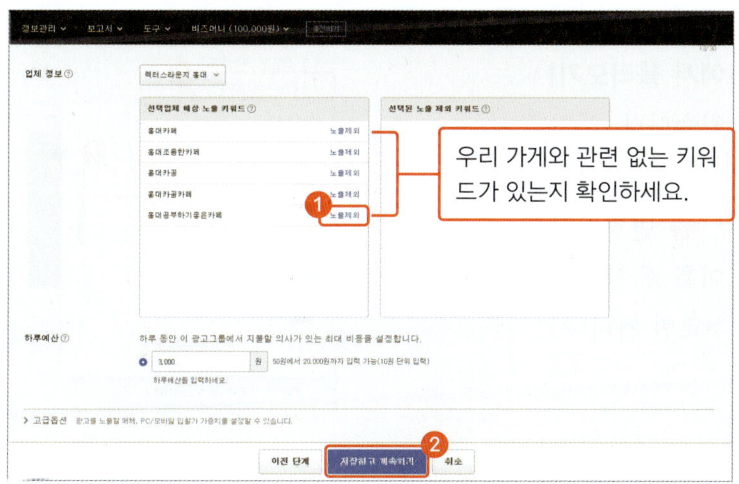

네이버 검색 창에서 키워드별 플레이스 노출 경쟁도를 직접 확인해 볼 수도 있습니다. 예를 들어 '홍대카공' 키워드에 노출되는 가게는 5개인데, 우리 가게가 1페이지 이내에 상위 노출이 되고 있으면 굳이 광고하지 않아도 되겠죠?

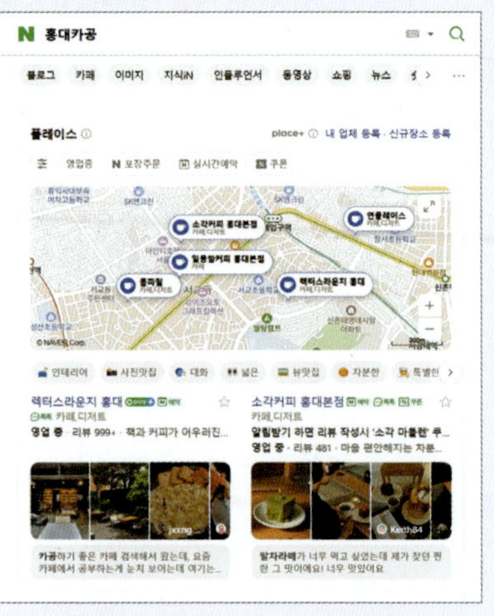

11 광고 소재 만들기

업체 홍보 문구는 우리 가게를 직관적으로 표현할 수 있는 키워드를 담아 14자 이내로 작성해 주세요. 우리 가게의 업종과 최적화 키워드를 포함하면 좋습니다.

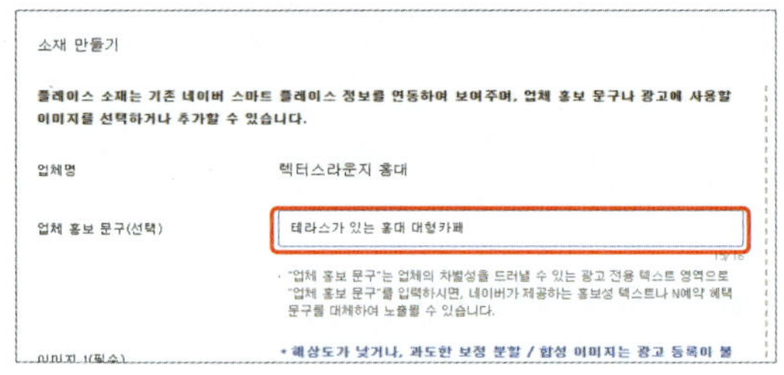

12 광고 이미지 선택하기

광고 이미지는 이미지 1(필수)에서 ❶ [스마트플레이스에서 불러오기]를 눌러 변경할 수 있습니다. 해당 이미지는 스마트플레이스에 등록해 놓은 사진입니다. ❷ 변경하고 싶은 이미지 파일 이름을 선택한 후 ❸ [저장하기]를 누르면 됩니다.

🔢 이미지 2, 3은 선택 사항이므로 우리 가게의 다양한 공간이나 서비스 사진을 등록하여 홍보해 주세요.

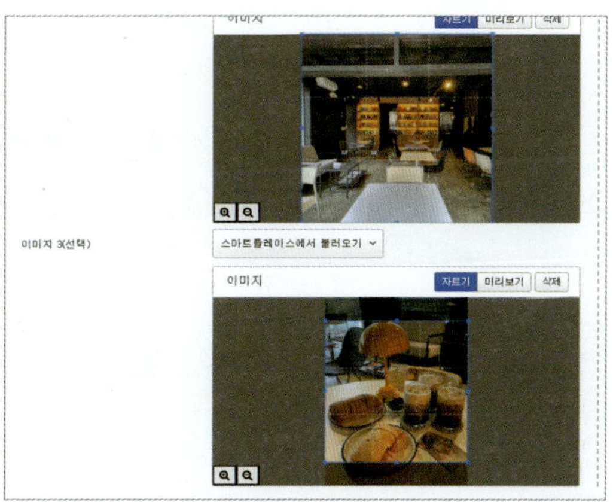

🔢 광고 설정 완료

광고 설정을 모두 마친 후 **[광고 만들기]**를 누르면 플레이스 광고가 완성됩니다. 단, 광고는 등록한 후 영업일 기준 1일 뒤부터 노출됩니다. 그러므로 광고 설정은 금요일이나 주말보다 월~목요일 사이에 진행해서 바로 결과를 확인해 보는 것을 추천합니다.

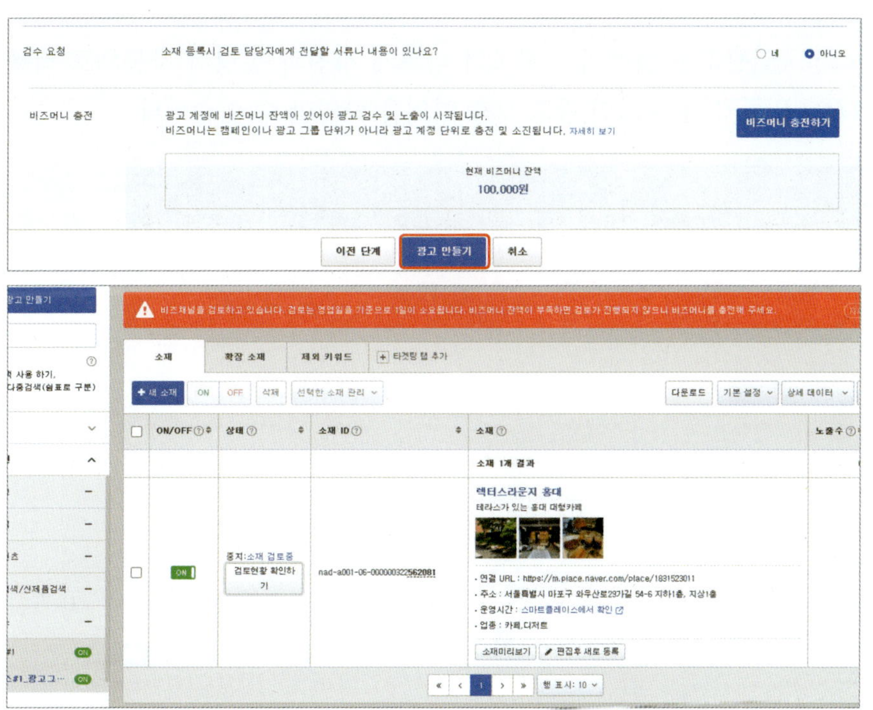

하면 된다! } 지역소상공인 광고 만들기

우리 가게가 위치한 지역의 인근 고객에게 눈에 띌 수 있는 지역소상공인 광고를 만들어 보겠습니다.

1 바로 앞에서 실습한 '플레이스 광고 만들기'의 **1**~**6** 단계까지 동일하게 진행한 후, 광고 그룹 유형에서 **1** [지역소상공인광고]를 선택한 후 **2** [저장하고 계속하기]를 누릅니다.

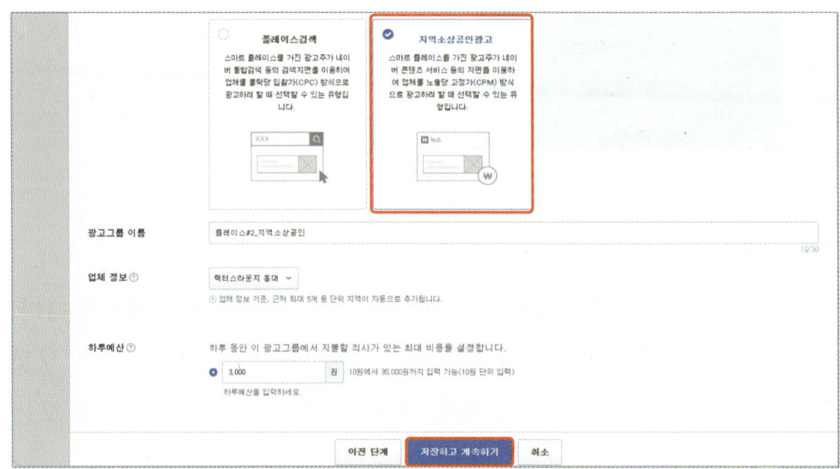

2 지역소상공인광고는 플레이스 광고와 다르게 사진과 설명이 자동으로 적용됩니다. [광고 만들기]를 누르면 광고 노출 지역을 확인할 수 있습니다.

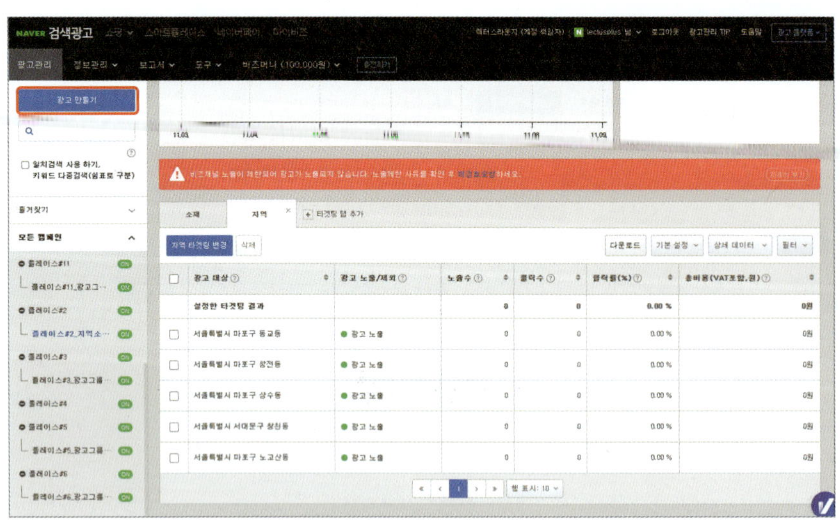

3 자동으로 추가된 노출 지역이 마음에 들면 [확인]을 눌러 광고를 생성합니다.

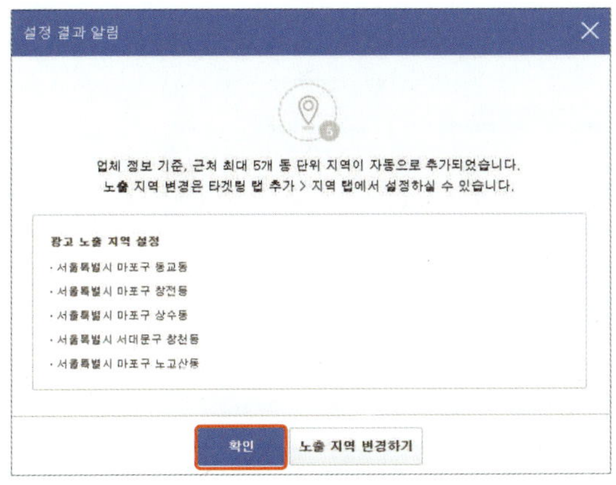

하면 된다! } 지역소상공인 광고의 노출 지역 변경하기

자동으로 추가된 노출 지역이 마음에 들지 않는다면 '동 단위'로 변경할 수 있습니다. 단, 가게 주변 지역만 설정할 수 있다는 점을 꼭 기억하세요.

1 네이버 검색광고 화면에서 [❶ 광고관리 → ❷ 모든 캠페인]을 누르면 앞서 만든 지역소상공인 광고 설정 결과 페이지가 나타납니다.

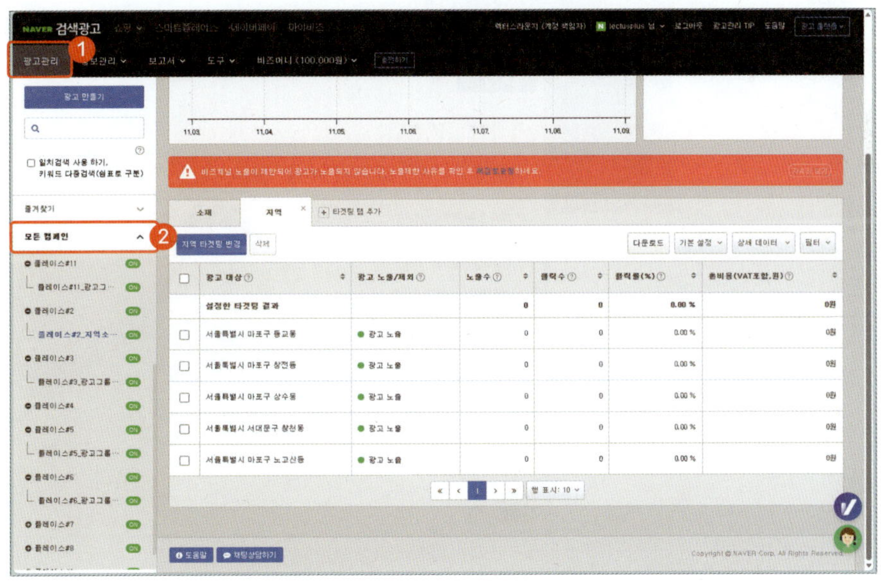

 [지역 타겟팅 변경]을 누릅니다.

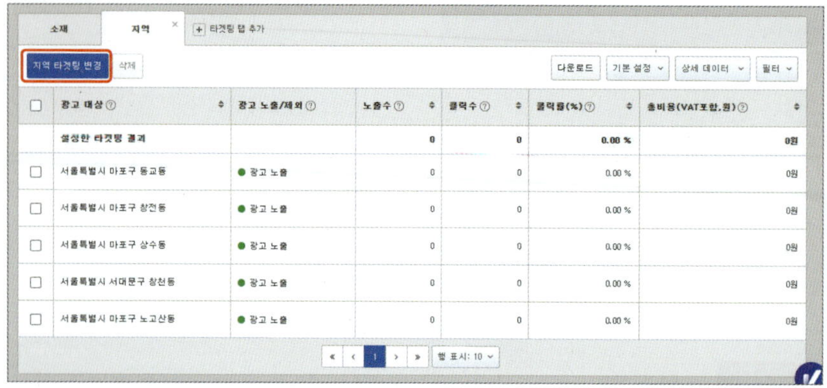

 삭제할 지역은 오른쪽에 **[삭제]**를 누릅니다. 새로 노출하고 싶은 지역이 있다면 검색하고 오른쪽의 **[추가]**를 누릅니다. 모든 설정을 마쳤다면 마지막으로 화면 왼쪽 아래에 있는 **[변경]**을 누르면 완료됩니다.

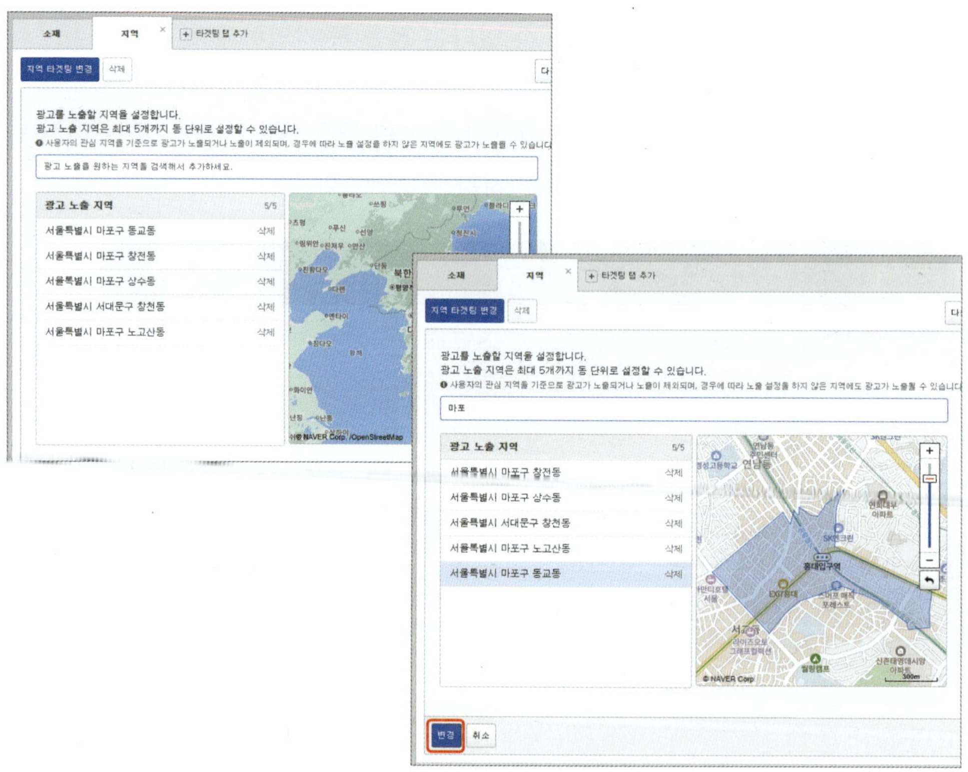

지금까지 스마트플레이스 설정부터 리뷰 마케팅, 예약 기능, 그리고 광고 운영까지 하나하나 차근차근 알아봤습니다. 어렵게만 여겼던 마케팅이 조금 친근해졌다면 이 책의 목적은 충분히 달성한 셈입니다. 플레이스는 단순히 가게 정보 창이 아닙니다. **온라인에서 고객을 만나는 첫 번째 접점, 바로 우리 가게의 얼굴입니다.** 이제 사장님이 가게를 직접 알릴 힘을 가졌습니다. 이 책의 내용을 바탕으로 더 많은 고객과 연결 고리를 만들어 가기를 진심으로 응원합니다.

"하면 됩니다, 사장님도 할 수 있어요!"

정리하면 이렇게!

네이버 플레이스 광고, 이것만 알면 된다!

1. 광고를 시작하기 전 플레이스 정비는 필수예요!

- 매력적인 사진, 상세한 설명, 긍정적인 리뷰가 없다면 광고비만 낭비할 수 있으니 광고를 클릭한 고객을 사로잡을 수 있도록 먼저 ① (내실 / 이벤트)부터 다지기

2. 2가지 광고, 목적에 맞게 활용하세요!

- 고객이 직접 검색하는 '플레이스 광고'로 ② (즉각적인 / 장기적인) 방문을 유도하고, 우리 동네 잠재 고객에게 노출되는 '지역소상공인 광고'로 가게를 알리기

3. 광고비는 소액으로 시작하고 데이터로 개선하세요!

- 예산은 처음부터 큰 금액을 쓰지 말고, 하루 3,000~5,000원으로 시작해 보고, 어떤 키워드에서 클릭이 발생하는지 ③ (통계 / 감)을(를) 보며 예산을 효율성 있게 높여 가는 것이 핵심

4. 광고는 거들 뿐, 핵심은 콘텐츠에 달렸어요!

- 광고는 고객을 우리 가게 문 앞까지 데려오는 역할일 뿐, 고객이 최종 구매를 결정하는 것은 결국 잘 관리한 ④ (플레이스의 정보와 리뷰 / 광고의 문구)라는 사실을 기억하기

정답 ① 내실 ② 즉각적인 ③ 통계 ④ 플레이스의 정보와 리뷰

플레이스 관리 시간을 아끼는 AI 활용법

06-1 AI 알고리즘, 노출의 법칙이 달라졌다

06-2 플레이스 운영을 스마트하게!
생성형 AI 활용법

06-3 AI 활용 전략과 업데이트 대응 요령

네이버의 검색 구조와
플레이스의 원리 파악

기획 & 브랜딩

플레이스 등록

친구와 여행을 계획하며 '교토 여행'을 검색했습니다. 예전 같았으면 블로그 글을 하나하나 클릭하며 맛집, 숙소, 명소 등을 찾았지만 요즘은 달라졌습니다. AI가 교토의 핵심 정보를 네이버 검색 결과에 요약해서 한눈에 보여 주기 때문입니다. AI 덕분에 고객 입장에서는 무척 편리해졌지만, 사장님 입장에서는 "이제 AI가 다 해주는 시대인데 우리는 무엇을 준비해야 하지?"라고 생각할 수 있습니다. 걱정하지 마세요. 이 장에서는 AI 시대의 마케팅 흐름과 함께 플레이스를 어떻게 준비해야 고객과 AI 모두에게 선택받을 수 있을지 하나씩 알아보겠습니다.

AI 알고리즘,
노출의 법칙이 달라졌다

AI 알고리즘, 그게 뭔가요?

요즘 'AI 알고리즘'이라는 말을 자주 들어봤을 거예요. 여기서 AI는 데이터를 스스로 학습해서 판단하는 기술을 뜻하고, 알고리즘은 정해진 규칙에 따라 콘텐츠의 노출 순위를 정하는 시스템을 말합니다. 과거에는 정해진 규칙(알고리즘)만으로 검색 순서가 정해졌다면, 지금은 AI가 다양한 데이터를 종합적으로 분석해 더 똑똑하게 판단합니다.

예를 들어 '강남 카페'를 검색하면 단순히 카페라는 단어가 들어 있는 리뷰만 보여주는 게 아니라, 실제 방문자가 다수 언급한 메뉴명이나 카페와 연관성이 있는 키워드를 굵게 표시해서 보여 주죠. 또한 '부산 한식당'을 검색하면 부산, 그리고 식당과 관련된 음식 키워드를 강조해 줍니다.

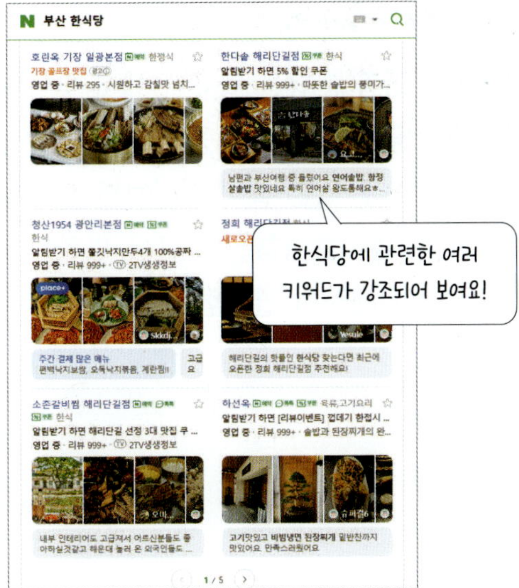

이제는 단순히 리뷰 수나 평점이 높다고 해서 검색 결과의 상위에 노출되지 않습니다. 리뷰 속 키워드와 상세설명의 문장 구성, 사진의 품질까지 AI가 꼼꼼하게 살펴보기 때문입니다. 여기에 더해 사장님이 직접 등록한 플레이스 정보와 상세설명, 사진 등도 큰 영향을 줍니다.

가게의 기본정보가 얼마나 정확한지, 상세설명이 고객의 질문과 얼마나 잘 맞는지에 따라 AI가 결과를 달리 보여 주기 때문입니다. 결국 리뷰와 플레이스 세팅은 함께 준비해야 하는 2개의 큰 축입니다. 따라서 계속 강조하지만, 플레이스 마케팅에서는 화려한 콘텐츠보다 정보 세팅을 정확하게 하는 것이 핵심입니다.

네이버의 새로운 무기, 'AI 브리핑'

2025년 6월, 네이버는 'AI 브리핑' 기능을 공식적으로 도입했습니다. 이 기능은 사용자의 검색 의도를 분석해 검색 결과를 요약하고, 관련된 콘텐츠나 장소를 자동으로 추천해 주는 생성형 AI를 기반으로 합니다. AI 브리핑은 크게 공식형/멀티출처형, 숏텐츠형, 플레이스형의 3가지로 나뉩니다.

❶ 공식형/멀티출처형

질문에 대한 정확한 답을 웹 문서에서 찾아서 요약합니다. **공식형**은 정부, 공공기관 등 공식적이고 신뢰할 수 있는 출처의 정보만을 요약해 제공하며, **멀티출처형**은 정답이 명확하지 않거나 다양한 해석이 필요한 주제에 유용하게 쓰입니다.

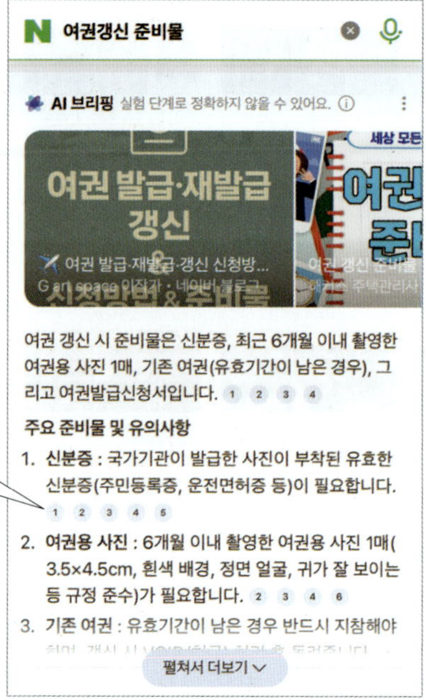

공식형 AI 브리핑의 예시

❷ 숏텐츠형

숏텐츠란 네이버의 숏폼 영상 콘텐츠를 뜻합니다. 숏폼 콘텐츠를 유튜브에선 쇼츠, 인스타그램에서 릴스라고 줄여서 부르는 것처럼요. 숏텐츠형이란 숏폼 콘텐츠의 핵심 내용을 요약해 최신 트렌드를 보여 주는 유형입니다. 모바일에서만 확인할 수 있으며, 검색어 입력창에서 **숏텐츠 NOW**를 검색하면 확인할 수 있습니다. 이 AI 브리핑 유형은 보통 요리나 여행, 스포츠와 관련된 키워드에서 노출되므로 플레이스와 직접 연관되는 경우는 상대적으로 적습니다.

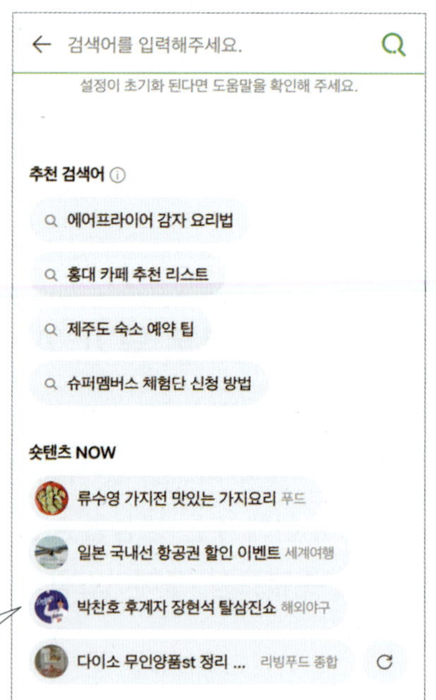

숏텐츠형 AI 브리핑의 예시

❸ 플레이스형

AI 브리핑 가운데서도 가장 꼼꼼히 살펴봐야 할 중요한 유형입니다. 맛집, 숙소, 즐길 거리 같은 정보를 요약하여 보여주는 서비스로, 방문자 리뷰와 사진을 분석해 대표 메뉴와 가게의 매력을 고객이 한눈에 파악할 수 있도록 해 줍니다. 무엇보다 업체명을 검색하면 플레이스 하단에 AI 브리핑을 바로 노출해 준다는 특징이 있습니다. 즉, 우리 가게의 특징을 고객에게 가장 직접적이고 효과적으로 전달할 수 있습니다.

플레이스형 AI 브리핑의 예시

네이버 AI는 플레이스뿐만 아니라 **블로그, 카페, 리뷰, 뉴스 등 네이버 내 전체 콘텐츠**를 읽고 학습합니다. 따라서 스마트플레이스에는 우리 가게 정보를 정확하게 입력하고 리뷰와 체험단 글에 명확한 키워드와 가이드라인을 담아야 AI 브리핑에 제대로 반영할 수 있습니다. 아직 준비하지 않았다면 플레이스 기획부터 리뷰와 체험단 관리까지 다시 한번 꼼꼼히 점검해 보세요!

우리 가게의 '플레이스 AI 브리핑'은 어떤가요?

가게 이름을 네이버에서 검색하면 플레이스 하단에서 AI 브리핑을 확인할 수 있습니다. AI 브리핑은 인기 메뉴, 대표 이미지, 가게의 특징 등을 자동으로 요약해서 보여 주며 메뉴를 직접 확인하지 않아도 사람들이 가장 많이 선택하는 대표 메뉴와 내부·외부 사진, 주요 정보를 한눈에 확인할 수 있습니다.

플레이스 AI 브리핑은 최근 12개월'동안 생성된 사용자 리뷰를 바탕으로 요약해서 보여 줍니다. 여기서 사용자 리뷰는 영수증 리뷰와 블로그 리뷰를 포함하며 중요한 점은 AI가 새로운 정보를 만들어 내는 것이 아니라 **고객 리뷰와 기존 콘텐츠를 다시 정리해서 보여 준다**는 것입니다.

즉, 우리 가게에 쌓인 영수증 리뷰나 블로그 글은 단순히 한번 쓰고 끝나는 것이 아닙니다. AI가 요약하고 재구성해서 고객에게 다시 전달해 주므로 영수증 리뷰와 블로그 글이 더 중요해집니다. 결국 리뷰와 글의 핵심 키워드가 모여 AI 브리핑 기능으로 **우리 가게를 상징하는 이미지를** 만들어 준다고 볼 수 있습니다.

⭐ 영수증 리뷰와 체험단 운영 방법은 05장에서 자세히 다뤘습니다.

하면 된다! } AI 브리핑 점검하고 개선하기

간혹 사장님들께서 이런 질문을 하십니다. "AI가 우리 가게를 이상하게 요약하고 있어요! 이걸 내가 바꿀 수 있나요?" 예전에는 불가능했지만, 2025년 9월 네이버 스마트플레이스에 [AI 정보] 탭이 생기면서 AI가 요약한 우리 업체 **정보를 사장님이 직접 수정하거나, 노출 여부를 설정할 수 있는** 길이 열렸습니다.

우선 네이버에서 내 가게를 검색하고 리뷰 수 바로 아래에 있는 1줄 ❶ **마이크로 리뷰**와 플레이스 정보 아래에 있는 ❷ **AI 브리핑**을 꼼꼼히 확인합니다. 먼저 마이크로 리뷰가 우리 가게의 특징과 맞지 않거나, 핵심 내용이 빠졌는지 살펴보세요. 예를 들어 우리 가게는 커피와 분위기 모두 중요한데 AI는 편안함만 강조해서 보여줄 수도 있습니다.

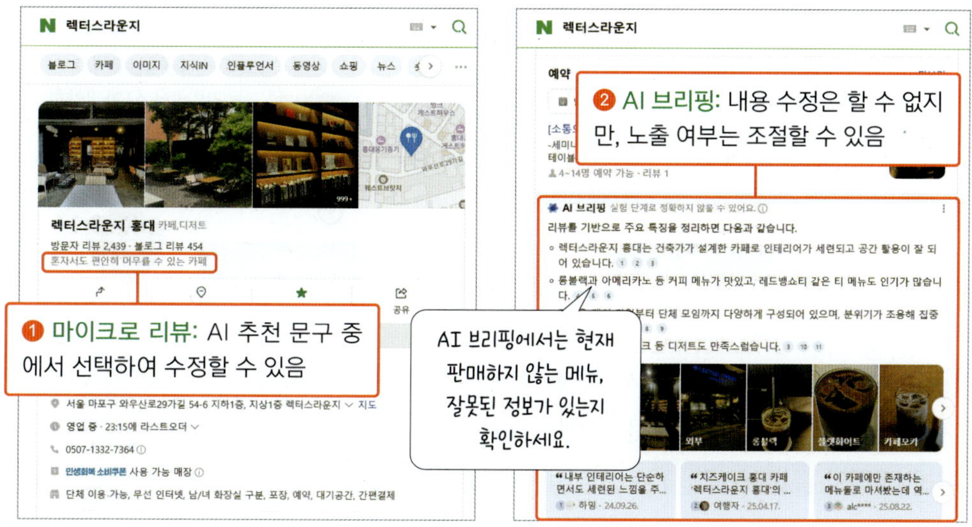

2 마이크로 리뷰 수정하기

마이크로 리뷰를 수정해 보겠습니다. 스마트플레이스 관리자 화면에서 [❶ **업체정보** → ❷ **AI 정보**]를 누릅니다. AI pick 오른쪽에서 ❸ [수정하기]를 누릅니다.

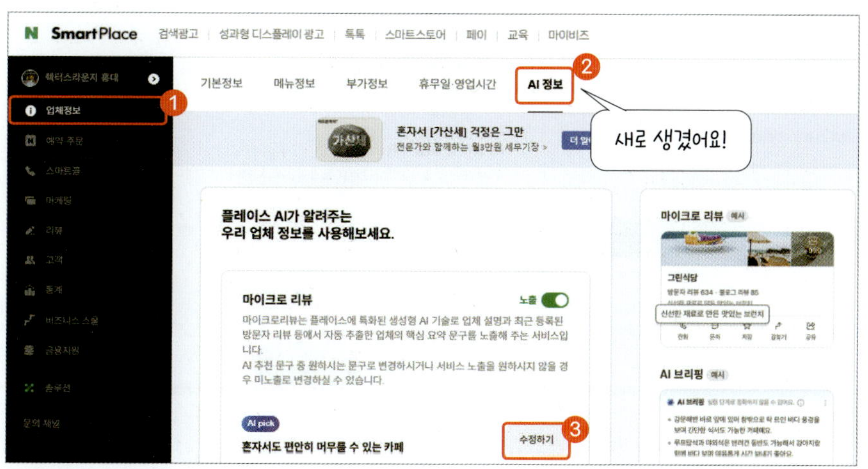

3 변경할 문구를 선택하라는 창이 뜨면 적절한 문구를 선택합니다. [>]를 눌러 넘겨보며 우리 가게에 가장 어울리는 문구를 찾아보세요.

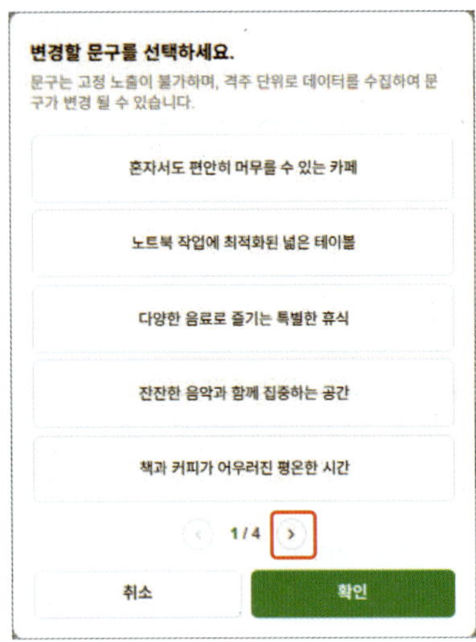
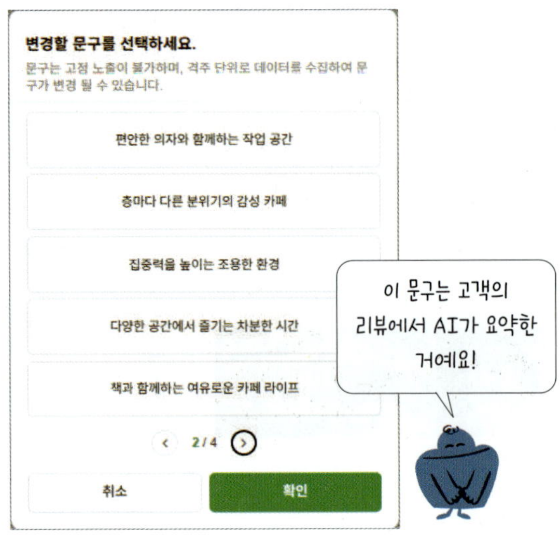

4 ❶ AI가 만든 문구 중에서 가장 맘에 드는 문구를 선택하고 ❷ [확인]을 누른 후 ❸ [저장하기]까지 클릭하면 마이크로 리뷰의 변경 신청이 최종 완료됩니다. 우리 가게의 플레이스에서 변경된 마이크로 리뷰를 보려면 최대 1일이 걸립니다.

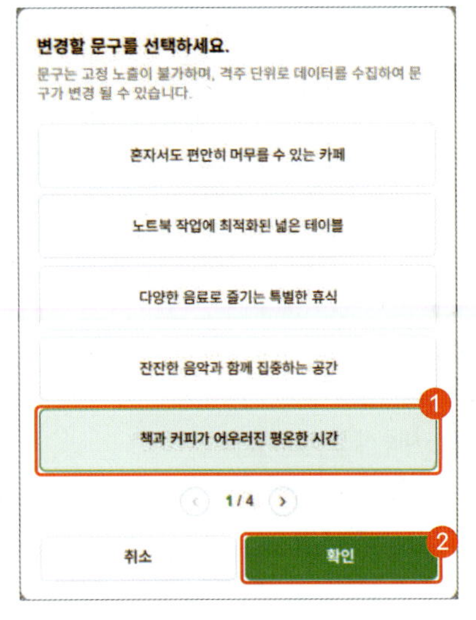
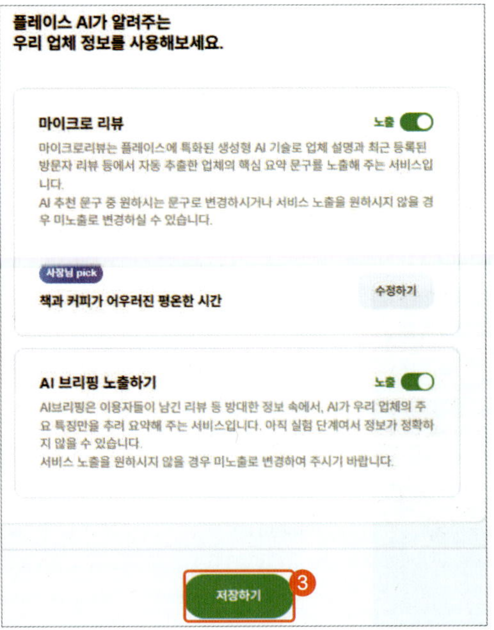

5 마이크로 리뷰는 **업체 설명과 최근 등록된 방문자 리뷰 등**을 기반으로 자동 추출됩니다. 커피와 디저트를 강조하고 싶은데 마땅한 추천 문구가 없다면 업체 설명에 '커피와 디저트 모두 맛있는', '분위기가 좋은' 같은 키워드를 추가하여 보완할 수 있어요.

⭐ 스마트플레이스 관리자 화면에서 업체 설명을 수정하는 방법은 04-2절에서 자세히 다뤘습니다.

또, 영수증 리뷰 안내문에는 '#커피맛집', '#분위기좋은카페' 같은 키워드를 제공해서 고객이 자연스럽게 이 키워드를 이용해 리뷰를 작성할 수 있도록 유도하는 것도 추천할 만한 방법입니다.

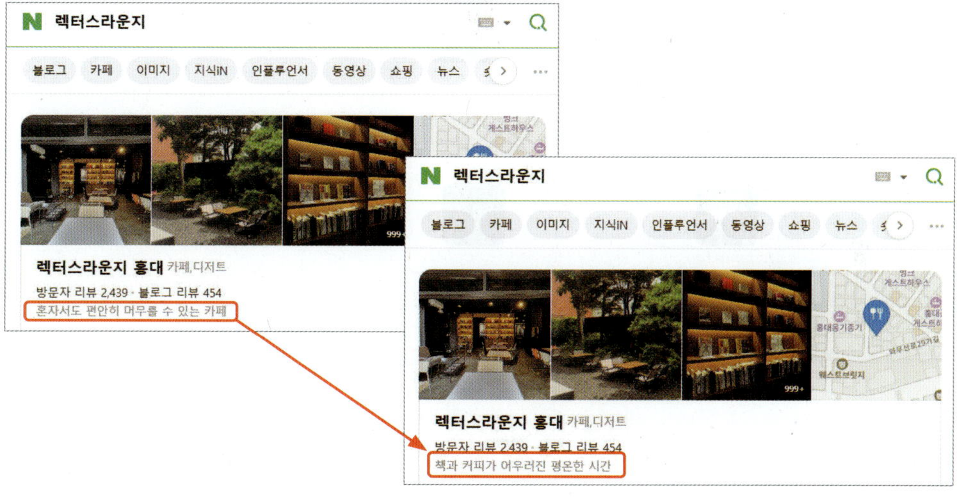

6 AI 브리핑 노출 여부 설정하기

AI 브리핑은 내용은 직접 수정할 수 없지만, 공개 여부를 노출/미노출로 설정할 수 있습니다. 바로 앞 4단계 화면의 하단에서 AI 브리핑 노출하기 오른쪽에 ❶ **[노출]**을 눌러 노출 여부를 설정한 후 ❷ **[저장하기]**까지 누르면 완료입니다.

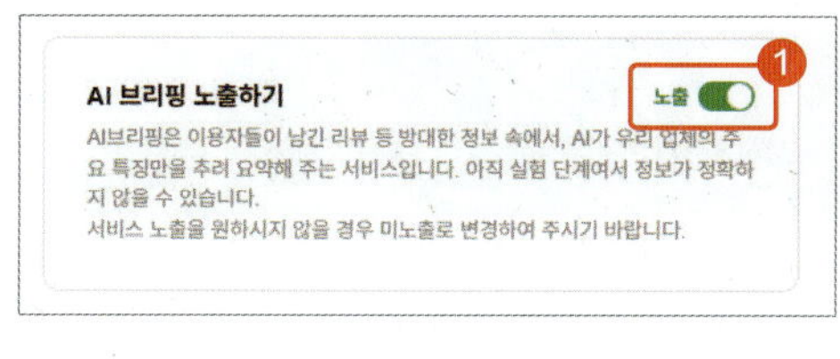
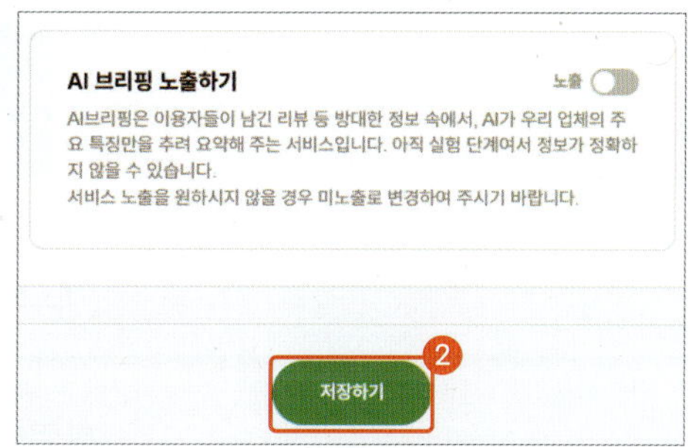

7 우리 가게 플레이스에서 AI 브리핑이 사라지면서 고객이 가장 많이 선택한 키워드 리뷰와 영수증 리뷰가 추천순으로 표시됩니다. 이는 고객이 실제로 중요하게 여기는 정보를 중심으로 보여 주기 때문에 우리 가게의 '핵심 키워드'를 강조하고 싶을 때 유용합니다.

이와 반대로 AI 브리핑을 노출하면 우리 가게의 리뷰와 정보를 기반으로 하므로 대표 메뉴나 인기 메뉴 등 고객에게 한눈에 보여 주고 싶은 핵심 정보를 강조할 때 더 효과적입니다.

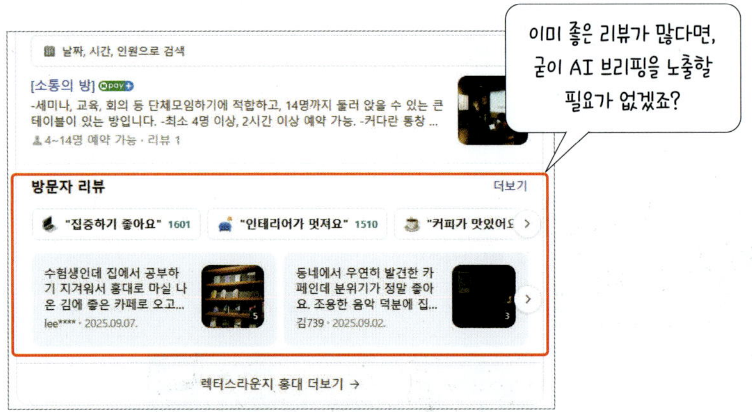

AI 브리핑을 노출하지 않은 경우

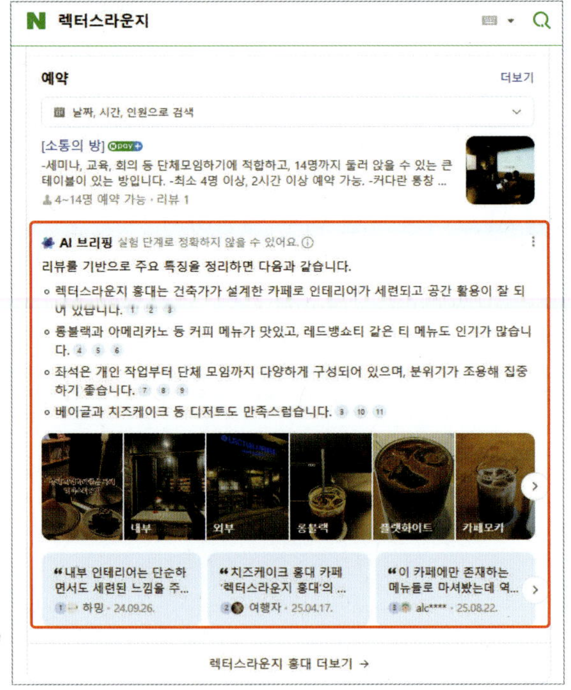

AI 브리핑을 노출한 경우

AI 브리핑의 노출 여부는 우리 가게의 상황에 맞게 사장님이 전략적으로 결정하면 됩니다. 예를 들어 가게 분위기나 상위 노출 키워드를 강조하고 싶다면 AI 브리핑을 비활성화해서 방문자 리뷰 중심으로, 대표 메뉴나 인기 메뉴를 강조하고 싶다면 AI 브리핑을 활성화해서 우리 가게 플레이스에 노출하는 것으로 활용해 보세요.

📋 정리하면 이렇게!

AI 알고리즘, 노출의 법칙이 달라졌다!

1. **정확한 정보가 최고의 무기예요!**
   - ✅ AI는 리뷰 수보다 상세설명과 키워드의 '진짜' ① (연관성 / 효율성)을 분석하니 플레이스의 모든 기본 정보를 꼼꼼히 채우는 것이 AI 최적화의 시작임

2. **'AI 브리핑'은 우리 가게의 새로운 첫인상입니다.**
   - ✅ AI 브리핑은 AI가 리뷰, 블로그, 가게 정보를 종합해 만든 ② (요약본 / 원본)임

3. **AI가 만든 가게 소개, 이제 사장님이 직접 관리하세요!**
   - ✅ 스마트플레이스 관리자 화면의 [업체정보 → AI 정보] 탭에서 마이크로 리뷰를 직접 변경하고 ③ (AI 브리핑 / 광고 문구) 노출 여부도 전략적으로 결정할 수 있으니 AI에게 끌려가지 말고, 직접 방향을 제시하기를 권함

정답 ① 연관성 ② 요약본 ③ AI 브리핑

06-2

플레이스 운영을 스마트하게!
생성형 AI 활용법

생성형 AI를 플레이스 운영에 도입해 보세요!

앞에서는 AI 브리핑이 플레이스 정보와 리뷰를 기반으로 우리 가게를 요약하는 방식을 살펴봤습니다. 이번에는 생성형 AI를 활용해 우리 가게에 딱 맞는 소개 글과 마케팅 문구를 새롭게 만드는 방법을 알아보겠습니다.

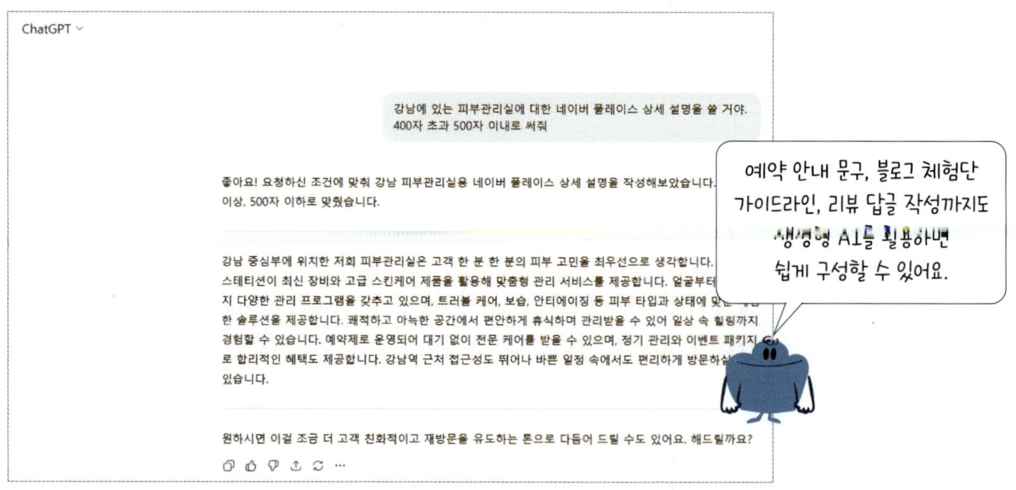

챗GPT에게 요청하고 답변받은 예시

생성형 AI에게 좋은 답변을 끌어내는 5가지 질문법

생성형 AI를 효과적으로 활용하려면 똑똑한 '질문법'이 중요합니다. 다음 5가지 질문법을 기억하면 생성형 AI가 훨씬 똑똑한 답을 줄 거예요.

❶ 목적을 분명하게 제시하기

질문하는 **목적**을 명확히 알려 주면 답변도 정확하게 나옵니다.

> "상세 설명 써줘." (X)
>
> ➡ "성수동 디저트 카페를 스마트플레이스에 등록하려고 해. 키워드 △△△, ***, ### 상위 노출을 목표로 상세 설명을 2,000자 이내로 써줘." (○)

❷ 배경 정보를 충분히 제공하기

생성형 AI는 사용자의 상황을 모릅니다. **맥락, 타깃, 업종 등을 구체적으로 알려 주면** 훨씬 더 정교한 답을 받을 수 있습니다.

> "광고 문구 만들어 줘." (X)
>
> ➡ "20, 30대 여성 고객을 타깃으로 한 성수동 감성 카페인데, 수제 티라미수와 딸기라떼가 주력 메뉴야. SNS 홍보용 문구를 30자 이내로 부탁해." (○)

❸ 형식이나 분량도 명확히 요청하기

글의 **형식**이나 **글자 수, 톤 & 매너**를 지정하면 더 만족스러운 결과가 나옵니다.

> "좋은 글 써줘." (X)
>
> ➡ "네이버 블로그 스타일의 소개 글을 800자 이내로 써줘. 친근하고 감성적인 느낌이면 좋겠어." (○)

❹ 스타일이나 예시를 함께 전달하기

"이런 느낌으로 써줘"같이 예시를 제공하면 자신이 생각한 방향으로 더 정확히 맞춰서 작성해 줍니다.

> "좋은 글 써줘." (X)
>
> ➡ "네이버 블로그 스타일의 소개 글을 800자 이내로 써줘. 친근하고 감성적인 느낌이면 좋겠어." (○)
>
> ➡ "☆☆처럼 감성적인 톤으로, 하지만 내용은 우리 카페에 맞춰 써줘." (○)
>
> ➡ "□□ 계정을 분석해 줘."와 함께 주소 링크 붙여넣기 (○)

❺ 키워드나 조건을 구체적으로 제시하기

검색 키워드, 특정 플랫폼(㉐ 플레이스, 인스타그램)에 따라 문장 구성이나 키워드를 다르게 사용해야 합니다. 또, AI는 똑똑하지만 우리 가게를 자세히 알려 줘야 분석해서 더 좋은 방법을 추천할 수 있어요. 키워드나 조건은 구체적으로 작성해 주세요.

> "상위 노출되게 써줘." (X)
>
> ➡ "인스타그램 릴스로 고객이 우리 음식점에 들어오는 10초짜리 영상을 올릴 거야. 섬네일 문구를 10자 이내로 추천해 줘." (○)

이제 생성형 AI에게 질문하는 방법을 알아보았으니, 우리 가게만의 상세정보와 찾아오는 길을 작성해 보겠습니다. 실전으로 바로 넘어가 보겠습니다.

하면 된다! } 생성형 AI로 5분 만에 상세정보와 찾아오는 길 작성하기

이제 본격적으로 생성형 AI를 활용해 우리 가게의 상세정보와 찾아오는 길을 직접 작성해 볼 차례입니다. 대표적인 생성형 AI인 챗GPT를 기준으로 설명하겠습니다. 천천히 따라오세요.

챗GPT 로고

1 챗GPT 접속하기

❶ 네이버의 검색 창에서 **챗지피티** 또는 ChatGPT를 검색한 후 ❷ ChatGPT를 클릭해서 접속합니다. 챗GPT 소개 화면이 나타나면 ❸ [ChatGPT 써 보기]를 누르세요.

⭐ 글쓰기는 스마트폰의 챗GPT 앱보다 PC 버전이 편리하므로 실습에서는 PC 버전을 기준으로 설명합니다.

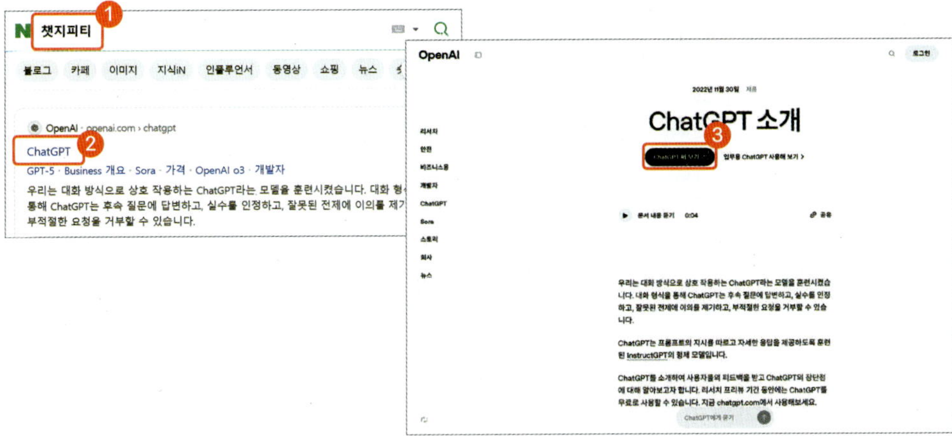

챗GPT(http://chatgpt.com)

2 질문 입력하기

생성형 AI를 잘 활용하려면 **질문을 잘하는 것**이 가장 중요해요. 앞에서 설명한 '생성형 AI에게 좋은 답변을 끌어내는 5가지 질문법'을 참고하여 다음 4가지 정보를 포함해서 프롬프트 입력란에 질문을 작성해 보세요.

> **[질문에 포함할 정보 4가지]**
>
> 지역: 우리 가게가 위치한 동네나 전철역 이름
> 업종: 카페, 미용실, 펜션, 음식점 등
> 타깃 고객: 주요 방문층(⒠ 20, 30대 여성, 가족 단위 등)
> 대표 메뉴/서비스: 가장 강조하고 싶은 상품 또는 특징

> **[상세 정보 작성 요청 프롬프트 예시]**
>
> "네이버 스마트플레이스에 등록할 때 상세 설명이 필요해. 성수동에 있는 감성 디저트 카페이고, 상위 노출을 목표로 하고 있어. 수제 티라미수, 딸기라떼, 포토존, 청첩장 모임 등 관련 키워드를 자연스럽게 포함해서 2,000자 이내로 작성해 줘."

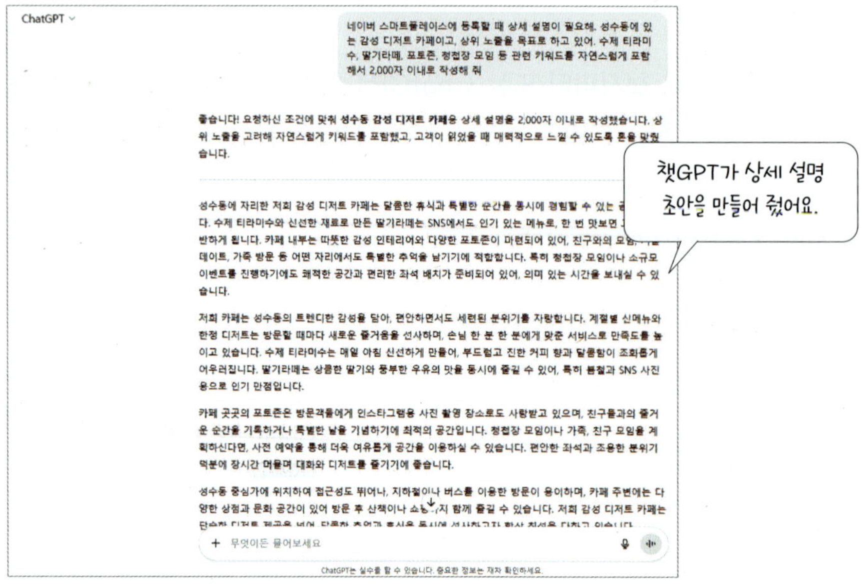

⭐ 질문을 작성하다 막히면 02장에서 만든 기획안을 떠올려 보세요.

3 문장 수정·보완하기

챗GPT의 첫 번째 답변이 마음에 들지 않아도 괜찮아요. 대화를 이어 가며 수정할 수 있기 때문입니다. 다음과 같이 챗GPT에 다시 요청해 보세요.

[찾아오는 길 설명 추가 요청 프롬프트 예시]

"플레이스 찾아오는 길 설명 400자 이내로 작성해 주고, 주변 명소 이름과 거리, 지하철역, 주요 버스 노선 적어 줘."

[키워드 보강 요청 프롬프트 예시]

"지역, 업종, 디깃 고객, 대표 메뉴와 서비스 관련된 연관 키워드를 더 포함해 줘."

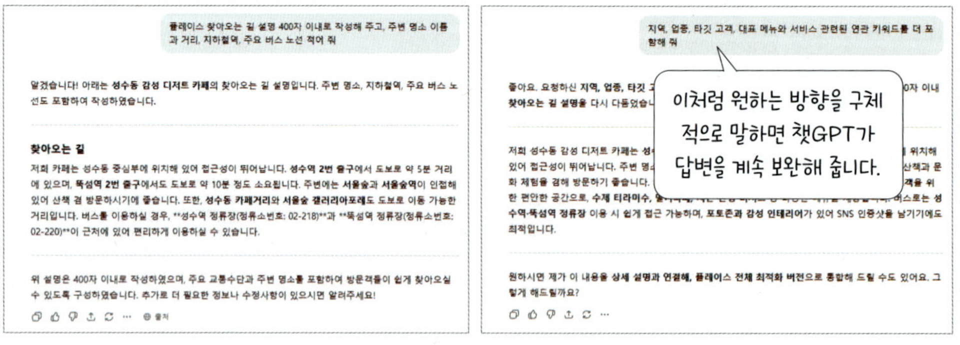

 최종 점검하기

챗GPT가 생성해 준 내용은 반드시 확인해야 합니다. 우리 가게와 어울리는 말투에 맞게 살짝 다듬어 주세요. **AI가 만든 문장은 어디까지나 초안입니다.** 우리 가게의 상세정보와 찾아오는 길을 잘 담았는지 마지막까지 점검해 주세요.

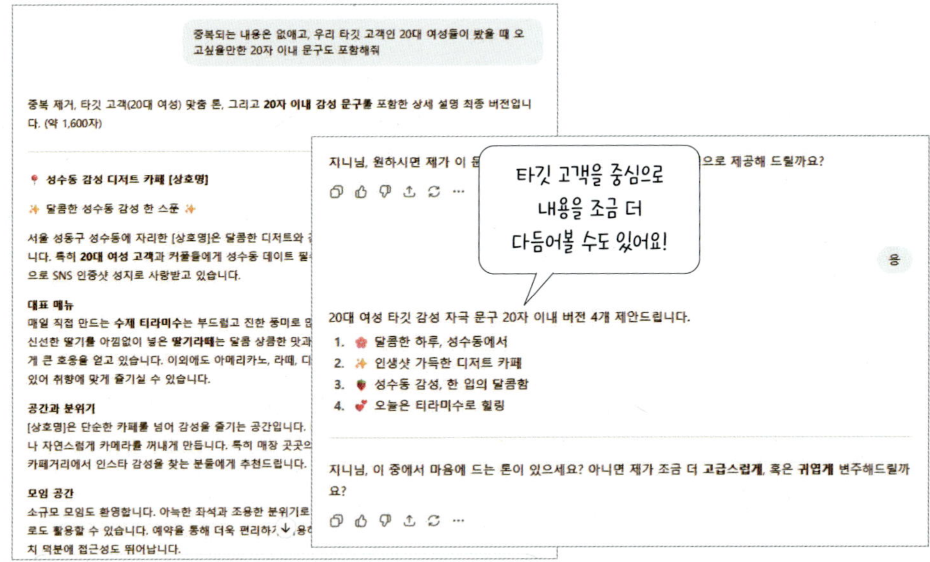

 최종 완성한 상세 정보를 스마트플레이스에 올리기

마음에 드는 초안이 나오면 전체 내용을 복사해서 메모장에 붙여 넣고 한 번에 수정하는 것이 편리합니다. 최종 완성한 상세정보를 복사해서 스마트플레이스에 붙여 넣으면 끝입니다. 생성형 AI가 제안한 문장과 사장님의 개성이 조화를 이룬 상세 정보를 완성할 수 있습니다.

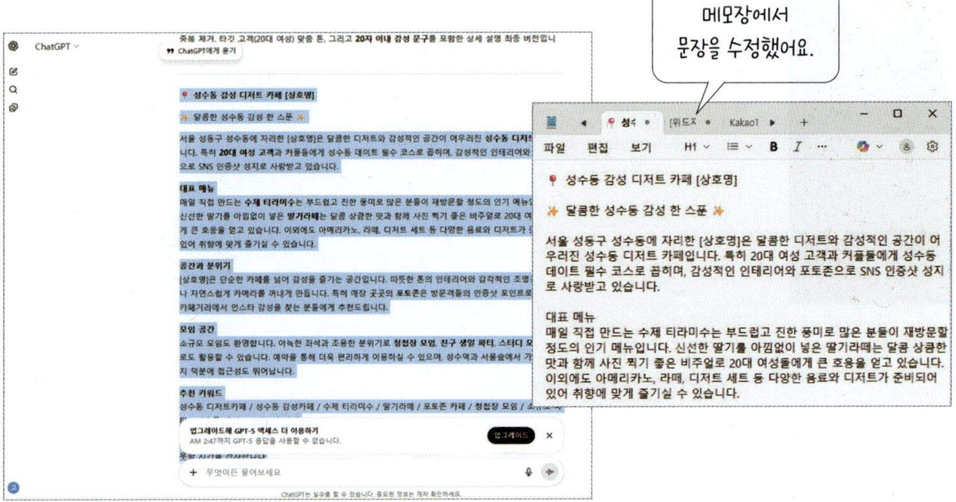

차근차근 따라오다 보니 생각보다 어렵지 않죠? 생성형 AI를 마케팅 동료로 활용하면 플레이스는 물론 인스타그램, 당근 등 다양한 채널에도 손쉽게 적용할 수 있습니다. 방향은 사장님이 정하고 생성형 AI는 실행을 도와줍니다. 이 조합만 잘 익혀도 AI 시대 마케팅 준비는 충분히 준비한 셈입니다.

하면 된다! } 생성형 AI로 우리 가게 마케팅 전략 세우기

스마트플레이스의 통계 데이터를 기반으로 마케팅 전략을 세울 때도 생성형 AI를 활용할 수 있습니다. 앞의 실습에 이어서 이번에도 챗GPT를 활용해 진행해 볼게요.　　　　　　　　⭐ 스마트플레이스 통계 기능은 04-5절에서 자세히 다뤘습니다.

1 질문 입력하기

스마트플레이스 관리자 화면에서 [❶ 통계 → ❷ 유입 통계 자세히 보기]를 눌러 방문자 성별과 연령을 확인해 보세요. 예를 들어 우리 가게 플레이스 방문자 통계를 보면 남자 23%, 여자 77%로 여성 고객이 많고 그중에 74%가 20대라는 사실을 확인할 수 있습니다.

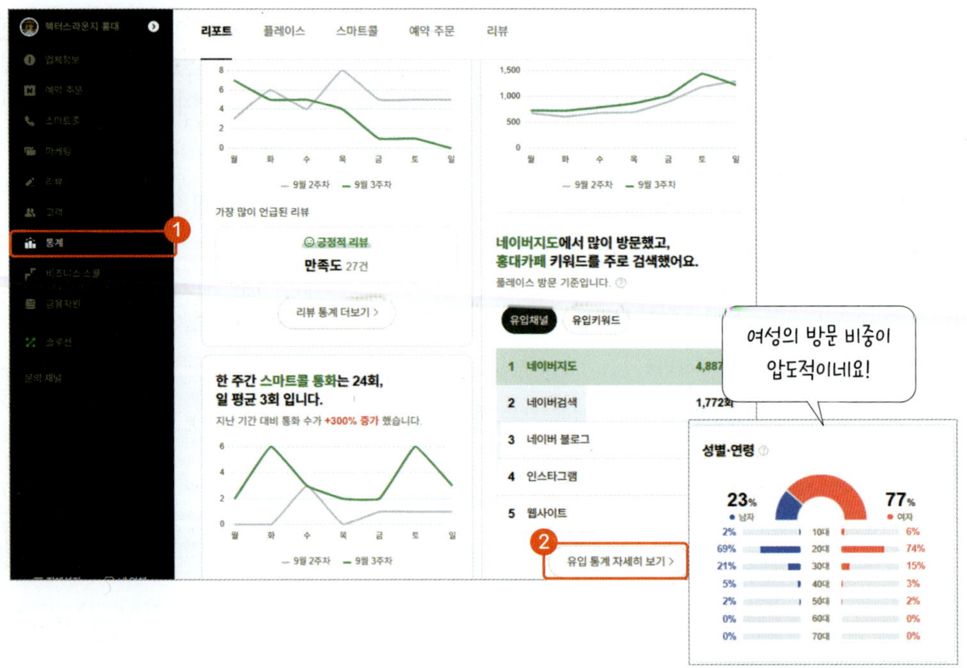

2 이 데이터를 챗GPT에 전달하고 마케팅 전략을 추천해 달라고 요청해 보겠습니다. 다음과 같이 챗GPT의 프롬프트 입력란에 우리 가게의 현재 상황과 진행 중인 이벤트를 상세히 적습니다.

> **[통계를 반영한 요청 프롬프트 예시]**
> "우리 가게는 20대 여성 고객이 많은 카페야. 현재 영수증 리뷰를 작성하면 아메리카노 쿠폰을 제공하고 10% 할인 쿠폰도 고려하고 있어. 이 타깃에 맞는 마케팅 전략을 추천해 줘."

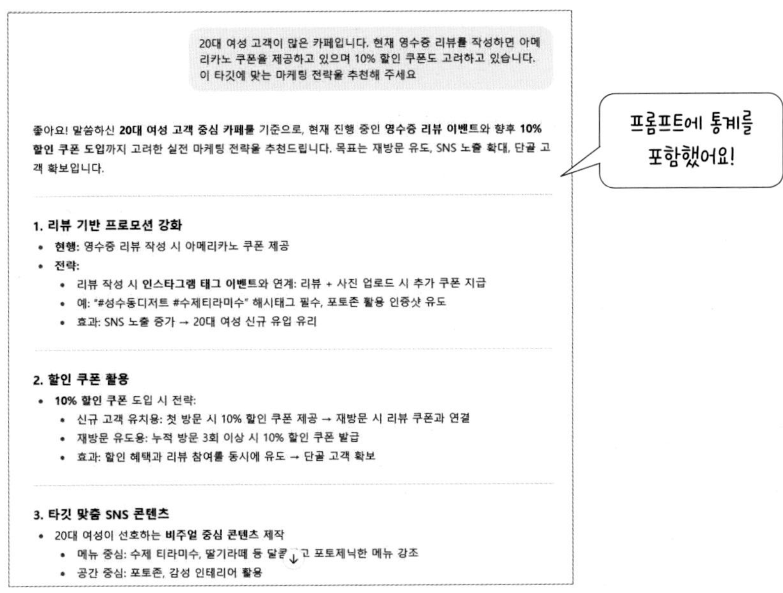

3 챗GPT 전략 제안하기

챗GPT가 타깃 고객을 분석하고 추천 전략과 실행 아이디어를 요약해 줍니다.

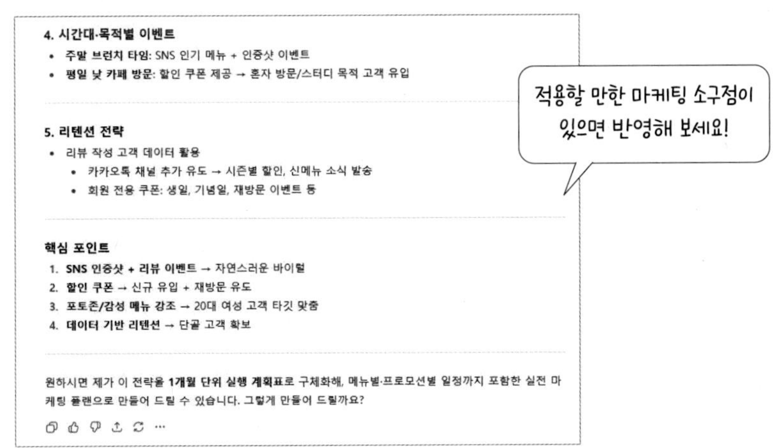

4 보완 질문하기

챗GPT의 답변을 살펴보고 나서 무언가 부족하다면 추가로 질문해서 보완할 수 있습니다. 또한 통계 자료를 활용하여 다음처럼 궁금한 점을 물어볼 수도 있습니다.

> **[보완 요청 프롬프트 예시]**
> "20대 남성 고객들도 여자 친구와 함께 많이 방문하는데, 20대 남녀, 특히 데이트 장소로 더 유명해지려면 어떤 전략을 추가할 수 있을까?"

통계 자료를 보고 그냥 확인하는 것으로 그치지 않고, 챗GPT를 활용하면 현황 분석부터 전략 수립에 이르기까지 한 번에 진행할 수 있습니다. 생성형 AI는 단순한 문장 작성뿐 아니라 마케팅 전략 기획까지 도와주는 든든한 동료이므로 플레이스 운영에서 필수 도구입니다.

하면 된다! } 생성형 AI에게 부정적인 리뷰 대응 맡기기

05-1절에서 부정적인 리뷰에 대응하는 방법을 간단히 알아봤습니다. 그리고 어떻게 댓글을 달아야 하는지 예시도 살펴봤죠. 하지만 막상 부정적인 댓글을 접하면, 감정이 상해서 감정적으로 댓글을 달거나 대응할 때가 있습니다.

이렇게 대응하면 고객과의 신뢰가 흔들리고 다른 고객에게도 부정적인 인상을 남길 수 있습니다. 이럴 땐 감정을 배제하고 AI에게 해결을 맡기는 방법이 효과적입니다. 부정적인 댓글이 달렸을 때는 생성형 AI로 가장 좋은 답변을 얻어내 복사·붙여넣기만 실행해 보세요.

■1 상황 설명하고 답글 요청하기

"음식은 그럭저럭인데 직원이 불친절하고 너무 오래 기다렸어요."라는 가상의 부정 리뷰를 받았다고 생각하고 챗GPT에 **리뷰에 대응하는 답글을 써 달라고 요청**합니다.

> **[상황 설명 및 답글 요청 프롬프트 예시]**
> "다음과 같은 부정적인 고객 리뷰를 받았습니다. 고객의 불만을 인정하면서도 우리 가게의 입장을 정중하게 설명하고, 재방문을 유도하는 진심 어린 답변을 작성해 줘."

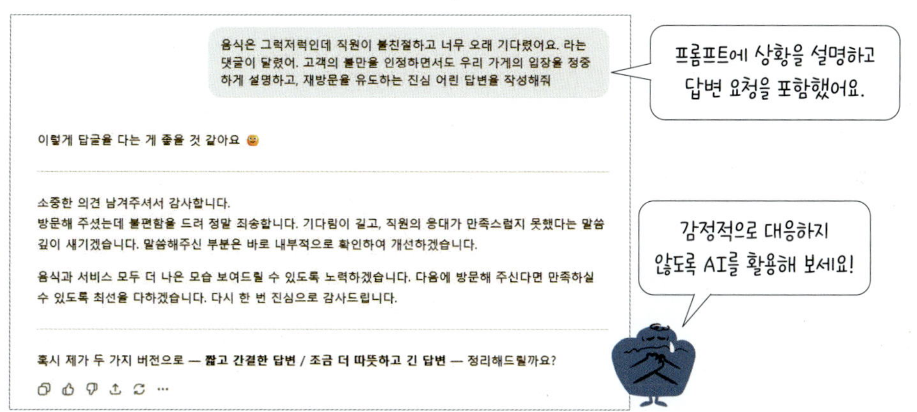

2 답글의 어투 수정하기

챗GPT의 답글이 너무 차갑게 느껴진다면 **어투 수정**까지 요청해 보세요.

> **[어투 수정 프롬프트 예시]**
> "깔끔하고 정중한 어투로 바꿔 줘."

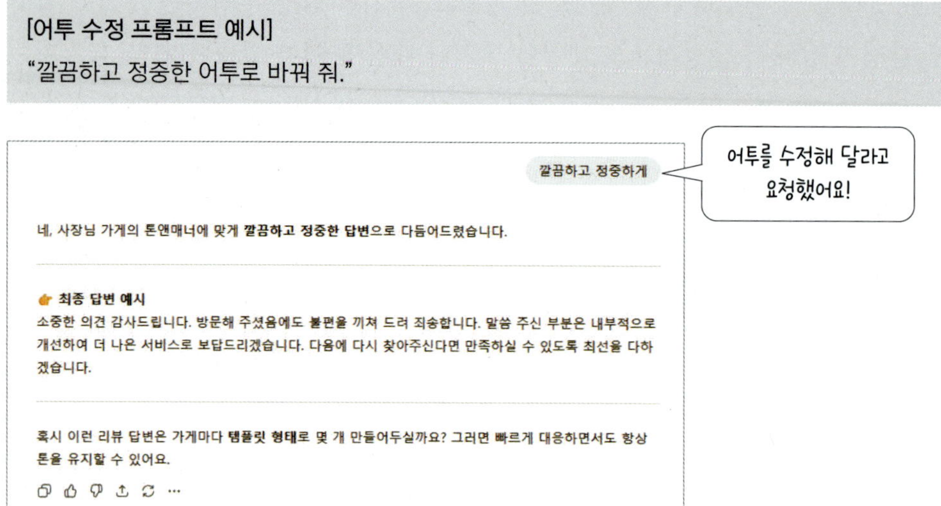

3 부정적인 리뷰에 댓글 달기

챗GPT가 작성해 준 답글을 복사해서 부정적인 리뷰의 댓글에 붙여 넣습니다. 이때 마지막으로 살펴보면서 우리 가게에 어울리도록 살짝 다듬고 [등록]을 누릅니다.

⭐ 플레이스 리뷰에 답글을 다는 방법은 05장에서 자세히 다뤘습니다.

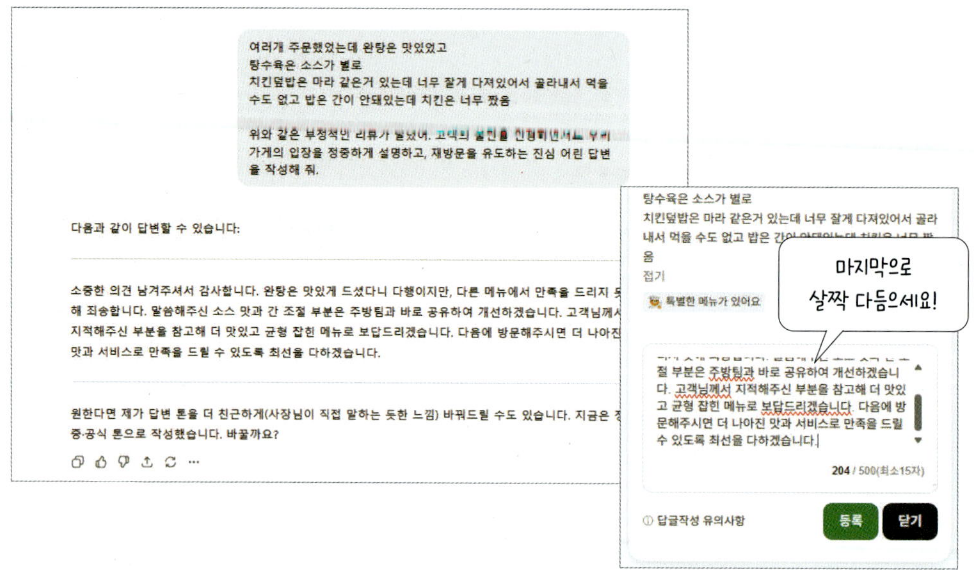

부정적인 리뷰에 감정적으로 대응한다면 리뷰를 작성한 고객뿐만 아니라 우리 가게에 관심을 보이는 고객 또한 거부감을 느낄 수 있습니다. 그러나 반대로 부정적인 리뷰에도 진심 어린 사과와 개선 의지를 담아 답글을 단다면 가게의 신뢰를 되찾고, 사장님의 책임감을 보여줄 기회가 될 수도 있어요. 부정적인 리뷰에 감정적으로 대응하지 말고, 꼭 생성형 AI에게 맡기세요.

정리하면 이렇게!

플레이스 운영을 스마트하게! 생성형 AI 활용법

1. 똑똑한 질문이 똑똑한 답변을 만듭니다.

   - 막연하게 질문하지 말고, ① (프롬프트 / 코드)를 명확하게 입력해야 상세설명부터 마케팅 전략까지 원하는 결과를 얻을 수 있음

2. 반복적인 글쓰기는 AI에게 맡기세요.

   - 시간이 오래 걸리는 글쓰기 업무는 AI에게 맡겨 ② (효율 / 비용)을 높이기

3. 부정적인 리뷰는 생성형 AI로 현명하게 대응하세요.

   - ③ (감정적 / 논리적)으로 대응하는 것은 금물. 부정 리뷰 내용을 AI에게 보여 주고 정중하면서도 논리적인 답글 초안을 작성해 달라고 요청하기.

정답 ① 프롬프트 ② 효율 ③ 감정적

AI 활용 전략과
업데이트 대응 요령

스마트플레이스에는 AI를 기반으로 하는 기능이 점점 늘어나고 있습니다. 그렇다고 해서 모든 기능을 다 써야 하는 것은 아니므로 우리 가게에 맞는 기능을 골라 쓰는 것이 중요합니다. 특히 단순 반복하고 시간이 많이 드는 업무는 AI 활용을 1순위로 삼는 것이 효율적이에요. 리뷰 답글이나 찾아오는 길 초안 작성 등은 정해진 패턴이 있어서 AI가 잘 처리할 수 있는 영역입니다.

이런 업무를 AI에게 맡기면, 사장님은 매장 운영과 고객 서비스에 더 집중할 수 있습니다. 반면에 우리 가게만의 스토리나 차별화된 경험을 보여 줘야 하는 영역은 여전히 사람이 주도해야 합니다. 예를 들어 신규 메뉴 기획, 이벤트 기획 등은 AI를 참고 도구로 활용할 수 있지만 최종안은 반드시 사장님이 직접 보완해서 결정해야 해요.

신규 기능 업데이트, 왜 빨리 적용해야 할까?

스마트플레이스는 계속해서 새로운 기능을 내놓습니다. 특히 최근 업데이트의 중심에는 AI 기능이 자리 잡고 있죠. 문제는 이런 기능을 늦게 적용하면 노출 경쟁에서 밀릴 수 있다는 사실입니다. 그렇다면 업데이트를 가장 빠르게 확인할 수 있는 방법은 뭘까요?

바로 네이버 스마트플레이스 공지사항 확인입니다. 스마트플레이스 공지사항은 단순한 안내가 아니라 상위 노출 기준이 바뀌는 신호이기도 합니다. 예를 들어 예약 시스템이나 리뷰 노출 방식이 바뀌면 플레이스 순위에도 영향을 줍니다. 따라서 '나중에 확인해야지' 하면서 미루면 안 됩니다. 공지 사항을 확인하고 테스트한 후 적용까지 재빠르게 실행하는 것이 경쟁에서 뒤처지지 않는 가장 확실한 방법입니다.

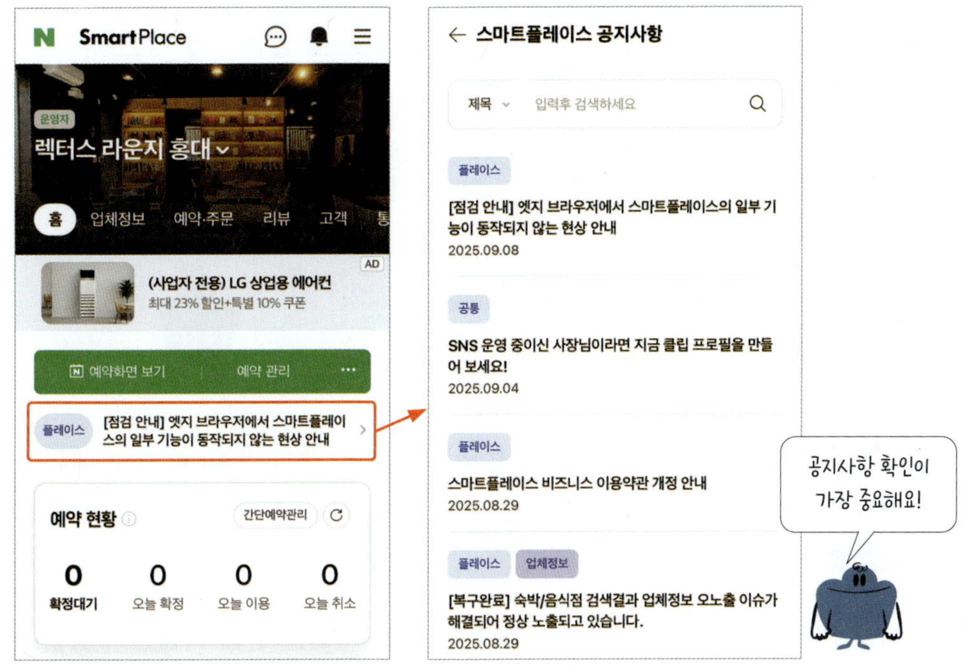

공지를 빠르게 확인하려면 모바일 앱 푸시 알림 설정하기

스마트플레이스의 공지사항을 확인하려면 스마트플레이스 모바일 앱에서 푸시 알림을 꼭 켜두어야 합니다. 스마트플레이스 앱을 켜고 오른쪽 위 [메뉴(☰) → 알림 설정]을 누른 후 [푸시 알림 받기]의 토글 버튼을 클릭해서 반드시 '받음'으로 설정하세요. 의외로 이 알림을 꺼둔 사장님들이 많아서 스마트플레이스의 중요한 변화를 놓치는 경우를 볼 수 있습니다.

푸시 알림을 켜두면 업데이트뿐만 아니라 오류나 점검 안내 소식도 빠르게 확인할 수 있습니다. 플레이스 기능에 오류가 생겼을 때 공지사항을 확인하지 않으면 내 휴대전화의 오류인지, 스마트플레이스에서 오류가 난 건지 파악이 어려워요. 빠르게 파악하고 대처할 수 있도록, 공지사항을 가까이해야 합니다.

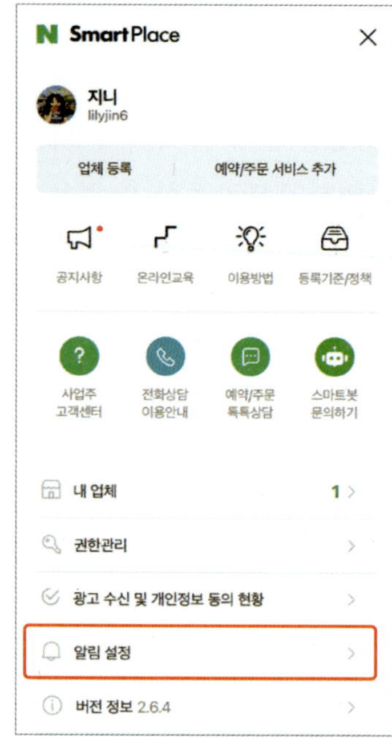
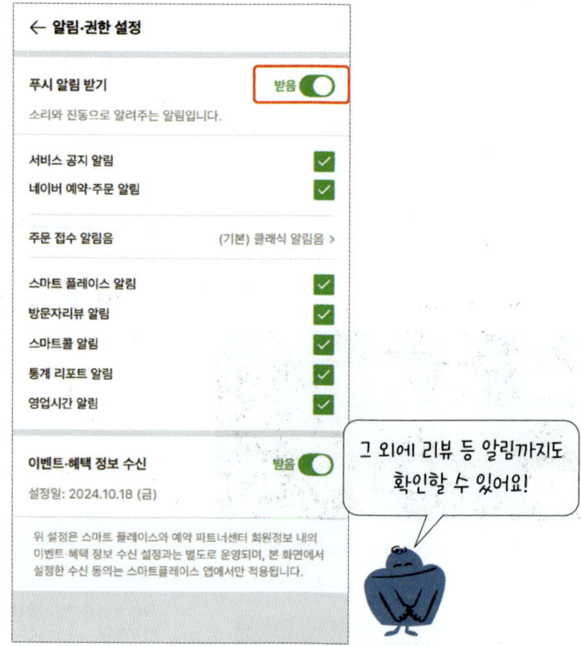

업데이트 공지가 있으면 먼저 핵심 내용을 확인하고 작은 단위(예 특정 메뉴나 예약 안내)로 시험해 보세요. 효과가 있다면 그다음에 모두 적용하는 것이 안전하면서도 효율적입니다.

새 기능을 먼저 적용하는 플레이스가 더 많은 노출 기회를 얻을 가능성이 높습니다. 공지를 잘 확인하고 새 기능이 추가된다면 우리 가게를 상위에 노출할 기회라고 생각하고 적극적으로 활용하세요.

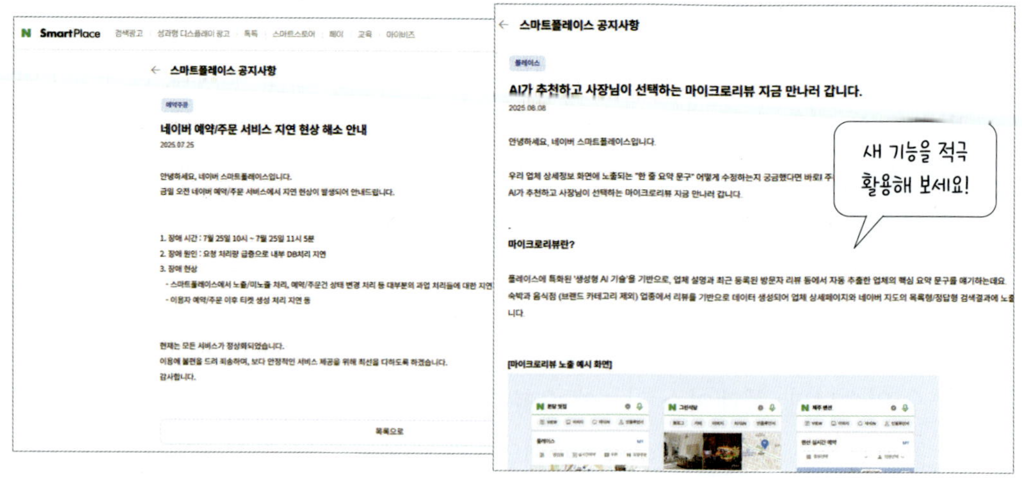

PC에서는 스마트플레이스 메인 화면에서 [내 업체] 아래 [공지사항>]을 눌러 확인할 수 있어요.

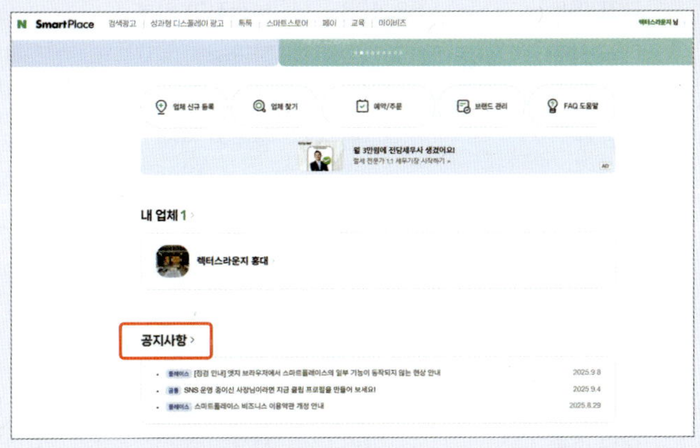

스마트플레이스 공지사항: https://smartplace.naver.com/notices

이 책을 끝까지 읽었다면 이미 큰 걸음을 내디뎠다고 볼 수 있습니다. 이제 '실제로 적용해 보는 것'만 남았습니다. 네이버 플레이스는 처음에 제대로 한번 세팅한 후, 꾸준히 다듬고 활용할수록 더 큰 힘을 발휘합니다. 사장님의 가게가 더 많은 손님에게 사랑받길 진심으로 응원합니다.

정리하면 이렇게!

AI 활용 전략과 업데이트 대응 요령

1. AI에게는 반복 업무를, 사장님은 핵심 업무에 집중하세요.

   - ✅ 리뷰 답글 초안, 정보 글쓰기 등 ① (반복 / 핵심) 업무는 AI에게 맡기고, 사장님은 메뉴 개발, 고객 서비스 개선에 시간을 쏟기

2. 네이버 업데이트 공지사항은 '상위 노출의 신호탄'입니다.

   - ✅ 새로운 기능, 특히 AI 관련 업데이트는 우리 가게가 ② (상위 노출 / 할인 판매)될 새로운 기회와 직결되므로, 남들보다 먼저 적용하는 것이 중요

3. 정보는 가장 빠른 '푸시 알림'으로 받으세요.

   - ✅ 스마트플레이스 모바일 앱의 ③ (푸시 알림 / 문자 메시지)을(를) 켜두면, 중요한 변화를 놓치지 않고 가장 먼저 대응할 수 있음

정답 ① 반복 ② 상위 노출 ③ 푸시 알림

찾아보기 🔍

한글로 찾기

ㄱ

가게의 특징	53
가성비	132
가이드라인	267
갤럭시스토어	256
거리	43
거리뷰	83
검색 노출 기준	48
검색어트렌드	67
결제수단	144
경쟁 업체	72
공식형/멀티출처형	304
공유	83
공지사항	327
광고	285
광고 영역	79
광고 플레이스	81
기본 정보	46
기획안	45, 47

ㄴ

내부 전경	116
네이버	20
네이버 검색	20
네이버 데이터랩	67
네이버 통합 광고주센터	289
네이버 플레이스	22
네이버페이	164
노출 여부	309
노출 지역 변경	297

ㄷ

답글	250
답글여부	254
대표 메뉴	52, 138
대표 사진	120
대표 키워드	99
대표자	90
더보기	80
데이터	56
동종 업계	25

ㄹ

라스트오더	149
랜덤 추출	65
리뷰	79, 83, 230
리뷰 수	79
리뷰 키워드	234
리뷰노트	272

ㅁ

마이크로 리뷰	86, 307
마케팅 1번가	69, 210
마케팅 전략	222, 318
메뉴	83, 116, 134
메뉴 등록	134
메뉴 순서	137
메뉴정보	101, 132
메뉴판	134, 136
모바일	86
모바일 앱	255
모바일 앱 푸시 알림	325
무료 체험단	262
무한 키워드	65
미용실	128

ㅂ

보류	104
부가 서비스	79
부가정보	141
부정적인 리뷰	258
불가능	105
블랙키위	58
블로거 선정	279
블로그 리뷰	261
블로그 체험단	261
블로그 키워드	265

ㅅ

사업자등록증	90
사진	79, 116
상담 가능 시간 설정	208
상세설명	115, 124
새로 오픈했어요	79, 106
생성형 AI	312
성향 분석	61
세부 업종	50
숍인숍	106
숏텐츠형	304
숙박 유형	178
스마트콜	182
스마트플레이스	23, 92
시그니처	132

ㅇ

안내문	239
알고리즘	40, 265
앱스토어	256
업데이트	324
업종	27, 50, 79, 94
업종별 사진	121
업체 등록	92
업체 사진	98, 115, 117
업체 인기도	42
업체명	79, 97
업체정보	112

연관 키워드 60
연관도 42
영수증 리뷰 231
영수증 리뷰 이벤트 239
영업 여부 83
영업시간 79, 147
영업시간 설정 148, 151
예약 기능 156
예약 설정 157
예약 유형 165
예약 유형 변경 176
예약 전환율 34
예약 혜택 162
예약건수로 관리 172
예약상품 169, 174
외관 116
운영시간 83
위치 43
유료 체험단 262
유사도 42
유입 채널 222
유입 키워드 213
음식점 121, 125
이용하는 손님의 모습 116
이탈률 33
인기도 42
인기주제 265
인원으로 관리 172

ㅈ

저장 83
저장하기 81
적합도 42
전화번호 83
정보의 정확도 43
정보의 충실성 43

좌석/공간 정보 142
주소 83
주차 정보 142
지역 49
지역소상공인 광고 288, 296
질문법 313

ㅊ

찾아오는 길 129
챗GPT 314
체험단 모집 272
체험단 모집 인원 271
체험단 모집 중단 278
체험단 미션 276
추가 서비스 143

ㅋ

카테고리 선호도 42
카페 121, 126
쿠폰 211
쿠폰 사용 218
키워드 57, 267, 294
키워드 분석 57
키워드 점검 58
키워드마스터 62

ㅌ

타깃 고객 51
태그 66
텍스트 유형 207
톡톡 193
톡톡 가입 194
톡톡 세부 메뉴 203
톡톡 파트너센터 195
통계 221
통화 분석 192

트렌드 분석 60
특징 48

ㅍ

펜션/숙소 121, 127
플레이스 22, 23
플레이스 광고 285, 287
플레이스 영역 78
플레이스 필터 77
플레이스형 304
필터 81

ㅎ

할인 혜택 173
홈페이지/SNS 연결 144
환영인사 201
후기 검수 281
후기 관리 280
휴무일 147, 152

숫자 및 영어로 찾기

2차 연결번호 191
AI 브리핑 83, 303, 306
AI 알고리즘 302
ARS 184
ARS 시나리오 187
MY플레이스 24
QR코드 245
SNS 32
URL 145

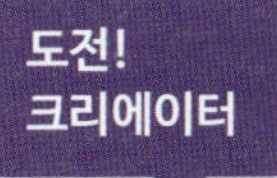

유튜브를 처음 시작하는 분들을 위한 추천 도서!
컴퓨터를 잘 다루지 못해도 걱정하지 마세요. 차근차근 알려 드려요

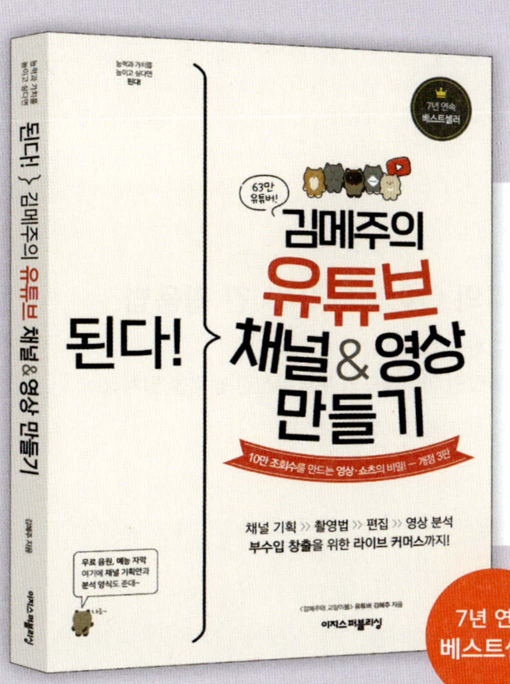

된다!
김메주의 유튜브 채널&영상 만들기

예능 자막부터 비밀스러운 광고 수익까지!
초보자도 하루 안에 유튜버 된다!

김혜주 지음 | 380쪽 | 19,000원

된다!
조회수 터지는 유튜브 쇼츠 만들기

구독 없이도 알고리즘 탄다!
AI로 영상 빠르게 만들어 수익화까지!

최지영 지음 | 248쪽 | 22,000원

프로에게 배우는 사진 노하우 & 카메라 제대로 쓰는 법

DCM 일본 프로 사진가들의 테크닉 모음집 시리즈 [전 6권]

미즈노 카츠히코 외 지음
세트 가격 129,600원

프로 사진가들의 아름다운 사진 촬영법

나도 한번쯤 아름다운 사진을 찍어보고 싶다!

하기하라 시로 외 지음 | 27,000원

프로 사진가 92명의 사진 구도와 풍경 사진

전문가의 비법이 담긴 '구도 가이드' 부록 수록!

하기하라 시로 외 지음 | 27,000원

프로 사진가들이 사용하는 노출과 조리개값

지루한 개념은 이제 그만.
38가지 프로 테크닉으로 빛을 정복하자

요코기 아라오 외 지음 | 27,000원

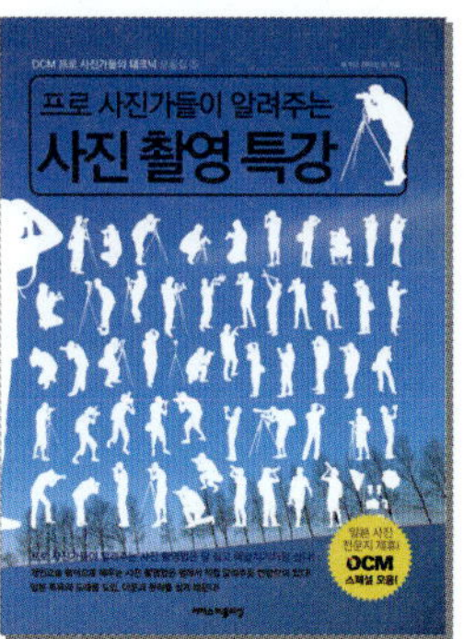

프로 사진가들이 알려주는 사진 촬영 특강

사진 초보자를 위한
카메라 걸음마 교실!

후쿠다 켄타로 외 지음 | 27,000원

프로 사진가들의 사진 보정과 렌즈 활용법

프로는 연장을 탓하지 않고,
과하게 보정하지 않는다!

이시다 아키히사 외 지음 | 27,000원

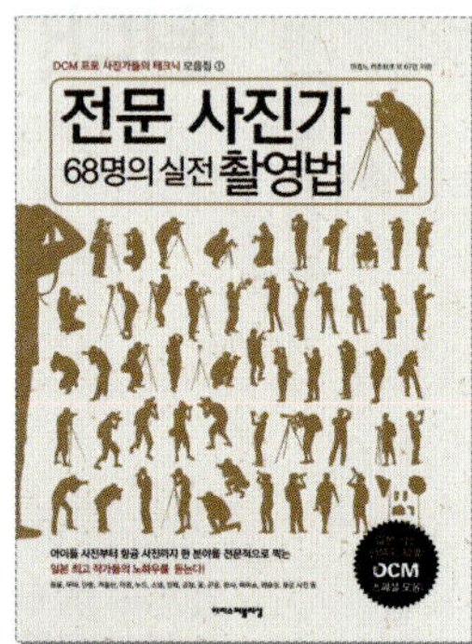

전문 사진가 68명의 실전 촬영법

일본 최고 사진 전문가들의
진솔한 이야기

미즈노 카츠히코 외 지음 | 27,000원

4차 산업 혁명 시대 꼭 읽어야 할 데이터 과학

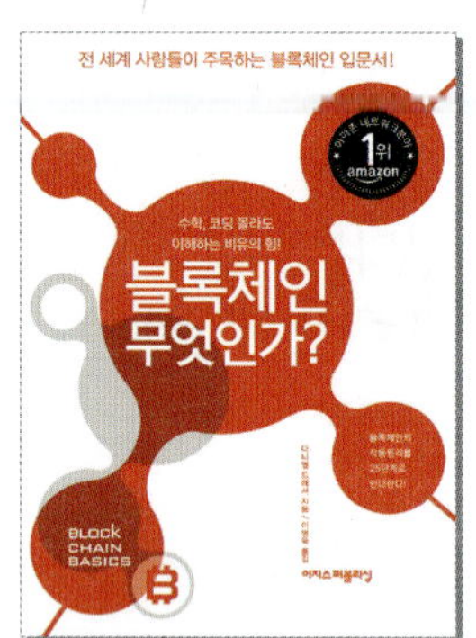

블록체인 무엇인가?

전 세계 사람들이 주목하는
블록체인 입문서!

다니엘 드레셔 지음 | 15,000원

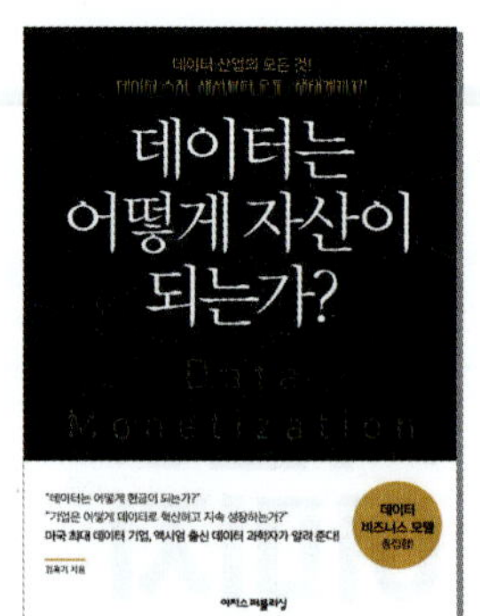

데이터는 어떻게 자산이 되는가?

데이터 산업의 모든 것!
데이터 수집·생성부터
유통·생태계까지!

김옥기 지음 | 18,000원

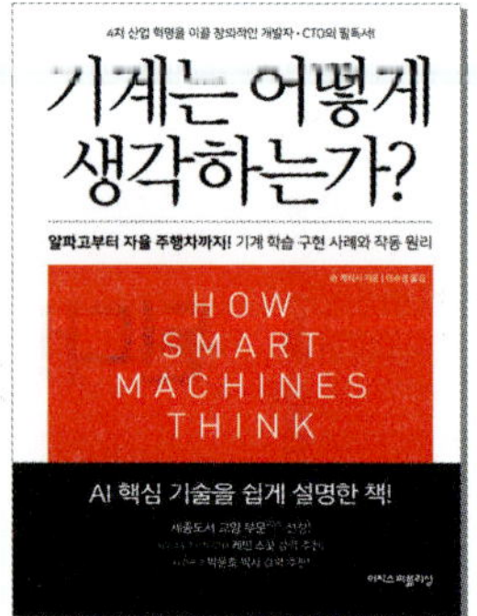

기계는 어떻게 생각하는가?

4차 산업 혁명을 이끌 창의적인
개발자·CTO를 위한
인공 지능 교양서!

숀 게리시 지음 | 18,000원